Der andere Weniger
Eine Untersuchung zu Erich Wenigers kaum beachteten Schriften

STUDIEN ZUR BILDUNGSREFORM

Herausgegeben von Wolfgang Keim

Universität – Gesamthochschule – Paderborn

BAND 25

PETER LANG

Frankfurt am Main · Berlin · Bern · New York · Paris · Wien

Barbara Siemsen

Der andere Weniger

Eine Untersuchung zu Erich Wenigers
kaum beachteten Schriften

PETER LANG
Europäischer Verlag der Wissenschaften

Die Deutsche Bibliothek - CIP-Einheitsaufnahme

Siemsen, Barbara:

Der andere Weniger : eine Untersuchung zu Erich Wenigers
kaum beachteten Schriften / Barbara Siemsen. - Frankfurt am
Main ; Berlin ; Bern ; New York ; Paris ; Wien : Lang, 1995
    (Studien zur Bildungsreform ; Bd. 25)
    Zugl.: Dortmund, Univ., Diss., 1994
    ISBN 3-631-48471-2

NE: GT

D 290
ISSN 0721-4154
ISBN 3-631-48471-2

© Peter Lang GmbH
Europäischer Verlag der Wissenschaften
Frankfurt am Main 1995
Alle Rechte vorbehalten.

Printed in Germany 1 2 3 5 6 7

Für Daniel und Kathrin

INHALT

Mit der vorliegenden Monographie von Barbara Siemsen erscheint in den "Studien zur Bildungsreform" nach Kurt Beutlers Untersuchung "Geisteswissenschaftliche Pädagogik zwischen Politisierung und Militarisierung - Erich Weniger"[1] nun nach nur wenigen Monaten eine zweite kritische Auseinandersetzung mit dem Göttinger Pädagogen und seinem Werk. Wie notwendig diese ist, haben gerade erst die Festakte anläßlich des 100. Geburtstages Wenigers gezeigt[2], bei denen immer noch weithin unkritisch von der "Bedeutung dieses großen Pädagogen"[3], von seinem "imponierenden Lebenswerk", "das ihn in die vorderste Reihe der deutschen Pädagogen dieses Jahrhunderts" rücke[4], gesprochen worden ist, obwohl spätestens seit Ende der achtziger Jahre Wenigers Tätigkeit als Offizier und Militärpädagoge im Dienste der Nazis bekannt war.[5] Die Festreden verraten zwar gerade im Hinblick auf diesen Aspekt seiner Wirksamkeit Verunsicherungen[6], attestieren ihm jedoch weiterhin "ausdrückliche Befürwortung des Widerstandes"[7], die von Kurt Beutler bereits als bloße Legende entlarvt worden ist.[8]

---

[1] Beutler, Kurt: Geisteswissenschaftliche Pädagogik zwischen Politisierung und Militarisierung - Erich Weniger. Frankfurt/Main 1995 (Studien zur Bildungsreform, Bd. 24).

[2] Vgl. zum Festakt in Steinhorst: Erich Weniger zum 100. Geburtstag. Veranstaltung des Landkreises Gifhorn im Rittersaal des Gifhorner Schlosses am 25. September 1994. Mit Beiträgen von Margarete Pertzel, Karl Neumann, Gero Wangerin, Dietrich Hoffmann und Gerhart Neuner. Hrsg. v. Dekan des Fachbereichs Erziehungswissenschaften der Universität Göttingen. Göttingen 1994 (Reden und Vorträge im Fachbereich Erziehungswissenschaften, H. 9).

[3] Pertzel, Margarete: Grußwort. In: Ebd., S. 8.

[4] Neumann, Karl: Grußwort. In: Ebd., S. 11.

[5] Vgl. Beutler, Kurt: Deutsche Soldatenerziehung von Weimar bis Bonn. Erinnerung an Erich Wenigers Militärpädagogik. In: päd. extra & demokratische erziehung 2 (1989), H. 7/8, S. 47-53; ders.: Militärpädagogische Aspekte bei Erich Weniger. Zum kriegsfördernden Beitrag geisteswissenschaftlicher Pädagogik. In: Keim, Wolfgang u.a.: Erziehungswissenschaft und Nationalsozialismus - Eine kritische Positionsbestimmung. Marburg 1990 (Forum Wissenschaft, Studienheft 9), S. 60-72.

[6] So ist davon die Rede, daß "die Forschungslage und die Beurteilung der Person" "hier ... nach wie vor besonders kontrovers" seien (Neumann, a.a.O., S. 12) oder wird mehr gemutmaßt als exakt analysiert, inwieweit Weniger "in dem schlichten Sinn 'mit Leib und Seele Soldat'" gewesen sei (Hoffmann, Dietrich: Erich Wenigers Bedeutung für die Pädagogik seiner Zeit, in: Erich Weniger zum 100. Geburtstag, a.a.O., S. 34).

[7] Hoffmann, ebd.

[8] Beutler, Kurt: Geisteswissenschaftliche Pädagogik zwischen Politisierung und Militarisierung - Erich Weniger, a.a.O., S. 128 ff.

In jedem Falle scheint die Militärpädagogik der geeignete
Ansatzpunkt für eine nicht-affirmative Analyse von Wenigers Werk
zu sein; die vorliegende Untersuchung Barbara Siemsens konzentriert sich *ausschließlich* darauf. Ihr Verdienst liegt m.E. schon
allein darin, daß die - mit Ausnahme von Kurt Beutler - bislang
"kaum beachteten" militärpädagogischen Schriften Wenigers endlich einer systematischen texthermeneutischen Einzelanalyse un-
terzogen werden, einschließlich der in ihnen enthaltenen
Sprachmuster. Dabei finden spätere Auslegungen dieser Texte, die
Weniger im Verlaufe seines Entnazifizierungsverfahrens selbst
vorgenommen hat, ausdrücklich Berücksichtigung; die Verfasserin
konfrontiert sie mit ihrem ursprünglichen Sinn und kann dabei auf-
schlußreiche Diskrepanzen nachweisen. Hinzugezogen werden
ebenso andere zeitgenössische Texte, z.B. im Zusammenhang von
Wenigers Verarbeitung der Erfahrungen des Ersten Weltkrieges,
wobei es um die Frage geht, inwieweit sich seine Sichtweise des
Krieges *zwangsläufig* entwickeln mußte, eine Frage, die die
Verfasserin mit Verweis auf Remarque und Barbusse eindeutig
verneint. Die untersuchten Texte spannen einen weiten Bogen von
der Zeit vor 1933 über die Vorkriegs- und Kriegszeit bis hin zur
Nachkriegsperiode und zu den fünfziger Jahren, so daß sich auch
die Frage nach Kontinuität und Diskontinuität im Denken Wenigers
stellt.

Die Einzelanalysen der militärpädagogischen Schriften bestätigen
und vertiefen die von Kurt Beutler seit 1989 vorgetragenen
Erkenntnisse. Sie belegen minutiös und bis in sprachliche
Feinstrukturen, daß Grundzüge von Wenigers militärpädagogischem
Denken bereits in seinem Beitrag "Das Bild des Krieges" von 1930
voll ausgeprägt gewesen sind, in den entsprechenden Arbeiten der
Nazi-Zeit den veränderten Bedingungen gemäß weiterentwickelt
wurden und selbst nach 1945 in den im Kontext von Wenigers
Beratertätigkeit für die Bundeswehr entstandenen Schriften noch
nachgewirkt haben. Als zentrale Elemente von Wenigers
Militärpädagogik werden herausgearbeitet seine positive Wahr-
nehmung von Krieg und Soldatentum, die Verbindung beider mit
Bildungsgehalten und -möglichkeiten, aber auch die Herstellung von
Zusammenhängen zwischen militärischer und ziviler Existenz,
etwa in dem Gedanken, daß die "Frontgemeinschaft" im Krieg ein

Stück weit die intendierte Volksgemeinschaft im Frieden vorweggenommen habe bzw. vorwegnehmen könne. Diese Muster seines Denkens waren es, die es ihm wie vielen seiner Generation so leicht gemacht haben, sich mit den Zielen der Nazis weitgehend zu identifizieren und sie in ihrem Bereich zu unterstützen, auch wenn Weniger kein Rassist und Antisemit im eigentlichen Sinne war, sich allerdings ebenso wenig öffentlich gegen die Verfolgung und Ausrottung der Juden wie anderer Minderheiten eingesetzt hat.

Obwohl Weniger als Vertreter pädagogischer Autonomie gilt, unterscheidet sich sein Erziehungsverständnis weder von herkömmlichen militaristischen Mustern noch von solchen der Nazis, wie die Schlüsselbegriffe seiner Vorstellung von Soldatenerziehung zeigen: Manneszucht, Disziplin, Härte, Kameradschaft, Führertum und Gefolgschaft. "Erziehung" bedeutet in diesem Kontext nichts anderes als Zwang und repressive Beeinflussung, wobei die besondere Perfidie darin bestand, daß der so "Erzogene" den Zwang sogar noch als eigenen Willen verinnerlichen sollte. Barbara Siemsen spricht von einer "konsequenten Umkehrung der Werte"; die geforderte Härte sei "nicht als Rücksichtslosigkeit der Vorgesetzten zu werten, sondern als Ausdruck ihrer bewußten Rücksichtnahme auf das soldatische Erziehungsziel, das auf die Bewährung in der Schlacht gerichtet ist".

Anlaß zum Nachdenken über Wenigers Menschenbild geben auch die in seiner Militärpädagogik erkennbaren Ansätze zur Auslese und Ausmerze sogenannter "Unerziehbarer". Sie lassen sich bis in Wenigers Schriften der fünfziger Jahre hinein weiterverfolgen, wenn er z.B. im Zusammenhang seiner Beratertätigkeit für die Bundeswehr auf die "Ausscheidung von Psychopathen, Neurotikern und Schwachsinnigen und dergleichen" (Hervorhebung W.K.), was immer dies heißen mag, gedrängt hat. Die Verfasserin unterstellt Weniger zwar keine Zustimmung zur Umsetzung sozialdarwinisti-scher Ideologien durch die Nazis, gibt aber gleichwohl zu bedenken, daß Weniger "mit dem, was er als Miliärpädagoge veröffentlichte, den Boden dafür bereiten" geholfen hat: Sie macht ihn zumindest soweit mit dafür haftbar, daß sie ihm als Angehörigen der Intelligenz zutraut, wissen zu können, "wie gefährlich der Stempel

'unerziehbar' gleich 'aus der Volksordnung ausscheidend'" zur Nazi-
Zeit gewesen ist: "Er war tödlich".

So wichtig und verdienstvoll die grundlegende Analyse von
Wenigers militärpädagogischen Schriften allein schon ist, sehe ich
die Bedeutung vorliegender Arbeit noch unter einem zweiten
Aspekt, nämlich der darin geleisteten sensiblen, textnahen
Auseinandersetzung mit Wenigers Art und Weise der Vergangen-
heitsbearbeitung. Ich kenne keine vergleichbare Analyse im Bereich
der Pädagogik, die so klar herausarbeitet, wie Mitschuld und
Mitverantwortung nach 1945 verdrängt worden sind und damit ein
wirklicher Neuanfang verhindert wurde. Die exemplarische Auseinandersetzung mit Weniger-Texten aus der unmittelbaren
Nachkriegszeit und den fünfziger Jahren - etwa mit Wenigers "Rede
bei der Immatrikulation des ersten ordentlichen Lehrgangs der
Pädagogischen Hochschule Göttingen" (1946), mit seinen Beiträgen
über Ernst Kantorowicz (1947), über "Die weiße Rose" (1953) oder
mit der zuerst in Westermanns Pädagogischen Beiträgen veröffentlichten Serie über "Die Epoche der Umerziehung 1945-1949"
(1959/60) - verdeutlicht, daß hier jemand sprach und schrieb, dem
es in erster Linie um Rechtfertigung der eigenen Haltung in der
Nazi-Zeit, kaum dagegen um ein wirkliches Nachdenken über gene-
rationsspezifische problematische mentale Strukturen und Hand-
lungsmuster gegangen ist, die zur Katastrophe geführt haben. So
müssen beispielsweise Wenigers Beiträge über "Ernst Kantorowicz"
bzw. über "Die weiße Rose" heute ausgesprochen peinlich berühren:
der Kantorowicz-Aufsatz aufgrund des darin zum Ausdruck kommenden versteckten Antisemitismus, der relativen Gleichgültigkeit
Wenigers gegenüber den Erfahrungen Kantorowicz' im KZ oder seines Hinweises, daß er (Weniger) Kantorowicz deshalb besonders
geschätzt habe, weil er - im Unterschied zu anderen von den
Deutschen vertriebenen oder gequälten Juden - sein Deutschtum nie
verleugnet habe; ebenso befremdet der Beitrag über die Weiße
Rose, der schon mit einer falschen Zeitangabe der Todesstunde beginnt, und als Motiv des damaligen studentischen Widerstandes - in
völliger Verkennung seiner wirklichen Intentionen - die Verteidigung akademischer Freiheit angibt.

Die Arbeiten von Kurt Beutler und Barbara Siemsen sind völlig unabhängig voneinander entstanden, haben aber weitgehend dieselbe
Quellenbasis. Beide kommen auf unterschiedlichem Wege zu denselben Befunden und weisen übereinstimmend nach, daß die
Militärpädagogik Wenigers nicht - wie bisher angenommen - ein
randständiger Bereich seiner pädagogischen Wirksamkeit gewesen
ist, sondern daß ihr zentrale Bedeutung zukommt. Sie zwingen -
wie ich meine - zur Revision des gesamten Weniger-Bildes. Das im
Zusammenhang der Festakte erneut zitierte Urteil Wolfgang Klafkis
aus dem Jahre 1961 (!), daß die "Haltung Wenigers ... von Anfang an
einen betont sozialen und politisch-demokratischen Akzent" getragen habe[9], wird sich auf der Grundlage der von Barbara Siemsen und
Kurt Beutler vorgetragenen Fakten und Analysen so kaum mehr
halten lassen. Inwieweit tatsächlich eine Revision des vertrauten
Weniger-Bildes erfolgen wird, bleibt offen. Die Tatsache, daß die
vorliegende Arbeit trotz ihrer unbestrittenen Qualität an der
Universität Dortmund nur unter großen Schwierigkeiten als
Dissertation angenommen werden konnte, gibt zumindest Anlaß
zum Nachdenken.

Paderborn, Dezember 1994   Wolfgang Keim

---

[9]Zit. n. Neumann, a.a.O., S. 12.

Vorwort der Autorin

"Legende ist die Geschichte, auf die man sich geeinigt hat."

Dieses Wort Napoleon Buonapartes trifft präzis den Kern der vorliegenden Untersuchung, die sich mit einem Teil des Werkes und einem wesentlichen Aspekt der Person Erich Wenigers auseinander-
setzt. Die Legendenbildung tritt dabei gleich zweifach in Erscheinung. Zum einen hat Weniger die einzelnen Stationen seines Wirkens
während der zwölf Jahre NS-Diktatur so dargestellt, als sei er
Opfer wie Widerstandskämpfer dieses Systems gewesen - und auf
diese Interpretation der Vergangenheit hat sich die pädagogische
Disziplin geeinigt und hält auch bis heute daran fest.[1] Zum anderen
hat Weniger an der Legendenbildung einer sauberen Wehrmacht mit-
gewirkt. Denn wer als Offizier den Überfall der deutschen Wehrmacht auf die Sowjetunion gerade in den ersten Monaten mitgemacht hat und sich dann nicht scheut, diese Wehrmacht als eine
"letzte Oase für freie Menschen" und als "Ort der inneren Emigration" zu bezeichnen, der trägt bewußt zur Bildung eines falschen
Bewußtseins bei.[2]

Vor diesem Hintergrund ist es nicht verwunderlich, daß die vorlie-
gende Untersuchung, als sie das tradierte Bild dieses führenden
Pädagogen der Nachkriegszeit "rücksichtslos" in Frage stellte, auf
Widerstände stieß.

---

[1] Die Ausnahme bildet Kurt Beutler, auf dessen Buch *Geisteswissenschaftliche
Pädagogik zwischen Politisierung und Militarisierung* - *Erich Weniger*, das soeben
als 24. Band der *Studien zur Bildungsreform* erschienen ist, hier ausdrücklich hingewiesen wird.

[2] Wie erfolgreich diese Legendenbildung, wie zäh dieses gepflegte Vorurteil war, wird
daran deutlich, daß erst jetzt die Öffentlichkeit mit Forschungsergebnissen konfrontiert wird, die eindeutig belegen, daß der Feldzug gegen die Sowjetunion als
rassenideologischer Vernichtungskrieg geplant war, und daß die verbrecherischen
Befehle, die Hitler zu diesem Zweck im März 1941 ausgab, von der Wehrmachts-
führung ausdrücklich gebilligt und in Zusammenarbeit mit oder gar in Konkurrenz zu
den berüchtigten Sonderkommandos der Sicherheitspolizei ausgeführt wurden. (Vgl.
die Zeitschrift des Hamburger Instituts für Sozialforschung *Mittelweg 36*, 3. Jg.
1994 sowie den Beitrag Volker Ullrichs *Ein singulärer Vernichtungskrieg* in DIE
ZEIT vom 4.11.1994).

Die Härte des Widerstandes und das Ausmaß der Sanktionen machten der Verfasserin allerdings deutlich, wie empfindlich der Nerv war, den sie getroffen und wie heilig das Tabu, das sie verletzt hatte: Der Doktorvater, ein Schüler Wenigers, legte die Betreuung nieder; auch aus seinem Umkreis sah sich niemand in der Lage, die Arbeit mitzutragen. Und es tauchten Gerüchte auf, die ihre Fertigstellung und Qualität anzuzweifeln versuchten; eine Stellenverlängerung an der Dortmunder Universität, die möglich gewesen wäre, unterblieb infolgedessen. Die Einsicht in wenige, genau definierte und bereits gesichtete Dokumente des Weniger-Nachlasses in der Handschriftenabteilung der Niedersächsischen Staats- und Universitätsbibliothek Göttingen wurde der Verfasserin nicht gewährt.

In dieser deprimierenden Situation übernahm *Norbert Vorsmann* die Verantwortung. Er stellte sich hinter die Autorin, ertrug gleichmütig verleumderische Unterstellungen und wehrte Versuche ab, die darauf zielten, die Annahme der Arbeit in der Fakultät zu verhindern. Auf diese Weise ermöglichte er meine Promotion an der Dortmunder Universität trotz des zumindest hochschulpolitisch "anstößigen" Forschungbeitrags. Ich danke ihm sehr dafür. - Ein weiterer, herzlicher Dank geht an *Wolfgang Keim*. Er hat die Arbeit als auswärtiger Gutachter betreut und durch seine Sachkompetenz abgestützt. Der Autorin gab er Kraft: Immer wieder hat er die Notwendigkeit ihrer Forschungsarbeit betont und seinen Zuspruch dadurch bekräftigt, daß er die Untersuchung in seine Studienreihe aufgenommen hat. - Genannt sei an dieser Stelle auch *Kurt-Ingo Flessau*. Wesentliche Anregungen zur Gestaltung der Arbeit gehen auf ihn zurück. Ich möchte ihm hier nicht nur für die vielen sachkundigen Gespräche danken, sondern auch für die Mühe, die er sich bei der sorgfältigen Durchsicht des Typoskripts gemacht hat. - Abschließend danke ich allen, die Verständnis für mich in einer belastenden Zeit hatten und mir durch vielfältige Zeichen der Freundschaft geholfen haben.

Die Leserinnen und Leser dieses Buches fordere ich auf, sich ihr eigenes Urteil über den Gegenstand zu bilden. Die Anlage der Untersuchung, die entscheidende Texte Erich Wenigers in den Mittelpunkt stellt, soll dazu beitragen.

Dortmund, im Dezember 1994   Barbara Siemsen

A. EINFÜHRUNG

1. Problemstellung

Am 11. September 1994 wäre Erich Weniger hundert Jahre alt geworden. Da ist es nicht verwunderlich, wenn in dem "Weniger-Jahr
1994" eine Untersuchung an die Öffentlichkeit tritt, die sich mit
dem "letzten Haupt der Göttinger Schule" befaßt. Verwunderung,
vielleicht auch Irritation wird aber der Titel der Untersuchung hervorrufen - "Der andere Weniger". Was soll das? wird man fragen. Ist
diese wissenschaftlich wie politisch herausragende Persönlichkeit
nicht hinlänglich bekannt? Ist dieser Ordinarius auf dem traditi-
onsreichen Göttinger Lehrstuhl nicht über seine Lehrtätigkeit hinaus auch durch seine Mitarbeit in vielen wichtigen Gremien der
Nachkriegszeit öffentlich, also bekannt geworden? Haben nicht
nach seinem Tod 1961 zahlreiche Schüler sein geistiges Erbe wei-
tergetragen und durch eigene Impulse vermehrt? Spricht nicht auch
die Gründung eines eigenen Freundeskreises, des "Vereins der
Freunde und Förderer des Erich-Weniger-Hauses", 1987 dafür, daß
dieser Pädagoge zumindest der Fachwelt als vertraute Persönlichkeit gilt, deren Andenken gepflegt wird? Warum also - "Der
andere Weniger"? Ein kurzer biographischer Abriß wird deutlich
machen, daß über Jahre hin das Bild Wenigers im Spiegel der
öffentlichen Wahrnehmung einen blinden Fleck gehabt hat, den zu
beseitigen Ziel dieser Untersuchung ist.

Erich Weniger wird 1894 in eine Zeit hinein geboren, die von nationalistischer Großmannssucht Wilhelms II., von Militarismus und
obrigkeitsstaatlichem Denken bestimmt ist. Das Elternhaus in der
niedersächsischen Gemeinde Steinhorst und später in Hannover ist
lutherisch geprägt und konservativ. Das ist dem Aufsatz *Pastor
Hermann Weniger* zu entnehmen, den Weniger 1959 dem Andenken
seines Vaters gewidmet hat.[1] Weniger erinnert sich darin nicht nur
an die "täglichen Morgen- und Abendandachten der Familie"[2], sondern auch daran, daß der Vater "mit der Gräfin Waldersee befreun-

[1] Weniger, E.: Pastor Hermann Weniger (1862-1924). In: Jahrbuch der Gesellschaft
für niedersächsische Kirchengeschichte, 57. Band 1959, Blomberg-Lippe:
Humboldt-Druck 1959, S. 147-154.
[2] Ebd., S. 150.

det"[3] gewesen sei. Ihr Mann, General Alfred Graf von Waldersee, zählt zu den konservativen Ultras der damaligen Zeit. Dem Aufsatz ist ferner zu entnehmen, daß Weniger das älteste von sechs Kindern ist, daß zwei seiner drei Brüder im Zweiten Weltkrieg fallen - ihrem Gedächtnis widmet er 1942 die Schrift *Die geistige Führung der Truppe* -, daß beide Schwestern Fürsorgerinnen werden und schließlich, daß seine Mutter stirbt, als er zehn Jahre alt ist. Der Aufsatz legt auch nahe, Wenigers Interesse an sozialpädagogischen Fragen - seine Antrittsvorlesung 1926 thematisiert "Die Gegensätze in der modernen Fürsorgeerziehung"[4], und seinen ersten Lehrauftrag 1928 erhält er für Sozialpädagogik - auf den Einfluß in seinem Elternhaus zurückzuführen.

Doch vor der akademischen Laufbahn liegt das Ereignis, das für sein Leben prägend werden soll: der Erste Weltkrieg. Als Kriegsfreiwilliger meldet er sich im August 1914 zur Artillerie, kämpft an der Westfront, kehrt im Dezember 1918 als Leutnant zurück. Er nimmt sein Studium, das er vor Kriegsbeginn in Tübingen begonnen hat, in Göttingen wieder auf, unterbricht es im April 1919 erneut für ein halbes Jahr und geht zur Reichswehr, "wo er in Berlin", so Schwenk in seiner Biographie, "an den Kämpfen gegen die Spartakisten teilnimmt. Er fand dabei als Gerichtsoffizier, Unterrichtsoffizier und als politischer Verbindungsoffizier Verwendung."[5] Weniger selbst erwähnt in seinem Lebenslauf aus Anlaß seiner Habilitation 1926 nur, daß er bei einem Reichswehrtruppenteil als Unterrichtsoffizier beschäftigt gewesen sei.[6]

Schon an diesem Schritt des damals Fünfundzwanzigjährigen wird deutlich, welche Anziehungskraft das Militär auf ihn ausgeübt hat, trotz der vier Jahre Fronterfahrung, die hinter ihm lagen. Das ist bemerkenswert; denn die wilhelminische Zeit, in die Wenigers Jugend fiel, war zwar vorwiegend von dem deutschen Anspruch auf Weltgeltung und Gedanken an den Krieg geprägt, es gab aber auch

---

[3]Ebd., S. 149.
[4]Vgl. Akte des Universitäts-Kuratoriums Göttingen. Universitätsarchiv.
[5]Vgl. dazu Schwenk, B.: Erich Weniger - Leben und Werk. In: Geisteswissenschaftliche Pädagogik am Ausgang ihrer Epoche - Erich Weniger. Hrsg. von Ilse Dahmer und Wolfgang Klafki. Weinheim und Berlin: Julius Beltz 1968. Zitiert als: Schwenk 1968.
[6]Akte des Universitäts-Kuratoriums Göttingen. Universitätsarchiv.

andere Strömungen, die den jungen Weniger offensichtlich nicht erreichten. Es sei an die Friedensbewegung erinnert, die einen ersten Ausdruck 1890 in Bertha von Suttners Buch *Die Waffen nieder!*[7] fand und nach dem Ersten Weltkrieg in dem Ruf "Nie wieder Krieg!" gipfelte. Der Initiator dieser gegenläufigen Zeitbewegung in Deutschland, Alfred Hermann Fried[8], brachte 1894, dem Geburtsjahr Wenigers, einen *Friedenskatechismus* heraus. Sein leidenschaftliches Werben für den Frieden war vergeblich.

In die Zeit der Weimarer Republik fällt die Weichenstellung für Wenigers akademische Laufbahn.[9] Nach dem Staatsexamen für das höhere Lehramt in den Fächern Geschichte, Deutsch und Latein promoviert er 1921 in Geschichte mit einer Arbeit über *Rehberg und Stein*. Dann wendet er sich ganz Herman Nohl und damit der Pädagogik zu, wird von 1923 bis 1927 sein Assistent und habilitiert sich 1926 mit einer Arbeit über *Die Grundlagen des Geschichtsunterrichts. - Untersuchungen zur geisteswissenschaftlichen Didaktik* für das Fach Pädagogik. Nach einjährigem Lehrauftrag für Sozialpädagogik an der Universität Göttingen bekommt Weniger 1929 seine erste Professur für Pädagogik und Philosophie an der Pädagogischen Akademie Kiel. Ein Jahr darauf wird er Direktor und Professor für Pädagogik und Philosophie an der neugegründeten Pädagogischen Akademie in Altona, die er bis zu deren Schließung 1932 leitet. Im März 1932 wechselt er als Direktor und Professor an die Pädagogische Akademie Frankfurt/Main. Den Anbruch des Dritten Reiches erlebt er in Frankfurt. Er ist inzwischen 39 Jahre alt und wissenschaftlich vor allem für Fragen der Geschichtsdidaktik, Sozialpädagogik und der akademischen Lehrerbildung ausgewiesen.

---

[7]Baronin Bertha von Suttner (1843-1914) gründete 1891 den Wiener Verein der Friedensfreunde. Trägerin des Friedensnobelpreises von 1905.

[8]Alfred Hermann Fried (1864-1921) gilt als Initiator der deutschen Friedensbewegung. Träger des Friedensnobelpreises von 1911. - Friedenskatechismus. Deutsche Friedensgesellschaft Berlin, 1894.

[9]Ich folge in der Darstellung dieses Lebensabschnittes Schwenks Biographie in der o.g. Gedenkschrift von 1968.

Nach der "Machtergreifung" wird Weniger, wie viele andere seiner
Zunft auch[10], aufgrund des "Gesetzes zur Wiederherstellung des
Berufsbeamtentums" vom 7. April 1933 zunächst beurlaubt und am
21.9.1933 aus dem Dienst entlassen. Es stellt sich die Frage,
warum dieses Gesetz auch auf ihn Anwendung findet. Eine Erklärung
liegt gewiß darin, daß er, als Staatsminister Carl Heinrich Becker
im Februar 1933 stirbt, in der Frankfurter Akademie eine Gedenkrede auf ihn hält. Der ehemalige preußische Kultusminister hatte
die Pädagogischen Akademien Altona und Frankfurt/Main gegründet;
Weniger war in beiden Fällen von ihm zum Direktor berufen worden.
In seiner Rede hebt Weniger hervor, "daß der Minister Becker den
Pädagogischen Akademien eine Freiheit der Entfaltung und Gestaltung nach ihren eigenen Gesetzen gewährt hat, wie sie wohl an
keiner anderen Bildungsstätte sonst zu finden war. Er bewahrte sie
vor dem politischen Tageskampf, wie das freilich die Bedingung
jeder sinnvollen erzieherischen Arbeit ist."[11] Solche Worte sind
den neuen Machthabern verdächtig - Weniger wird nach §4 des o.g.
Gesetzes wegen des Verdachts auf "politische Unzuverlässigkeit"
entlassen.

Die Erinnerung an dieses Ereignis wird bis an sein Lebensende und
darüber hinaus wachgehalten werden. Weniger selbst beruft sich
nach 1945 immer wieder darauf, Kollegen, Schüler, Freunde zitieren es. Die andere Tatsache aber, daß er bereits am 17.1.1934 rehabilitiert und unter Beibehaltung der Bezüge und seiner Amtsbezeichnung in das Amt eines Studienrates versetzt wird, wird
übergangen oder in ein "Kaltgestelltwordensein" umgedeutet.[12]
Bernhard Schwenk nimmt die Ereignisse in seine Biographie auf; er
deutet Wenigers Insistieren auf Rehabilitierung zunächst als ein
Zeichen "seiner kämpferischen Natur"[13]. Später empfindet er es als

---

[10]An der Pädagogischen Hochschule Halle z.B. traf diese Verordnung 11 Mitglieder von
insgesamt 13 des Lehrkörpers, unter ihnen Adolf Reichwein. Vgl. Schwenk 1968, S.
17.
[11]Weniger, E.: Die Eigenständigkeit der Erziehung in Theorie und Praxis. Probleme
der akademischen Lehrerbildung. Weinheim: Julius Beltz [3]1964, S. 269.
[12]Vgl. dazu den Exkurs: Wenigers Aussagen in seinem Entnazifizierungsverfahren.
[13]Schwenk 1968, S. 18.

"peinsam", seine Eingaben an den Reichsminister 1933/34 zu lesen.[14]

Die Jahre 1934 bis 1938 nutzt Weniger publizistisch, und er ist gleichzeitig bemüht, sich als Experte für wehrpädagogische Fragen einen neuen Wirkungsbereich zu erschließen. Nach Vorträgen vor Offizieren auf einer Reserveübung in Celle gelingt ihm der Durchbruch: Als Ende 1935 eine Schulstelle für ihn frei wird, erwirkt er durch Einschaltung des Reichskriegsministeriums eine Beurlaubung für seine wissenschaftliche Arbeit auf dem Gebiet der Militärpädagogik. Im Jahr 1938 erscheint als ein erstes Ergebnis *Wehrmachtserziehung und Kriegserfahrung* auf dem Markt. Aus Schwenks Beschreibung geht klar hervor, daß Wenigers Ambitionen beim Militär und nicht im schulischen Bereich liegen. Er tritt zwar Ostern 1938 eine Stelle am Frankfurter Lessinggymnasium an, läßt sich aber zu mehrmonatigen Reserveübungen einberufen und wehrt sich im Verlauf des Krieges wiederholt, als unabkömmlich eingestuft zu werden, "weil ihn das wieder ans Lessinggymnasium zurückgebracht hätte".[15] Sein Engagement gilt der deutschen Wehrmacht; das zeigt die Tatsache, daß er 1937 der Deutschen Gesellschaft für Wehrpolitik und Wehrwissenschaften beitritt, das zeigt die Thematik seiner Schriften, die er im Kriege publiziert. Denn Weniger kämpft nicht, sondern erwirkt 1940 bei Generalstabschef Halder einen Sonderauftrag, der es ihm ermöglicht, sich frei zu bewegen und sich nach eigenem Belieben zu Forschungszwecken an verschiedene Fronttruppenteile abkommandieren zu lassen.[16] 1941 erscheinen zwei Beiträge von ihm über *Führerauslese und Führereinsatz im Kriege und das soldatische Urteil der Front* in der Militärwissenschaftlichen Rundschau. 1942 bringt er nach kurzen Vorveröffentlichungen die literarhistorische Abhandlung *Goethe und die Generale* sowie *Die Geistige Führung der*

---

[14]Schwenk, B.: "Wehrmachtserziehung und Kriegserfahrung" - Erich Wenigers Allgemeine Pädagogik? In: Bildung und Soldatentum 1992, S. 143.
[15]Schwenk 1968, S. 21.
[16]In einem Brief vom 14.2.1957 dankt Weniger Generaloberst a.D. Franz Halder, indem er schreibt: "Ich hoffe, in der nächsten Zeit einige Arbeiten von mir über die neue Form der Bundeswehr übersenden zu können und auf diese Weise die alte Verbindung wieder herzustellen. Ich werde immer mit großer Dankbarkeit an die Förderung gedenken, die Sie mir seinerzeit im Kriege in so schwierigen Umständen haben zuteil werden lassen." Beleg: BA/MA Freiburg, N 488/31, Blatt 84.

Truppe. Das Ethos des deutschen Soldatentums und die Erziehung des deutschen Offiziers heraus. 1944 kommt *Die Erziehung des deutschen Soldaten* als Frontbuchhandelsausgabe auf den Markt und als ein letzter Beitrag in der Militärwissenschaftlichen Rundschau *Die Selbständigkeit der Unterführer und ihre Grenzen.*[17]

Den Sonderauftrag nutzt Weniger dergestalt, daß er 1940 beim Westfeldzug in Holland dabei ist und 1941 beim Überfall auf die UDSSR; hier hat er sich zum Stab Heinrich v. Stülpnagels abkommandieren lassen. Von September 1941 bis September 1942 kuriert er eine Ruhrerkrankung aus, anschließend hält er sich bis August 1944 im besetzten Frankreich auf. Zunächst ist er als Betreuungsoffizier beim Militärbefehlshaber Frankreich General v. Stülpnagel eingesetzt, danach beim Befehlshaber Nordwest-Frankreich General Vierow. Anfang 1944 wird Weniger NS-Führungsoffizier. Das Ende des Krieges verbringt er als Reserveoffizier in Göttingen; er geht in amerikanische Gefangenschaft und wird am 18. Juni 1945 aus dem Lager in Naumburg nach Göttingen entlassen.[18]

Das sind in groben Zügen die Stationen Wenigers in den zwölf Jahren nationalsozialistischer Diktatur, die im Nachruf der Universität Göttingen auf seinen Tod als eine "Zeit erzwungener Zurückhaltung" bezeichnet wird.[19]

Die Nachkriegszeit in Göttingen ist von großer Aktivität bestimmt. Bereits am 1. Oktober 1945 wird eine Pädagogische Hochschule gegründet und Erich Weniger, dessen Name mit der akademischen Lehrerbildung verbunden ist, zu ihrem Rektor ernannt.[20] Bei der Ausgestaltung der Hochschule knüpft er an das in Altona erprobte Konzept von 1930 wieder an. Ebenfalls im Oktober 1945 gibt Herman Nohl mit britischer Lizenz die Zeitschrift *Die Sammlung* heraus; als Mitherausgeber zeichnen Otto Friedrich Bollnow,

---

[17]Eine detaillierte Aufstellung von Wenigers Schriften aus nationalsozialistischer Zeit ist der Bibliographie Bernhard Schwenks in der o.g. Festschrift von 1968 zu entnehmen.

[18]Beleg: Entnazifizierungsakte Niedersächsisches Hauptstaatsarchiv Hildesheim 7475, Nds. 171, Fragebogen vom 14.7.1947.

[19]Nachruf vom 7. Juni 1961, Personalakte Universitätsarchiv Göttingen.

[20]Im Vergleich dazu: Die Westfälische Wilhelms-Universität Münster wird erst am 3. November 1945 durch Generalmajor Hakewell-Smith wieder eröffnet.

Wilhelm Flitner und Erich Weniger.[21] Im Frühjahr 1947 wird gegen Weniger ein Entnazifizierungsverfahren eröffnet, das am 9.9.1948 mit seiner endgültigen Entlastung endet.[22] Drei Monate später wird er auf den Lehrstuhl Herman Nohls berufen, am 1.1.1949 tritt er die Nachfolge an.

Es ist ersichtlich: Weniger bestimmt nach 1945 die pädagogische Weichenstellung im westlichen Teil Deutschlands maßgeblich mit. Seine bildungspolitische Einflußnahme läuft dabei nicht nur über sein Ordinariat[23], sondern zu einem wesentlichen Teil auch über Funktionen, die er in zahlreichen Gremien[24], z.B. im Deutschen Ausschuß für das Erziehungs- und Bildungswesen, übernimmt; sie läuft aber auch und nicht zuletzt über die große Zahl von Schülern, für deren Weiterkommen er Sorge trägt.

Doch Weniger nimmt nicht nur auf akademischem Feld eine führende Position ein, auch politisch ist er an exponierter Stelle engagiert.[25] Sein Engagement gilt sehr bald der Wiederherstellung der Wehrhoheit, d.h. dem Aufbau der Bundeswehr. Seit 1951 gehört er als Wehrberater zum "Amt Blank"[26], seit 1955 als berufenes Mit-

---

[21] Vgl. Vennebusch-Beaugrand, Th.: Die Sammlung. Zeitschrift für Kultur und Erziehung. Ein Beitrag zur deutschen Nachkriegspädagogik. Köln et al.: Böhlau 1993.

[22] Vgl. dazu den entsprechenden Exkurs: Wenigers Aussagen in seinem Entnazifizierungsverfahren in dieser Arbeit. - Nach Schwenks Angaben (Schwenk 1968, S. 23) und der eigenen Einsicht in das Aktenmaterial im Niedersächsischen Staatsarchiv Hannover wurde das Verfahren im Frühjahr 1947 eröffnet. Helmut Gaßen, der wohl als einziger Zugang zu der Originalakte in der Handschriftenabteilung der SUB Göttingen hat, gibt als Verfahrensbeginn den Mai 1946 an. (In: Göttinger Beiträge zur universitären Erwachsenenbildung, Heft 11/1987, S. 109).

[23] 1955/56 ist Weniger Dekan der philosophischen Fakultät. In diese Zeit fällt die sogenannte Schlüter-Affaire. "Weniger war mitbeteiligt am Zustandekommen des Protests, mit dem die Universität Göttingen gemeinsam mit einigen Pädagogischen Hochschulen den durch seine nationalsozialistische Vergangenheit über Gebühr (!) belasteten Schlüter zum Verzicht auf seinen eben erst angetretenen Posten als Kultusminister in Niedersachsen zwang." (Schwenk 1968, S. 29). - Darüber befragt, bezeichnete Monika Plessner die Vorgänge in einem Gespräch am 17.8.1992 als "Sturm im Wasserglas".

[24] Vgl. dazu Gaßens Zeittafel "Erich Weniger" in: Göttinger Beiträge, Heft 11/1987, S. 88f.

[25] Helmuth Kittel über Weniger: "Aber ihn faszinierte - und hierin zeigte sich sein genuines politisches Temperament - die Macht, an der ein wenig teilzuhaben ihm einfach Freude machte." In: Behauptung der Person. Festschrift für Prof. Hans Bohnenkamp. Hg. v. Helmuth Kittel und Horst Wetterling, S. 209.

[26] Dahinter verbirgt sich der Beauftragte des Bundeskanzlers für die mit der Vermehrung der alliierten Truppen zusammenhängenden Fragen.

glied zum "Personalgutachterausschuß für die Streitkräfte"[27], seit
1958 zum "Beirat für Fragen der inneren Führung der Bundeswehr".
Die Leitlinien der Bundeswehr für die Erziehung des "Bürgers als
Soldat"[28] tragen nachweislich seine Handschrift.

Weniger gehört als einflußreiche Persönlichkeit zu den Kräften, die
dem westlichen Nachkriegsdeutschland ihren Stempel aufgedrückt
haben. Als er am 2. Mai 1961 stirbt, wird sein Bild, das nicht zuletzt unter seiner eigenen Regie entstand, konserviert und in dieser
Gestalt über beinah drei Jahrzehnte hinweg tradiert.

Es ist das Bild eines hervorragenden Wissenschaftlers, eines
treuen Demokraten und eines heimgesuchten Mannes, dessen wissenschaftliche Karriere von den braunen Machthabern empfindlich
gestört worden sei. Wie ich in der Rezeptionsgeschichte im einzelnen nachweise, begnügen sich viele Autoren mit dieser Sichtweise
in der Annahme, mit dem einen Hinweis auf Wenigers Entlassung
dem gesamten Komplex "Drittes Reich" Genüge getan zu haben. Mag
ein Autor oder ein Hochschulgremium die zwölf Jahre nationalsozialistischer Diktatur in Wenigers Leben nicht einfach überspringen, wird er als eine kämpferische Persönlichkeit dargestellt,
die sich nicht in die Stille einer privaten Existenz zurückgezogen,
sondern die mutig in Wort und Tat gegen die nationalsozialistische
Ideologie angekämpft habe. In diesem Zusammenhang wird dann auf
das Kriegsgerichtsverfahren hingewiesen, das im August 1944
gegen ihn eröffnet, umständehalber aber wieder niedergeschlagen
worden sei.[29]

Dieses Weniger-Bild wird kolportiert und in wissenschaftlichen
Arbeiten immer wieder aufgelegt.[30] Wenigers militärpädagogische

---

[27]Die Einstellung der höheren Offiziere war von der Zustimmung dieses Ausschusses
abhängig. In dem Zeitraum von August 1955 bis August 1957 gingen dem Ausschuß
insgesamt 600 Bewerbungen zur Begutachtung zu. Beleg: BA/MA Freiburg, BW 27.

[28]Diesen Begriff prägt Weniger auf der Weinheimer Tagung im Dezember 1951.

[29]Vgl. dazu Schwenk 1968, S. 23 sowie den Exkurs in dieser Arbeit.

[30]Die Studie Theresia Vennebusch-Beaugrands (s.o.) ist dafür ein bemerkenswertes
Beispiel. In den wenigen Seiten, die sie Wenigers Biographie widmet, wiederholt sie
alte Erklärungsmuster, ohne die inzwischen geführte Diskussion zu berücksichtigen, und gibt der Legendenbildung weiteren Stoff. So schreibt sie mit Bezug auf
das Kriegsgerichtsverfahren: "Die politischen Verhältnisse in Frankreich ver-
hinderten jedoch die Durchführung des Prozesses. Nach einem Jahr in französischer

Texte selbst werden nicht herangezogen, obwohl sie in der Gedenkschrift von 1968 bibliographisch aufgeführt und über die Bibliotheken der Universitäten und Bundeswehrhochschulen zugänglich sind. Die Situation ändert sich 1989 mit Kurt Beutlers Vorstoß. Sein Aufsatz *Deutsche Soldatenerziehung von Weimar bis Bonn. Erinnerung an Erich Wenigers Militärpädagogik* macht nun eine wissenschaftliche Auseinandersetzung mit diesem Erbe unumgänglich. Wenigers Veröffentlichungen aus nationalsozialistischer Zeit werden seit Anfang der 90er Jahre in der erziehungswissenschaftlichen Disziplin zur Kenntnis genommen - allerdings nach Maßgabe des tradierten Bildes.

Vor diesem Hintergrund stellt sich das Ziel meiner Arbeit wie folgt dar:

Es geht darum, bislang unbekannte, vergessene oder auch nur oberflächlich rezipierte Schriften Erich Wenigers zur Kenntnis zu bringen. Sie sollen hermeneutisch ausgelegt, d.h. auf ihren Inhalt hin befragt und unter Berücksichtigung ihres zeitgeschichtlichen Kontextes verstanden werden.[31]

Zum anderen soll der Hiatus zwischen dem tradierten Bild von Weniger und dem bislang bewußt oder unbewußt verdrängten - dem anderen - Weniger aufgezeigt werden.

Damit - und das ist ein weiteres Ziel - soll die Arbeit einen punktuellen Beitrag leisten zur Aufarbeitung der Vergangenheit, wobei zwei Momente miteinander verwoben sind: Einmal wird die Untersuchung etwas Neues zutage fördern, eine Lücke schließen, einen blinden Fleck beseitigen helfen. Zum anderen kann sie als ein Beispiel genommen werden dafür, wie geschichtliche Verdrängung und historische Legendenbildung vonstatten gehen. An der Rezeptionsgeschichte läßt sich das besonders gut ablesen und auch an dem für den Exkurs herangezogenen Quellenmaterial. Die Arbeit hat insofern auch die Funktion einer geschichtlichen Selbstbesinnung.

Kriegsgefangenschaft kehrte Weniger im Sommer 1945 nach Göttingen zurück." (S. 54).

[31]Vgl. dazu meine Überlegungen zur Methode.

Als ein letzter Aspekt sei eine Frage genannt, die mit der Person
Erich Wenigers nicht mehr unmittelbar verknüpft ist, die aber bei
der intensiven Auseinandersetzung mit den Geschehnissen der NS-
Zeit immer im Hintergrund steht: Wieweit ist es berechtigt, die
Zeit des Nationalsozialismus als eine "historisch singuläre Figuration"[32] zu bezeichnen? Die Vorstellung einer singulären Figuration impliziert die Einmaligkeit dieser Epoche und damit die
Annahme, daß sie sich nicht wiederholen wird. Dem steht der Gedanke, besser die Erfahrung Hannah Arendts von der "Banalität des
Bösen" gegenüber.[33] Die geschichtliche Besinnung gewinnt damit
einen unmittelbaren Bezug zur politischen Gegenwart.

---

[32]Vgl. Tenorth, H.-E.: Deutsche Erziehungswissenschaft 1930 bis 1945. In:
Zeitschrift für Pädagogik, 32. Jg. 1986, Nr. 3, S. 301.
[33]"Das Beunruhigende an der Person Eichmanns war doch gerade, daß er war wie viele
und daß diese Vielen weder pervers noch sadistisch, sondern schrecklich und er-
schreckend normal waren und sind." Arendt, H.: Eichmann in Jerusalem. Ein Bericht
von der Banalität des Bösen. München: Piper, Neuausgabe 1986, S. 326.

2. Forschungsstand - Rezeptionsgeschichte

Fünf Jahre nach Wenigers Tod erscheint an der Pädagogischen Hochschule Potsdam eine Dissertation mit dem Titel: *Die philosophisch-theoretischen Positionen Erich Wenigers und sein System der politischen Erziehung.*[1] Der Autor **Helmut Guther** legt eine sorgfältig recherchierte Arbeit vor, deren Ergebnis lautet: "Weniger war ein Handlanger, ein Diener des Faschismus. Er besorgte die Geschäfte der schlimmsten Feinde des deutschen Volkes, die Geschäfte des aggressivsten, am meisten chauvinistischen und militaristischen Teils der deutschen Monopolbourgeoisie."[2] Guthers Urteil über Wenigers Haltung nach dem Krieg fällt nicht minder entschieden aus: "So dient Weniger nach 1945 den gleichen imperialistischen Kräften und wird wiederum in gleichem Maße schuldig, wie er schon in der Zeit von 1933-1945 dem deutschen Faschismus Handlangerdienste leistete und damit am deutschen Volke schuldig geworden ist."[3]

Diese Publikation über Weniger hätte die westdeutsche Fachwelt aufmerken lassen können - sie wurde nicht zur Kenntnis genommen. Guther präsentiert seine Erkenntnisse allerdings in marxistisch-leninistischer Terminologie nach Maßgabe der damaligen DDR - es wäre gewiß nicht leicht gewesen, die Spreu vom Weizen zu trennen. Jedenfalls lieferte die starke ideologische Einfärbung einen Grund, die Arbeit auszublenden.

1968 erscheint das für die Weniger-Rezeption grundlegende Werk *Geisteswissenschaftliche Pädagogik am Ausgang ihrer Epoche - Erich Weniger.*[4] Unter den Beiträgen der an diesem Sammelband beteiligten Weniger-Schüler sind zwei für die Rezeptionsgeschichte besonders wichtige Arbeiten: die von **Bernhard Schwenk** verfaßte detaillierte Biographie *Erich Weniger - Leben und Werk* [5]

---

[1]Guther, H.: Die philosophisch-theoretischen Positionen Erich Wenigers und sein System der politischen Erziehung. Potsdam: Brandenburgische Landes- und Hochschulbibliothek Potsdam 1966.

[2]Ebd., S. 147.

[3]Ebd., S. 142.

[4]Herausgegeben von Ilse Dahmer und Wolfgang Klafki. Weinheim und Berlin: Verlag Julius Beltz.

[5]Zitiert als: Schwenk 1968.

und die von ihm und **Helga Schwenk** besorgte *Bibliographie*. Bernhard Schwenk geht in der Biographie auf Wenigers Wirken in der NS-Zeit ein. Er läßt auch das "langwierige" Entnazifizierungsverfahren nicht unerwähnt.[6] Hinsichtlich der Authentizität der von Weniger während des Dritten Reichs verfaßten Schriften mag er sich nicht festlegen. "Wie es damit nun auch stehen mag", so Schwenk, "es ist nicht zu leugnen, daß sich Weniger mit seiner Entscheidung, nicht zu emigrieren, sich nicht in die Stille einer privaten Existenz zurückzuziehen, ins Zwielicht begeben hat."[7] Trotz dieser Einschränkung steht sein Urteil fest: "An Wenigers Opposition gegen den Nationalozialismus kann kein Zweifel sein."[8] An den beiden Autoren Guther und Schwenk wird die Spannweite deutlich, in der sich die Rezeption dieses Pädagogen vollzieht.

Das von Bernhard und Helga Schwenk besorgte vollständige Verzeichnis der Schriften Erich Wenigers umfaßt die Zeit von 1911 bis 1961. Die akribisch zusammengetragenen 433 Titel (einschließlich einer großen Zahl von Rezensionen) enthalten alle Schriften zu militärpädagogischen und wehrpolitischen Fragen, die Weniger während des Dritten Reiches und im Zusammenhang mit dem Aufbau der Bundeswehr verfaßt hat. Als wichtige Erkenntnis ist festzuhalten: Seit dem Erscheinen der Gedenkschrift 1968 war es jedermann möglich, sich vollständig über Wenigers Werk zu informieren.

1978 wird eine Dissertation mit dem Titel *Geisteswissenschaftliche Pädagogik auf dem Wege zu kritischer Theorie. Studien zur Pädagogik Erich Wenigers*[9] veröffentlicht. Der Autor **Helmut Gaßen** vertritt darin die These, Weniger habe in seinem Spätwerk die Wende zu einer kritischen Theorie der Erziehung vollzogen.

---

[6]Schwenk hatte offensichtlich Einsicht in Unterlagen aus dem Nachlaß (z.B. in die Korrespondenz Wenigers mit dem zuständigen Ministerium 1933-1934 über seine Rehabilitation sowie in Entnazifizierungsunterlagen), die erst 1979 der Handschriftenabteilung der Niedersächsischen Staats- und Universitätsbibliothek übergeben worden sind.

[7]Schwenk 1968, S. 24. - Wie an dem Beispiel "Adolf Reichwein" oder "Die Weiße Rose" abzulesen ist, war "die Stille einer privaten Existenz" keineswegs die zwingende Alternative zu einer Kooperation mit dem System.

[8]Ebd., S. 25.

[9]Weinheim: 1978. - Der Weniger-Schüler Wolfgang Kramp hatte die Arbeit betreut.

1987 tritt Gaßen mit einem *Bericht über den Nachlaß Erich Wenigers*[10] an die Öffentlichkeit. Der Gesamtnachlaß Wenigers ist aufgeteilt und lagert seit 1979 teils im Bundesarchiv/Militärarchiv in Freiburg und teils in der Handschriftenabteilung der Niedersächsischen Staats- und Universitätsbibliothek Göttingen. Es ist hier nicht der Ort, ausführlich auf die Quellenlage einzugehen, dennoch sei in diesem Zusammenhang erwähnt, daß lediglich die Freiburger Nachlaßbestände der Forschung zugänglich sind, die Bestände in der Handschriftenabteilung der Göttinger Universität dagegen bis zu ihrer endgültigen Katalogisierung nur von Helmut Gaßen eingesehen werden dürfen - mit Ausnahme der Vorlesungs- und Vortragsmanuskripte, die nach der Argumentation der Erben immer schon für die Öffentlichkeit bestimmt gewesen seien.[11] Die Originalentnazifizierungsakte z.B. ist nicht einzusehen.[12]

Dem Nachlaßbericht hat Gaßen einen kurzen biographischen Abriß beigefügt. Darin heißt es: "Als letztes Haupt der 'Göttinger Schule' wurde Weniger zum wirkungsgeschichtlich einflußreichen Repräsentanten einer originären politisch-gesellschaftlich reflektierten Variante 'geisteswissenschaftlicher Pädagogik'."[13] Zur Vita wird lapidar erklärt: "Weniger selbst wurde 1933 von den Nationalsozialisten seiner Professur enthoben. Nach 1945 war er maßgeblich am Wiederaufbau einer akademischen Lehrerbildung in Deutschland beteiligt."[14] Die NS-Zeit wird ausgespart, die "Schlüs-

---

[10]In: Göttinger Beiträge zur universitären Erwachsenenbildung. Erich Weniger - Leben und Werk. Heft 11/1987, S. 83-112.

[11]Diese Auskunft gab mir der Leiter der Handschriftenabteilung in einem Telephonat am 8.2.1993.

[12]Obwohl die übliche Nachlaß-Sperrfrist von dreißig Jahren seit 1991 auch für die Weniger-Bestände der SUB Göttingen abgelaufen ist, wird der Zugang (mit der erwähnten Ausnahme) nicht gestattet, weil die Unterlagen noch nicht katalogisiert worden seien. Das ist die Aussage des Direktors der SUB Göttingen in einem Brief an mich vom 15.3.1993. Außerdem gibt es eine Sonderregelung zwischen den Erben Wenigers und Herrn Gaßen. - Im Hinblick auf die Originalentnazifizierungsakte ist zu fragen, warum sie sich im Nachlaß und nicht im Niedersächsischen Hauptstaatsarchiv befindet, wo sie seit 1952 aufbewahrt werden sollte. Die Entnazifizierung fand in Niedersachsen ihren Abschluß mit der Verkündung des entsprechenden Gesetzes vom 18.12.1951. Die Entnazifizierungsakten mußten gemäß § 5 dieses Gesetzes nach dem 31. Mai 1952 an die Staatsarchive gegeben werden (Bardehle, P.: Vorbemerkungen zu NDS. 170, a.a.O., S. V).

[13]In: Göttinger Beiträge, Heft 11/1987, S. 85.

[14]Ebd.

selstellung des Göttinger Pädagogen" für die Zeit danach um so deutlicher herausgestellt.

1990 gibt Gaßen in der Pädagogischen Bibliothek Beltz eine von ihm ausgewählte und kommentierte Weniger-Ausgabe in zwei Bänden heraus.[15] In einem Kapitel des ersten Bandes geht er auf "Erich Wenigers Leben, Werk und Wirkung" ein. Unter der Überschrift *Jahre der Heimsuchung im Dritten Reich (1933-1945)* versucht er, das "letzte Haupt der Göttinger Schule" (s.o.) zu rechtfertigen. Er weicht der "Frage nach der Einstellung dieses Autors zum NS-Regime"[16] nicht aus; er spricht davon, daß seine militärpädagogischen Veröffentlichungen "objektiv systemstabilisierend" gewesen seien, und stellt fest: "Tarnung und Systemkonformismus sind in diesen Schriften oft schwer voneinander zu unterscheiden."[17] Er spricht von der "Ambivalenz der politisch-pädagogischen Position dieses Autors im Dritten Reich"[18] und versucht dann, Weniger über einen "Einstellungswechsel ähnlich demjenigen Ernst Jüngers" in ein positives Licht zu rücken. Wie das folgende Zitat deutlich macht, ist dieser Versuch nicht überzeugend: Auch Gaßen vermag trotz seiner intimen Textkenntnis keinen Beleg aus Wenigers Schriften für die von ihm behauptete subjektive Kritik Wenigers anzugeben. Gaßen führt aus: "Das 'Zwielicht', in das er sich auch nach Meinung seines Schülers und Biographen Bernhard Schwenk begeben hat[19], ist Ausdruck des Dilemmas, daß seine spätere *subjektive* Kritik am NS-Regime angesichts der herrschenden - und nicht zuletzt in seinen eigenen Schriften durch die <u>unvermeidbare systemadäquate Diktion</u> legitimierten - Zwänge <u>privatistisch und getarnt bleiben mußte</u>, während seine militär-

---

[15]Band 4 (der Pädagogischen Bibliothek Beltz): Erich Weniger - Erziehung, Politik, Geschichte. Politik, Gesellschaft, Erziehung in der geisteswissenschaftlichen Pädagogik. Ausgewählt und kommentiert von Helmut Gaßen. Weinheim und Basel: Beltz 1990.
Band 5 (der Pädagogischen Bibliothek Beltz): Erich Weniger - Lehrerbildung, Sozialpädagogik, Militärpädagogik. Politik, Gesellschaft, Erziehung in der geisteswissenschaftlichen Pädagogik. Ausgewählt und kommentiert von Helmut Gaßen. Weinheim und Basel: Beltz 1990.
[16]Band 4, S. 422.
[17]Ebd. - Leider präzisiert Gaßen seine Aussage nicht; er benennt keine Textstelle, die sich als Tarnung erkennen ließe.
[18]Ebd., S. 423.
[19]Gaßen bezieht sich auf Schwenk 1968, S. 24. - Vgl. Anm. 7 dieses Kapitels.

pädagogischen Veröffentlichungen bis zum bitteren Ende *objektiv* systemstabilisierend fortwirkten."[20] In seinem Kommentar zur Schriftenauswahl "Militärpädagogik und Wehrerziehung" wiederholt Gaßen seine Behauptung von Wenigers leidvoller Situation unter dem NS-Regime und leitet zudem Wenigers Engagement für die bundesdeutsche Demokratie von dieser Erfahrung ab: "Vor allem die Erfahrung der Unglaubwürdigkeit seiner eigenen Position, die sich im Widerspruch von innerem Vorbehalt gegen das NS-Regime und militärpädagogisch-publizistischem Engagement für das 'Volk in Waffen' bis zur Selbstverleugnung tarnen mußte und damit - wider Willen des Autors - letztlich der Festigung der faschistischen Diktatur diente, dürfte 1945 Wenigers erneutes und entschiedenes Eintreten für die Demokratie bewirkt haben (...)."[21]

Für den Quellenteil bestimmt Gaßen Auszüge aus *Wehrmachtserziehung und Kriegserfahrung* (1938) und aus *Goethe und die Generale* (1940) - beide Werke hatte Weniger in seinem Entnazifizierungsverfahren als Werke des Widerstands gewertet. Die Schrift *Die geistige Führung der Truppe. Das Ethos des deutschen Soldatentums und die Erziehung des deutschen Offiziers* (1942) sowie *Die Erziehung des deutschen Soldaten* (1944) spart Gaßen aus. Er folgt auch darin Weniger, der diese Schriften in seinem Entnazifizierungsverfahren nicht im einzelnen aufgeführt, sondern als "militärische Dienstschriften" ausgegrenzt hatte. Gaßen faßt sie als "kleinere Beiträge über Soldatenerziehung"[22] zusammen und versucht auf diese Weise, ihre Relevanz zu verharmlosen.

Wenigers Engagement für die Wiederaufrüstung der Bundesrepublik Deutschland dokumentiert Gaßen durch die drei Beiträge *Bürger in Uniform* (1953); *Die Gefährdung der Freiheit durch ihre Verteidiger* (1959) und *Soldatische Tradition in der Demokratie* (1960).

Helmut Gaßen nimmt im Rahmen der Weniger-Rezeption eine Schlüsselposition ein; wenn er Wenigers Engagement während des Dritten Reiches unter der Überschrift "Jahre der Heimsuchung" ab-

---

[20]Band 4, S. 424. Hervorhebungen von mir.
[21]Band 5, S. 393. Hervorhebung von mir.
[22]Band 4, S. 422.

handelt, dann ist damit sein wahrnehmendes Interesse unmißverständlich gekennzeichnet.

Nach diesem zeitlichen Vorgriff nehme ich den chronologischen
Verlauf der Weniger-Rezeption wieder auf. Als bedeutsames
Ereignis ist die Gründung des **Vereins der Freunde und Förderer
des Erich-Weniger-Hauses** 1987 zu nennen. Bereits 1985 hatte
der Landkreis Gifhorn begonnen, einen Gebäudekomplex in Wenigers
Geburtsort Steinhorst zu einer Bildungsstätte auszubauen; 1992
wurde sie eingeweiht. Programmatischer Schwerpunkt dieses
Freundeskreises ist die verstärkte wissenschaftliche Ausein-
andersetzung mit dem geistigen Erbe Erich Wenigers und der
geisteswissenschaftlichen Pädagogik. Zu diesem Zweck finden
Symposien statt, deren Ergebnisse publiziert werden. Der o.g.
Bericht Gaßens über den Nachlaß Wenigers ist der Dokumentation
des ersten Symposions (1986) entnommen. Es folgten weitere
Symposien, 1988 und 1989 zum Thema "Erich Weniger und die
Militärpädagogik". Sie wurden vom Seminar für Allgemeine
Pädagogik der Universität Göttingen und dem Verein der Freunde
und Förderer des Erich-Weniger-Hauses gemeinsam veranstaltet.
Die publizistische Bündelung der beiden Symposien erfolgte erst
nach drei Jahren mit dem von **Dietrich Hoffmann** und **Karl
Neumann** herausgegebenen Sammelband *Bildung und Soldatentum.
Die Militärpädagogik Erich Wenigers und die Tradition der Erziehung
zum Kriege.*[23] Mit dieser Veröffentlichung nehmen der Freundeskreis und die Gruppe der Göttinger Erziehungswissenschaftler, die
die Tradition der "Göttinger Schule" fortsetzen möchte, die Aufklärung über Wenigers militärpädagogisches Engagement selbst in
die Hand. Ich werde weiter unten auf den Sammelband eingehen.

Zunächst sei ein anderer Autor genannt, **Kurt Beutler.** Er veröffentlicht zur selben Zeit, da im Schloß Gifhorn das Symposion zu
Wenigers Militärpädagogik stattfindet, einen kurzen Aufsatz mit
dem Titel *Deutsche Soldatenerziehung von Weimar bis Bonn.
Erinnerung an Erich Wenigers Militärpädagogik.*[24] Beutler ist - von

---

[23]Weinheim: Deutscher Studien Verlag 1992. Zitiert als: Bildung und Soldatentum
    1992.
[24]In: päd. extra & demokratische erziehung, Jg. 1989, H. 7/8, S. 47-53.

Helmut Guther abgesehen - der erste Autor, der die Militärpädagogik Wenigers ausdrücklich thematisiert.[25] In seiner ersten
Untersuchung von 1989 bezieht er sich auf Wenigers frühe Schrift
Das Bild des Krieges sowie auf seine Publikationen aus der NS-Zeit.
1990 nimmt Beutler seine Weniger-Studien wieder auf und dehnt
sie auf Wenigers Engagement für die neue Bundeswehr aus. Der
erweiterte Aufsatz erscheint mit dem Titel *Militärpädagogische
Aspekte bei Erich Weniger. Zum kriegsfördernden Beitrag geistes-
wissenschaftlicher Pädagogik.*[26] 1991 meldet sich Beutler erneut
zu Wort mit einem Text über *Erich Weniger - Reformpädagoge und
Militärtheoretiker.*[27] Der Text ist eine Wiederholung des bereits zu
diesem Thema Veröffentlichten. Neu ist der reformpädagogische
Aspekt, unter den Beutler seine Ausführungen stellt. Obwohl
Weniger der "pädagogischen Bewegung" zuzurechnen sei, habe er als
Militärpädagoge seine Gedanken in den Dienst eines konservativen
Militärs gestellt. Dies will Beutler darstellen, "um vor der Illusion
zu bewahren, Reformpädagogen per se als Repräsentanten von Libe-
ralität und Fortschritt zu identifizieren".[28]

Beutler nimmt innerhalb der Rezeptionsgeschichte eine Sonderstellung ein: Mit unvoreingenommenem, kritischem Blick läßt er
Leben und Werk Wenigers Revue passieren. Unverstellt und klar
formuliert er die Erkenntnisse, die sich aus den biographischen
Daten wie der Textanalyse ergeben. Überzeugend zieht er die Linie
von Wenigers erster militärpädagogischer Veröffentlichung 1930
bis zu seinen Publikationen zum Aufbau der Bundeswehr in den
fünfziger Jahren. Einige wesentliche Erkenntnisse seien im Wortlaut wiedergegeben.

In bezug auf Wenigers frühen Aufsatz *Das Bild des Krieges* verweist Beutler auf eine starke Affinität zu Ernst Jünger: "Wie der

---

[25]Zwar wird Weniger bereits 1985 einmal als "Wehrpädagoge" zitiert, der Anlaß für
den Autor Josef Fellsches ist jedoch nicht die Militärpädagogik Wenigers an sich,
sondern die Frage, ob eine positive Darstellung von Bundeswehr und Wehrdienst im
Schulunterricht verfassungswidrig oder erzieherisch geboten sei. (Fellsches, J.:
Streitsache: "Wehrpädagogik/Wehrerziehung". Argumentation gegen pädagogische
Rechtfertigungsversuche. In: Demokratische Erziehung, 11 (1985) 4, S. 28-31).
[26]In: Forum Wissenschaft. Studienheft Nr. 9, hg. v. Wolfgang Keim. Marburg 1990, S.
60-72.
[27]In: Pädagogik und Schulalltag 46 (1991) 3, S. 280-290.
[28]Ebd., S. 282.

Dichter von 'Feuer und Blut' (i.e. Ernst Jünger) setzt auch der Pädagoge in seinem *'Bild des Krieges'* die moralischen Maßstäbe außer Kraft und begibt sich auf den Rückzug ins Archaische."[29]

Im Hinblick auf Wenigers Publikationen aus nationalsozialistischer Zeit formuliert er unmißverständlich: "Erich Weniger kommt an keiner Stelle die Frage, ob es pädagogisch angemessen ist, die Jugend eines Volkes für einen Eroberungskrieg zu erziehen."[30] Diesem Kritikpunkt fügt er einen zweiten hinzu: "Auch gibt es bei Weniger keine Reflexion über die Rolle des Militärs im Staat. Statt dessen ergeht er sich im bornierten Jargon des Offizierskasinos und faselt von *'sittlicher Grundkraft', 'Ehre', 'Treue'* und *'Manneszucht'* des deutschen Militärs oder vom Krieg als der großen *'Bewährung'.*"[31] Beutler nennt Wenigers vermeintliche Fehleinschätzung der deutschen Wehrmacht eine "Selbstüberhöhungslegende des Offiziers"[32]; zu keinem Zeitpunkt sei die Wehrmacht unpolitisch gewesen, niemals habe sie die Möglichkeit zur inneren Emigration geboten, wie Weniger das behauptet hat.[33] Klar formuliert Beutler: "Eine solche Berufsentscheidung zugunsten der Wehr-

---

[29] In: Forum Wissenschaft. Studienheft Nr. 9, S. 63. - Das Aufgehen des Soldaten in der unmittelbaren Daseinserfahrung, das Beutler "Rückzug ins Archaische" nennt, deute ich existentialistisch.

[30] Ebd., S. 65.

[31] Ebd. - Beutler bezieht sich hier auf Wenigers *Die Erziehung des deutschen Soldaten* von 1944.

[32] In: Forum Wissenschaft. Studienheft Nr. 9, S. 69.

[33] Beutler bezieht sich hier auf eine Stelle aus *Die Gefährdung der Freiheit durch ihre Verteidiger* (1959), in der Weniger in einem befremdlichen Vergleich sagt: "Aber 'Staat im Staate' könnte auch so etwas sein wie eine innere Emigration vor der Demokratie in die Bundeswehr, wie nicht wenige von uns seinerzeit vor dem Nationalsozialismus in die Wehrmacht emigrierten."(Erich Weniger, ausgewählt und kommentiert von Helmut Gaßen, Band 5, S. 313). - Ich möchte in diesem Zusammenhang an eine weitere Formulierung Wenigers aus demselben Jahr erinnern. In *Die Epoche der Umerziehung 1945-1949* sagt er: "Vielerorts war die Wehrmacht eine Oase für freie Menschen geworden." (Die Epoche I 1959, S. 407). - Dazu im Widerspruch steht eine Bewertung der Wehrmacht, die er im Zusammenhang mit Überlegungen zum Thema Tradition und Bundeswehr abgibt. In dem besagten Manuskript (ohne Datum.) heißt es: "Es besteht eine durchaus verständliche Tendenz, an die Tradition der Reichswehr anzuschließen (...) Aber diese Tradition ist wiederum nicht ohne Gefahr, denn die Idee der Neutralität und des Staates im Staate und die innere Bindung an einseitige politische Gruppen haben die Reichswehr belastet und dadurch ist es dann auch zu der bedingungslosen Unterwerfung unter dem (sic!) Nationalsozialismus gekommen." ("Material für eine Empfehlung über Tradition in der Bundeswehr." BA/MA Freiburg, N 488/12, Blatt 62 f.). Es ist fraglich, ob die Wehrmacht unter dieser Voraussetzung ein Ort der inneren Emigration hat sein können.

macht mit der Elendsrolle der Emigranten in Verbindung zu bringen, zeugt von einer elementaren Verkennung der Realität."[34]

Nach 1945 erkennt Beutler eine "nationale Selbstgefälligkeit" in Wenigers Äußerungen, die er für "gänzlich unangemesssen" hält.[35] Und er konstatiert eine "geradezu systematische Ausblendung der jüngsten, und von ihm selbst erlebten und an nicht untergeordneter Stelle auch gestalteten Vergangenheit".[36]

Nachdem die Sonderstellung Kurt Beutlers für die Weniger-Rezeption deutlich geworden ist, gehe ich auf den bereits erwähnten Sammelband *Bildung und Soldatentum* von 1992 ein. Die Autoren sind bis auf Schwenk und Hoffmann keine Weniger-Schüler mehr. Gaßen vertritt die "zweite Generation". Die einzelnen Beiträge sind, trotz des gemeinsamen Themas, sehr unterschiedlich. Zwei Texten, von **Heinz Stübig** und **Hans Paul Bahrdt**, fehlt jeder Bezug zu Weniger. Das Nachwort **Dietrich Hoffmanns** *Zur Kontinuität der Kriegserziehung* ist ein essayistischer Ausklang, desssen Intention durch ein vorangestelltes Motto aus Brechts *Mutter Courage* nicht deutlicher wird. Die beiden anderen Beiträge Hoffmanns für diesen Sammelband sind dagegen literarisch interessant, und ihre Intention ist deutlich erkennbar. Sein Aufsatz *Die Wirklichkeiten des Krieges in der Pädagogik* versucht, anhand literarischer Werke den wilhelminischen Zeitgeist einzufangen, der, überaus militaristisch, in den Schulen zu einer pädagogischen Mobilmachung geführt habe. Gedanken Heinrich von Treitschkes[37] über den Krieg als eine besondere Form menschlicher Selbstverwirklichung und die "Kampfpoesie" Detlev von Liliencrons[38] seien die Spuren, in denen Ernst Jünger[39] zu seiner Ästhetik des Grauens gefunden habe. Nur wenige

---

[34]In: Forum Wissenschaft, Studienheft Nr. 9, S. 69. - Dieselbe "elementare Verkennung der Realität" liegt bei Gaßen vor, wenn er Wenigers Laufbahn während des Dritten Reiches mit dem Schicksal der durch den nationalsozialistischen Verbrecher-Staat tatsächlich "Heimgesuchten" zusammenbringt.

[35]Ebd.

[36]Ebd.

[37]Heinrich von Treitschke (1834-1896), Historiker, Gegner des Marxismus und des Judentums.

[38]Detlev von Liliencron (1844-1909), preußischer Offizier und Lyriker.

[39]Ernst Jünger, geb. 1895. Kriegsfreiwilliger im Ersten Weltkrieg. Träger des Ordens "Pour le mérite". Als Kriegsbücher sind u.a. zu nennen: *In Stahlgewittern*

hätten sich gegen eine solche "emotional geprägte Idealität des Krieges"[40] gestellt wie Wilhelm Lamszus[41] mit seiner Veröffentlichung *Das Menschenschlachthaus* von 1912. Von Weniger ist in diesem Beitrag nicht eigentlich die Rede, gleichwohl vernimmt der Leser die Botschaft: Der Zeitgeist war´s, der Weniger prägte.

In seinem Aufsatz *Erziehung vor Verdun. Über die Gründe unterschiedlicher Reflexion des Erlebnisses des Ersten Weltkrieges* unternimmt Hoffmann einen weiteren Versuch, beim Leser Verständnis für den Militärpädagogen Weniger zu wecken. Sein Ansatz ist die "fruchtbare" wie "aufregende" These, "das Kriegserlebnis als eine existentielle Erfahrung anzusehen, die nur mit 'besonderen' Anstrengungen bewältigt werden konnte".[42] Hoffmann weiß, daß diese existentielle Sichtweise, sofern sie Krieg als "Erlebniskatastrophe" im Sinne Mitscherlichs begreift und damit die psychologische Ebene einnimmt, zu individuell ganz unterschiedlichen Ergebnissen führen wird. Genau das entspricht seiner Intention: Der individualpsychologische Interpretationsansatz verleiht den militärpädagogischen Ausführungen Wenigers allenfalls eine subjektive Relevanz, auf allgemeiner Ebene stuft er sie als unverbindlich ein. "Für eine Psychoanalyse des Kriegserlebnisses bzw. der Kriegserfahrung", meint Hoffmann, "wäre es nicht überraschend, wenn sich nicht nur die WENIGERschen Analysen des Kriegserlebnisses, sondern auch seine Militärpädagogik als eine Form der Bewältigung des Krieges erweisen würden."[43] Aus dieser Perspektive ist für ihn "das überraschende, um nicht zu sagen erschreckende Verständnis des Krieges als 'Bildungserlebnis' ein Beweis für das Vorliegen einer Rationalisierung im Sinne der Freudschen Theorie".[44] Um

---

(1920), *Der Kampf als inneres Erlebnis* (1922), *Feuer und Blut* (1925), *Strahlungen* (1949).

[40]In: Bildung und Soldatentum 1992, S. 56.

[41]Wilhelm Lamszus (1881-1965), Erzähler, Dramatiker, Lyriker und Pädagoge. Seit 1918 Mitglied der KPD. 1933 Entlassung aus dem Schuldienst, Verbot seiner Bücher, Schreibverbot. - Zwei Jahre vor Beginn des Ersten Weltkriegs erschien *Das Menschenschlachthaus*, "das erste deutsche Buch gegen den imperialistischen Krieg" (W. Bredel). 1919 veröffentlichte er *Das Irrenhaus*. Dazu C. v. Ossietzky, Lamszus habe "die Schrecken der modernen Materialschlachten mit nachtwandlerischer Sicherheit geschildert" (Lexikon deutschsprachiger Schriftsteller, Bd 3, L-Sa, Kronberg Ts.: Scriptor 1974, S. 6 f.).

[42]In: Bildung und Soldatentum 1992, S. 98.

[43]Ebd., S. 99.

[44]Ebd., S. 105.

seinen psychologischen Ansatz zu stützen, dehnt Hoffmann seine Betrachtungen auf Ernst Jünger und Arnold Zweig[45] aus. Er sucht in ihnen weitere Beispiele für die "subjektive Lösung eines objektiven Problems".[46] Die so ungleichen Publikationen wie Jüngers *In Stahlgewittern* und Zweigs antimilitaristischer *Grischa-Zyklus* sieht Hoffmann auf einer Ebene mit Wenigers "politisch-pädagogischen Theorien"; er wertet sie als eine subjektive, "nachträgliche Bewältigung des Krieges".[47] Im Hinblick auf Weniger nimmt seine Interpretation eine zusätzliche Wendung; Weniger habe sich in dem "Dilemma" befunden, "mit der Kriegserinnerung ins reine und auf dem nämlichen Wege mit seinen Zukunftserwartungen vorankommen"[48] zu müssen. Aus dieser - allgemein menschlichen - Notwendigkeit, Vergangenes und Zukünftiges verbinden zu müssen, folgert Hoffmann: "Die spätere Hinwendung WENIGERs zur Militärpädagogik und dabei zu einer konkreten 'Wehrmachtserziehung' ist nicht zufällig, aber sie ist in geringerem Maße eine Folge der Kriegserfahrung als vielmehr eine der Rückprojektion 'volkspädagogischer' und 'nationalerzieherischer' Einstellungen auf das im existentiellen Sinne problematische Kriegserlebnis."[49] Der Militärpädagoge Weniger ist für seine Interpreten eine Herausforderung. Hoffmann bemüht zum Schluß seiner Ausführungen Wilhelm Diltheys Begriff der "historischen Vernunft" und versucht zu zeigen, Weniger habe nur dadurch die besagte Bewußtseinsstufe und damit Freiheit erlangen können, indem er versucht habe, "jedem Erlebnis seinen Gehalt" abzugewinnen. Hoffmann läßt diese letzte interpretatorische Anstrengung jedoch nicht unkritisch stehen, sondern gibt zu bedenken, daß "'dieser' Gewinn der Freiheit den der Wahrheit nicht unbedingt einschließt".[50]

Den Gedanken, Wenigers literarisches Schaffen zumindest zum Teil als Bewältigung seines Kriegserlebnisses deuten zu können, ver-

---

[45]Arnold Zweig (1887-1968), Zionist und Sozialist. 1915-1918 Soldat im Ersten Weltkrieg. 1933 Flucht nach Palästina, 1948 Rückkehr nach Ostberlin. 1927 erschien sein Roman *Streit um den Sergeanten Grischa*, 1935 die Fortsetzung *Erziehung vor Verdun*.
[46]In: Bildung und Soldatentum 1992, S. 107.
[47]Ebd., S. 103.
[48]Ebd., S. 116.
[49]Ebd.
[50]Ebd.

tritt auch **Bernd Mütter** in seinem Beitrag *Zwei "Bewältigungen"
des Kriegserlebnisses: Erich Wenigers Geschichtsdidaktik und seine
Militärpädagogik zwischen den beiden Weltkriegen.* Mütter wertet
beide Bereiche als zwei Seiten einer Medaille; denn beide Theorien
arbeiteten mit analogen Kategorien. Beide Entwürfe sind für ihn ein
Versuch, "in den großen Zäsuren der zeitgenössischen deutschen
Geschichte Kontinuität und Identität zu wahren".[51] Denn: "WENIGER
hat über mehr als drei Jahrzehnte hinweg seinen persönlichen
Lebensweg gegen die Schläge der deutschen Zeitgeschichte durchsetzen müssen und stand dabei vor viel größeren Schwierigkeiten,
eine persönliche, ethische und wissenschaftliche Integrität und
Identität durchzuhalten, als das bisher in der zweiten Hälfte unseres Jahrhunderts in Deutschland der Fall war."[52] Die "Schläge der
deutschen Zeitgeschichte" (s.o.) auf der einen Seite und Wenigers
"auf <u>Einflußnahme und Wirksamkeit angelegtes Naturell</u> und seine
ganze Auffassung von der <u>politischen Verantwortung der geistigen
Elite</u>"[53] auf der anderen Seite ergeben für Mütter den plausiblen
Grund für sein "zwielichtiges"[54] Verhalten während des Dritten
Reiches. Weniger habe sich in einer "handlungsfähigen Position" zu
halten versucht; diese These teilt er mit Bernhard Schwenk. In der
Absicht, sie zu untermauern, nimmt Mütter in seiner Argumentation
eine Herabsetzung des mutigen Handelns von Menschen aus dem
Widerstand in Kauf. Er argumentiert folgendermaßen: "Jeder, der im
Dritten Reich opponieren oder - unter Vermeidung sinnloser Opfer -
Widerstand leisten wollte, mußte sich die Bedingungen seiner
Aktivität angesichts der realen Übermacht des Nationalsozialismus
vom <u>Todfeind</u> vorschreiben lassen. WENIGER glaubte offenbar, dieses Risiko eingehen zu können. (...) Aufgrund dieser Vorprägungen
taugte er nicht zum <u>Gesinnungsethiker</u>, der lieber die Welt untergehen läßt, als daß er sich die Hände schmutzig macht, sondern verhielt sich viel eher als <u>Verantwortungsethiker</u> - mit allen Gefahren
situationsethischer Relativierung (...)."[55] Mütter stellt Weniger als

---

[51]In: Bildung und Soldatentum 1992, S. 69.
[52]Ebd.
[53]Ebd., S. 82. Hervorhebungen von mir.
[54]Wie Schwenk und Gaßen stellt auch Mütter die Frage: "Warum (...) begab er sich
gleichwohl ins Zwielicht?" (S. 82).
[55]Ebd., S. 82 f. Hervorhebungen von mir. - Dies ist ein bemerkenswertes Zitat; meint
Mütter tatsächlich, der Tod der Mitglieder der Weißen Rose oder der des Kreisauer
Kreises seien "sinnlose Opfer" gewesen? - Die Kombination von Widerstand,

Verantwortungsethiker dar, der sich nicht scheut, sich der guten Sache wegen die Hände schmutzig zu machen. Da ist es folgerichtig, sein im Auftrag des Kriegsministeriums 1938 verfaßtes Werk *Wehrmachtserziehung und Kriegserfahrung* als "Dokument der pädagogischen Opposition gegen den Nationalsozialismus in militärischem Gewand"[56] zu interpretieren. Allerdings, schränkt Mütter ein, sei dieses Buch wie die "nachfolgenden Aufsätze und Dienstschriften aus der Kriegszeit" auch nur für den als "geisteswissenschaftlich-pädagogische Opposition" erkennbar gewesen, "der entweder als entschiedener Anhänger oder als entschiedener Gegner des Regimes auch zwischen den Zeilen zu lesen verstand".[57] An dieser Stelle taucht auch bei Mütter das Problem der Tarnung auf, das Weniger nach Gaßens Einschätzung "bis zur Selbstverleugnung"[58] getrieben hat, nach Helmuth Kittels Urteil gar bis zum "Martyrium der Lüge"[59]. Obwohl Mütter in einer Anmerkung (54) eingesteht, daß "keineswegs alle problematischen und gefährlichen Äußerungen" Wenigers "mit der Tarnnotwendigkeit oder als spätere Einfügung durch Dienstvorgesetzte" erklärt werden könnten, steht

---

Nationalsozialismus als Todfeind und dem Risiko Wenigers suggeriert zudem, der Nationalsozialismus sei Weniges Todfeind gewesen - das ist eine Vorstellung, die sich weder biographisch noch literarisch belegen läßt.

[56]Ebd., S. 81.

[57]Ebd., S. 82. Hervorhebung von mir.

[58]Vgl. Erich Weniger, ausgewählt und kommentiert von Helmut Gaßen, Band 5, S. 393.

[59]Zitiert bei Gaßen in: Bildung und Soldatentum 1992, S. 127. - Um das Wort Kittels einordnen zu können, sei ein Hinweis zu seiner Person gegeben. In einem Brief vom 5.11.1945 schreibt Weniger an Oskar Hammelsbeck: "Kittel, als Hauptmann aus dem Felde zurückgekehrt, kam vor einigen Wochen zu mir, wir haben seine Lage besprochen und sind seitdem in steter Fühlung miteinander. Politisch wurde er als Professor für neutestamentliche Theologie in Münster bestätigt. Er hat gewiß mit dem Nationalsozialismus eine Zeitlang sympathisiert, hat sich dann aber deutlich seine Selbständigkeit bewahrt. Nun ist das Seltsame eingetreten, daß die westfälische Landeskirche ihn in seinem Amt für untragbar erklärt hat. (...) Gewiß ist er nicht BK-Mann. Gewiß war er auch eine Zeitlang deutscher Christ und ganz vorübergehend Mitarbeiter von Kerrl. Aber seine Stellung zur Kirche ist die gleiche, die er in Altona mit so großem Nachdruck und sichtlicher Wirkung vertreten hat." Beleg: Horn, H.: Dokumente der Zeit - Zeugnisse einer Freundschaft. Einblick in den Briefwechsel zwischen Oskar Hammelsbeck und Erich Weniger. In: Fichner, B./Fischer, H.-J./Lippitz, W. (Hg.): Pädagogik zwischen Geistes- und Sozialwissenschaft. Standpunkte und Entwicklungen, a.a.O., S. 81. - Hans Kerrl, dessen Mitarbeiter Kittel vorübergehend gewesen ist, war Reichsminister und wird von Gamm in einem Dokument im Zusammenhang mit der Einweihung der Ordensburgen genannt (Gamm, H.-J.: Führung und Verführung, a.a.O., S. 419). Die Ordensburgen sollten der "Heranbildung des Führernachwuchses für die politische Leitung der NSDAP" dienen (Gamm, S. 420). Weniger bittet Hammelsbeck, für Kittel bei der Kirche zu vermitteln. Kittel bekundet später, Weniger habe im Dritten Reich das "Martyrium der Lüge" auf sich genommen.

für ihn Wenigers Zugehörigkeit zum Widerstand zweifelsfrei fest. Er formuliert suggestiv, wenn er sagt: "Dieses Fazit steht in Einklang mit WENIGERs Verbindung zum deutschen militärischen Widerstand in der Schlußphase des Zweiten Weltkriegs, vor allem über seinen militärischen Vorgesetzten, den General HEINRICH VON STÜLPNAGEL in Paris."[60] Die Formulierung "vor allem" erweckt den Eindruck, als habe Weniger noch andere Verbindungen zum Widerstand geknüpft gehabt - dabei kann nicht einmal die Art seiner Beziehung zu General v. Stülpnagel als geklärt angesehen werden. In einer Anmerkung (52) versucht Mütter, noch auf andere Weise die Behauptung zu stützen, Weniger sei eine Gestalt des deutschen Widerstands gewesen; er zählt Wenigers Publikationen zum Thema "Widerstand" auf und übersieht dabei, daß nicht der Titel, sondern der Text die Beweislast trägt.[61]

Zu Wenigers Konzeption für die Bundeswehr meldet Mütter dagegen grundlegende Kritik an. Zum einen sei das Konzept des demokratischen Volksheeres aufgrund der Möglichkeit zur Wehrdienstverweigerung und der Einführung des Zivildienstes brüchig, zum anderen sei "die Orientierung soldatischer Verantwortung am künftigen Krieg obsolet auf dem Hintergrund eines Waffenpotentials, das ein Verständnis des Krieges als Fortsetzung der Politik mit anderen Mitteln unmöglich gemacht hat".[62]

Kurt Beutler ist in dem Sammelband mit Ausschnitten seiner Untersuchung von 1990 vertreten, soweit sie sich auf *Die militärpädagogische Publikations- und Beratertätigkeit Erich Wenigers nach dem Zweiten Weltkrieg* beziehen. Auf denselben Zeitraum richtet sich auch der kurze Beitrag **Graf Baudissins** *Zum Konzept der Inneren Führung - in dankbarer Erinnerung an Erich Weniger.* In dieser nüchternen Situationsbeschreibung aus den Aufbautagen der Bundeswehr kennzeichnet er sein Verhältnis zu Weniger folgen-

---

[60]In: Bildung und Soldatentum 1992, S. 82. Hervorhebung von mir.

[61]Mütter nennt folgende Titel, die alle in *Die Sammlung* veröffentlicht wurden: *Stülpnagel* (1941); *Die deutsche Opposition gegen Hitler* (1949); *Die weiße Rose* (1953); *Neue Literatur zur deutschen Widerstandsbewegung* (1954). Ich verweise in diesem Zusammenhang auf die entsprechenden Kapitel in dieser Arbeit.

[62]In: Bildung und Soldatentum 1992, S. 88. - Mütter knüpft hier an Carl von Clausewitz (1780-1831) an, auf den der Satz vom "Krieg als der Fortsetzung der Politik mit anderen Mitteln" zurückgeht.

dermaßen: "Die Forderung nach stärkerer politischer Orientierung
der Offiziere als Mittel der Vorbereitung auf die Anforderungen der
veränderten Lage, das war es vor allem, was mich mit Erich
Weniger eng verband. Dazu gehörte die These, daß alles militärische Tun und Lassen hochpolitische Auswirkungen hat."[63]

Bevor ich mich dem Beitrag Bernhard Schwenks in dem Sammelband
von 1992 zuwende, sei die Publikation genannt, die Dietrich
Hoffmann und Karl Neumann 1993 herausgebracht haben. Unter dem
Leitthema *Tradition und Transformation der Geisteswissenschaftlichen Pädagogik. Zur Re-Vision der Weniger-Gedenkschrift*[64]
haben Mitarbeiter der Veröffentlichung von 1968, Schüler Wenigers
und andere Kenner seiner Schriften Beiträge zu der Fragestellung
geliefert, "ob und wie der Faden der geisteswissenschaftlichen
Tradition entgegen der geäußerten Ansicht vom Ende der Epoche
möglicherweise weitergesponnen"[65] wurde. Für meine Untersuchung
ist der Beitrag **Karl Neumanns** *Das ungeschriebene Kapitel: Erich
Weniger und die Militärpädagogik* von Interesse. Neumann gibt noch
einmal einen Überblick über die Aufarbeitung dieses Kapitels -
aufgrund des Sammelbandes von 1992 und der Schriften Kurt
Beutlers sei nun eine "Gesamteinschätzung Wenigers als Militärpädagoge" möglich - und vermittelt den Eindruck, als sei dieses
Kapitel damit beendet. Bemerkenswert ist die Tatsache, daß er die
lückenlose Weniger-Bibliographie von Bernhard und Helga Schwenk
rühmt und sich darüber verwundert zeigt, es habe sich dennoch über
einen so langen Zeitraum hinweg niemand mit den zahlreichen
militärpädagogischen Schriften Wenigers auseinandergesetzt. Er

---

[63]Ebd., S. 164f. Hervorhebung von mir. - In einem Brief vom 19.6.1991 schrieb mir
Graf Baudissin fast wortgleich: "Uns einte von Beginn die Auffassung, daß alles
militärische Tun und Lassen politischen Charakter, jedenfalls politische Konsequenzen habe (...)." - Aus dieser so entschieden bezeugten Auffassung Wenigers von
einem engen Zusammenhang zwischen militärischem und politischem Bereich läßt
sich folgern, daß seine "völlige Abblendung vom Staat, in dessen Dienst das Militär
stand", wie Beutler das mit Erstaunen für die NS-Zeit formuliert (1989, S. 51),
eben nur eine vermeintliche war. Die vorliegende Untersuchung (vgl. Kapitel
5.1.3.) hat ergeben, daß Weniger auch während der NS-Diktatur durchaus vom
Staat aus und auf ihn hin gedacht hat. Schwenk formuliert gar im Hinblick auf
Wehrmachtserziehung und Kriegserfahrung: "So entsteht das Bild einer an PLATON
erinnernden Staatspädagogik". (In: Bildung und Soldatentum 1992, S. 149).
Hervorhebung von mir.
[64]Weinheim: Deutscher Studien Verlag 1993. Zitiert als: Tradition und Transformation 1993.
[65]Die Herausgeber in der Einleitung zu Tradition und Transformation 1993, S. 8.

selbst verfährt dann nicht anders: Im Literaturverzeichnis seines
Beitrags führt er die einschlägigen Schriften Wenigers zu Wehr-
wissenschaft und Wehrerziehung auf, im Text jedoch geht er inhaltlich auf sie nicht ein.

Eine letzte Bemerkung möchte ich zitieren, die in der Einleitung
dieses Sammelbandes von 1993 seitens der Weniger-Schüler gewissermaßen in "eigener Sache" gemacht wird. Dort heißt es:
"Neumann schließlich resümiert die Ergebnisse von Darstellung und
Kritik der WENIGERschen Militärpädagogik, des Gebietes, ohne dessen Kenntnis nur ein einseitiges Bild seiner Interessen und
'Leistungen' vorliegt. Was in den frühen 60er Jahren vielleicht noch
übergangen werden konnte, weil alle Beteiligten es verdrängten, ist
nun so weit erhellt, daß es in die Betrachtung einbezogen werden
muß, zumal man darin auch die unausgesprochene, unbewußt wirkende Ursache für die kritische Distanz der Schüler, die als
Soldaten gedient hatten, zu ihrem Lehrer, der im Zweiten Weltkrieg
'Führungsoffizier' gewesen war, vermuten kann."[66]

Den Abschluß dieses chronologischen Literaturberichtes bildet
vorerst Kurt Beutlers "Zwischenbilanz", wie er seinen Aufsatz mit
dem Titel *Erich Wenigers Militärpädagogik in später Wahrnehmung*[67] bezeichnet. Im Anschluß an einen Überblick über den
Forschungsstand gibt Beutler durch die interpretatorische Herein-
nahme von Briefen, die Weniger in der Zeit von 1935 bis 1943 an
Nohl geschrieben hat, der Forschung einen weiteren Impuls.

Bernhard Schwenk[68]: *"Wehrmachtserziehung und Kriegserfahrung" -
Erich Wenigers Allgemeine Pädagogik?*

---

[66]Ebd., S. 11 f. Hervorhebung von mir. - Hoffmann erwähnt das Verdrängte nur als die
"unausgesprochene, unbewußt wirkende Ursache für die kritische Distanz der
Schüler, die als Soldaten gedient hatten", er hätte es gleichermaßen als Ursache für
die unkritische Nähe anderer anführen können. - Indem Hoffmann das Wort
"Leistungen" in Anführungszeichen setzt, äußert er vorsichtig Bedenken an
Wenigers militärpädagogischem Engagement.
[67]In: Zeitschrift für Pädagogik 40 (1994) 2, S. 291-301.
[68]Bernhard Schwenk (1928-1992) war Professor für Allgemeine Pädagogik an der
Freien Universität Berlin.

Karl Neumann hat den Versuch Schwenks, Wenigers militärpädagogisches Hauptwerk von 1938 als dessen "Allgemeine Pädagogik" zu
interpretieren, ein "Unternehmen" genannt, "das auch heute noch als
besondere Herausforderung wirken dürfte"[69]. Ich möchte den
Beitrag aus einem anderen Grund analysieren: Er zeigt besonders
deutlich die Widerstände und Probleme, die Wenigers militärpädagogische Ausführungen aus nationalsozialistischer Zeit bis auf
den Tag bei der nachfolgenden Generation der Erziehungswissenschaftler auslösen, von einigen wenigen Ausnahmen abgesehen.

Schwenk beginnt seinen Beitrag mit einem Hinweis auf den nachgelassenen Weniger-Briefwechsel[70]. Ihm sei zu entnehmen, daß
Schüler und Freunde Wenigers Werk *Wehrmachtserziehung und
Kriegserfahrung* damals als die von ihm "vorgetragene Pädagogik
ihrer eigenen Generation, wenn auch in verfremdendem Gewande"[71]
begrüßt hätten. Schwenk nennt sodann Ziel und Methode seines
Vorhabens; die Fragestellung, ob besagtes Werk als Wenigers Allgemeine Pädagogik zu lesen sei, ziele auf "die Struktur und die
Kategorien der pädagogischen Argumentation" und verlange eine
"abstrakte Behandlungsweise"[72]. Die Frage, warum Schwenk von einer "abstrakten Behandlungsweise" spricht, löst sich auf, wenn man
erfährt, wovon er abstrahieren möchte. Mit seinem Vorhaben könne
er erst beginnen, "wenn zuvor einiges dadurch etwas beiseitege-
räumt ist, daß man es wenigstens ausspricht, wenn man sich den
Ärgernissen stellt, die WENIGER hier bietet und die sich in jedem
Falle vor eine abstrakte Behandlung der gestellten Frage
schieben."[73] Schwenk versucht - um im Bild zu bleiben - von drei
Seiten her den Weg freizulegen, wobei er unvermittelt den Blick
von Weniger auf sich lenkt und sibyllinisch verkündet: "Dabei ist es
gut, sich dessen inne zu bleiben, daß wir, wenn wir uns diesen
Ärgernissen aussetzen, in Wahrheit über uns selbst reden. Es gibt
in unserer Gesellschaft Themen, die zum Prüfstein geworden sind,
Themen, an denen ein Mensch scheitern kann, moralisch, politisch

---

[69]Tradition und Transformation 1993, S. 189.
[70]Seit 1979 in der Handschriftenabteilung der SUB Göttingen, noch nicht einsehbar.
[71]In: Bildung und Soldatentum 1992, S. 141.
[72]Ebd. Hervorhebung von mir.
[73]Ebd. Hervorhebung von mir.

und, wie sich an einzelnen Fällen gezeigt hat, auch in seiner bürgerlichen und gesundheitlich-physischen Existenz. (...) Auch ERICH
WENIGER, der Mann und sein Werk, ist ein solcher Prüfstein."[74]

Ein erstes Ärgernis, das es für ihn auszuräumen gilt, vermutet
Schwenk in dem Umstand, Weniger sei gerne Soldat gewesen und
habe die Überzeugung vertreten, "daß zur Geschichte notwendig
Krieg gehört". "Aber", so argumentiert er, "kann man von einem
1938 Lebenden verlangen, was der Menschheit angesichts der Massenvernichtungsmittel erst jetzt langsam ins Bewußtsein dringt,
daß nämlich Krieg, der große Krieg jedenfalls, überhaupt nicht
mehr geführt werden kann? Die Atombombe war zumindest dem
normalen Sterblichen damals noch nicht erkennbar."[75]

Dieser Versuch, den Lehrer zu entschuldigen, hält keiner Prüfung
stand. Der Erste Weltkrieg, von Weniger als Frontsoldat miterlebt[76]
und ihm zudem durch seine literarische Auseinandersetzung in allen Einzelheiten bekannt, hätte Anlaß genug geboten, dieses
Phänomen in seiner ganzen Destruktivität zu erkennen. Auch die
Bezeichnung "normaler Sterblicher" ist so auf den politischen
Führungsoffizier Weniger nicht anwendbar. Einige Seiten später argumentiert Schwenk auch anders. In der Absicht, den militärpädagogischen Texten aus der NS-Zeit polemischen Charakter zuzu-
sprechen und damit den Verdacht von "Naivität" oder "gar Anbie-
derung" von Weniger abzuwenden, formuliert er: "Man kann WENIGER
zutrauen, daß er sich über die Realitäten einigermaßen im klaren
war, sowohl in der Weimarer Zeit (...) wie auch 1938, als er das
Buch 'Wehrmachtserziehung und Kriegserfahrung' veröffentlichte."[77]

---

[74]Ebd. Hervorhebung von mir. - Auch ein kurzer Hinweis Schwenks auf den
Historikerstreit macht nicht deutlicher, worauf seine Anspielungen zielen.
[75]Ebd. Hervorhebung von mir.
[76]Vgl. dazu Bernd Mütter, der aufgrund seiner Einsichtnahme in die Geschichte des
Regiments, dem Weniger im Ersten Weltkrieg angehörte, feststellt: "Die Einsatzorte
lassen deutlich erkennen, daß Weniger die Schrecken und Leiden, denen der Soldat
im modernen Krieg oft monatelang ausgesetzt war, durchaus am eigenen Leibe erfahren hat." (In: Bildung und Soldatentum 1992, S. 71).
[77]Ebd., S. 149.

Schwenk bringt ein weiteres Argument, um das Ärgernis "Weniger und das Soldatentum" zu entkräften. Er wirft den Deutschen vor, ein gebrochenes Verhältnis zum Soldatischen zu haben. Als er 1956 nach Finnland gekommen sei, habe er mit Erstaunen festgestellt, "daß sich dort die mir seit Kriegsende geläufige und ungelöste Frage, ob ein General ein Verbrecher ist oder ein Held, (...) gar nicht stellte."[78] Als weiteren Beleg führt er den "verzweifelten Einsatz WILLY BRANDTs" an, als dieser versucht habe, "die SPD dafür zu gewinnen, prinzipiell einer deutschen Beteiligung an UNO-Kontingenten zuzustimmen".[79] Schwenks Argumentation ist suggestiv: dem Leser wird die Schuld an seiner Antipathie dem Soldatischen gegenüber zugeschoben, verstärkt noch durch den Hinweis auf Willy Brandt, dessen Name eine positive Konnotation hat und über das Bindeglied des Soldatischen mit Weniger in Verbindung gebracht wird.

Das zweite Mißverständnis, das Schwenk ausräumen möchte, vermutet er in dem Vorwurf, Weniger sei <u>Nationalist</u> gewesen. Wieder schiebt er den gegenwärtig Lebenden die Schuld zu: Ihr gebrochenes Verhältnis zur Vorstellung einer deutschen Nation lasse sie Weniger falsch beurteilen. Dabei habe dieser mit seinem Buch *Goethe und die Generale der Freiheitskriege*[80] nichts anderes ansprechen versucht - das Gefühl einer politisch-militärisch-geistigen Einheit, ein Nationalgefühl eben - als der von der deutschen Presse gerühmte Ägypter Naguib Mahfouz auch, dessen Werk mit dem Nobelpreis ausgezeichnet worden sei. "Wir haben, ohne uns das so recht einzugestehen, uns längst daran gewöhnt, mit doppeltem Maßstab zu messen"[81], beendet Schwenk seinen Gedanken und fügt verstehend hinzu: "Nach unserer moralischen Katastrophe und nach der Auflösung des Deutschen Reichs können wir das auch wohl kaum anders."[82]

---

[78]Ebd., S. 142.
[79]Ebd.
[80]Das ist der geänderte Titel der dritten Auflage 1959. Der Titel der ersten Auflage 1942 lautete *Goethe und die Generale*.
[81]Ebd., S. 143.
[82]Ebd.

Der "Verlust der deutschen Nation" beschäftigt ihn dann noch ein-
mal im Zusammenhang mit dem "ständig zunehmende(n) Mangel an
Bereitschaft, Recht und Verplichtung zum Soldatischen als Teil der
staatsbürgerlichen Rechte und Pflichten zu begreifen"[83]. Mit
Bedauern stellt er im Hinblick auf Wenigers militärpädagogische
Erziehungslehre fest: "Um sie jedoch aufzunehmen und weiterzu-
entwickeln, fehlt uns einstweilen die Verständigung auf einen
Bezugsrahmen, der es unserer Gesellschaft möglich macht, das
Soldatische ungeteilt als Sittliches zu empfinden."[84] Auch hier
gewinnt der Leser den Eindruck, er bzw. die gegenwärtige
Gesellschaft sei Schuld daran, daß Wenigers Gedanken keinen
fruchtbaren Boden finden. Allerdings, Schwenk spricht von "einst-
weilen" und bringt damit seine Hoffnung für die Zukunft zum
Ausdruck.[85]

Der dritte Stein des Anstoßes, den Schwenk beiseiteräumen
möchte, bezieht sich auf die Entnazifizierung. "ERICH WENIGER
hatte Mühe mit der Entnazifizierung", schreibt er, und "die von ihm
hierzu vorgelegten Schriftstücke zu lesen, ist peinsam, ebenso
peinsam wie die Eingaben an den Reichsminister (...)."[86] Doch sofort
lenkt er den Blick von Weniger und den faktischen Gegebenheiten ab
und weicht auf die psychologische Ebene aus, indem er fragt: "Liegt
der Ursprung dieser Peinlichkeit in der uneingestandenen Angst,
wie man wohl selbst in solch einer Situation sich halten würde?"[87]
Schwenk fragt nicht, wie man sich selbst verhalten würde, sondern
wie man sich halten, d.h., wie man Haltung bewahren, sein Gesicht
wahren würde. In dem Zusammenhang erörtert er die Frage der
Emigration; er verweist auf einen Briefwechsel aus dem Jahr 1935
zwischen Weniger und Curt Bondy, in dem Weniger die
Auswanderung ablehne, "denn man könne dann überhaupt nicht mehr
in die Geschehnisse eingreifen."[88] Schwenk beendet diese

---

[83]Ebd., S. 149.
[84]Ebd. Hervorhebungen von mir.
[85]Es ist sehr die Frage, ob es wünschenswert wäre, wenn mit der "Deutschen Einheit"
    der kritische Blick für alles Soldatische, das mit den unsäglichen Schrecknissen der
    beiden Weltkriege verknüpft ist, verlorenginge.
[86]Ebd. Hervorhebung von mir. - Es sind dies die Dokumente in der Göttinger
    Universitätsbibliothek, zu denen nur Helmut Gaßen Zugang hat.
[87]Ebd. Hervorhebung von mir.
[88]Ebd.

Überlegung lapidar mit dem Satz: "BONDY wanderte aus."[89] Er erzeugt mit dieser Art der Darstellung bewußt den Eindruck einer -
falschen - Alternative: Mut und Verantwortung auf der einen, den
Gedanken, die eigene Haut zu retten, auf der anderen Seite. Er verschweigt, daß Bondy Jude ist, 1933 aufgrund des Arierparagraphen
seine Stellung als Honorarprofessor für Jugendstrafvollzug in
Göttingen verliert - ohne die Chance, rehabilitiert zu werden.[90] Bis
1938 bleibt Bondy in Frankfurt, kommt ins KZ Buchenwald und wan-
dert dann in die USA aus. An den Satz "BONDY wanderte aus"
schließt Schwenk assoziativ die Feststellung an: "Und: antisemiti-
sche Äußerungen finden sich bei WENIGER nicht."[91] Diese Aussage
ist richtig und bleibt dennoch eine vordergründige Beruhigung.[92]

Schwenk wendet sich dann der Frage zu, welche Absicht Weniger
mit der Veröffentlichung seiner militärpädagogischen Schrift 1938
verfolgt habe; es sei ihm um den - in der Rückschau als "sachlich
unmöglich" erkannten - Versuch gegangen, "die Wehrmacht unabhängig vom Nationalsozialismus zu halten".[93] Infolgedessen stellt
sich unweigerlich die Frage, in welcher Sprache Weniger sein militärpädagogisches Werk verfaßt hat. Schwenk nimmt die Frage auf
und argumentiert wie folgt: "In dem Buch selbst finden sich, <u>bei
aller erkennbaren Zurückhaltung hinsichtlich der Verwendung nationalsozialistischen Vokabulars im engeren Sinne</u>, dennoch Stellen, wo sich unvermeidlich die Frage stellt, ob <u>die Grenze nicht
doch überschritten ist</u>, so z.B. wenn von der Erziehung 'in den politischen Gliederungen' die Rede ist (S. 48) oder von der 'ererbten

---

[89]Ebd. - Vgl. hierzu Kapitel 6.5. sowie den Exkurs: Wenigers Aussagen in seinem
Entnazifizierungsverfahren.

[90]Im Nachlaß Herman Nohl finden sich Briefe Bondys an Nohl, aus denen sein Hoffen
und Bemühen hervorgeht, in Deutschland bleiben zu können. Die Briefe sind das
Zeugnis eines Juden, der aus Deutschland hinausgedrängt wird. Quelle: Nohl 37,
Handschriftenabteilung der SUB Göttingen.

[91]In: Bildung und Soldatentum 1992, S. 143.

[92]Vgl. dazu die Analyse von Wenigers Kantorowicz-Aufsatz in der vorliegenden Arbeit
(Kapitel 6.5.).

[93]In: Bildung und Soldatentum 1992, S. 143. - Schwenk bezieht sich hier auf eine
Überlegung Wenigers aus dem Beitrag *Bürger in Uniform* von 1953. Dort heißt es
im Zusammenhang mit der Entstehungsgeschichte der modernen Heere: "Diese
Gegenstellung (gemeint ist eine konservative Grundauffassung, B.S.) gegen das politische Dasein des Volkes führte dann zu dem unheilvollen Versuche eines 'Staates
im Staate' des Generals v. Seeckt, führte freilich auch zu dem an sich positiven, aber
eben sachlich unmöglichen Versuch, die 'neue Wehrmacht' unabhängig vom Nationalsozialismus zu halten." (In: Die Sammlung, 8. Jg. 1953, S. 61).

oder neugewonnenen Gesundheit' des Volks (S. 50) und vom 'Ausmerzen verderbter Glieder' (S. 50). Aber erst eine genauere philologische Analyse könnte im Vergleich des zeitgenössischen
Sprachgebrauchs hier zu mehr Klarheit führen."[94] Schwenk weicht
aus, legt sich nicht fest, verweist darauf, daß eine klärende,
"genauere philologische Analyse" noch ausstehe.[95]

Nach diesen Ausführungen meint er, erleichtert feststellen zu
können: "All dies mußte ausgesprochen sein, um Mißverständnisse
zu vermeiden, auch wenn hier nicht der Ort ist, dem im einzelnen
nachzugehen. Doch danach dürfte es jetzt erlaubt sein, abstrakt der
Frage der Struktur der pädagogischen Argumentation (...) nachzugehen."[96]

Das ist eine "terrible simplification": Die eingangs noch als "Ärger-
nisse" bezeichneten Fakten zu Wenigers Wirken während des
Dritten Reiches wandeln sich in einer kurzen Betrachtung von drei
Seiten zu möglichen "Mißverständnissen", die allein dadurch verschwinden, daß sie ausgesprochen werden.

Schwenk wendet sich dann der "abstrakten Behandlungsweise" zu
und nennt sein Ergebnis im voraus: "Eine Differenz zwischen der
Argumentation und den verwendeten Kategorien in WENIGERS Militärpädagogik im Vergleich zu seinen übrigen pädagogischen Schriften läßt sich nicht ausmachen."[97]

Ich breche meine Untersuchung an dieser Stelle ab, weil die weitere Auseinandersetzung das literarische Werk selbst betrifft, das
bei mir an anderer Stelle eingehend behandelt wird.

Es sei nur noch erwähnt, daß Schwenk seinen Ausführungen ein
Zitat von Luise Rinser voranstellt. Dieses Zitat aus "Den Wolf
umarmen" ist mit Bedacht ausgewählt. Es gibt eine Erinnerung an

---

[94]Ebd. Hervorhebungen von mir.
[95]Vgl. dazu die entsprechende Untersuchung der vorliegenden Arbeit (Kapitel 5.1.).
Sie hat u.a. ergeben, daß von einer "erkennbaren Zurückhaltung hinsichtlich der
Verwendung nationalsozialistischen Vokabulars im engeren Sinne" nicht die Rede
sein kann.
[96]In: Bildung und Soldatentum 1992, S. 144.
[97]Ebd.

1933 wieder und stimmt Schwenks Leser auf das ein, was ihn im
Hinblick auf Erich Weniger erwartet: Es wird alles in der Schwebe
bleiben, wie auch im literarischen Beispiel alles in der Schwebe
bleibt, weil Haltung und Handlung der Menschen konturlos werden.
Luise Rinser erinnert sich, daß keiner ihrer Lehrer ins KZ, keiner
ins Gefängnis gekommen sei, alle seien mitmarschiert; nur der Rex
habe sich geweigert, 1933 die Hakenkreuzfahne auf dem Schul-
gebäude zu hissen, "aber der war gegen Hitler nur, weil der der
Antichrist war, der Feind der katholischen Kirche, mehr inter-
essierte ihn nicht, und er wäre auch heute, lebte er noch, jedermanns Feind, der die ideologischen und machtpolitischen Belange
der Kirche antastet, und jedermanns Freund und Spießgeselle, der
sie schützt gegen den 'Sozialismus'."[98]

---

[98]Zitiert von Schwenk, ebd., S. 140.

Resümee

Die Untersuchung zur Rezeption der militärpädagogischen Schriften
Wenigers aus dem Dritten Reich hat folgendes ergeben:

1. Bis 1989, als Beutler seinen ersten kritischen Aufsatz veröffentlichte, wird in der BRD die NS-Zeit aus Wenigers Leben ausgeblendet, werden seine Veröffentlichungen aus diesen Jahren totge-
schwiegen. Das läßt sich an der Weniger-Gedenkschrift von 1968
besonders gut ablesen: Trotz der von Helga und Bernhard Schwenk
vollständig vorgestellten Bibliographie und der Hinweise Bernhard
Schwenks auf Wenigers militärpädagogisches Engagement während
des Dritten Reichs wie in der Nachkriegszeit werden Wenigers
einschlägige Publikationen von keinem Autor thematisiert.

Bereits 1963 hatte **Helmuth Kittel** in seinem Beitrag *Erich
Weniger und die akademische Lehrerbildung*[99] gezeigt, wie man
schriftstellerisch mit den umstrittenen zwölf Jahren umgehen
konnte. Kittel schildert Weniger so: "Er hat deshalb auch weder
1932 noch 1933 die Flinte ins Korn geworfen, sondern geduldig
versucht, die Möglichkeiten zu nutzen, die ihm das staatliche
Handeln ließ. (...) Und seine Entlassung aus dem Amt zeigt ebenso
wie seine spätere Zusammenarbeit mit der Widerstandsbewegung,
daß er sich dabei nichts vergab und auch seine Entschlossenheit zur
persönlichen Opposition gegen den moralischen Verfall des Staates
nicht preisgab. Soweit ich sehe, hat Weniger auch nach 1945 an
seiner politischen Einordnung der Lehrerbildung grundsätzlich
nichts geändert."[100]

Wenigers Schüler **Herwig Blankertz** verfährt in seiner *Geschichte
der Pädagogik*[101] nicht anders. Obwohl er das Dritte Reich unter

---

[99]In: Behauptung der Person. Festschrift für Prof. Hans Bohnenkamp. Herausgegeben
von Helmuth Kittel und Horst Wetterling. Weinheim: Julius Beltz 1963, S. 183-
219.
[100]Ebd., S. 208. Hervorhebungen von mir. - 1932 war die Pädagogische Akademie
Altona, deren Gründungsrektor Weniger gewesen war, im Rahmen der allgemeinen
Sparmaßnahmen geschlossen worden. - Im September 1933 war Weniger aufgrund
des Gesetzes zur Wiederherstellung des Berufsbeamtentums entlassen, im Januar
1934 aber rehabililtiert worden.
[101]Blankertz, H.: Die Geschichte der Pädagogik. Von der Aufklärung bis zur Gegenwart.
Wetzlar: Büchse der Pandora 1982.

dem Aspekt "NS-Pädagogik als Un-Pädagogik und Erbe der Pädagogischen Bewegung" thematisiert, wird diese Zeit im Hinblick
auf Weniger ausgespart. Auch unter der Rücksicht, daß Blankertz'
Geschichte der Pädagogik systematisch angelegt und nicht person-
orientiert ist, gerät die biographische Notiz zu Weniger bemerkenswert kurz: "Erich Weniger war, nachdem er sich bei Nohl in
Göttingen habilitiert hatte, 1930 bis 1933 Professor der Pädagogik
an Pädagogischen Akademien in Kiel, Altona und Frankfurt am Main;
1933 wurde er vom NS-Regime amtsenthoben, 1945 gründete er die
Pädagogische Hochschule Göttingen (...)."[102]

In diese Linie reiht sich dann **Helmut Gaßen** ein, der, wie bereits
zitiert, 1987 in seinem Nachlaßbericht schreibt: "Weniger selbst
wurde 1933 von den Nationalsozialisten seiner Professur enthoben.
Nach 1945 war er maßgeblich am Wiederaufbau einer akademischen
Lehrerbildung in Deutschland beteiligt."[103]

2. Seit **Kurt Beutler**s Veröffentlichung *Deutsche Soldatenerziehung von Weimar bis Bonn* 1989 war es in Fachkreisen nicht mehr
möglich, Wenigers Wirken während des Dritten Reiches einfach zu
überspringen. Für den erst 1987 gegründeten "Verein der Freunde
und Förderer des Erich-Weniger-Hauses" kam es jetzt darauf an,
das militärische und militärpädagogische Engagement Wenigers zur
Kenntnis zu nehmen und so zu bewerten, daß die Tradition der
Göttinger Schule gewahrt blieb. Der Freundeskreis und das Seminar
für Allgemeine Pädagogik der Universität Göttingen veranstalteten
1988 und 1989 zwei Symposien zum Thema *Erich Weniger und die
Militärpädagogik*; es dauerte weitere vier bzw. drei Jahre, bis das
Ergebnis der Öffentlichkeit in dem Sammelband *Bildung und Sol-
datentum* 1992 vorgestellt wurde. Bemerkenswert ist nun, daß die
Autoren dieses Bandes, obwohl sie hervorheben, Weniger sei ein
Mann des Widerstands gewesen, dennoch kein Interesse an den
Texten selbst bekunden: "Tarnung und Systemkonformismus sind in
diesen Schriften oft schwer voneinander zu unterscheiden."[104]

---

[102]Ebd., S. 264. Hervorhebungen von mir.
[103]In: Göttinger Beiträge, Heft 11/1987, S. 85.
[104]Vgl. Anm. 17.

Dieses Urteil Gaßens bringt die Berührungsängste der Weniger-Rezipienten (Guther und Beutler ausgenommen) mit diesen Schriften auf den Punkt; es erklärt auch, warum die einzelnen Beiträge apologetisch aufgebaut sind - und warum wortreich über die Sache geredet wird, ohne daß sie selbst zur Sprache kommt.[105]

---

[105]Schwenk sei als Ausnahme angeführt. In seinem Beitrag von 1992 versucht er eine konkrete Aussage. Als "positive Stoßrichtung der gesamten WENIGERschen Militärpädagogik" bezeichnet er Wenigers klare Stellungnahme gegen den Kommiß, d.h. gegen einen Drill, der den Willen des einzelnen zu brechen versucht. "Man möchte es WENIGER im Zusammenhang aller seiner Äußerungen hierzu abnehmen, daß dies die eigentliche von ihm gemeinte Botschaft ist." (Ebd., S. 146, Hervorhebung von mir). Er erkennt, daß Weniger gegen den Kommiß ist, weil er kontraproduktiv wirkt. "Nur der freie Bürger, in seiner Würde unangetastet, der sich seiner sittlichen Pflicht zur kriegerischen Leistung stellt, der den notwendigen Drill aus einer auf Einsicht beruhenden eigenen Entscheidung auf sich nimmt, wird ein guter Soldat." (Ebd.). - Mit diesen Worten interpretiert Schwenk Weniger, indem er dessen Aufsatz *Bürger in Uniform* von 1953 hinzunimmt. Dadurch verwischen sich jedoch die Konturen. Zum einen spricht Weniger auch in dem Aufsatz von 1953 nicht vom "freien Bürger", zum anderen geht es in *Wehrmachtserziehung und Kriegserfahrung*, dem Werk, dessen "Botschaft" im Zeitkontext relevant wäre, um den "selbständig denkende(n) und handelnde(n) Einzelkämpfer" als Produkt eines recht verstandenen Drills (Vgl. Wehrmachtserziehung S. 144). - Die Frage, die sich hier anschließt, lautet: Ist diese Botschaft so beschaffen, daß sie mit einem Widerstand gegen den Nationalsozialismus in Zusammenhang gebracht werden könnte? Die Botschaft Wenigers zielt auf eine Reform der militärischen Ausbildung in der Absicht, die Kampfbedingungen des Heeres zu optimieren. Die Antwort ist ein klares Nein.

3. Methodenreflexion

Die Untersuchung zur Rezeption der militärpädagogischen Schriften
Wenigers aus nationalsozialistischer Zeit hat zu einer überra-
schenden Erkenntnis geführt: Von dem späten Zeitpunkt an, da dieses Betätigungsfeld Wenigers überhaupt zur Kenntnis genommen
wird, wird darüber geschrieben, ohne daß die Sache selbst zur
Sprache kommt. Mit anderen Worten: Es gibt bislang keine intensive
Konfrontation mit dem militärpädagogischen Werk an sich, weil der
Autor im Mittelpunkt des Interesses steht und der Zugang zu den
Inhalten durch die sachfremde Rücksicht auf seine Person verstellt
wird. Beutler ist der einzige, der seine Forderung nach Fragen "ohne
apologetische Nebenabsicht" einlöst; seinen Studien liegt ein
struktureller Forschungsansatz zugrunde.

Meine Arbeit hat das Ziel, Schriften Erich Wenigers vorzustellen,
die bis zum Ende der 80er Jahre entweder tabuisiert oder nur am
Rande beachtet worden sind. Meine Auswahl trifft, gemäß dem zuvor analysierten Forschungsstand, zum einen militärpädagogisch-
militärwissenschaftliche Publikationen aus der Zeit der NS-
Diktatur. Zum anderen ziehe ich Schriften aus der Nachkriegszeit
heran, soweit sie den geschichtlichen Zeitraum "Drittes Reich" auf
die eine oder andere Weise thematisieren, um so nach Kontinuität
oder Diskontinuität in Wenigers Denken zu fragen.[1]

Gegenstand dieser Arbeit ist also das schriftlich überlieferte
Wort; ich werde mich darauf einlassen mit dem doppelten Ziel, es
zu verstehen und seinen Gehalt für andere verständlich darzustel-

---

[1] Das Buch *Goethe und die Generale* (1942) wurde von der eigentlichen Analyse ausgenommen, weil es nicht militärpädagogisch, sondern literarhistorisch angelegt ist und
zudem nicht zu den "verdrängten" Schriften gezählt werden kann. (In ihrem Nachruf
auf Wenigers Tod bezeichnet Die Welt *Goethe und die Generale* als "eine seiner
geistvollsten und berühmtesten Schriften".) - Wenigers frühe Arbeit *Das Bild des
Krieges* (1930) dagegen wurde wegen ihrer Schlüsselfunktion in die Untersuchung
aufgenommen. - Wenigers Ausführungen zum Aufbau der Bundeswehr (zu einem Teil
publiziert, zu einem anderen als Manuskript, Vortragsprotokoll oder Brief im
Nachlaß überliefert) sind von einer eingehenden Untersuchung ausgenommen worden, weil ihre Berücksichtigung wegen der von mir gewählten hermeneutischen
Methode den Rahmen dieses Vorhabens gesprengt hätte. Ihre Analyse ist einer späteren Untersuchung vorbehalten.

len. Das setzt voraus, daß in dem überlieferten Text ein Gehalt oder Sinn aufgehoben ist, der im Akt des Verstehens gelöst und aktualisiert werden kann. Das Verstehen ist dabei identisch mit der Auslegung des Textes und erfolgt im Medium der Sprache.

In der geisteswissenschaftlichen Terminologie wird die Methode, die sich um die Auslegung eines Textes bemüht, Hermeneutik genannt. Dieser Begriff, der sich vom griechischen Wort ἑρμηνευτική (τέχνη) herleitet und "Kunst der Auslegung" meint, enthält in seinem mythologischen Bezug den Schlüssel für das methodische Vorgehen: Wie der Götterbote Hermes zwischen der göttlichen und der irdischen Welt zu vermitteln hatte, nimmt auch der Interpret eines Textes eine Mittlerrolle ein, und zwar in zweifacher Hinsicht. Zum einen vermittelt er im Vollzug des Verstehens zwischen dem allgemeinen Sinn des Textes und seiner konkreten Sprachgestalt, zum anderen ist seine Erklärungskunst eine Vermittlung zwischen der ausgelegten, allgemeinen Textaussage und den an dem Textverständnis interessierten einzelnen Menschen.

"Alles Vorauszusetzende in der Hermeneutik ist nur Sprache"[3], dieses Wort Schleiermachers impliziert, daß die Auslegung eines Textes an ein sorgfältiges philologisches Vorgehen gebunden ist. Hans-Georg Gadamer kleidet diesen Gedanken in folgende Metapher: "Die Auslegung legt die Sache gleichsam auf die Waage der Worte."[4] Soll dieser Akt des wägenden Verstehens gelingen, muß zu der Verschränkung von Allgemeinem und Besonderem in der überlieferten Sprachgestalt als weitere Voraussetzung hinzukommen, daß beide Seiten, der Text wie der ihn Interpretierende, in einem gemeinsamen Sinnhorizont stehen, der durch Sprache vermittelt ist. Diese Voraussetzung umschließt der Begriff des hermeneutischen Zirkels; er meint, daß derjenige, der sich um die Auslegung eines Textes bemüht, aufgrund der ontologischen Vor-läufigkeit des sprachlich vermittelten Sinnes immer schon in einem sachlichen Vorverständnis steht. Der Verstehensakt führt dann das vorlau-

---

[3]Zitiert in: Gadamer, H.-G.: Wahrheit und Methode. Grundzüge einer philosophischen Hermeneutik. Tübingen: J.C.B.Mohr [2]1965, S. 361.
[4]Ebd., S. 376.

fende Sachverständnis aus seiner Vorläufigkeit in eine gesicherte
Erkenntnis. Deshalb beschreibt Gadamer den hermeneutischen Zirkel
als ein "ontologisches Strukturmoment des Verstehens"[4] und betont, daß der Verstehensvorgang sprachlicher und nicht etwa psychologischer Natur sei. Verstehen gründe sich nicht "auf ein Sich-
versetzen in den anderen, auf eine unmittelbare Teihabe des einen
am anderen. <u>Verstehen, was einer sagt, ist,</u> (...) <u>sich in der Sache
Verständigen</u> und nicht: sich in einen anderen Versetzen und seine
Erlebnisse Nachvollziehen."[5]

Dieses philosophische Verständnis von Hermeneutik eröffnet eine
sachbezogene Auseinandersetzung mit dem überlieferten Wort und
ist der Grund für meine methodische Entscheidung, einzelne Texte
der Reihe nach zum Gegenstand der Untersuchung zu machen. Die
ausgewählten Schriften Wenigers bleiben natürlich mit seinem
Namen verbunden, und gerade seine einflußreiche gesellschaftliche
Stellung vor 1945 wie danach bindet ihn an die politisch-pädagogi-
sche Verantwortung, die er für seine Veröffentlichungen trägt.
Dieser Gesichtspunkt fällt jedoch aus der methodischen Dimension
heraus; er gehört in den politischen Bereich und hat im Hinblick auf
meine Untersuchung den Stellenwert einer Rechtfertigung.

Ich nehme die Methodenreflexion wieder auf und füge dem bisher
Gesagten einen weiteren Aspekt hinzu: Texte sind Sprachprodukte,
die in einem konkreten Zeitraum entstanden sind. Das bedeutet für
die hermeneutische Methode, daß sie auch den historischen Kontext
des jeweiligen Sprachproduktes berücksichtigen muß. Herausragende Begriffe müssen mit dem Begriffshorizont ihrer Ent-
stehungszeit in Beziehung gesetzt werden. So ist es z.B. für das
Verständnis eines Weniger-Textes aus der NS-Zeit unerläßlich, die
Sprache, in der er abgefaßt ist, mit der des Dritten Reiches zu
vergleichen. Begriffe wie "wehrgeistige Erziehung" oder "ausmerzen" können nur aus diesem Zeitbezug heraus verstanden
werden.[6] Auch sonst muß der zeitgeschichtliche Hintergrund

---

[4]Ebd., S. 277.
[5]Ebd., S. 361. Hervorhebung von mir.
[6]Verstehen ist in diesem Kontext weder ein psychologischer noch ein moralisch-
wertender Begriff, sondern meint den methodischen Zugang zu der Aussage eines
Textes.

ausgeleuchtet werden, sobald sich eine einzelne Aussage oder eine
Veröffentlichung insgesamt auf ihn bezieht. Konkret heißt das:
Wenn Weniger 1938 "Persönlichkeit" definiert und darin Volk und
Staat als konstitutive Momente anführt, ist es unerläßlich, sich
den Staat in der Manifestation von 1938 vor Augen zu führen. Und
wenn er im dritten Kriegsjahr eine Schrift über *Die geistige
Führung der Truppe. Das Ethos des deutschen Soldatentums und die
Erziehung des deutschen Offiziers* verfaßt, die 1944 in zweiter
Auflage unverändert erscheint, ist es bei der Textanalyse notwen-
dig, auch den realen Hintergrund der deutschen Wehrmacht in den
Kriegsjahren 1942 bis 1944 im Blick zu haben.

Die zeitgeschichtlichen Bezüge gehen also in die Auslegung eines
Textes ein. Das ist die eine Perspektive, die für die Hermeneutik
kennzeichnend ist. Doch bleibt derjenige, der sich um die Auslegung
bemüht, immer auch an seinen eigenen geschichtlichen Zeitort gebunden, so daß jede Textauslegung notwendig auch Merkmale der
zeitgeschichtlichen Perspektive des Interpreten trägt. Auch dieser
Gedanke sei konkretisiert: Ohne die Überzeugung von der Notwendigkeit, sich in der gegenwärtigen politischen Situation
wenigstens punktuell der eigenen Geschichte forschend zuwenden
zu müssen, und ohne die Einsicht, daß es sich dabei um einen
Vorgang der Selbstbesinnung handelt, wäre die Untersuchung nicht
entstanden. Aufgrund der gezeigten doppelten Perspektivität ist
dann jeder Akt des Verstehens - und damit auch diese Untersuchung
- selbst wieder geschichtlich.[7]

"Ein Text will nicht als Lebensausdruck verstanden werden, sondern
in dem, was er sagt."[8] Noch einmal sei dieser sachorientierte
hermeneutische Ansatz hervorgehoben. Dennoch ist es für die
Erschließung eines Textes zuweilen notwendig, biographische
Daten des Verfassers hinzuzuziehen. So sind die Unterlagen aus
Wenigers Entnazifizierungsverfahren methodisch bedeutsam, weil
auch seine wehrpädagogischen Schriften aus der NS-Zeit Gegenstand der Verhandlungen waren. Es heißt z.B. in dem Gutachten des

---

[7]Vgl. dazu meine Veröffentlichung: Bracht, B.: Geschichtliches Verstehen und
geschichtliche Bildung - ihr Wesen und ihre Aufgabe nach der Auffassung Theodor
Litts. Wuppertal: A. Henn 1968.
[8]Gadamer, H.-G.: Wahrheit und Methode, S. 370.

Göttinger Universitätsausschusses: "In seiner militärischen Stellung hat Weniger im Kriege in dienstlichem Auftrag einige
Schriften zur Wehrmachtserziehung verfaßt, die unter seinem
Namen erschienen, inhaltlich die von ihm seit jeher angestrebten
Ziele verfolgten, in der Fassung aber verschiedene Zugeständnisse
an die Phraseologie des Nationalsozialismus aufwiesen. Nach
seiner Angabe sind diese Partien teils von übergeordneten
militärischen Dienststellen ohne sein Vorwissen dem Text
eingefügt, teils auch von ihm selbst nach Besprechung mit General
v. Stülpnagel so gefaßt worden, um sich damit zu tarnen (...)."⁹
Durch eine solche biographische Information wird, wer immer sich
um die Textanalyse bemüht, zu äußerster philologischer Behut-
samkeit angehalten. Er wird versuchen, die eigentliche Botschaft
des Autors unter der braunen Tarnfarbe hervorzuholen. Doch steht
der Exkurs über Wenigers Aussagen in seinem Entnazifizierungsverfahren nicht nur aus methodischen Erwägungen in der
Arbeit, sondern auch, weil er von zeitdokumentarischem Interesse
ist.

Auch sonst wird es für die Interpretation eines Textes hilfreich
sein, archivalische Quellen, die ihn erwähnen, heranzuziehen. So ist
es z.B. aufschlußreich, wie Weniger im Rahmen seiner Berufung auf
den Lehrstuhl Nohls seine Veröffentlichungen selbst bewertet oder
wie er der "Dienststelle Blank" gegenüber sich zu einer eigenen
Schrift aus der NS-Zeit äußert. Im ersten Fall sind Quellen des
Göttinger Universitätsarchivs zu befragen, im zweiten die Nachlaßbestände des Bundesarchivs/Militärarchivs in Freiburg. Auch der
Nachlaß Herman Nohls in der Handschriftenabteilung der Göttinger
Staats- und Universitätsbibliothek ist eine hilfreiche Quelle, weil
er u.a. Briefe Wenigers, aber auch Curt Bondys und Hans Grimms an
Nohl enthält. Diese Dokumente geben Hinweise auf den zeitge-
schichtlichen Hintergrund; einige Briefe Wenigers sind für seine
Veröffentlichung *Die Erziehung des deutschen Soldaten* von 1944
relevant.

---

⁹Handakten zur Verfahrensakte Nds. 171.

Doch so bedeutsam die genannten nicht veröffentlichten Quellen - einschließlich der Entnazifizierungsunterlagen im Niedersächsischen Hauptstaatsarchiv Hannover - auch sind, sie haben nur eine unterstützende Funktion; im Mittelpunkt meiner Untersuchung stehen die ausgewählten Publikationen Wenigers, weil sie auf eine Breitenwirkung in der Öffentlichkeit angelegt waren.

B. SCHRIFTEN VOR 1945

4. *Das Bild des Krieges.* *Erlebnis, Erinnerung, Überlieferung* (1930)[1]

Die 1930 veröffentlichten Ausführungen zur pädagogischen Relevanz des Ersten Weltkrieges hatte Weniger ein Jahr zuvor auf der
Tagung des Hohenrodter Bundes[2] vorgetragen. In dem von Theodor
Bäuerle initiierten Hohenrodter Bund[3] trafen sich alljährlich führende Repräsentanten der sogenannten Neuen Richtung, um zentrale
Pobleme der Erwachsenenbildung zu diskutieren; ihr gemeinsames
Ziel lautete: Volkbildung durch Volksbildung. Der Gesprächskreis
der Hohenrodter strebte eine "Vorwegnahme der neuen Volksordnung in kleinen Kreisen"[4] an. Zeitgeschichtlicher Hintergrund für
dieses Ziel waren die tiefgreifenden Umstrukturierungen auf politischem, wirtschaftlichem und sozialem Sektor nach dem Ersten
Weltkrieg: Das neue Staatsgebilde hatte die Menschen der ge-
wohnten obrigkeitsstaatlichen "Sekurität"[5] beraubt, es hatte ihnen
eine demokratische Staatsverfassung übergestülpt, in die sie langsam hätten hineinwachsen müssen; statt dessen wurden ihre
Orientierungslosigkeit und zunehmende wirtschaftliche Not schon
bald von der nationalsozialistischen Bewegung ausgenutzt. Viele
schlüpften willig in ein neues Zwangskorsett. Namhafte Vertreter
der pädagogischen Disziplin erkannten angesichts der allgemeinen
Orientierungslosigkeit die Bedeutung der Volksbildungsarbeit.
Wilhelm Flitner, Oskar Hammelsbeck, Herman Nohl, Adolf Reichwein sowie der Erwachsenenbildner und spätere Militärpädagoge
Werner Picht[6] sind hier stellvertretend zu nennen. Reichwein hatte
bereits 1921 ein vierwöchiges Arbeitsgemeinschaftslager im
Taunus mit dem Ziel initiiert, akademische und proletarische

---

[1]In: Die Erziehung, 5. Jg., Leipzig 1930, S. 1-21. Zitiert als: Das Bild 1930.
[2]Vom 15. - 21. September 1929.
[3]Der Name stammt von dem Ort des ersten Treffens im Schwarzwald. Der Bund hatte
bis 1935 Bestand. - Laut Schwenk 1968, S. 15, zählte Weniger zu den "aktivsten
Mitgliedern".
[4] Schwenk 1968, S. 15.
[5]Dieser Begriff Max Webers ist zitiert in Amlung, U.: Adolf Reichwein 1898-1944,
a.a.O., S. 114.
[6]Weniger schreibt 1936 unter seinem Pseudonym Lorenz Steinhorst in der
Zeitschrift "Die Schildgenossen" (15. Jg., H. 5) eine Rezension über Pichts Werk
"Das Schicksal der Volksbildung in Deutschland".

Jugend zu sachlichem Austausch zusammenzuführen. Ihm ging es
dabei um ein Modell gelebter Demokratie.[7]

Das Bild des Krieges als Leitmotiv

Weniger nun hält 1929 vor dem Hohenrodter Kreis einen Vortrag
mit dem Titel *Das Bild des Krieges. Erlebnis, Erinnerung, Überlieferung.* Die Wahl des Themas erfolgt nicht zufällig, sie hat
zukunftsweisende Bedeutung. Zur Zeit des Vortrags ist Weniger
Professor für Pädagogik und Philosophie an der Pädagogischen
Akademie in Kiel, und bis 1933 bleibt er an den Akademien in
Altona und Frankfurt/Main in der Lehrerbildung tätig; dennoch
macht bereits dieser Vortrag deutlich, daß die menschlich-emotio-
nale Betroffenheit dieses Mannes sowie sein zukünftiges pädagogisches und politisches Engagement mit dem Phänomen Krieg verknüpft sind.

Weniger stellt sich auf den Hohenrodter Zuhörerkreis ein; die neue
Volksordnung, die ersehnte Volkseinheit ist auch sein Thema. Das
ihn Kennzeichnende ist jedoch, daß er dieses Ideal bereits einmal
verwirklicht sah: nicht im Frieden, sondern im <u>Krieg</u>, der für ihn
dadurch charakterisiert war, "daß in einer ganz neuartigen Weise
Volk da war als ein in sich ruhender Zusammenhang von einzelnen
in einer Gemeinschaft"[8]. So gewinnt dieser frühe Vortrag leitmo-
tivischen Charakter für das politisch-wissenschaftlich-pädagogi-
sche Engagement Wenigers. Der Untertitel *Erlebnis, Erinnerung,
Überlieferung* verweist auf das Ziel seiner Denkbemühung wie auf
sein methodische Vorgehen: Es gilt, aus dem Erlebnis des Krieges
als Extrakt die "echte Erinnerung"[9] zu gewinnen, die als Überlieferung im Sinne einer Lehre für die künftige Wehrmachts- und
Volkserziehung wirksam werden kann.

Dieser Vortrag von 1929 nimmt eine Schlüsselfunktion ein; das
wird auch daraus ersichtlich, daß Weniger die Thematik fortan im-

---

[7]Vgl. Amlung, U.: Adolf Reichwein 1898-1944, S. 147.
[8]Das Bild 1930, S. 13.
[9]Ebd., S. 5.

mer wieder aufgreift, so 1935 in einem kurzen Aufsatz mit dem Titel *Kriegserinnerung und Kriegserfahrung*[10], 1937 in einem Beitrag mit der Überschrift *Gedanken über den Wert von Kriegserinnerung und Kriegserfahrung*[11] und 1938 in seinem Werk *Wehrmachtserziehung und Kriegserfahrung*. Ein Vergleich des Hohenrodter Vortrags mit den genannten Veröffentlichungen aus nationalsozialistischer Zeit macht deutlich, daß die Texte ihrer Intention nach gänzlich und über weite Passagen hin auch wörtlich übereinstimmen.

Methodisch werde ich so vorgehen, daß ich zur Klärung der Intention des Vortrages von 1929 auch den Text von 1937 heranziehen werde. *Das Bild des Krieges* enthält unterschiedliche Gedankenstränge, die Denkbewegung ist nicht systematisch-fortschreitend, sondern verwickelt; in der Rückschau erst und im Rückgriff auf den klarer strukturierten Text von 1937 wird greifbar, was Weniger 1929 bereits dachte, oft jedoch nur andeutungsweise formulierte.

Die Fragestellung

Angelpunkt seines Interesses ist seit 1929 die Frage nach dem "Bildungsgehalt des Kriegserlebnisses"[12]. Der Bildungsgehalt wird von Weniger verstanden als das Bleibende, Bedeutsame eines Ereignisses, das an die jüngere Generation weiterzugeben ist als Hilfe bei der Bewältigung der Aufgaben, die ihr gestellt sind. Was aber ist die bleibende Erfahrung aus dem Kriegsgeschehen, worin besteht die "'Wahrheit über den Krieg'"[13]? Weniger sieht 1929 widersprüchliche Reaktionen, unterschiedliche Lesarten, Legenden, die entstanden sind. "So ist zu fragen, ob es überhaupt eindeutige Lehren aus dem Krieg gibt, etwa 'nie wieder Krieg' wie die einen, oder 'Nationalismus' wie die anderen sagen, und weiter noch, ob es überhaupt Lehren des Krieges für die Arbeit des Friedens geben

---

[10] In: Deutsche Zeitschrift, 48. Jg. des Kunstwarts, H. 11/12, Aug./Sept. 1935, S. 397-405.
[11] In: Militärwissenschaftliche Rundschau, 2. Jg. März 1937, H. 2, S. 231-245. Zitiert als: Gedanken 1937.
[12] Das Bild 1930, S. 4.
[13] Ebd., S. 5.

kann."[14] (Damit ist nicht Friedensarbeit gemeint, sondern die
Arbeit des Militärs in Friedenszeiten). Wie unzuverlässig die
Erinnerung an den Krieg ist, zeigt sich für Weniger an dem, was jeweils ausgeblendet wird: "So verschwinden die Momente der
Schwäche, des Grauens, der Verzweiflung bei den Phraseuren der
Kriegsverherrlichung, die des Heldentums, des Humors, der
Befriedigung des soldatischen Daseins bei vielen Pazifisten."[15] Dem
für ihn noch "ungeformten Kriegserlebnis"[16] entspricht im folgenden seine eigene Darstellung. Er fordert zwar, die Kriegsgeneration
müsse mit dem Kriegserlebnis "ins Reine" kommen, die Konkretion
dieser allgemeinen Forderung bleibt jedoch unklar: "Aber es geht
nicht nur im Sinne der Psychoanalyse um eine Heilung durch
Bewußtmachen von Verdrängtem und Unbewältigtem, sondern positiv um die Entbindung der im Kriegserlebnis bildenden Kräfte durch
die nachträgliche Besinnung. Der Frontgeneration ist heute die
Aufgabe gestellt als ihre dringendste geschichtliche Leistung, erst
einmal wirklich zu sich selbst zu kommen, und das bedeutet eben
nachträglich die echten Erlebnisse und damit die echte produktive
Erinnerung zu gewinnen. Die echte Erinnerung begründet die
Inhaltlichkeit der Seele, aus der die Kraft zur Bewältigung der
kommenden Aufgaben und zur Vorwegnahme des Ideals fließt."[17]

Die kommenden Aufgaben

1937 kann Weniger aussprechen, was er 1929 bereits erhoffte. Was
damals noch als Idealvorstellung im Hintergrund bleiben mußte, ist
nun zukunftsträchtige Realität geworden. Geschichtlicher Wende-
punkt für Deutschland nach dem Versailler Vertrag war in seinen
Augen die Wiedererlangung der Wehrhoheit durch die Wiedereinführung der allgemeinen Wehrpflicht am 16.3.1935.[18] Die "Fesseln
des Versailler Vertrages"[19], die die Nation auf ein Berufsheer von

---

[14]Ebd., S. 4. - Mit dieser Formulierung gibt Weniger eindeutig zu verstehen, daß
   derjenige, der nationalistisch denkt, die Möglichkeit von Kriegen einkalkuliert.
[15]Ebd., S. 4 f. - Die Worte "Heldentum", "Humor", "Befriedigung des soldatischen
   Daseins" kennzeichnen die Seite, auf der Weniger steht.
[16]Ebd., S. 17.
[17]Ebd. Hervorhebungen von mir.
[18]Vgl. hierzu Kapitel 5.1.1 in dieser Arbeit.
[19]Gedanken 1937, S. 234.

100 000 Mann festgelegt hatten, sind endlich gelöst. Sie hatten verhindert, daß "die ganze Breite der in der Kriegsgeneration vorhandenen Volks- und Berufserfahrung über Krieg und Waffendienst"[20] genutzt werden konnte. Nun wird es möglich, die Kriegserfahrung im Lichte der neuen Perspektive, der Bildung eines Volksheeres, zu strukturieren. Weniger führt diesen Gedanken folgendermaßen aus: "Das Material der Erfahrung sind die Erinnerungen, in denen Eindrücke und Erlebnisse des Krieges aufbewahrt sind. Erfahrungen gibt es nur, wenn man die Erinnerungen zu befragen versteht. Fragen kann man nur, wenn man Begriffe hat, die ein Urteil ermöglichen; zulängliche Begriffe erwachsen nur aus dem Bewußtsein der gestellten Aufgabe. In der wiedergewonnenen Wehrhoheit und der erneuerten allgemeinen Wehrpflicht liegen die Entscheidungen vor, die festumrissene Aufgaben stellen und es damit ermöglichen, Ordnung in das Chaos der Erinnerungen zu bringen, um aus ihnen die gültigen Erfahrungen zu gewinnen."[21] Weniger formuliert unmißverständlich und unermüdlich, um was es ihm geht: "Nun ist die Zeit der willkürlichen Kriegserinnerungen vorbei. Die Wiedergewinnung der Wehrhoheit stellt die festumrissene Aufgabe, die Erfahrungen des Krieges für den Aufbau der Wehrmacht und, da diese eine Volkswehrmacht ist, für das ganze Volk wirksam werden zu lassen."[22]

Der Maßstab für die Kritik an der dargebotenen Kriegserfahrung und ihrer Auswahl liege in den konkreten Aufgaben von Wehrmacht und Volk in der Gegenwart. Wörtlich sagt er zu den Aufgaben - zwei Jahre vor Beginn des Zweiten Weltkrieges: "Der Krieg der Zukunft wird ein vollständiger sein, in dem die Berufssoldaten und die aktive Truppe nur einen Bruchteil des aufgebotenen wehrhaften Volkes ausmachen werden. (...) Der Weltkrieg gab die Erfahrung von einem Volk in Waffen, (...)."[23]

Es ist Wenigers Bestreben, diese Erfahrung für den neuen Krieg nutzbar zu machen. In diesem Zusammenhang gehört dann auch seine Entscheidung, 1937 der *Gesellschaft für Wehrpolitik und Wehr-*

---

[20]Ebd.
[21]Ebd.
[22]Ebd., S. 244 f. Hervorhebung von mir.
[23]Ebd., S. 237. Hervorhebungen von mir.

wissenschaften beizutreten und sich als Vortragsredner eintragen zu lassen.[24]

Das Eigentliche des Kriegserlebnisses

Ich kehre zum Hohenrodter Vortrag zurück mit der Frage: Was ist für Weniger der Kern, die Essenz des Kriegserlebnisses?

Das eigentliche Kriegserlebnis hängt für ihn mit dem "eigentlichen Helden", d.h. mit dem "eigentlichen Träger des Krieges"[25], zusammen. "Der eigentliche Held (war) der gemeine Mann, der Infanterist im Schützengraben etwa und zwar als Gruppe, als Korporalschaft und Kompanie. (...) Das eigentliche Erlebnis, der entscheidende seelische Tatbestand", so führt Weniger weiter aus, "scheint mir nun dementsprechend zu sein, daß der *durchschnittliche* Mensch in Massen und als Masse, besser sagte man: in Gruppen, dem *Außergewöhnlichen* und zwar *auf die Dauer* ausgesetzt war, daß er dauernd und durchschnittlich außerhalb jeder normalen Lebensbezüge, bis in die Wurzeln seiner Existenz von ihnen getrennt leben mußte und dabei dem Tode immer wieder unmittelbar gegenüberstand, wie sonst nur außergewöhnliche Menschen in außergewöhnlichen Schicksalen. Diesem Außergewöhnlichen gegenüber ergab sich eine ganz neue Art gelassenen und tapferen Lebens, in dem die alten Auffassungen kriegerischen Verhaltens durchgängig keinen Sinn mehr hatten, ebensowenig wie die übersteigernden Deutungen der Leistung als einer vorübergehenden gegenüber einem eigentlichen Leben, das in der Heimat weiterging. Umgekehrt wurde jetzt <u>das Leben in der Heimat von dem eigentlichen im Felde her bestimmt und an ihm gemessen</u>. Von einer anderen Seite gesehen heißt das, daß in einer ganz neuartigen Weise Volk da war als ein in sich ruhender Zusammenhang von einzelnen in einer Gemeinschaft, die nach den ersten Monaten jedenfalls nicht mehr über sich hinaus zurückging auf den Zusammenhang des Blutes, der geistigen Überlieferung, der bisherigen Schicksale, der gegebenen Staatsform oder so, sondern sich selber einzig wirklich <u>als das Volk in Waffen</u>

---

[24]Vgl. dazu Kapitel 5.1.2 in dieser Arbeit.
[25]Das Bild 1930, S. 12 f.

war, und alle seine gewaltigen Leistungen aus diesem seinen fast
naturhaften Dasein als kämpfende Truppe, als Korporalschaft und
Regiment, als Front entwickelte, nicht aber aus Erinnerung oder aus
einem ausdrücklichen Zukunftswillen heraus, kaum noch in einer
Beziehung zu einem Außerhalb, etwa durch den Gedanken 'wofür'.
Alle großen Eigenschaften, Pflicht, Treue, Kameradschaft und alle
menschlichen Erfahrungen bezogen sich auf dieses unfaßbar
gegenwärtige Dasein, aber anderseits werden auch alle großen
Worte hier gegenstandslos, selbst die Rede vom Opfer, so unzählige
und gewaltige Opfer gebracht wurden, trifft am wesentlichen vorbei. Wenn es um die gemeinsame Behauptung der Existenz geht, dann
handelt es sich nicht mehr um ein Opfer für andere, sondern um
etwas viel Unmittelbareres. Man kann sagen, daß nur da die Aufgabe
der Führung wirklich bewältigt wurde, wo die Führer (...) diesen
Zusammenhängen mehr oder weniger unbewußt gerecht wurden und
selbst aus ihnen lebten und handelten." Und Weniger fügt bekennend
hinzu: "Es gehört zu dem schönsten, das miterlebt zu haben."[26]

Folgt man diesem Zitat, dann trägt das Eigentliche, Charak-
teristische, Gültige des Kriegserlebnisses, die zum tradierungs-
würdigen "Bildungsgehalt" geläuterte Kriegserfahrung widerver-
nünftige, ja rauschhafte Züge. "Man geriet in Rauschzustände des
Erinnerns"[27], beschreibt Weniger einleitend die frühe Zeit nach dem
Krieg. Er spricht von dem gemeinen Mann als dem eigentlichen
Helden des Krieges und meint damit doch nicht den einzelnen als
individuellen Menschen, sondern den einzelnen als "Masse", "als
Gruppe", als "Korporalschaft und Kompanie". Der einzelne geht auf
in der Masse Volk, denn auch das Volk ist nicht mehr existent in einer Vielzahl von Gestaltungen, es existiert nur noch als "das Volk
in Waffen", als "Front". Das eigentliche Leben spielt sich im Felde
ab. Es gibt nicht mehr Erinnerung noch Zukunftswillen noch ein be-
gründetes "Wofür". Wichtig allein ist der Augenblick, dieses "unfaßbar gegenwärtige Dasein", in dessen Sog alles Leben gerät. Die
"gemeinsame Behauptung der Existenz" in der unmittelbaren und
dauerhaften Gegenwart des Todes löst alle Unterschiede und

---

[26]Ebd., S. 13 f. Hervorhebungen durch Unterstreichung von mir. Der Kursivdruck
entspricht dem Original.
[27]Ebd., S. 1.

Konturen auf, es gibt nicht mehr ein Opfer für andere, weil es den einzelnen und damit den anderen nicht mehr gibt, es gibt nur noch etwas "viel Unmittelbareres".

Weniger bestimmt dieses "viel Unmittelbarere" nicht. Es gibt in der Kriegsliteratur einen Autor, der Ähnliches anspricht: **Ernst Jünger**[28]. Ergänzend sei ein Zitat von ihm eingefügt; es soll verdeutlichen helfen, was Weniger gemeint haben könnte. "Ich war mir", notiert Jünger nach einer Schlacht, "wenn auch nur mit dem Gefühl, der Bedeutung der Stunde bewußt, und ich glaube, daß jeder damals das Persönliche sich auflösen fühlte vor der Wucht der historischen Verantwortung, die sich auf ihn heruntersenkte. Wer solche Augenblicke erlebte, der weiß, daß die Geschichte der Völker mit dem Geschick der Schlachten steigt und fällt. (...) Der Schlachtendonner war so fürchterlich geworden, daß keiner mehr bei klarem Verstande war. Die Nerven konnten keine Angst mehr empfinden. Jeder war rasend und unberechenbar, in übermenschliche Landschaften verschlagen; der Tod hatte seine Bedeutung verloren, der Wille zum Leben war auf ein Größeres übergesprungen, das machte alle blind und achtlos gegen das persönliche Geschick."[29]

Weniger selbst nennt Jünger in seinem Vortrag in einem anderen Zusammenhang. Es sei das große Verdienst seiner Erinnerungsbücher, freimütig klargestellt zu haben, daß auch die Frontexistenz wie die heldische Leistung schwache Stellen gehabt habe.[30] An anderer Stelle vermutet er, daß das eine oder andere der Kriegsbücher Jüngers deshalb seine Bedeutung behalten werde, weil es den Krieg unbefangen schildere. "Je <u>unbefangener</u> (...) die Dar-

[28]Geb. 1895. Kriegsfreiwilliger im Ersten Weltkrieg. Träger des Ordens "Pour le Mérite". Als Kriegsbücher sind u.a. zu nennen: *In Stahlgewittern* (1920), *Der Kampf als inneres Erlebnis* (1922), *Feuer und Blut* (1925), *Strahlungen* (1949). - Im Ersten Weltkrieg Regimentskamerad Wenigers an der Westfront, im Zweiten Weltkrieg mit ihm zusammen beim Stab v. Stülpnagels in Paris.

[29]Jünger, E.: In Stahlgewittern. Hamburg: Deutsche Hausbücherei [14]1933, S. 258. - Es gibt zweifellos eine Affinität Wenigers zum Denken Ernst Jüngers; ein Existentialismus eigener Art vebindet sie. Was bei dem einen zu einer Ästhetik des Schreckens gefriert, wird bei dem anderen zum Inbegriff menschlicher Seinsqualität hochstilisiert. Kriegsverherrlichend ist beides.

[30]Vgl. Das Bild 1930, S. 5.

bietung der Kriegserlebnisse selbst ist, um so dauernder ist die Wirkung."[31]

Der Krieg als rauschhafte Seinserfahrung, als Erfahrung des "Außergewöhnlichen", wie sie sonst nur "außergewöhnlichen Menschen" in "außergewöhnlichen Schicksalen" zuteil wird - das ist Wenigers Fazit aus dem Kriegserleben. Hier liegt seine Identitiät, er selbst ist die Frontgeneration, und ihrer aller Herkunft ist "aus dem Kriege".[32]

Der Frontgeneration fällt nach Wenigers Auffassung bei der Vermittlung der (gültigen) Kriegserfahrung eine besondere Verantwortung zu. Noch einmal soll ein Rückgriff auf den Text von 1937 zum Verständnis seines Vortrags beitragen. In dem Beitrag heißt es: "Die Kriegsteilnehmer müssen in doppelter Hinsicht für die Überlieferung einstehen: sie müssen die Glaubwürdigkeit der Mitteilung durch ihre Person bezeugen - so stehen sie überall zwischen der Dichtung und Geschichte des Krieges und der Jugend -, und sie müssen in sich, in Gesinnung, Haltung und Stellungnahme die Wirkung des Krieges, die für die Bildung der nachfolgenden Geschlechter fruchtbar werden soll, verkörpern als die Geformten und Gewandelten."[33] Diese Sätze, wenngleich später formuliert, geben treffend die Einstellung wieder, aus der heraus Weniger 1929 seinen Vortrag gehalten und sich mit der "Hochflut der Kriegsliteratur"[34] auseinandergesetzt hat.

---

[31] Ebd., S. 8. Hervorhebung von mir. - Weniger legt sich auf keines der Kriegsbücher fest, keines nennt er in seinem Vortrag mit Namen. - Als Beispiele "unbefangener Darbietung" seien zwei Stellen aus *In Stahlgewittern* angeführt (sie ließen sich beliebig fortführen): "Ich riß einem Unteroffizier, der dieses Schauspiel mit offenem Munde beglotzte, aus dem unbezähmbaren Bedürfnis zu schießen, das Gewehr aus der Hand. Mein erstes Opfer war ein Engländer, den ich auf hundertundfünfzig Meter zwischen zwei Deutschen herausschoß. Er klappte wie ein Taschenmesser zusammen und blieb liegen." (S. 263). - "Zwei Engländer, die einen Trupp gefangener 99er auf ihre Linien zuführten, stellten sich mir entgegen. Ich hielt dem nächsten die Pistole vor den Leib und drückte ab. Er klappte zusammen wie eine Schießbudenfigur." (S. 315).

[32] Ebd., S. 2. - Noch 1958 schreibt Weniger, 64jährig, in einem Brief an v. Boeselager: "Ich habe Ihre Art immer geschätzt und Ihre Stellungnahmen als notwendig empfunden, auch, wenn sie manchmal allzu kavalleristisch vorgetragen wurden. Sie wissen ja, daß ich Artillerist bin und eine andere Taktik beherrsche." Fundort: BA/MA Freiburg, N 488/31, Blatt 40.

[33] Gedanken 1937, S. 244. Hervorhebung von mir.

[34] Das Bild 1930, S. 1.

Das Bild des Krieges in literarischer Gestalt

Der erste Autor, den Weniger nennt, ist **Ernst Glaeser**[35]. Dieser "Worführer der jüngeren Generation"[36] formuliert "in der Tat"[37] die Skepsis und Fremdheit der nachfolgenden Generation gegenüber den Kriegsteilnehmern. "Ihr lauft in einem wahrhaft tragischen Sinne leer. Der Krieg war umsonst ...", zitiert Weniger den Autor und fügt als Kommentar hinzu: "So daß dann die jüngste Generation, ohne die Lebensleistung der Frontgeneration nutzen zu können, noch einmal beginnen muß."[38] Was mag er gedacht haben, als am 10. Mai 1933 auch die Schriften Ernst Glaesers "der Flamme übergeben" wurden - zumal da Glaeser Mitarbeiter der Frankfurter Zeitung war, der er - Weniger - ab 1933 ebenfalls Beiträge lieferte? Weniger hat sich zu diesem Autodafé des 20. Jahrhunderts nicht geäußert.

Dieselbe Frage drängt sich bei **Erich Maria Remarque**[39] auf, dessen Werk ebenfalls "der Flamme übergeben" wurde mit den Worten: "Gegen literarischen Verrat am Soldaten des Weltkrieges, für Erziehung des Volkes im Geiste der Wehrhaftigkeit!"[40] Weniger geht ausführlich auf den Roman *Im Westen nichts Neues* ein. Lobend hebt er hervor, "wieviel an Besinnung und Wiedererinnerung wir auch ihm (i.e. Remarque) verdanken, so in der Schilderung des Heimaturlaubes und in der Vergegenwärtigung der sinnlichen Existenz der Frontsoldaten."[41] Dann setzt mit einem "Aber" seine Kritik ein: "Aber im ganzen scheint mir Remarque`s Massenwirkung s e h r gefährlich, und schon zwei ästhetische Symptome zeigen an, daß er die eigentliche Aufgabe doch verfehlt hat. Remarque läßt den

---

[35]Ernst Glaeser (1902-1963)wurde bekannt durch seinen 1928 veröffentlichten Roman *Jahrgang 1902*, aus dem Weniger zitiert.

[36]Das Bild 1930, S. 2.

[37]Ebd.

[38]Ebd., S. 3.

[39]1898-1970, ab 1916 Soldat, wurde u.a. durch seinen 1929 veröffentlichten Roman *Im Westen nichts Neues* berühmt.

[40]Vgl. Loewy, E.: Literatur unterm Hakenkreuz. Das Dritte Reich und seine Dichtung, a.a.O., S. 17.

[41]Das Bild 1930, S. 19.

Helden am Schluß fallen, (...)."[42] Ein weiterer Kritikpunkt ist für ihn, daß der Held "noch wieder herausgehoben" und "nicht frei von Ressentiment" sei, wodurch "eine Reihe von schiefen Stellungnahmen zum Kriege"[43] zusammenwirkten. Dann wird Wenigers Kritik unsachlich, indem er Remarque unterstellt: "Seine Absicht geht offenbar auf Heilung durch Analyse, ihr fehlt die produktive Spitze, die bei Renn dahintersteht, trotz einiger pazifistischer Anhängsel. Aber das Gefährlichste an dem Buche ist, daß in ihm die geheime Wollust an dem Geschehen und am Grauen des Todes und die Eitelkeit des Dabeigewesenseins noch in der Negation mitschwingt, die den Frontsoldaten auch dann noch zu ergreifen droht und um den Sinn des Krieges bringt, wenn er sich mit Pathos gegen das Erlebte wendet. Es ist sehr die Frage, ob die zahllosen zustimmenden Äußerungen von Kriegsteilnehmern zu Remarques Buch nur positiv genommen werden können, ob nicht hier aus dem bisherigen sektenhaften Kokettieren mit dem Fronterlebnis und mit dem Grauen der Erinnerung nur eine Massenerscheinung geworden ist."[44]

Wenigers Kritik ist verständlich: Vor dem Hintergrund seiner Kriegsbewertung muß ihn irritieren, daß der Held des Romans individuelle Züge trägt; er kann nicht gutheißen, daß Remarque seine stilistische Identifikationsfigur nicht überleben läßt; denn der Leser wird, wenn er der Handlung emotional folgt, das Kriegsgeschehen negativ bewerten. Der "ungemessene Erfolg"[45] des Bestsellers muß in Wenigers Augen volksgefährdend wirken; deshalb versucht er, seine Bedeutung herabzusetzen. Man kann die Frage stellen, warum er Remarque und nicht Ernst Jünger die "geheime Wollust an dem Geschehen und am Grauen des Todes und die Eitelkeit des Dabeigewesenseins" vorwirft. Die Antwort darauf ist in Wenigers ideologisierter Wahrnehmung zu suchen.

---

[42]Ebd. Hervorhebung von mir.

[43]Ebd., S. 20.

[44]Ebd. - Ein Zitat aus dem Lexikon der Weltliteratur (hrsg.v. Gero v. Wilpert) möge Wenigers Urteil ergänzen. Dort steht zu Remarque: "wurde 1929 durch s. realist. Kriegsroman *Im Westen nichts Neues*, e. nüchterne Darstellung des 1. Weltkriegs und der Grauen des sinnlosen Völkermordens, schlagartig weltberühmt." A.a.O., S. 1115.

[45]Ebd., S.19. - Es ist die Frage, ob Weniger die naheliegende Assoziation von "ungemessen" zu "unangemessen" beabsichtigt hat.

Weniger selbst nennt in seinem Vortrag ein Beispiel für eine solche interessengeleitete, selektierende Wahrnehmung. "So ist es bezeichnend", erinnert er sich, "daß Barbusse`s 'Le feu' freilich schon um 1917 von uns gelesen wurde, aber weder die pazifistische Tendenz noch die erstaunliche Dichtigkeit der Wiedergabe des Frontdaseins, die uns heute an **Barbusse**[46] ergreift, machte besonderen Eindruck. Die Wirkung beruhte vielmehr auf der Befriedigung der romantischen Neugier über die Gegenseite, man erhielt eine Vorstellung davon, wie es bei den Franzosen zuging, und das war uns wichtig."[47]

Gerade an diesem Beispiel wird deutlich, wie stark bei Weniger der Wunsch, die determinierende Tendenz ist, den Krieg positiv zu sehen und alles auszublenden, was diese Sicht in Frage stellen könnte. Ein Zitat aus *Das Feuer* soll die ungeschminkte Härte vor Augen führen, mit der Barbusse das Grauen des Krieges schildert, und die Unmißverständlichkeit, mit der er dem Krieg eine Absage erteilt:

"Da hob sich mit einemmale einer dieser liegenden Ueberlebenden auf die Knie, schüttelte seine schmutzigen Arme, von denen der Kot herunterfiel, und schrie dumpf und schwarz wie eine grosse, klebrige Fledermaus:
- Nach diesem Kriege darf es keinen andern Krieg mehr geben!
Aus der kotigen Ecke heraus, in der uns Schwache und Machtlose der Wind anfauchte und so wütend anpackte, dass die Erde wie ein Wrack zu beben schien, drang der Schrei jenes Menschen, der davonzufliegen schien, und weckte andre ähnliche Ausrufe:
- Es darf nach diesem Kriege kein anderer Krieg mehr kommen!

---

[46]Henri Barbusse, französischer Schriftsteller, 1873-1935. Zwei Jahre an der Front, 1916 erschien der Roman *Le Feu*, 1919 gründete er mit Romain Rolland die Antikriegsbewegung *Clarté*. 1918 erschien *Le Feu* in deutscher Übersetzung: *Das Feuer. Tagebuch einer Korporalschaft*. Zürich: Max Rascher Verlag. - Im Lexikon der Weltliteratur, a.a.O., S. 116, steht zu Barbusse u.a.: "Von hoher künstler. und dokumentar. Bedeutung sein viel umstrittenes 'Tagebuch e. Korporalschaft: *Le Feu*', in dem er in mutiger Wendung gegen verbrecherische patriot. Rhetorik, ohne Rücksicht auf lit. Tradition, brutal-realist. das Grauenhafte und die Sinnlosigkeit des Krieges darstellt."
[47]Das Bild 1930, S. 17. Hervorhebung von mir.

Die dumpfen, wütenden Worte dieser Menschen, die an die Erde ge-
fesselt, von Erde durchdrungen waren, stiegen und flogen in den
Wind wie Flügelschläge.
- Keinen Krieg mehr, keinen Krieg mehr!
- Ja, es ist genug!
- Es ist zu blöd ... zu blöd, murrten sie. Was soll das alles eigent-
lich bedeuten, all das, was nicht einmal in Worte zu fassen ist!
Sie redeten alles mögliche durcheinander und knurrten wie wilde
Tiere, mit düsteren, zerfetzten Gesichtsmasken, auf ihrer Eisbank,
von der sie die Elemente zu vertreiben trachteten. Die Empörung,
die sie aufpeitschte, war so gross, dass sie an ihr erstickten.
- Zum Leben ist man doch geboren und nicht um derart zu verrecken!
- Die Männer sollen doch Gatten und Väter sein - Menschen
überhaupt! - und nicht Bestien, die einander hetzen, erwürgen und
verpesten.
- Und überall, überall sind`s Bestien, wilde Bestien oder zertre-
tene Tiere. Schau, schau dich um!
... Nie werde ich den Anblick jener grenzenlosen Felder vergessen,
deren Farben vom Wasser zerfressen waren, und die Höcker, die,
von der Fäulnis angefressen, allenthalben zerbröckelten, überall an
den zerschlagenen Gerippen der Pfähle, der Drähte, der Holzgerüste
- und über die finstren Endlosigkeiten des Styx die Vision, das
Beben einer Vernunft, einer Logik und einer Einfachheit, die jene
Menschen urplötzlich wie ein Wahnsinn erschüttert hatte.
Man sah, wie sie der Gedanke quälte: dass nämlich der Versuch, auf
Erden sein Leben zu leben und glücklich zu sein, nicht nur ein Recht
sei, sondern eine Pflicht - ein Ideal sogar und eine Tugend; dass die
Gesellschaft nur dazu da ist, jedem Innenleben mehr Lebens-
möglichkeit zu verschaffen.
- Leben! ...
- Wir! ... Du ... Ich ...
- Kein Krieg mehr ... Nein, nie wieder! ... Es ist zu dumm ...
Schlimmer noch als das, es ist ...
Da kam ein Wort und antwortete wie ein Widerhall ihrem wirren
Gedanken, und dem zerstückelten Gemurmel dieser Masse ... Ich sah
eine kotgekrönte Stirne sich erheben, und der Mund sprach am Rande
der Erde:

- Zwei Armeen, die sich bekämpfen, sind eine grosse Armee, die Selbstmord an sich übt! (...) In der trostlosen Stille jenes Morgens begannen diese Männer, die die Erschöpfung gefoltert, der Regen gepeitscht und eine ganze Donnernacht erschüttert hatte, diese Ueberlebenden, die dem Feuer und dem Ertrinken entwischt waren, diese Menschen begannen zu verstehn, wie scheusslich der Krieg ist, moralisch und physisch, und dass er nicht nur den Verstand schändet, die grossen Ideen beschmutzt und alle Verbrechen befiehlt - sondern sie erinnerten sich, wie sehr er in ihnen und in ihrer Umgebung die schlechten Triebe ohne Ausnahme entfesselt hatte: die Bösartigkeit bis zum Sadismus, die Ichsucht bis zur tierischen Wut, die Genussucht bis zum Wahnsinn. (...)
- Es wird keinen Krieg mehr geben, schimpft ein Soldat, wenn`s kein Deutschland mehr gibt.
- Nein, so ist es nicht richtig gesagt! schreit ein anderer. Das genügt noch nicht. Erst wenn der Geist des Krieges besiegt sein wird, wird`s keinen Krieg mehr geben!"[48]

Angesichts der Eindringlichkeit dieser Worte ist Wenigers Formulierung von der "pazifistischen Tendenz" dieses Romans unmißverständlich: Er steht bewußt auf der Seite derer, die dafür gesorgt haben, daß der Geist des Krieges nicht besiegt, sondern lebendig gehalten und weitergegeben wurde.

Weniger vertritt in seinem Vortrag die Ansicht, daß sie, die Kriegsgeneration, nicht durch Introspektion mit ihrer "Kriegsvergangenheit ins Reine"[49] kommen könne, sondern nur über die Begegnung mit bereits gestalteter Erinnerung, wie sie von "überlegenen Menschen" geschaffen worden sei. Nicht das eigene Nachdenken ist der Weg zur Verarbeitung, sondern die Orientierung an einem Vorbild. Für ihn ist dieser Bildungsvorgang zudem an die epische Form der einzelnen Gestaltung knüpft. "Und zwar ist dieser Bildungsvorgang angewiesen auf die epische Überlieferung, die die ganze Breite und Zuständlichkeit des Geschehens wiederzugeben vermag."[50] Die Lyrik scheide ihrer Individualität wegen aus, die

---

[48]Barbusse, H.: Das Feuer, a.a.O., S. 390 f.
[49]Das Bild 1930, S. 18.
[50]Ebd.

Novelle wegen ihres privaten Charakters, und die Anekdote "gewinnt erst ihre Funktion, wenn nun unsere echte Erinnerung wirklich in Ordnung und schon in die Überlieferung des Volkes eingegangen und so Geschichte geworden sein wird."[51] Zu früh zugelassen, könnte sie die Größe des Krieges schmälern. In einer Bemerkung über die Zeit unmittelbar nach dem Krieg wird diese
Befürchtung deutlich: "Oft flüchtete man sich in den Humor und in
die Anekdote als die einzigen armseligen Überreste einer <u>großen</u>
<u>Wirklichkeit</u>."[52]

Einen Autor nennt Weniger, dessen Kriegsschilderung seiner Vorstellung entspricht: **Ludwig Renn**[53]. "Es scheint mir keine Frage",
formuliert er, "daß von da aus gesehen Ludwig Renns`s 'Krieg' uns
am wichtigsten ist, daß er der epischen Objektivität am nächsten
kommt, die der Wirklichkeit am ehesten genug tut, (...)."[54] Weniger
charakterisiert Renn, indem er ihn Remarque gegenüberstellt. Es
sei die Textelle noch einmal genannt: "Seine Absicht (i.e.
Remarques) geht offenbar auf Heilung durch Analyse, ihr fehlt <u>die</u>
<u>produktive Spitze, die bei Renn dahintersteht, trotz einiger pazi-</u>
<u>fistischer Anhängsel</u>."[55]

Was immer Weniger unter der "produktiven Spitze" verstehen mag,
sie verleiht dem Werk Renns in seinen Augen eine Qualität, die sich
"trotz einiger pazifistischer Anhängsel" behaupten kann. Auch diese
Formulierung verweist unmißverständlich auf Wenigers Herkunft
"aus dem Kriege".

---

[51]Ebd.
[52]Ebd., S. 9. Hervorhebung von mir.
[53]1889-1979. 1928 erschien *Der Krieg*, 1930 der Folgeroman *Nachkrieg*, der zur
Zeit des Hohenrodter Vortrags noch nicht vorlag. Im Lexikon der Weltliteratur,
a.a.O., S. 645, wird *Der Krieg* wie folgt charakterisiert: "Der stark autobiographische Roman gehört der 'Neuen Sachlichkeit' an. Nüchtern wird berichtet vom Leiden
und Sterben des Frontsoldaten, von den Heldentaten, die der Heeresbericht nicht
meldete. Große Zusammenhänge, Hintergründe, Ursachen und Wirkungen werden
nicht gezeigt." - Renn, aus sächsischem Uradel, Kommunist, wurde von den Nazis
verfolgt, lebte in Mexiko im Exil, nach dem Krieg in der ehem. DDR.
[54]Das Bild 1930, S. 19.
[55]Ebd., S. 20. Hervorhebung von mir.

Als einen weiteren wichtigen Punkt möchte ich das Ereignis
Langemarck[56] ansprechen, d.h. den Standpunkt wiedergeben, den
Weniger dazu in seinem Vortrag einnimmt. Einerseits, so stellt er
fest, "(verrät) die Langemarckfeier der bündischen Jugend auf der
Rhön nun schon einen bewußten Willen zu einer fruchtbaren, bilden-
den Formung der Kriegserinnerung."[57] Andererseits spricht er sich
gegen diese bündisch-akademischen Feiern aus. Er nennt sie einen
Irrtum, weil Langemarck eben nicht als Symbol für die eigentliche
Leistung des Weltkrieges zu werten sei, sondern allenfalls für ein
"Sonderrecht der akademischen kriegsfreiwilligen Jugend"[58]. Seine
Kritik faßt noch einmal das ihm Wesentliche zusammen: "Das ei-
gentliche Thema des Krieges und der Erinnerung ist aber die
Materialschlacht, der Graben, der zähe Widerstand der langen Jahre,
das Aufgehen aller Schichten ineinander in der voraussetzungslosen
Kameradschaft der Front."[59]

Die erste Langemarckfeier hatte 1924 in der Rhön stattgefunden,
Rudolf G. Binding[60] hatte Verlauf und Atmospäre in einem chauvinistischen Text, "Deutscher Jugend geschrieben 1924", festgehalten. Der Text wurde erst 1935 veröffentlicht.[61] Weniger hebt
in seinem Vortrag eine andere Veröffentlichung Bindings hervor,
seine Briefe und Tagebücher *Aus dem Kriege*, die er "herrlich"
nennt[62]. In seinen Augen zeigen sie "den Weg zu einer ganz neuen
Einstellung gegenüber dem Krieg, unbefangen, mit dem klaren

---

[56]Belgischer Ort in Westflandern, wurde im Ersten Weltkrieg durch den Sturmangriff
deutscher (vor allem studentischer) Kriegsfreiwilliger (10.11.1914) zu einem
Helden-Symbol.

[57]Das Bild 1930, S. 9.

[58]Ebd., S. 15 f.

[59]Ebd., S. 16.

[60]1867-1935. Rittmeister im Ersten Weltkrieg. Nach dem Lexikon für Weltliteratur
(S. 165) ein "Lyriker und Erzähler von unbedingtem Willen zur streng gebändigten
Form und männl. Sprachzucht" (!).

[61]Ders.: *Deutsche Jugend vor den Toten des Krieges*. Frankfurt/M.: Rütten & Loening.
- Ein Zitat aus dieser Schrift mag die Atmosphäre, die mit dem Ereignis
"Langemarck" verknüpft ist, vermitteln: "Nun, so sprach er, sind wohl auch wir
würdig, das **deutsche** Lied, das Lied von Langemarck zu singen. Und ihm folgend
rauschte das 'Deutschland, Deutschland über alles' aus den Seelen zum Himmel, wie
es wohl aus jenen Helden selbst, in gleicher Gesinnung selten erklungen sein
mag." (ohne Seitenangabe).

[62]Das Bild 1930, S. 9.

Willen unabhängig von irgendeinem Standpunkt den Krieg menschlich zu bestehen und aus ihm Formkräfte zu gewinnen."[63]

Es gibt noch andere Briefe aus dem Krieg, *Kriegsbriefe gefallener
Studenten*[64], die allerdings keine unbefangene, standpunktfreie
Einstellung zum Kriege spiegeln. Es sind Abschiedsbriefe an die
Eltern, in Todesahnung oder -gewißheit geschrieben. Wie der Herausgeber **Philipp Witkop**[65] in seinem Vorwort sagt, "(verbürgt)
diese Seelenhaltung **sub specie aeternitatis** zutiefst die persönliche und historische Wahrheit der Schriftstücke."[66] Das Vorwort endet mit dem Satz: "Auch diese Briefe sollen ein Sporn sein
zu einem neuen, weltversöhnenden Recht und Verständnis im Leben
der Völker. Dann wird das Testament dieser jungen tragischen
Idealisten eingelöst und ihr Tod nicht vergebens sein."[67]

Diese Briefe sind in Wenigers Augen als Andenken zu lesen, nicht
aber als Zeugnis. "Sie geben kein Bild des Krieges."[68]

Was ist der Grund für sein ablehnendes Urteil? Spürt er die
"Gefahr", die von ihnen ausgeht? Junge Menschen voller Leben und
individueller Vernünftigkeit haben sie geschrieben. Sie alle sterben
im Alter von neunzehn bis vierundzwanzig Jahren. Angesichts solcher Dokumente ist der nachfolgenden Generation die These vom
Krieg als einer "großen Wirklichkeit" kaum zu vermitteln. Weniger
versucht einen Ausweg: Er weist darauf hin, daß "das Gedächtnis an
die Toten und die Erinnerung der Lebenden zu verschiedenen Lebens-
bereichen gehören"[69]. Dieser an sich richtige Satz ist in diesem
Zusammenhang irreführend; denn die besagten Briefe sind authen-
tische Zeugnisse von Kriegsteilnehmern und nicht zu ihrem An-

---

[63]Ebd., S. 9 f. Hervorhebung von mir.
[64]Witkop, Ph. (Hrsg.): Kriegsbriefe gefallener Studenten. München: Georg Müller
   1928.
[65]Professor der neueren deutschen Literaturgeschichte an der Universität Freiburg.
   Aus einer Anzahl von 20 000 Briefen, die ihm 1917/18 durch Vermittlung der
   deutschen Unterrichtsministerien und Universitäten von Eltern und Freunden zu-
   gesandt wurden, stellte er die Dokumentation zusammen.
[66]Ebd., S. 5.
[67]Ebd., S. 6. Hervorhebung von mir.
[68]Das Bild 1930, S. 15.
[69]Ebd.

denken von anderen verfaßt. Auch dies ist ein Beispiel für Wenigers interessengeleitete Wahrnehmung.

Ein Ausblick

Die Bestimmung der "echten Kriegserinnerung" und ihre Weitergabe an die "nachfolgenden Geschlechter" ist das pädagogische Leitthema in Wenigers Vortrag. Er weiß, daß Überlieferung auf die sprachliche Gestaltung des Vergangenen angewiesen ist. "Die nachfolgenden Geschlechter werden nur so viel von der Wirklichkeit des Krieges haben können", konstatiert er, "als in geformter Sprache da sein wird."[70] Dann nimmt Wenigers Gedankengang eine überraschende, absichtsvolle Wendung, indem er sagt: "Von der Ilias führt kein Weg in eine eigentliche Realität des trojanischen Krieges. Aber das ist auch nicht erforderlich, denn alles, was am Kriege wert ist überliefert zu werden, ist auch der sprachlichen Formung zugänglich. So wird es darauf ankommen, daß einmal ein dichterisches Gesamtkunstwerk entsteht, in dem der volle Gehalt des Krieges gegenwärtig ist."[71]

Der Erste Weltkrieg - ein kriegerisches Ereignis wie der Trojanische Krieg? Massenvernichtung im 20. Jahrhundert mit acht Millionen Toten - einem Heldenkampf zu vergleichen, in dem selbst Götter mitstreiten? So jedenfalls hat Homer es besungen. Mit dem Ausblick auf ein dichterisches Gesamtkunstwerk, dem Homerischen Epos[72] ebenbürtig, beendet Weniger seinen Vortrag. Mag sein Vergleich auch als rhetorischer Schlußpunkt gedacht gewesen sein, er macht deutlich, wie bedeutsam "Krieg" für ihn gewesen ist und wie er ihn bagatellisiert hat.

---

[70]Ebd., S. 21.

[71]Ebd. Hervorhebung von mir.

[72]Homers *Ilias*, im 8. Jh. v. Chr. entstanden, schildert die letzten Tage eines zehnjährigen Krieges, dessen historischer Kern ein Kampf um die Stadt Troja (Ilion) etwa im 13. Jh. ist.

Ergebnisse

Als Ergebnis der Untersuchung sei folgendes festgehalten:

1. Weniger, der wie viele seiner Generation den Ersten Weltkrieg als Kriegsfreiwilliger mitgemacht hat, kehrte als Geformter, nicht als Gewandelter aus ihm zurück. In seiner Rückbesinnung wird deutlich: Sein Bild des Krieges zeigt eine "große Wirklichkeit", deren Konturen er herausgearbeitet wissen möchte zur Weitergabe an die nachfolgenden Geschlechter. Zwei Linien bestimmen die große Wirklichkeit: die neue Seinsqualität des Volkes, die mit den Begriffen "das Volk in Waffen", "das Volk als Front" gekennzeichnet ist, und, in konsequenter Folge, die "Befriedigung des soldatischen Daseins" aus der Sicht des einzelnen. Dieser Sicht entsprechen die Kriterien, nach denen Weniger die bereits Gestalt gewordene Erinnerung beurteilt: Freimütig und unbefangen soll die Darbietung sein und die "ganze Breite und Zuständlichkeit des Geschehens" wiedergeben. Literatur, die seinem positiven Bild vom Kriege entspricht, findet Zustimmung, Literatur, deren Botschaft etwa "Nie wieder Krieg!" lautet, wird bewußt oder unbewußt ausgeblendet.

Erwähnen möchte ich an dieser Stelle die "unübersehbare Rechtfertigungsliteratur"[73], auf die Weniger in seinem Vortrag mit einigen wenigen Sätzen eingeht und die für ihn ein Ärgernis darstellt. Die Niederlage und "gewisse Bestimmungen des Versailler Vertrages"[74] hätten die "unselige Konzentration auf die Schuldfrage"[75] nach sich gezogen. Seiner Meinung nach ist "die Schuldfrage gegenüber einem Schicksal wie dem Krieg eigentlich unwesentlich und nur als Symptom eines verlorenen Krieges interessant"[76]. Eine geistige Bedeutung habe die Schuldfrage erst dann, "wenn man sie nicht mehr unter den Gesichtspunkten von Anklage und Verteidigung sieht, sondern unter dem Gedanken der Katharsis und dieser setzt eben voraus, was für diese Rechtfertigungsliteratur nicht vorausgesetzt werden kann, daß das Erlebnis des

---

[73]Das Bild 1930, S. 6.
[74]Ebd., S. 6 f.
[75]Ebd., S. 7.
[76]Ebd.

Krieges in Ordnung ist."[77] Das Erlebnis des Krieges ist dann für ihn
in Ordnung, wenn es zur Stärkung der Nation, jedenfalls nicht zur
Schwächung ihres Selbstbewußtseins beiträgt. Es ist bemerkenswert, daß Weniger dieselben Gedanken im Rückblick auf die Zeit
nach dem Zweiten Weltkrieg wiederholt. [78]

2. Dieser Punkt mutet dem Leser Zeitsprünge zu; denn der Hohenrodter Vortrag und der Beitrag vom Vorabend des Zweiten Weltkrieges erhellen sich gegenseitig.

Weniger denkt bereits 1929 Gedanken des Krieges. Der entscheidenden Kriegserfahrung von einem "Volk in Waffen" (1929) entspricht
die Vorstellung einer "Volkswehrmacht" (1937), denn die Wehrmacht ist das Volk in Waffen. 1929 sind diese Gedanken noch nicht
umsetzbar, als "Vorwegnahme des Ideals" sind sie allerdings
bereits präsent. Der Vortrag des damals Fünfunddreißigjährigen
belegt: Weniger ist später keineswegs von der nationalsozialistischen Bewegung überrollt worden, er sah vielmehr seine eigenen,
schon während der Weimarer Republik gehegten Hoffnungen durch
das NS-Regime erfüllt. Die Wiedereinführung der allgemeinen
Wehrpflicht 1935 war ihm das äußere Zeichen dafür. Bereitwillig
hat er sich in den Dienst des NS-Staates gestellt. Das geht aus der
Schlußbetrachtung seines Beitrags von 1937 hervor. Dort heißt es:
"Die persönliche Darstellung der echten Gehalte des Kriegserlebnisses im Alltag des Friedens wird heute von allen denen
gefordert, die am Aufbau des Volkes und der Wehrmacht an
irgendeiner Stelle mitwirken dürfen und die Kriegserfahrung an die
folgenden Geschlechter weitergeben wollen."[79]. Das Wort von der
"persönlichen Darstellung der echten Gehalte des Kriegserlebnisses" sowie von der "Weitergabe der Kriegserfahrung an die
folgenden Geschlechter" weist auf den Hohenrodter Vortrag zurück,
in dem Weniger die Frage nach der pädagogischen Relevanz des
Kriegserlebnisses zuerst gestellt hatte. Die Untersuchung hat gezeigt: man kann den Vortrag von 1929 mit Recht als "Ouvertüre" zu
Wenigers militärpädagogischem Wirken bezeichnen.

---

[77]Ebd. Hervorhebung von mir.
[78]Vgl. dazu *Die Epoche der Umerziehung 1945-1949*, a.a.O.
[79]Gedanken 1937, S. 243. Hervorhebung von mir.

5. Leitgedanken einer Militärpädagogik im Horizont national-sozialistischer Diktatur

5.1. Wehrmachtserziehung und Kriegserfahrung (1938)[1]

Diese Veröffentlichung kann als das militärpädagogische Hauptwerk Erich Wenigers bezeichnet werden. Es ist in zwei Bücher eingeteilt; das erste trägt die Überschrift "Kriegserfahrungen über die Erziehung und Führung des Soldaten", das zweite "Theorie und Praxis in der Erziehung und Ausbildung des Soldaten". Das Werk genügt, wenn man so will, G. E. Lessings Gebot des "fruchtbaren Augenblicks": Der in diesem Buch vorgestellte Rückblick auf den Ersten Weltkrieg geschieht im Hinblick auf den bevorstehenden zweiten.

Das Werk nimmt insofern eine besondere Stellung ein, als es in Wenigers Entnazifizierungsverfahren sowie bei seiner Berufung an die Göttinger Universität als Zeugnis für seinen Widerstand gegen das Dritte Reich gewertet wurde. Im Rahmen des Berufungsverfahrens heißt es in der protokollarischen Niederschrift seiner Aussagen "Prof. Weniger berichtet über seine wissenschaftliche Laufbahn" vom 15.12.1948: "In zwei umfangreichen Arbeiten 'Wehrmachtserziehung und Kriegserfahrung' und 'Goethe und die Generale'[2] habe er versucht, pädagogisch Inseln jener Gesinnung zu bilden, von der einmal der aktive Widerstand gegen den Nationalsozialismus ausgehen könnte. Diese Bücher seien vielleicht zu spät gekommen, aber er sei stolz darauf, daß sie die volle Zustimmung von Männern wie Ludwig Beck und Heinrich v. Stülpnagel fanden. Jedenfalls aber stehe er noch heute zu ihren wissenschaftlichen Anliegen, zu ihren Methoden und Kategorien."[3]

1959 findet das Werk von 1938 noch einmal Erwähnung; im Rahmen einer Korrespondenz mit dem Kommandeur der Marine-Ausbildung,

---

[1] Berlin: Mittler & Sohn 1938. Zitiert als: Wehrmachtserziehung 1938.

[2] Leipzig: Insel-Verlag 1942, [2]1943. Unter dem Titel "Goethe und die Generale der Freiheitskriege" erschien 1959 eine erweiterte 3. Auflage in der Metzlerschen Verlagsbuchhandlung in Stuttgart.

[3] Vgl. Personalakte, Universitätsarchiv Göttingen. Hervorhebung von mir. - Ich verweise ferner auf den Exkurs in dieser Arbeit: Wenigers Aussagen in seinem Entnazifizierungsverfahren.

Konteradmiral Werner Ehrhardt, schreibt Weniger: "Ich hoffe, in nicht zu ferner Zeit, sowohl mein gewichtsvolleres Buch 'Wehrmachterziehung (sic!) und Kriegserfahrung', wie die von Ihnen genannte kleine Schrift (i.e. 'Die geistige Führung der Truppe') neu bearbeiten zu können, wobei sowohl die neuen Kriegserfahrungen, wie die veränderte gesellschaftliche und politische Stellung der Bundeswehr berücksichtigt werden müssen."[4]

Die Behauptung Wenigers, er habe versucht, in seinem militärpädagogischen Werk "Inseln jener Gesinnung zu bilden, von der einmal der aktive Widerstand gegen den Nationalsozialismus ausgehen könnte", bleibt von dem im Brief genannten Vorhaben unberührt. Der Text wird sich deshalb an der Behauptung, ein Text des Widerstandes zu sein, messen lassen müssen.

5.1.1. Die Bedeutung der Wehrmacht für das Volksganze

"Die Wehrmacht ist der Waffenträger des deutschen Volkes. Sie schützt das Deutsche Reich und Vaterland, das im Nationalsozialismus geeinte Volk und seinen Lebensraum. Die Wurzeln ihrer Kraft liegen in einer ruhmreichen Vergangenheit, in deutschem Volkstum, deutscher Erde und deutscher Arbeit. Der Dienst in der Wehrmacht ist Ehrendienst am deutschen Volk."[5]

Der Tugendkatalog der deutschen Wehrmacht von 1934, dem dieses Zitat entnommen ist, ist Richtschnur für Wenigers militärpädagogisches Denken. Sowohl *Wehrmachtserziehung und Kriegserfahrung* als auch die nachfolgenden im Krieg verfaßten Schriften beziehen sich auf diesen Werte-Katalog, der in acht Punkte gegliedert ist.

Wenigers folgende Gedanken haben ihre historische Wurzel in der Beurteilung des Ersten Weltkriegs und des Versailler Diktats aus deutsch-nationaler Sicht. Insofern spiegeln seine Ausführungen durchaus den damaligen Zeitgeist und sind die "Pflichten des

---

[4]Brief vom 21.4.1959. Fundort: BA/MA Freiburg, N 488/5, Blatt45.
[5]Die Pflichten des deutschen Soldaten vom 25. Mai 1934. Berlin: Mittler & Sohn 1936. Zitiert als: Die Pflichten 1934. (Punkt 1).

deutschen Soldaten" von 1934 wiederum Ausdruck seiner eigenen Weltsicht. Nur - das sei betont - zwangsläufig ist ein solches Denken nicht. Bei vielen führte das "Kriegserlebnis" zu einer anderen, entgegengesetzten, oft pazifistischen Haltung. Stellvertretend sei in diesem Zusammenhang an drei Persönlichkeiten erinnert: Adolf Reichwein (1898-1944), Ernst Toller (1893-1939), Max Ernst (1891-1976).

Adolf Reichwein sei an erster Stelle genannt. Sein Leben weist Parallelen zu dem Wenigers auf, doch an den sittlich relevanten Schaltstellen trifft dieser große Pädagoge, Sozialist und Demokrat andere Entscheidungen. Sein Eintreten für Menschlichkeit in einem unmenschlichen System ist so eindeutig und so konsequent in der Handlung, daß er am 5. Juli 1944 gefaßt und nach dreimonatiger Folterhaft gehängt wird.[6] Seine entschieden antimilitaristische Haltung, sein leidenschaftlicher Protest gegen jedwede Form von Gewalt waren der bleibende Gehalt, zu dem sich für Reichwein die grauenvollen Erfahrungen des Ersten Weltkrieges verdichtet hatten. In ihn war er, wie Weniger, einst als Freiwilliger gezogen.

Auch **Ernst Toller** zieht einundzwanzigjährig begeistert in den Krieg, voll ungeduldiger Erwartung bis zu seinem Einsatz an der Westfront. Dann kommen die Ernüchterung, das Grauen und sein Erkennen, das er wie folgt beschreibt: "Ein - toter - Mensch - Und plötzlich, als teile sich die Finsternis vom Licht, das Wort vom Sinn, erfasse ich die einfache Wahrheit Mensch, die ich vergessen hatte, die vergraben und verschüttet lag, die Gemeinsamkeit, das Eine und Einende. Ein toter Mensch. Nicht: ein toter Franzose. Nicht: ein toter Deutscher. Ein toter Mensch. Alle diese Toten sind Menschen, alle diese Toten haben geatmet wie ich, alle diese Toten hatten einen Vater, eine Mutter, Frauen, die sie liebten, ein Stück Land, in dem sie wurzelten, Gesichter, die von ihren Freuden und ihren Leiden sagten, Augen, die das Licht sahen und den Himmel. In

---

[6] 1933 wird Reichwein, ähnlich wie Weniger, aus seinem Amt als Professor an der Pädagogischen Akademie in Halle entlassen. Auch er emigriert nicht, sondern wird für sechs Jahre Lehrer an der einklassigen Dorfschule in Tiefensee, danach Museumspädagoge in Berlin. Auf die Reichspogromnacht 1938 reagiert Reichwein konsequent: Er gehört fortan als aktives Mitglied zur Widerstandsgruppe des Kreisauer Kreises. Am 20. Oktober 1944 wird er im Gefängnis Berlin-Plötzensee hingerichtet.

dieser Stunde weiß ich, daß ich blind war, weil ich mich geblendet hatte, in dieser Stunde weiß ich endlich, daß alle diese Toten, Franzosen und Deutsche, Brüder waren und daß ich ihr Bruder bin."[7]

"Max Ernst starb am 1. August 1914. Er kehrte zum Leben zurück am 11. November 1918 als ein junger Mann, der ein Magier werden und den Mythos seiner Zeit finden wollte."[8] In diese treffende Metapher hat **Max Ernst** sein vernichtendes Urteil über den Krieg gekleidet. Wie das literarische Werk Tollers zeugt sein bildnerisches von der Entscheidung, die Wahrheit sehen und darstellen zu wollen. Es zeugt von der kraftvollen und geistreichen Auflehnung seines Autors gegen Gleichmacherei und staatliche Vereinnahmung und demaskiert eine Zeit, die mit großen Worten die zunehmende Perversion ethisch-kultureller Wertmaßstäbe zu kaschieren versuchte.

Wenn sich nun Weniger ein Leben lang für Soldatentum und kriegerische Betätigung ausgesprochen hat, so ist das nicht den "Lebensumständen" zuzuschreiben, sondern seiner immer wieder neu getroffenen Entscheidung, die er zu verantworten hat. Das wollte dieser literar-historische Exkurs zu bedenken geben.

Ich kehre zur Bedeutung der Wehrmacht aus Wenigers Sicht zurück. Am 16.3.1935 wird durch die Wiedereinführung der allgemeinen Wehrpflicht die im Versailler Vertrag festgelegte militärische Begrenzung der deutschen Nation auf ein Berufsheer von 100 000 Mann aufgehoben. "Es ist noch in Erinnerung," kommentiert Weniger, "mit welchen Härten die Einschränkung auf das 'Hunderttausendmannheer' damals verbunden war; vorzügliche und verdiente Männer konnten der neuen Truppe nicht erhalten bleiben, Kräfte, denen man eine ihnen gemäße Betätigung zum Heile des Ganzen gewünscht hätte, wurden ins Abseitige gedrängt."[9] So kommt der Wiedererlangung der Wehrhoheit in Wenigers Augen eine große nationale Bedeutung zu. "Mit der politischen Entscheidung, wie sie nun heute in der Wiedergewinnung der Wehrhoheit gegeben ist, hat die

---

[7]Toller, E.: Eine Jugend in Deutschland. Leipzig: Reclam 1990, S. 60. - Seine Bücher werden 1933 verbrannt. Toller emigriert und setzt 1939 in New York seinem Leben ein Ende.

[8]Ernst, M.: Wahrheitsgewebe und Lügengewebe.

[9]Wehrmachtserziehung 1938, S. 176.

Kriegsgeneration die Möglichkeit erst einmal wirklich zu sich
selbst zu kommen, und das bedeutet eben, nachträglich die echten
Erlebnisse und damit die produktive Erinnerung zu gewinnen, aus
der die Kräfte zur Bewältigung der kommenden Aufgaben fließen."[10]
An anderer Stelle heißt es zu demselben Thema: "Die Wiedergewinnung der Wehrhoheit stellt die fest umrissene Aufgabe, die
Erfahrungen des Krieges für den Aufbau der Wehrmacht und, da
diese das ganze Volk umfaßt, auch für die Ordnungen des Volkes
überhaupt wirksam werden zu lassen. (...) Die Kräfte, die im
Kriegserlebnis liegen, werden aus dem Zustand bloßer Erinnerung
entbunden. Nun haben wir einen Maßstab für das, was zu gelten
habe, in der vor uns liegenden Aufgabe. (...) Dabei ist es bei dem innigen Zusammenhang, in dem Volk und Heer künftig stehen, verhältnismäßig gleich, ob der Frontsoldat seine Erfahrungen unmittelbar in die Arbeit der Wehrmachtserziehung und ihres Aufbaus zu
geben vermag oder mittelbar in sein tägliches Arbeitsdasein und in
den Umgang mit den nachwachsenden Geschlechtern. **Die unauflösliche Verbundenheit des soldatischen Daseins mit dem
gesamten Dasein des Volkes ist ja gerade eine der we-
sentlichsten Erfahrungen des Weltkrieges.**"[11]

Weniger wird nicht müde, die "bleibenden erzieherischen Gehalte
der Kriegserfahrung, die in die Gesamterziehung des Volkes eingehen sollen"[12], zu beschwören: "So war in einer ganz neuartigen
Weise eine Gemeinschaft da, die sich selber einzig wirklich war
als das **Volk in Waffen** und alle seine gewaltigen Leistungen aus
diesem seinem fast naturhaften Dasein, als kämpfende Truppe, als
Korporalschaft, als Regiment, als Front entwickelte. Alle großen
Eigenschaften, Pflicht, Treue, Kameradschaft, und alle menschlichen Erfahrungen bezogen sich auf dieses unfaßbar gegenwärtige
Dasein."[13] Die "Erneuerung der Volkssubstanz und der politischen
Ordnung des Volkes" erwuchs "im Feuer des Weltkrieges".[14] "Diese

---

[10]Ebd ,S. 184. Hervorhebung von mir.
[11]Ebd., S. 186 f.
[12]Ebd., S. 5. Hervorhebung von mir.
[13]Ebd., S. 186. Hervorhebung durch Unterstreichung von mir. - Die Zuordnung un-
gleicher Begriffe wie "Pflicht" zu "Eigenschaft" deutet auf einen affektiven Gebrauch
von Sprache hin.
[14]Ebd., S. 178.

Erfahrung, daß die Gesamtheit des arbeitenden Volkes die Waffen ergreift, darf nicht verlorengehen."[15] Der "erzieherische Gehalt der Kriegserfahrung"[16], dieses neue "Allgemeingut", gilt es nun im Volk zu sichern. "Aber endgültig gesichert ist es erst, wenn die aus dem Krieg erwachsene neue Volksordnung das soldatische Bewußtsein des ganzen Volkes weckt. Dann geben sichere Überzeugungen den neuen Einsichten den letzten Halt."[17]

Der prädestinierte Ort einer solchen Weckung des soldatischen Bewußtseins im Volk ist für Weniger die Wehrmacht. Ihre Aufgabe ist eine doppelte: die sichernde Überlieferung des im Kriege gewonnenen neuen Volksbewußtseins und zugleich die Vorbereitung auf einen neuen Krieg. "Die Wehrmacht vermittelt sie (i.e. die bleibenden erzieherischen Gehalte der Kriegserfahrung) unabhängig von ihrer Aufgabe der Vorbereitung auf den Krieg als 'Erziehungsschule der Nation'. Als einer der großen Träger der völkischen Erziehung hat sie hier einen selbständigen Auftrag."[18]

Weniger bemüht sich um die pädagogischen Fragen von Inhalt und Methode angesichts des erzieherischen Auftrags der Wehrmacht und differenziert zwischen der Erziehung des Offiziers und der des breiten Volkes. Ich möchte zunächst seine Vorstellung von der Erziehung des Volkes vertiefen. Das gesamte deutsche Volk soll zur "soldatischen Willensstellung" gebracht werden. Das heißt nichts anderes, als daß jeder einzelne zu der "soldatischen Grundhaltung" finden soll, "die um das Wesen der kriegerischen Entscheidung weiß und jeder Lage und jedem Konflikt gegenüber sich soldatisch entscheidet."[19] Pädagogisches Mittel ist für Weniger die Anschauung, das Vorbild. Das soldatische Verhalten "entzündet sich an Vorbild und Beispiel, das die Neigung erregt, den Willen weckt und Möglichkeit und Art solchen Verhaltens einleuchtend macht. Dieses Verhalten entspringt, wie man dann sagen kann, aus dem Geist des

---

[15]Ebd.
[16]Man könnte auch von "Bildungsgehalt" sprechen.
[17]Ebd. S. 38. Hervorhebung von mir.
[18]Ebd., S. 5. Hervorhebung von mir.
[19]Ebd., S. 12. - Die Katachrese von "Grundhaltung", die "weiß" und "entscheidet", deutet für diesen Passus ebenfalls auf eine starke affektive Komponente in der Argumentation hin.

Soldatentums, der in das Ethos der Persönlichkeit aufgenommen wird, in den der Soldat sich einlebt als in etwas Objektives, ihn sittlich Verpflichtendes. Die soldatische Grundhaltung und ihr Ethos in der Wirklichkeit des soldatischen Verhaltens wird am kriegerischen Genius deutlich, an den großen Soldaten, die das Bild des Soldaten in ihrer Person dargestellt haben, mehr als in ihren Theorien und Anweisungen (...)."[20]

Aus dieser Sicht heraus redet Weniger einer monumentalen Geschichtsbetrachtung das Wort und bezieht sich dabei ausdrücklich auf Nietzsche. Eine kritische Geschichtsbetrachtung billigt er nur den angehenden Offizieren zu und hält sie auch dort für gefährlich, wenn sie nicht durch die heroische untermauert wird. Noch einmal sei als Beleg und Illustration dieser "Erziehungslehre" Weniger zitiert und gleichzeitig an die "Pflichten des deutschen Soldaten" erinnert, wo es heißt: "Die Wehrmacht ist der Waffenträger des deutschen Volkes. (...) Die Wurzeln ihrer Kraft liegen in einer ruhmreichen Vergangenheit (...)."[21] Bei Weniger hört sich die Umsetzung dieses Gedankens so an: "Die kritische Geschichte des Krieges ist für die Ausbildung des Offiziers, der mit den Kriegserfahrungen vertraut gemacht werden soll, (...) unentbehrlich. Aber diese kritische Geschichte für sich allein kann gefährlich werden für den Charakter des Werdenden und Lernenden und für das Vertrauen, dessen die soldatische Arbeit bei Volk und Staat bedarf."[22] Die monumentale Geschichtsbetrachtung "begeistert die junge Mannschaft der Nation durch die Vertiefung in die große Vergangenheit des Volkes, in die Taten der großen Deutschen. (...) Als Kriegsgeschichte ist sie eine Geschichte der Helden und ihrer Taten, der Helden als Feldherrn und Führer wie auch der Helden als der unbekannten Soldaten. Diese Art der Geschichtsbetrachtung geht aus von der Positivität der geschichtlichen Leistungen, von dem Strahlenden in den Geschehnissen. Sie verehrt den Ruhm und die Ehre des Volkes in seinen Führern wie in seiner Wehrmacht. Diese **heroische Geschichtsbetrachtung** muß dem gesamten Nachwuchs der Nation zuteil werden. Die Schule des Staates, die

---

[20]Ebd., Hervorhebung von mir.
[21]Die Pflichten 1934, Punkt 1.
[22]Wehrmachtserziehung 1938, S. 255.

politischen Gliederungen des Volkes haben dem jungen Soldaten bereits vor seinem Eintritt diese Art der Geschichte vermittelt. Aber sie muß ihm auch in der Folge ständig gegenwärtig bleiben als der große Hintergrund aller Gegenwart (...)"[23]

Worte voller Pathos und Verblendung! Eine solche Einschätzung der Kriegsgeschichte läßt sich auch nicht mit dem Hinweis auf den Zeitpunkt der Veröffentlichung entschuldigen, wie Bernhard Schwenk das versucht: "Aber kann man von einem 1938 Lebenden verlangen, was der Menschheit angesichts der Massenvernichtungsmittel erst jetzt langsam ins Bewußtsein dringt, daß nämlich Krieg, der große Krieg jedenfalls, überhaupt nicht mehr geführt werden kann? Die Atombombe war zumindest dem normalen Sterblichen damals noch nicht erkennbar."[24] Diese Argumentation trägt nicht. Es stimmt nicht, daß erst "Hiroshima" ein Nachdenken über Krieg und ein Erkennen seiner Schrecken ermöglicht hätte. Die Geschehnisse des Ersten Weltkrieges, von Weniger selbst erlebt und ihm zudem aus zahlreichen literarischen Dokumenten bekannt, wären dafür durchaus zureichend gewesen.[25] Es ist jedoch bezeichnend, daß Weniger, der seit 1930 immer wieder die Frage von Kriegserinnerung und Kriegserfahrung aufgreift, eine kritische, realistische Geschichtsbetrachtung ausblendet. Er hält, wie das o.a. Zitat belegt, den kritischen Blick für gefährlich; er könnte das Vertrauen des einzelnen in die politische Führung erschüttern und seinen Charakter verderben. "Heldentum", "Größe", "Ruhm" und "Ehre" - damit soll der einzelne betört und zu jener Willensstellung gebracht werden, die sich jeder Lage und jedem Konflikt gegenüber - soldatisch - entscheidet.

Es sei an dieser Stelle noch einmal Ernst Toller zitiert. Er charakterisiert 1936 die Lage in Deutschland in ihrer verhängnisvollen Entwicklung, der ein Buch wie das von Weniger eben keinen Widerstand entgegensetzt, sondern dadurch, daß es die Sprache der

---

[23]Ebd.

[24]Schwenk, B.: 'Wehrmachtserziehung und Kriegserfahrung' - Erich Wenigers Allgemeine Pädagogik? In: Bildung und Soldatentum 1992, S. 141.

[25]Wenigers Beitrag *Das Bild des Krieges* von 1930 dokumentiert seine Auseinandersetzung mit der Kriegsliteratur, die nach dem Ersten Weltkrieg entstanden war.

Zeit spricht, noch verstärkend wirkt. Toller schreibt: "Die Folgen sind furchtbar. Das Volk lernt ja zu sagen zu seinen niederen Instinkten, zu seiner kriegerischen Gewaltlust. Geistige und moralische Werte, in Jahrtausenden mühsam und martervoll errungen, sind dem Spott und Haß der Herrschenden preisgegeben. Freiheit und Menschlichkeit, Brüderlichkeit und Gerechtigkeit - vergiftende Phrasen, fort mit ihnen auf den Kehrichthaufen! Lerne die Tugend des Barbaren, Schießen, Stechen, Rauben, unterdrücke den Schwächeren, merze ihn aus, brutal und rücksichtslos, verlerne, des anderen Leiden zu fühlen, vergiß nie, daß du zum Rächer geboren bist, räche dich für die Kränkungen von heute, für die Kränkungen von gestern und für jene, die morgen dich treffen könnten, sei stolz, du bist ein Held, <u>verachte friedliches Leben und friedlichen Tod, höchstes Glück der Menschheit ist der Krieg.</u> Lerne, daß einzig Blut ein Volk formt und baut und erhöht. Du willst wissen, was es mit diesem Blut für eine Bewandtnis habe in einem Lande, das von zahllosen Stämmen bewohnt und durchquert ward, frage nicht, glaube! Schon dein Fragen ist verdächtig, hüte dich, daß wir dich nicht in die Reihen jener stoßen, die getilgt werden müssen vom Erdboden. Denn wir bestimmen, wer leben darf und wer sterben muß zu unserem Heil."[26]

Ich kehre noch einmal zu der Ausgangsfrage nach der Bedeutung der Wehrmacht für das "Volksganze" zurück. Die ideologische Bedeutung, die Weniger der Wehrmacht unterschiebt, findet ihren letzten Ausdruck in der "völkischen" Überhöhung dieser staatlichen Einrichtung. Superlative weisen die Richtung: Die Wehrmacht ist die "vornehmste Erziehungsschule der Nation"[27], sie ist der "stärkste Ausdruck **der Erneuerung des Volkes**"[28]. Sie ist "als Waffenträger der Nation Ausdruck und Abbild der im Volk lebendigen Kräfte"[29]. Sie sollte sich ihrer Verbundenheit mit den "lebendigen gestaltenden Kräften des Volkstums" stets bewußt sein, andernfalls würde sie "vom lebendigen Blutkreislauf der Nation abgeschnürt und absterben"[30]. Die ideologische Verbrämung von

---

[26]Toller, E.: Eine Jugend in Deutschland, S. 212 f. Hervorhebung von mir.
[27]Wehrmachtserziehung 1938, S. 316.
[28]Ebd., S. 178.
[29]Ebd.
[30]Ebd., S. 179.

Wehrmacht und Soldatentum geht bei Weniger so weit, daß er letztlich eine Identität von Wehrmacht und Volk hypostasiert. Das läßt sich dem folgenden, bereits zitierten Satz unschwer entnehmen: "So war in einer ganz neuartigen Weise eine Gemeinschaft da, die sich selber einzig wirklich war als das **Volk in Waffen** u n d alle seine gewaltigen Leistungen aus diesem seinem fast naturhaften Dasein als kämpfende Truppe, als Korporalschaft, als Regiment, als Front entwickelte."[31] Die "naturhafte" Weise "völkischen Daseins" manifestiert sich für Weniger in der Wehrmacht. Naturhaft meint naturgemäß, und es ist keine Überinterpretation, den Begriff der Seinsordnung hinzuzunehmen und zu sagen, das Volk in Waffen entspreche der Seinsordnung, und gewaltige Leistungen vollbringe ein Volk nur im Krieg. Jeder Andersdenkende, jeder Pazifist und Antimilitarist würde sich damit außerhalb dieser Seinsordnung stellen. Für ihn wäre kein Platz in dieser Volksordnung, und die Verbrennung seiner Bücher, wie z. B. der von Erich Maria Remarque, Ernst Glaeser, Ernst Toller, vollzöge zumindest symbolisch seine Auslöschung.

Noch einmal sei die Verbundenheit von Volk und Wehrmacht angesprochen. Weniger macht an diesem Verhältnis seinen Begriff von Militarismus fest. Wenn der "Blutkreislauf" zwischen Volk und Wehrmacht intakt sei und die Wehrmacht wisse, wofür sie kämpfen und sterben solle, dann sei das Wort "Militarismus" fehl am Platz. "Verliert sich das Bewußtsein dessen, was es zu verteidigen gilt, so wird aus Soldatentum <u>Militarismus,</u> das heißt der <u>Leerlauf des Selbstzwecks."</u>[32]

Weniger argumentiert formal: Solange die Wehrmacht ein Ziel verfolgt, das vom Willen des gesamten Volkes getragen wird, läuft sie nicht Gefahr, militaristisch zu entarten.[33] Alle Übungen, seien sie noch so hart, sind dann diesem Ziel untergeordnet, bestehe es in der Verteidigung von Recht und Freiheit oder in Angriff und Eroberung fremden Territoriums. Wann immer Weniger zur Frage der soldati-

---

[31]Ebd., S. 186.
[32]Ebd., S. 179. Hervorhebung von mir.
[33]Der demagogische Ruf von Reichsminister Josef Goebbels am 18.2.1943 im Berliner Sportpalast "Wollt ihr den totalen Krieg?" wäre unter dieser Prämisse nicht als Ausdruck eines brutalen Militarismus auszumachen.

schen Erziehung das Wort ergreift, ob vor oder nach 1945 - immer spricht er sich gegen Kommiß und Kasernenhofdrill aus. Er verwirft den "Leerlauf des Selbstzwecks", weil er die Aushöhlung der soldatischen Gesinnung zur Folge hat. "Man wird in meinen militärischen Schriften nichts finden, was auf Militarismus deutet (...)."[34] Diese Beteuerung Wenigers während seines Entnazifizierungsverfahrens ist richtig, sofern man seiner operationalen Definition von "Militarismus" folgt. Allerdings - man verzichtet damit auf die Möglichkeit, begründet nach Recht und Unrecht, Wahrheit und Lüge militärischen Handelns zu fragen. Weniger jedenfalls kann - oder will - mit seiner Definition die Dimension der quaestio veri[35] nicht mehr erreichen.

Wenigers Einschätzung der Wehrmacht als herausragendes Beispiel für die Kontinuität seines Denkens

Nachdem deutlich geworden ist, welchen Stellenwert das Militär in Wenigers Weltbild einnimmt, sei im Vorgriff auf ein späteres Kapitel dieser Arbeit[36] ein Vergleich gezogen, der sich hier aufdrängt. Weniger denkt nach dem Zweiten Weltkrieg politisch nicht anders als nach dem Ersten - trotz der Divergenz der zugrundeliegenden geschichtlichen Situationen. Aus der Veröffentlichung von 1938 geht hervor, daß er die Wiederherstellung der durch Niederlage und Versailler Vertrag beschädigten deutschen Volksehre an die Wiedererlangung der Wehrhoheit 1935 gekoppelt sieht. Der literarische Rückblick von 1959 belegt, daß er die Situation nach dem Zweiten Weltkrieg entsprechend bewertet. Der verlorene Krieg - von Weniger vielfach als "Katastrophe"[37] bezeichnet - und die nach-

---

[34]Blatt 9 der Verfahrensakte Nds. 171, Niedersächsisches Hauptstaatsarchiv Hannover.

[35]Frage nach der Wahrheit, die im ontologischen Horizont gestellt werden kann. Durch die funktionale Auflösung des Substanzbegriffes wird ihr der Boden entzogen.

[36]Vgl. die Analyse *Die Epoche der Umerziehung 1945-1949* in dieser Arbeit.

[37]Seine Denkschrift *Politische Bildung und staatsbürgerliche Erziehung* von 1954 beginnt mit dem Satz: "Das Jahr 1945 war in jeder Hinsicht (...) epochemachend. Es schloß eine Periode unserer deutschen Geschichte endgültig durch eine Katastrophe ab und eröffnete einen neuen Zeitraum." (Würzburg: Werkbund-Verlag [2]1963, S. 6). - In seinem Beitrag *Neue Literatur zur deutschen Widerstandsbewegung* (Die Sammlung, 9. Jg. 1954, S.403) weist er auf seinen Stülpnagel-Aufsatz hin, den er habe veröffentlichen wollen, um "einen weiteren Kräftestrom sichtbar zu machen,

folgende Besatzungszeit haben aus seiner Sicht zu einem Ehr-
verlust in der Fremd- wie Selbsteinschätzung des deutschen Volkes
geführt. Die Schuldfrage tritt dabei nur als ein von den Sie-
germächten evoziertes Ärgernis in den Blick.[38] Da ist es folgerichtig, daß er sich für eine neue Streitmacht engagiert, sobald
sich nach Gründung der Bundesrepublik unter dem ungebrochen re-
staurativen Geist Konrad Adenauers die Chance dazu bietet.[39] Es ist
nur konsequent, wenn er in den zahlreichen Ausführungen zu diesem
Thema die grundsätzliche Frage nach der Notwendigkeit einer
Wiederbewaffnung ausklammert.[40] 1956 fallen dann mit dem
Soldaten- und Wehrpflichtgesetz die Entscheidungen, auf die
Weniger fünf Jahre lang hingearbeitet hat. Mit der Einführung der
Bundeswehr ist die "nationale Ehre", jedenfalls für ihn, wiederher-
gestellt.

Wie der Text von 1938 zeigt, glaubt Weniger an "die unauflösliche
Verbundenheit des soldatischen Daseins mit dem gesamten Dasein
des Volkes". Auch in diesem Punkt hat sich seine Auffassung nach
1945 nicht geändert. Dem "Volk in Waffen" entspricht die
Vorstellung "der Bürger als Soldat", wie er sie auf der Weinheimer
Tagung 1951 zum ersten Mal entwickelt.[41] Aus dem Recht auf
Selbstverteidigung erwachse für den Bürger die Pflicht zum
Wehrdienst. Weniger formuliert 1953: "Das 'Volk in Waffen' vertei-
digt sich selbst, wenn es notwendig sein sollte, selbstverständlich
nicht im Bürgerrock, als ein zivilistischer Haufen, sondern in dem
Kleide, das den Anforderungen des Ernstfalles entspricht, also in
der Uniform, die zugleich Ausdruck der Einheit aller Verteidiger

---

dessen Vorhandensein zu leugnen die Siegermächte in dem Rausch der bedingungslosen Kapitulation 1945 ebenso geneigt waren wie große Teile des deutschen Volkes
in ihrer Verzweiflung über die Katastrophe." - Einzig in seinem Vortrag über *Neue
Wege im Geschichtsunterricht* von Dezember 1945 urteilt er anders, indem er sagt:
"Ein Sieg des Nationalsozialismus wäre ein Unglück für unser Volk und eine geschichtliche Katastrophe geworden." A.a.O., S.19.

[38]Vgl. Die Epoche I 1959, S. 403.

[39]Seit 1952 war Weniger als Gutachter für die "Dienststelle Blank" (sie wird am
6.6.1955 in das Bundesministerium für Verteidigung umgewandelt) tätig.

[40]Vgl. die unter N 488 im BA/MA Freiburg nachgelassenen Manuskripte.

[41]Weniger, E.: *Gesellschaftliche Probleme eines deutschen Beitrages zur europäischen
Verteidigung.* In: Bürger und Landesverteidigung. Bericht der Weinheimer Tagung
vom 8./9. Dez. 1951. Frankfurt/M.: Institut zur Förderung Öffentlicher Angelegenheiten E.V. 1952, S. 11-31.

und der sachgemäßen Anpassung an den Auftrag ist."[42] (Man beachte: für Weniger ist die Uniform ein "Kleid", Gruppierungen von Menschen im Frieden sind ihm "zivilistische Haufen" - das ist eine der Formulierungen, die seine Bewertung von Krieg und Frieden deutlich machen.)

Noch einmal sei die Parallelität in Wenigers historischem Urteil hervorgehoben; bruchlos hält er an seiner in den dreißiger Jahren entwickelten Idee einer "unauflöslichen Verbundenheit" von Volk und Heer fest. Wenn er 1938 von dem "innigen Zusammenhang, in dem Volk und Heer künftig stehen", spricht und 1953 von einer "gesunde(n) Zuordnung von Heer und Volk"[43], so sind beide Zitate austauschbar und belegen die Kontinuität seines Denkens.

Wehrmachtserziehung und Kriegserfahrung in sprachanalytischer Sicht

Ich kehre zu der Veröffentlichung von 1938 zurück. Betrachtet man sie sprachanalytisch, gewinnt man den Eindruck, daß Weniger die Sprache der damaligen Zeit, die "LTI"[44] nicht nur in einzelnen Wendungen und Bildern übernimmt, sondern daß sie ihm zum adäquaten Medium seines Denkens wird. Anders formuliert: Die nationalsozialistischen Sprachmerkmale sind nicht aufgesetzte, einem fremden Inhalt übergestülpte Hülsen, sondern die passende Form einer intendierten Aussage. Die Behauptung, Wenigers militärpädagogisches Werk *Wehrmachtserziehung und Kriegserfahrung* spiegle die Sprache des Dritten Reiches, sei durch erste Beispiele gestützt. Die Beurteilungskriterien sind der Untersuchung Siegfried Borks zur Sprache des Nationalsozialismus[45] entnommen.

Als erstes fällt der Begriff des "Völkischen" auf, der durch seine mythische Konnotation eine Suggestivkraft entfaltet. "Volk", "Er-

---

[42]Weniger, E.: *Bürger in Uniform*. In: Die Sammlung, 8. Jg. 1953, S. 58. Hervorhebungen von mir.

[43]Ebd., S. 60.

[44]Dieses Kürzel für "Lingua Tertii Imperii", für die "Sprache des Dritten Reiches", geht auf das gleichnamige Werk von Victor Klemperer zurück.

[45]Bork, S.: *Mißbrauch der Sprache. Tendenzen nationalsozialistischer Sprachregelung*. Bern und München: Francke 1970.

neuerung des Volkes", "Erneuerung der Volkssubstanz", "naturhaftes
Dasein des Volkes", "lebendiger Blutkreislauf der Nation", "völkische Erziehung" - diese Worte aus den o.a. Zitaten gehören zu dem
Vokabular, mit dem in der Öffentlichkeit eine gesteigerte Emotionalität erzeugt werden sollte. Es kam nicht auf die Prägnanz der
Begriffe, sondern auf die mitschwingende Gefühlskomponente an;
denn der einzelne sollte der "Bewegung" gläubig folgen und sich
nicht kritisch widersetzen.

"Gefühlsbetonte Metaphern und expressionistische Wendungen wur-
den zum gebräuchlichen Vokabularium", heißt es bei Bork.[46] Seine
Charakterisierung trifft auch auf Wenigers Sprache zu. Gefühls-
betonte Metaphern und ausdrucksstarke Wendungen häufen sich. Von
der "Betätigung zum Heile des Ganzen" ist die Rede, von "echten
Erlebnissen" und "produktiven Erinnerungen", von "unauflöslicher
Verbundenheit" und "gewaltigen Leistungen", von dem "Geist des
Soldatentums" und dem "Ethos der Persönlichkeit".

"Die Absicht, die sich hinter diesen schwülstigen Bildern verbarg,
war", so Bork weiter, "den Hörer oder Leser affektiv für die Ziele
der Nationalsozialisten einzunehmen und den kritischen Verstand
zu täuschen."[47] Es sei an Wenigers Worte erinnert, mit denen er
eine kritische Geschichtsbetrachtung für die Erziehung in der
Wehrmacht ablehnt: "Aber diese kritische Geschichte für sich allein
kann gefährlich werden für den Charakter des Werdenden und
Lernenden und für das Vertrauen, dessen die soldatische Arbeit bei
Volk und Staat bedarf." Das Vertrauen des einzelnen, seine
Gläubigkeit waren wichtig, nicht aber seine wachsame Kritik oder
sein Mißtrauen.

"Logik der Gedanken und der sprachlichen Formulierungen wurden
durch Schwulst und eine wortreiche Phraseologie ersetzt."[48] Auch
diese Feststellung Borks trifft auf Weniger zu. Wenn er im Hinblick
auf das soldatische Verhalten sagt, es "entzündet sich an Vorbild
und Beispiel, das die Neigung erregt, den Willen weckt (...)", so kann

---

[46]Ebd., S.61.
[47]Ebd.
[48]Ebd.

sich der Leser in den schwingenden Wortrhythmus einklinken, er bekommt aber nicht gesagt, wozu die Neigung erregt und der Wille geweckt werden sollen.

Wenn Weniger die Vor-Bilder beschreibt, nach denen er die "völkische Erziehung" auszurichten wünscht, dann bestätigen seine Sätze die Untersuchungsergebnisse Borks: "Nicht Sinn, sondern Klang, nicht Wortsubstanz, sondern Wortquantum wurden zum bestimmenden Wesenszug der nationalsozialistischen Diktion."[49] Erinnernd sei noch einmal Weniger zitiert: Die heroische Geschichtsbetrachtung "begeistert die junge Mannschaft der Nation durch die Vertiefung in die große Vergangenheit des Volkes, in die Taten der großen Deutschen. (...) Als Kriegsgeschichte ist sie eine Geschichte der Helden und ihrer Taten, der Helden als Feldherrn und Führer wie auch der Helden als der unbekannten Soldaten. Diese Art der Geschichtsbetrachtung geht aus von der Positivität der geschichtlichen Leistungen, von dem Strahlenden in den Geschehnissen. Sie verehrt den Ruhm und die Ehre des Volkes in seinen Führern wie in seiner Wehrmacht."

---

[49]Ebd., S. 41.

5.1.2. Zur "Bildsamkeit jedes gesunden Volksgliedes"

Weniger beendet das Vorwort zu seinem Werk *Wehrmachtserzie-hung und Kriegserfahrung* mit der dankbaren Erinnerung an das Feldartillerieregiment 221, "das dem jungen Soldaten fast vier Jahre Heimat gewesen ist".[1] Diese Widmung ist aufschlußreich. Das Wort "Heimat" mit seiner positiven Konnotation von "Gebor-genheit", "Vertrautheit", "Wachsen", "Werden", "Identität" und auch "Sehnsucht", angewandt auf das Regiment, dem Weniger während des Ersten Weltkrieges angehörte, veranschaulicht den Stellenwert der Wehrmacht in seinem Leben. Gleichzeitig kündet diese Metapher von der positiv besetzten Emotionalität, die stets mitschwingt, sobald er sich zu Fragen des Soldatentums äußert. Fügt man diesem Gedankengang als weiteres Moment hinzu, daß Weniger die Wehr-macht als "die vornehmste Erziehungsschule der Nation" be-zeichnet, so wird verständlich, daß sich sein pädagogischer Eros auf die Erziehung des Soldaten richtet.

Dieser entzündet sich an dem Idealbild des geborenen Soldaten: "Zweifellos gibt es geborene Soldaten. Mühelos scheinen sie die kriegerischen Aufgaben zu bewältigen. In den Gefahren und Reibungen des Kampfes bewegen sie sich als in ihrem Element. Die soldatischen Tugenden, die so gegensätzlich zueinander stehen, sind bei ihnen auf die selbstverständlichste Art vereint, Kühnheit und Wagemut mit Besonnenheit und Klarheit des Geistes. Der ge-waltige Ernst des kriegerischen Tuns prägt sich in ihrem Antlitz aus, zugleich aber zeigt ihre Haltung eine schwerelose Anmut, wie sie nur aus der vollkommenen Übereinstimmung von Denken und Tun, von Wille und Forderung entspringt. Sie strahlen Zuversicht und Ruhe auf ihre Umgebung aus.[2] Sie vermögen ihre Männer ebenso zu kühnen Taten zu begeistern wie zu schweigendem Ausharren zu festigen. Wer mit ihnen in Berührung kommt, wird selber ein besse-rer Soldat. Ihnen strömen alle kriegerischen Kräfte zu, alles Unsoldatische scheint sie zu fliehen. Solche geborenen Soldaten gibt es nicht nur unter den Feldherrn und Führern. Jeder Grad krie-

---

[1]Wehrmachtserziehung 1938, S. X.
[2]In seinem Aufsatz über Heinrich v. Stülpnagel wird Weniger 1945 den General in diesem Sinne schildern: "Er hat überall ruhig und sicher geführt. An Entschlossen-heit und Kühnheit hat es ihm nicht gefehlt." Die Sammlung, 4.Jg. 1949, S. 480.

gerischer Verantwortung hat seine Vollkommenheit, die durch
große Soldaten erreicht wird. Neben den Meistern des Befehls und
der Führung findet man die Meister des Gehorsams und der
Gefolgschaft."[3]

Damit sind die soldatischen Tugenden in Wenigers Verständnis klar
umrissen. "Kühnheit und Wagemut", "Besonnenheit und Klarheit des
Geistes" sind in dem vollkommenen Soldaten so miteinander gepaart, daß seine Haltung von einer "schwerelosen Anmut" gekennzeichnet ist. Es gibt "Meister des Befehls und der Führung" auf der
einen und "Meister des Gehorsams und der Gefolgschaft" auf der anderen Seite. Nur - diese "prästabilierte Harmonie" (Leibniz) ist in
der Realität die Ausnahme. Weniger, für den die Aufgabe der
Wehrmacht 1938 fraglos in der "Vorbereitung auf den Krieg"[4] besteht, stellt sich als Pädagoge ebenfalls in den Dienst dieser
Aufgabe. Er schreibt seine Wehrpädagogik und verkündet angesichts
des riesigen Bedarfs an Soldaten, den der kommende Krieg mit sich
bringen würde, optimistisch: "Da ist es nun die tröstliche pädagogische Grunderfahrung des Weltkrieges, **daß man zum Soldaten
erzogen werden kann.**"[5]

Die Behauptung, Weniger habe sich im Dritten Reich als Pädagoge in
den Dienst der Kriegsvorbereitung gestellt, wird durch den Umstand
gestützt, daß er 1937 der Deutschen Gesellschaft für Wehrpolitik
und Wehrwissenschaften beitritt und sich in die Liste für Vortragsredner eintragen läßt, wie Bernhard Schwenk kommentarlos
erwähnt[6].

Die Zielsetzung dieser Gesellschaft, die im Juni 1933 gegründet
wurde, war eine politische. Wie einer der Vortragenden auf einem
Schulungslehrgang für Vortragsredner darlegt, will sie "der Zusammenfassung aller schöpferischen wehrpolitischen Bestrebungen und

---

[3]Wehrmachtserziehung 1938, S. 7. Hervorhebungen von mir. Diesen Passus hat
Weniger wörtlich übernommen in: Die geistige Führung 1942, S. 21.
[4]Wehrmachtserziehung 1938, S. 5.
[5]Ebd., S. 4.
[6]Vgl. Schwenk 1968, S. 21. - In Schwenks Bibliographie (Nr. 137) ist vermerkt,
Weniger habe am 30.9.1937 auf dem 4. Lehrgang für Vortragsredner einen Vortrag
über *Erziehung und Drill* gehalten, der als Manuskript gedruckt worden sei.

der Förderung wehrwissenschaftlicher Arbeit dienen."[7] Die regel-
mäßig veröffentlichten Abhandlungen ließen keinen Zweifel an der
Couleur dieser Gesellschaft, Hitler-Zitate waren Würze oder Motto
einzelner Beiträge. In dem o.g. Vortrag zu Aufgaben und Zielen der
Gesellschaft heißt es: "Der Sieg der Nationalsozialistischen Bewegung machte endlich den Weg für die Pflege aller Wehrfragen auf
breiter Basis frei."[8] Und weiter: "Wehr**geist** und Wehr**willen** sind
uns deutschen Menschen eingeboren. Sie haben sich im Weltkriege
in unerhörtem Heldentum, im Kämpfen und Dulden glänzend bewährt.
Auch nach dem Kriege blieb der Wehrgeist in den Freikorps
ungebrochen und behielt auch in den Schmachjahren vollendete Ver-
tretung und Pflege in der Reichswehr, der jungen Marine und in den
nationalen Frontkämpferverbänden."[9] Diese Worte stammen zwar
nicht von Weniger, spiegeln gleichwohl sein eigenes Denken und
Verhalten: Weniger war Mitglied eines Traditionsverbandes der
Offiziere des Feldartillerieregimentes 63, und am 16.10.1934 war
ihm das Ehrenkreuz für Frontkämpfer verliehen worden.[10] So nimmt
sein Beitritt 1937 nicht wunder. Daraus folgt, daß er dem Ziel der
Gesellschaft, das "**wehrpolitische   Verständnis**"[11] der Deutschen zu schulen, zugestimmt haben muß. Die Durchsicht der Peri-
odika zeigt, was damit gemeint war: die geistige Mobilmachung des
deutschen Volkes. Der Leser wurde systematisch auf den Krieg ein-
gestimmt, vorbereitet, mit Detailproblemen befaßt und dadurch in
einen Strudel von Gefühlen und Vorurteilen gezogen, der die kritische Frage nach der Unabwendbarkeit eines zukünftigen Krieges
kaum mehr aufkommen ließ.[12]

---

[7]Oberst a.D. Dr. von Eggeling: Aufgaben und Ziele der Deutschen Gesellschaft für
Wehrpolitik und Wehrwissenschaften. In: Deutsche Gesellschaft für Wehrpolitik und
Wehrwissenschaften, Oktober 1935, S. 3.

[8]Ebd., S. 2.

[9]Ebd., S. 1.

[10]Beleg: Nds.171, Blatt 10-12.

[11]Oberst a.D. Dr. von Eggeling in der o.g. Abhandlung, S. 1.

[12]Einige Titel aus den Abhandlungen der Jahre 1935 bis 1939 mögen das veranschaulichen: "Neuzeitliche Sanitätstaktik"; "Die Sicherung der industriellen
Schlagkraft"; "Wesen und Wirken chemischer Kampfstoffe"; "Verbotene oder er-
laubte chemische Kampfstoffe"; "Grundzüge des Wehrrechts"; "Der Nahkampf auf
Grund der Erfahrungen des Weltkrieges"; "Die Wehrkunde im Geschichtsunterricht
der Höheren Schule".

Im Juni 1939 erschien in den Abhandlungen der Gesellschaft ein Aufsatz zum Thema: "Der Menschenbedarf im Zukunftskrieg". Vorausschauend konstatiert der Autor, Oberstleutnant K. Hesse: "Der kommende Krieg verlangt die Totalmobilisierung aller geistigen, seelischen, personellen und materiellen und damit selbstverständlich auch der wirtschaftlichen und finanziellen Kräfte eines Volkes."[13] Was dieser Autor dann im einzelnen mit Hilfe statistischer und wehrwirtschaftlicher Überlegungen zur Sicherung der künftig benötigten Kampfkraft beizutragen versucht, ist Weniger bestrebt, auf seinem Gebiet, dem der Pädagogik, beizusteuern. Auf die Frage nach dem Menschenbedarf im Zukunftskrieg hatte er bereits seine Antwort gegeben: "Da ist es nun die tröstliche pädagogische Grunderfahrung des Wektkrieges, daß man zum Soldaten erzogen werden kann."

Die Gedanken zur Erziehbarkeit des Soldaten sind ein Kernstück der Militärpädagogik Wenigers. "Erziehbarkeit" und "Bildsamkeit" werden von ihm dabei synonym gebraucht und dem Begriff der "Anlage" gegenübergestellt. Als Ziel der Erziehung nennt er die soldatische "Willensstellung". "Letzten Endes aber handelt es sich bei dem Soldatentum ähnlich wie beim Erziehertum überhaupt nicht um eine vorherrschend auf Anlagen und Neigungen aufgebaute Lebenshaltung bestimmter Schichten, sondern um eine **Willensstellung,** die durch die geschichtlichen Notwendigkeiten der Selbstbehauptung von Volk und Staat gefordert ist, und um eine ihr entsprechende **Gesamtlebensform.**"[14] Einschränkend sagt er allerdings: "Insofern kann man von konstanten soldatischen Anlagen gar nicht sprechen, es sei denn, daß man das Soldatische als Ganzes Anlage nennt und sie z.B. als Rasseeigenschaft auffaßt (...)"[15] In gleichem Sinn spricht er vier Jahre später im Zusammenhang mit der Bildung des Offiziers von dem "kriegerischen Erbgut alter Soldatenfamilien"[16]. Diese nationalsozialistische Terminologie weist auf den Bezugsrahmen hin, in den Weniger seine Lehre von der "Bildsamkeit jedes

---

[13]Oberstleutnant Dr. K. Hesse: Der Menschenbedarf im Zukunftskrieg. In: Abhandlungen der Deutschen Gesellschaft für Wehrpolitik und Wehrwissenschaften, Juni 1939, S. 124.
[14]Wehrmachtserziehung 1938, S. 10.
[15]Ebd., S. 11. Hervorhebung von mir.
[16]Die geistige Führung 1942, S. 26. Hervorhebung von mir.

gesunden Volksgliedes"[17] stellt. Seine Erziehungs- oder Bildungs-
lehre ist letztlich eine Auslegung des 1934 vom Reichspräsidenten
und vom Reichswehrminister erlassenen Pflichtenkatalogs für die
Erziehung des deutschen Soldaten, aus dem Weniger immer wieder
zitiert. Als Beleg sei folgendes Zitat angeführt: "Dabei ist kein
grundsätzlicher Bildungsoptimismus im Spiel, wohl aber der Glaube
an die körperliche, geistige und sittliche Gesundheit des Volkes, an
seine unzerstörbaren, am Schicksal der Geschichte gewachsenen,
im Weltkrieg bewährten Kräfte, die in der politischen Führung und
Einung der Nation im Deutschen Reich und Vaterland Gestalt
gewonnen haben. Ihre 'Wurzeln liegen in einer ruhmreichen Vergangenheit, im deutschen Volkstum, deutscher Erde und deutscher
Arbeit'. (Zitat aus den 'Pflichten des deutschen Soldaten') Diese
Gesundheit und Kraft der Volksgemeinschaft begründet das Vertrauen auf die Bildsamkeit jedes gesunden Volksgliedes. 'Bildsamkeit' bedeutet: es ist möglich, den einzelnen auf das Vätererbe
und die Gemeinschaftskräfte in ihm anzusprechen und damit die
Freude am Soldatentum und die Bereitschaft zu Pflicht und   Dienst
in ihm wachzurufen, mag sie zunächst auch noch nicht entwickelt
sein. Die Erziehbarkeit der männlichen Jugend meint also nicht eine
'individuelle Disposition', sondern die Wirksamkeit überpersönlicher, geschichtlicher und völkischer Kräfte im einzelnen Menschen."[18]

Die hier zitierten Sätze Wenigers sind rational nicht nachzuvollziehen. Festzuhalten ist, daß Bildsamkeit mit Gesundheit in
Zusammenhang zu bringen und daß Erziehbarkeit - zumindest der
männlichen Jugend - in der Wirksamkeit "überpersönlicher", "völkischer" Kräfte zu suchen sei. Die Ansprechbarkeit des einzelnen
auf das Vätererbe in ihm mache seine Bildsamkeit aus, das
Vätererbe wiederum bestehe in "Freude am Soldatentum" und
"Bereitschaft zu Pflicht und Dienst". Hier zeigt sich, wie sehr
Wenigers Horizont auf das Militärische beschränkt ist; wie könnte
er sonst die so facettenreiche abendländische Geistesgeschichte
auf "Freude am Soldatentum" und "Bereitschaft zu Pflicht und
Dienst" reduzieren?

---

[17]Wehrmachtserziehung 1938, S. 62.
[18]Ebd. Hervorhebungen von mir.

Wenigers Ausführungen zur Erziehbarkeit des Soldaten sind nicht im rationalen Bereich angesiedelt; für ihn ist "Glaube" das Zauberwort.[19] Dieses Wort, dessen wissenschaftliche Verwendung theologisch zu begründen wäre, wird von ihm zeitkonform gebraucht, wie das folgende Zitat noch einmal belegen soll: "Dieser Glaube an die Erziehbarkeit des Soldaten aus den Kräften des Volkstums und der Geschichte wird nun selber eine erzieherische Macht, die stärkste neben Beispiel und Vorbild des Führers."[20]

Dann zieht Weniger die Konsequenz aus seinem Begriff der Erziehbarkeit/Bildsamkeit. Er holt dafür etwas aus und bringt als loses Versatzstück einen Gedanken Friedrich Schleiermachers, ohne diesen allerdings zu nennen. Schleiermacher fordert, der Zögling solle eine Sache um ihrer selbst willen anstreben und nicht aus Angst vor Strafe oder in der Hoffnung auf Belohnung.[21] Weniger wendet diesen pädagogischen Leitsatz auf die Erziehung des Soldaten an, indem er sagt: "Die Ehre eines Mannes erwächst daraus, daß ihm das Vertrauen geschenkt wird, er werde die Aufgabe, die ihm auferlegt werden muß, zum Bestandteil seines eigenen Willens machen und sie um der Sache selbst willen erfüllen, nicht aus Motiven, die der Aufgabe fremd sind, etwa aus Furcht vor Strafe oder in der Hoffnung auf Belohnung. So ist 'der Dienst in der Wehrmacht Ehrendienst am deutschen Volke' (Pflichten 1), er gibt jedem Soldaten seine Ehre im Vertrauen darauf, daß er fähig sei, sich als Glied der Volksgemeinschaft bedingungslos, d.h. ohne einen anderen Beweggrund als den, daß er sich dieser Gemeinschaft zugehörig weiß, mit seiner Person für Volk und Vaterland bis zur Opferung seines Lebens einzusetzen

---

[19]Weniger nimmt auch darin die propagierte Sprachregelung der NS-Zeit auf. Hitler nennt in "Mein Kampf" das Programm der Bewegung ein "politisches Glaubensbekenntnis" (S. 511), und seinen Aufruf zum Kampf gegen den Weltfeind beschließt er predigthaft mit den Worten: "Im übrigen mag dann die Vernunft unsere Leiterin sein, der Wille unsere Kraft. Die heilige Pflicht, so zu handeln, gebe uns Beharrlichkeit, und höchster Schirmherr bleibe unser Glaube." (S. 725, im Original gesperrt). Zit. aus: Hitler, A.: Mein Kampf. München: Verlag Franz Eher Nachfolger [12]1943.

[20]Wehrmachtserziehung 1938, S. 62 f. Hervorhebungen von mir. - Ob Weniger an dieser Stelle mit "Führer" Hitler oder einen unbestimmten Truppenführer meint, ist nicht zu erkennen.

[21]Vgl. Schleiermacher, F.: Pädagogische Schriften, hg. von Erich Weniger. Erster Band: Die Vorlesungen aus dem Jahre 1826. Düsseldorf und München: Verlag Helmut Küpper vormals Georg Bondi. [2]1966, S. 89 ff.

(Pflichten 3). Für den ehrenhaften Soldaten fällt also die Furcht vor Strafe ebenso als Beweggrund fort wie die Hoffnung auf Belohnung. (...) Die Pflichten sind selber seine Rechte. Aber um so erbarmungsloser trifft die Strafe den, der die Pflichterfüllung nicht zu seinem Mannesrecht macht. Denn jede Pflichtverletzung bedeutet nun, daß der Mann sich außerhalb der Volksgemeinschaft stellt, daß er seine Ehre selbst aufs Spiel setzt und verliert."[22]

Dieses Zitat aus Wenigers wehrpädagogischem Hautptwerk ist in mehrfacher Hinsicht zu analysieren. Zunächst gehe ich auf den drohenden Unterton der beiden letzten Sätze ein. Die Drohung hat sich nicht zufällig eingeschlichen, sondern folgt konsequent aus dem "völkischen" Ansatz dieser Erziehungslehre. In unterschiedlichen Zusammenhängen zeigt sich das Gefährliche einer Erziehungsvorstellung, die nicht von der Würde des einzelnen Menschen, dem Wert seiner Persönlichkeit und dem individuellen Recht auf eine eigene Gestalt ausgeht, sondern Wohl und Wehe des Einzelnen abhängig macht von der Zugehörigkeit zu einer ideologisch definierten Volksgemeinschaft. Mehrere Zitate sollen das belegen.

Im Hinblick auf die Frage von Anlage und Erziehbarkeit sagt Weniger: "Aber diese Willensstellung selbst muß - abgesehen von den Unerziehbaren, also den aus der Volksordnung Ausscheidenden - von jeder Anlage her verwirklicht werden können."[23]

Er läßt keinen Zweifel daran aufkommen, wie mit den "Unerziehbaren" zu verfahren sei: Sie sind "auszumerzen" (Weniger). Das ist die Schlußfolgerung einer seiner pädagogischen Ausführungen: "Echte Erziehung gibt sich hier keinerlei Illusionen über die Natur des Menschen hin. Aber sie weiß, daß die Möglichkeit den Willen zu wecken besteht, und daß man dem Willen eine Chance geben muß, sich zu bewähren. Diese Möglichkeit gibt es freilich nur in einem gesunden Volke und in einer gesunden soldatischen Atmosphäre. Sind Volk und Truppe selbst nicht in Ordnung, dann ist es schwer, guten Willen vorauszusetzen. Aber dann wäre das Gegenmittel nicht so sehr der Drill (...) als die Neubildung eines gesunden Sol-

---

[22]Wehrmachtserziehung 1938, S. 63. Hervorhebungen von mir.
[23]Ebd., S. 10. Hervorhebung von mir.

datentums durch Vorbild, Beispiel, Reinigen der Atmosphäre, <u>Ausmerzen verderbter Glieder.</u>"[24]

Unter der Fragestellung nach den erzieherischen Voraussetzungen des modernen Drills kreisen Wenigers Gedanken wieder um die Rekruten, die "den guten Willen" und die "richtige Einsicht"[25] vermissen lassen und sich damit als unerziehbar erweisen. Er konstatiert: "<u>Böser Wille muß</u> natürlich, sobald er sich zeigt und wirklich nachweisbar ist - oft wird doch Schwäche als ein solcher mißverstanden -, <u>mit allen Mitteln gebrochen werden.</u> Da hat wiederum der Drill seinen Platz. Stellt sich aber heraus, daß bei einem Mann nirgends ein Funken guten Willens und Einsicht zu finden ist, so nützt die Brechung des Willens nur für den Augenblick. (...) Auf die Dauer kann, wenn alle erzieherischen Mittel versagen, auch der Drill nicht weiterhelfen. Er wird sogar einen gefährlichen Schein des Gehorsams erzeugen, der den Führer in falsche Sicherheit wiegt. Es bleibt nichts anderes übrig, als die <u>Unerziehbarkeit festzustellen</u> und das <u>faule Glied aus der Truppe auszumerzen.</u> Mit unerzogenen, bloß äußerlich an Gehorsam gewöhnten Leuten kann man keinen Krieg führen. <u>Verbrecher und Imbezille gehören ohnehin nicht in ein Volksheer,</u> und die Truppe ist auch keine Besserungsanstalt; denn 'Wehrdienst ist Ehrendienst am deutschen Volk' (Zitat aus den 'Pflichten des deutschen Soldaten')."[26]

Weniger spricht hier eine deutliche Sprache. Im Hinblick auf Strafmaßnahmen im Kriege sagt er: "Ihr Sinn im Kriege ist nicht sosehr die Abschreckung und die Vergeltung, deren Wert in den Gefahren und Leiden des Frontdienstes beschränkt ist, als die <u>rücksichtslose Säuberung der Truppe von all den Elementen,</u> die ihre Kampfkraft lähmen. Das Volksaufgebot umfaßt Gute und Böse, auch die <u>Asozialen,</u> die <u>Verbrecher,</u> die <u>Willenlosen</u> und die <u>Feigen.</u> Aber die Erfahrung hat gezeigt, daß es nicht gut ist, die Truppe mit diesen Leuten zu belasten. Es muß sich hier eine <u>Auslese</u> vollziehen, damit Kameradschaft und Kampfgemeinschaft und die Manneszucht möglich werden können. Am besten ist es, wenn es gelingt,

---

[24]Ebd., S. 50. Hervorhebung von mir.
[25]Ebd., S. 52.
[26]Ebd. Hervorhebungen von mir.

die Truppe von vornherein von solchen Bestandteilen frei zu erhalten durch eine Vorauslese, die Debile und Kriminelle von ihr
fernhält."[27]

An dieser Stelle ist es notwendig, den ideologischen Horizont dieser Forderungen Wenigers zu benennen. Das Wort "ausmerzen", -
"rejicere, secernere, untaugliches auswerfen, ausscheiden, ausson-
dern scheint zumal von den zur zucht undienlichen schafen (oves
rejiculae) zu gelten"[28] - wird von der nationalsozialistischen
Rassenlehre benutzt, um damit alles sogenannte "unwerte Leben"
als etwas zu kennzeichnen, das auszusondern, auszulesen, un-
schädlich zu machen sei.[29] In diesem Sinne heißt es z.b. in einem
Artikel der "Blätter der Wohlfahrtspflege" von 1937: "... so stellt
die Zigeuner- und überhaupt die Asozialenfrage ein schweres Problem dar, das im Sinne der restlosen Ausmerzung und Unschäd-
lichmachung der sozial und rassisch minderwertigen Elemente gelöst werden muß!"[30]

Weniger muß die volle Bedeutung dieses Wortes bewußt gewesen
sein. Das legt neben der eindeutigen Verwendung durch ihn auch der
Umstand nahe, daß der Einführungserlaß für die Neuordnung des
höheren Schulwesens von 1938 als Ziel des Biologieunterrichts
formuliert: "In der Natur sorgen Auslese und Ausmerze dafür, daß
immer nur beste Lebenskraft erhalten bleibt, alles Schwache und
Lebensuntüchtige aber seine Erbanlagen auf die kommenden Geschlechter nicht übertragen kann. Der Schüler muß dieses we-
sentlichste und wichtigste Naturgesetz der Ausmerze gemeinsam
mit dem der Entwicklung und Fortpflanzung als etwas Selbstverständliches in sich aufnehmen."[31] Weniger war zu dieser Zeit
(seit Ostern 1938) Lehrer am Frankfurter Lessinggymnasium und
mußte sich schon aus diesem Grund mit dem neuen Erlaß vertraut

---

[27]Ebd., S. 96. Hervorhebungen von mir.
[28]Deutsches Wörterbuch von Jacob und Wilhelm Grimm. Band 1 A-Biermolke.
(Erstausgabe Leipzig 1854) München: dtv 1984, Spalte 918.
[29]Vgl. Flessau, K.-I.: Schule der Diktatur. Lehrpläne und Schulbücher des Nationalsozialismus. Frankf./M. : Fischer Taschenbuch Verlag 1984, S. 213.
[30]Zit. nach: Spaich, H.: Fremde in Deutschland. Unbequeme Kapitel unserer Geschichte.
Weinheim und Basel: Julius Beltz 1981, S. 181. Hervorhebung von mir.
[31]Einführungserlaß. Neuordnung des höheren Schulwesens (1938), S. 141. Hervorhebung von mir.

machen. In seinem geschichtspädagogischen Vortrag vom Dezember 1945 nimmt er sogar ausdrücklich Bezug auf die Lehrpläne von 1938.[32]

Man kann also davon ausgehen, daß die menschenverachtende Bedeutung des Wortes "ausmerzen", hervorgerufen durch die Übertragung dieses Begriffes auf den menschlichen Bereich, 1938 allgemein bekannt war. Das ist auch die Antwort auf eine Bemerkung Schwenks, mit der dieser einem Urteil über Weniger auszuweichen versucht. Auch er kann seine Augen im Hinblick auf Wenigers Terminologie (er beschränkt sich dabei nur auf das Werk von 1938) nicht ganz verschließen, versucht aber, das als peinlich Erkannte herunterzuspielen, indem er schreibt: "In dem Buch selbst finden sich, bei aller erkennbaren Zurückhaltung hinsichtlich der Verwendung nationalsozialistischen Vokabulars im engeren Sinne, dennoch Stellen, wo sich unvermeidlich die Frage stellt, ob die Grenze nicht doch überschritten ist, so z.B. wenn von der Erziehung 'in den politischen Gliederungen' die Rede ist oder von der 'ererbten oder neugewonnenen Gesundheit' des Volks und vom 'Ausmerzen verderbter Glieder'. Aber erst eine genauere philologische Analyse könnte im Vergleich des zeitgenössischen Sprachgebrauchs hier zu mehr Klarheit führen."[33] Die bislang angeführten Zitate Wenigers und der Nachweis ihres zeitgeschichtlichen Bezugs widerlegen die Behauptung einer "erkennbaren Zurückhaltung hinsichtlich der Verwendung nationalsozialistischen Vokabulars im engeren Sinne".

Nach dem Niedergang des Dritten Reiches hält Weniger an dem Auslese-Gedanken fest; auch das ist ein Beleg für die Kontinuität seines Denkens. 1954 äußert er im Hinblick auf eine zukünftige Bundeswehr dieselben Vorstellungen, wie er sie 1938 für die deutsche Wehrmacht publiziert hatte. Das macht ein Brief vom 12.1. 1954 deutlich, gerichtet an Graf Baudissin, der für Fragen der "Inneren Führung" in der Dienststelle Blank zuständig war. Der

---

[32]Die Textstelle lautet: "Wie gerne würden wir bei dem Jahr 1772 nur lehren, wie es die Lehrpläne von 1938 fordern: 'Westpreußen wird wieder deutsch.'" Vgl. Neue Wege 1949, S. 17. Hervorhebung von mir.

[33]Schwenk, B.: 'Wehrmachtserziehung und Kriegserfahrung' - Erich Wenigers Allgemeine Pädagogik? In: Bildung und Soldatentum 1992, S. 143. Hervorhebungen von mir.

Bezug des Schreibens ist ein Treffen Baudissins mit dem Psychologen Curt Bondy, das Weniger arrangiert hatte.[34] In diesem Brief gibt Weniger folgende Anregung: "Freilich, sein (i.e. Bondys) Zutrauen in die amerikanischen Testmethoden teile ich nicht. Wir sollten solche Methoden nur anwenden für reine technische Probleme (Flugeignung z.b.), sollten uns auch hüten, jeden Offizier etwa tiefenpsychologisch zu untersuchen. (...) Aber richtig ist, daß wir den Ausleseproblemen stärkste Aufmerksamkeit zuwenden sollten, sonst nützt alle Klarheit über das 'innere Gefüge' wenig. Sehr bedeutsam aber erscheint mir die Anregung meines Freundes Bondy über Verfahren zur Ausscheidung von Psychopathen, Neurotikern und Schwachsinnigen und dergleichen. Durch solche Vorauslesen kann die Truppe vor vielen Fehlentwicklungen bewahrt werden."[35]

Die Auslese kranker Menschen, der Weniger zwei Jahre vor Einführung der Bundeswehr die "stärkste Aufmerksamkeit" zuwenden möchte, hätte für die Betroffenen zu der Zeit lediglich die Folge des Ausschlusses von den Streitkräften gehabt. Die Art jedoch, in der er sich über diese Menschen äußert - "Psychopathen, Neurotiker, Schwachsinnige und dergleichen" - zeigt seine Verachtung für sie - trotz der Erkenntnisse, die er diesbezüglich aus den Verbrechen des NS-Regimes hätte gewinnen können. Denn die Verfechter der völkischen Ideologie hatten in die Tat umgesetzt, wofür ihre Propaganda systematisch den Boden hatte bereiten helfen: Der Weg für viele als "Debile", "Imbezille", "Willenlose", "Feige", "Asoziale", "Verbrecher", "verderbte und faule Glieder" (Weniger) Abgestempelte führte in Konzentrationslager, zur Euthanasie[36] oder in einen anderen gewaltsamen Tod. Der "Volksschädling" wurde auf diese Weise "ausgemerzt".

Ich unterstelle Weniger nicht, daß er der Umsetzung der sozialdarwinistischen Ideologie zugestimmt hat, er hat aber mit dem,

---

[34]Nähere Angaben zur Person Bondys finden sich in dem Exkurs: Wenigers Aussagen in seinem Entnazifizierungsverfahren.

[35]BA/MA Freiburg, N 488/1, Blatt 30. Hervorhebung von mir.

[36]Das Euthanasieprogramm begann 1939 auf Befehl Hitlers. Bis August 1941 wurden in speziellen "Tötungsanstalten" schätzungsweise 60 000-80 000 Menschen getötet. Vgl. Meyers Neues Lexikon. Bd. 2 Bp-Fd, Mannheim: Bibliographisches Institut 1979, Stichwort "Euthanasieprogramm", Spalte 619.

was er als Militär<u>pädagoge</u> veröffentlichte, den Boden dafür bereiten helfen. Er hätte wissen können, wie gefährlich der Stempel
"unerziehbar" gleich "aus der Volksordnung ausscheidend" zu der
Zeit war: Er war tödlich.[37] Und doch behauptet Weniger im Rahmen
seiner Entnazifizierung, er habe mit diesem Werk versucht, "pädagogisch Inseln jener Gesinnung zu bilden, von der einmal der aktive Widerstand gegen den Nationalsozialismus ausgehen könnte."[38]
Ich kann in meiner Untersuchung die Legitimation für diese Behauptung nicht erkennen.

---

[37]In diesem Zusammenhang sei an ein Wort Carl von Ossietzkys erinnert, der 1932
mit Blick auf einen antisemitischen Essay von Ernst Jünger gesagt hat: "Die Herren
vergessen den Zeithintergrund und welche Resonanz sie finden können. Heute
braucht sich kein schwachnervlicher Skribler selbst zu bemühen. Ein gutgezieltes
Wort genügt, um Hände in Bewegung zu bringen." - Zitat aus einem Artikel der FAZ
v. 19.2.1993 über Ernst Jünger mit dem Titel "Eine ganze Reihe von Widerrufen".
[38]Personalakte, Universitätsarchiv Göttingen.

5.1.3. Militärpädagogische Schlüsselbegriffe

Manneszucht

Weniger bezeichnet "Manneszucht", "Kameradschaft" und "Führertum" als die drei Grundlagen des kriegerischen Daseins.[1] Die einzelnen Phänomene sind eng miteinander verknüpft und lassen sich im wechselseitigen Verweis am besten beschreiben. Bevor ich das versuche, möchte ich einige allgemeine Bemerkungen vorausschicken.

Wie bereits erwähnt, entwickelt Weniger seine militärpädagogischen Gedanken in dem Werk *Wehrmachtserziehung und Kriegserfahrung* dergestalt, daß er auf seine Erfahrungen des Ersten Weltkrieges reflektiert mit dem Ziel, sie für den kommenden Krieg nutzbar zu machen. Er entfaltet nicht eigentlich ein theoretisches Konzept, sondern geht von der Praxis aus und denkt auf sie hin. Das macht seine Ausführungen anschaulich und nachvollziehbar - sofern man sich auf seinen Standpunkt begibt und folgende Prämissen akzeptiert: 1. Der Krieg ist das Maß aller Dinge, er ist der Maßstab, an dem alle Gegebenheiten, auch die des Friedens, zu messen sind. 2. Für den Krieg selbst ist der Sieg - und das heißt: die Vernichtung des Gegners - unabdingbares Gebot; insofern ist alles gut, was die Kampfkraft der Truppe stärkt und erhält. 3. Es ist alles zu tun, was die Freude am Soldatentum, den Stolz auf das Kriegshandwerk unterstützen, alles zu vermeiden, was die soldatische Identität untergraben könnte. Die Art und Weise, in der er sich äußert, läßt psychologisches Gespür für die Situation des einfachen Soldaten wie des Offiziers erkennen und zeigt, wie sehr er "von Haus aus" selber Soldat ist.

Was versteht Weniger nun unter '"Manneszucht"? "Nach wie vor", sagt er, "heute wie in den Zeiten Friedrichs des Großen, Scharnhorsts und Gneisenaus, Moltkes und Roons ist **die Manneszucht der Grundpfeiler des Heeres**."[2] Er verfolgt die unterschiedliche Akzentuierung des Begriffes in den einzelnen Heeres-

---

[1]Vgl. Wehrmachtserziehung 1938, S. 68.
[2]Ebd., S. 64.

dienstvorschriften von 1869 an und hebt besonders die von 1908
hervor, in der es heißt: "'Ohne Manneszucht ist Soldatentum nicht
zu denken. - Sie zeigt sich in unbedingtem Gehorsam auch in
schwierigen Verhältnissen, in Pünktlichkeit, Genauigkeit und
Straffheit bei jeder Diensthandlung. **Sie ist bestimmend für
Haltung und Gesinnung des Einzelnen und der Mannschaft.**'"[3]

Weniger geht dann auf die "Pflichten des deutschen Soldaten" von
1934 ein. Hier wird das Wort nicht mehr genannt, "statt dessen
aber gemäß den Aufbauprinzipien dieser Pflichtenlehre das Ziel der
Manneszucht, das Verhalten oder die Tugend, die ihr stärkster
Ausdruck ist: '**Gehorsam** ist die **Grundlage der Wehrmacht**'."[4]
"Doch ist der Verzicht auf das Wort Manneszucht zu bedauern", wie
er betont, "weil es als <u>männliche Haltung</u> mehr umschließt als nur
den Gehorsam. Zweckmäßig wäre aus praktischen Gründen und ohne
grundsätzliche Trennung die Unterscheidung von **Manneszucht** als
dem geistigen und sittlichen Verhalten und **Disziplin** als ihrer
Erscheinungsform und als das (sic!) ihr entsprechende Mittel der
Führung."[5] Daß die Bedeutung der Manneszucht für Weniger gar nicht
hoch genug veranschlagt werden kann, macht das folgende Zitat
deutlich, in dem er Worte Carlyles[6] aufgreift: "Fest gegründet aber
und als Gesinnung und Haltung bewahrt werden kann sie nur durch
geistige und sittliche Kräfte der Gemeinschaft, die das Vertrauen
zwischen Führer und Geführten ermöglichen. Diese Kräfte entsprin-
gen in metaphysischen Tiefen und so trifft Carlyle das Geheimnis
der Manneszucht: 'Sie ist zu allen Zeiten ein Wunder und **wirkt
durch den Glauben**'."[7]

Als Pädagoge stellt Weniger die Frage nach der Aufrechterhaltung
der Manneszucht im Kriege. Wie ein roter Faden zieht sich der Satz
aus der Truppenführung I (vom 17.10.1933) durch seine Gedanken:
"Die Mannszucht ist der Grundpfeiler des Heeres und ihre strenge
Aufrechterhaltung eine Wohltat für alle".[8] Diese Formulierung lehnt

---

[3]Von Weniger zitiert ebd., S. 66.
[4]Ebd., S. 64.
[5]Ebd., S. 66. Hervorhebung durch Unterstreichung von mir.
[6]Thomas Carlyle, 1795-1881, englischer Schriftsteller
[7]Ebd., S. 67.
[8]Von Weniger zitiert ebd., S. 69.

sich an den Satz Moltkes an: "Die Disziplin ist der Grundpfeiler der Armee und ihre **strenge** Aufrechterhaltung eine **Wohltat** für alle"[9], wobei Disziplin beides meint, Weg und Ergebnis der erzieherischen Einwirkung.

Weniger knüpft daran an und beleuchtet zunächst Fragen der Militärgerichtsbarkeit. Seine Ausführungen machen deutlich, daß er von den Notwendigkeiten des Krieges her denkt, denen der einzelne Mensch, wenn es die Umstände erfordern, zu opfern ist. Er bejaht diese Sachzwänge auch als Militärpädagoge, obgleich er für mögliche Schwierigkeiten keineswegs blind ist. Als Beispiel nennt er "die Fälle plötzlicher Feigheit sonst tapferer und vielfach bewährter Soldaten. Von außen, in der kühlen Distanz zum Geschehen war ein wirkliches Urteil darüber schwer zu gewinnen, ob es sich um ein todeswürdiges Verbrechen handelte oder um einen vorübergehenden Nervenzusammenbruch (...) Nur der, zu dessen Verantwortungskreis der Delinquent gehört, kann eigentlich den Fall, vorausgesetzt, daß er selber die erforderlichen menschlichen Qualitäten besitzt, zureichend beurteilen. Vor allem kann eigentlich nur der Frontführer individuell und die oberste Führung generell entscheiden, ob in diesem Fall ein 'Exempel statuiert werden müsse', d.h. ob jemand, der subjektiv 'nichts dazu kann', doch zu opfern ist, um etwa eine allgemeine Ansteckung zu verhindern -, die schwerste Entscheidung, vor die der Führer als Richter gestellt werden kann."[10] Trotz dieser abwägenden Bemerkung bleibt festzuhalten, daß sich Weniger grundsätzlich Situationen vorstellen kann, in denen ein subjektiv Unschuldiger zur Aufrechterhaltung der Disziplin zu erschießen ist. Nicht minder befremdlich ist die Tatsache, daß er die Möglichkeit sieht, ein Verhalten als "todeswürdiges Verbrechen" zu bewerten, das ebensogut ein "vorübergehender Nervenzusammenbruch" sein könnte.

Weniger gibt im Zusammenhang der Disziplinfrage weitere Beispiele dafür, daß "die Maßstäbe eben aus den Bedingungen des Krieges gewonnen werden" müssen.[11] So lehre die Kriegserfahrung,

---

[9]Von Weniger zitiert ebd., S. 70. Gesperrt von Weniger.
[10]Ebd., S. 75. Hervorhebungen von mir.
[11]Ebd., S. 97.

daß es zweckmäßig sei, "den Befehlshabern der Truppe vor dem Feind mehr an unmittelbarer Strafgewalt zu geben, als es von Erwägungen des Friedens aus geschehen ist, und die Standgerichtsbarkeit in der Gefahrenzone eher zu erweitern als einzuschränken."[12] Das impliziere auch eine Erweiterung der Ermessensfreiheit in der Strafzumessung. "Der Führer der Männer im Kampf wird auch am ehesten imstande sein, den Tatbestand richtig zu beurteilen, alle Umstände ohne Formalismus zu berücksichtigen und schnell ein gerechtes Urteil zu fällen."[13] Weniger denkt hier an "Verrat, Überlaufen oder ähnliches". Er fährt dann in seinem Ruf nach verschärfenden Maßnahmen fort: "Ein weiteres Erfordernis ist, daß jedem Führer über seine Leute die Befehls- und Strafgewalt 'stehenden Fußes' in bezug auf frische Tat und in unmittelbarem Durchsetzen seiner Autorität ungemessen bleibt, damit er gemäß TF. 13 b gegen Nachlassen der Manneszucht, Ausschreitungen, Plünderungen, Panik und sonstige schädigenden Einflüsse 'unverzüglich, mit allen, selbst den schärfsten Mitteln eingreifen kann'."[14] Mit Nachdruck fügt er hinzu: "Theoretisch ist diese Möglichkeit immer gegeben; aber es muß auch außer Frage stehen, daß von ihr im Notfalle wirklich Gebrauch gemacht wird."[15] Unmißverständlich heißt es weiter: "An dieser Stelle muß der Führer für seine Handlungen und Maßnahmen mitten im Kampf durch seine Vorgesetzten unbedingt gedeckt werden. Die Gefahren, die in dieser unbeschränkten Kommando- und in der erheblich erweiterten unmittelbaren Strafgewalt der Befehlshaber liegen, sind freilich groß, aber sie müssen in Kauf genommen werden zugunsten ihrer unmittelbaren Wirksamkeit, auf die hier alles ankommt."[16] Weniger zeigt sich als ein Befürworter unerbittlicher Härte in der Behandlung der Truppe vor dem Feind; da ist es folgerichtig, wenn er sich gegen eine Revision in standgerichtlichen Verfahren ausspricht. "Höchstens könnte hier und da der Gnadenweg offen bleiben."[17]

---

[12] Ebd., Hervorhebung von mir.
[13] Ebd., Hervorhebungen von mir.
[14] Ebd.
[15] Ebd., Hervorhebung von mir.
[16] Ebd., Hervorhebungen von mir.
[17] Ebd., S. 97 f.

Es gibt in diesem Zusammenhang noch eine Äußerung, die nachdenklich stimmt. "Die Formen der Disziplin", meint er an besagter Stelle, "sagen nichts Bestimmtes über die innere Form des Soldatentums aus oder über seine Tiefe und Festigkeit. Eine höhere Zahl von Todesurteilen in der Armee z.b. kann Ausdruck einer bedenklichen Erschütterung der Disziplin sein, anderseits aber kann sie auch gerade das Zeichen eines sehr hohen Standes sein, indem das entwickelte Ehrgefühl schon da eine harte Bestrafung fordert, wo in anderen Armeen mit laxeren Auffassungen eine mildere Beurteilung üblich ist."[18] Nicht darin also zeigt sich für Weniger ein hoher Stand (an Humanität), wo "Gnade vor Recht" ergeht, sondern dort, wo nach einem Ehrenkodex eine harte Bestrafung erfolgt.

Anders urteilt Weniger hinsichtlich der Disziplinarstrafen. Zwar sind für ihn "umfangreiche Disziplinarbefugnisse auch der unteren Befehlshaber unerläßlich zur Aufrechterhaltung der Manneszucht im Felde"[19], es ist aber entscheidend für ihn, daß "die Disziplinarstrafe immer den Charakter einer Erziehungsmaßnahme bewahren muß. Sie darf den Bestraften nicht ehrlos machen und ihn nicht wirklich aus der Kampfgemeinschaft ausschließen. (...) Weil die Disziplinarstrafe ein Erziehungsmittel ist, das dem Übeltäter helfen will, das Seine zu tun, verbieten sich körperliche Züchtigungen, Anbinden und dergleichen."[20] Auch plädiert er für ein gutes Beschwerderecht, weil es, wenn es nicht nur auf dem Papier stehe, wesentlich zu einer guten Stimmung in der Truppe beizutragen vermöge.

Ich beende Wenigers Ausführungen zu Fragen der Disziplin mit einem Zitat, in dem noch einmal die Rangordnung der Werte in seinem wehrpädagogischen Werk von 1938 deutlich wird: "Die Disziplin hat die Aufgabe in dreifacher Hinsicht die Manneszucht zu erhalten und zu stärken: sie soll Mann und Truppe in voller Kampfkraft und in gespannter Bereitschaft erhalten, sie soll den absoluten Gehorsam und die bedingungslose Einfügung in die kriegerische Ordnung zum

---

[18]Ebd., S. 71 f.
[19]Ebd., S. 99.
[20]Ebd. - Es ist offensichtlich, daß Weniger hier Gedanken Schleiermachers zu Fragen der Strafe in der Erziehung auf den militärischen Bereich überträgt.

Ausdruck bringen und sie soll schließlich - und das ist wohl das eigentlich Deutsche an der Sache - den Trägern der Autorität nicht nur Gehorsam, sondern auch **Achtung** als Anerkennung ihrer inneren Berechtigung zur Ausübung der Gewalt verschaffen."[21]

Dieser Ausspruch weist bereits auf den Begriffskomplex "Führertum" hin, der ausführlich zu behandeln sein wird. An dieser Stelle des Gedankenganges sei noch einmal die Frage der Disziplin angesprochen und betont, daß Weniger ihre Bedeutung als erzieherische Maßnahme stark relativiert. Disziplinierungsmaßnahmen blieben an der Oberfläche, könnten sogar zu einer gefährlichen Täuschung bei den Vorgesetzten führen. Er hält es für geboten, das Herz des einzelnen Mannes, seinen Willen, den innersten Kern seiner Persönlichkeit zu erreichen. In Anlehnung an Schleiermacher, ohne ihn zu erwähnen, plädiert Weniger für eine Unterstützung der Manneszucht mit positiven Mitteln: "Bei der Erörterung der Probleme der Manneszucht im Kriege hat man fast den Eindruck, als ginge es in erster Linie um die Frage der Strafen, der Gerichtsbarkeit und der Disziplinargewalt. In Wahrheit spielen diese aber durchaus eine zweite Rolle (...) Die Manneszucht selber aber kann nur mit **positiven** Mitteln aufgebaut und aufrechterhalten werden."[22]

Als positive Hilfen nennt Weniger eine gute soldatische Ausbildung sowie Fürsorge und Gerechtigkeit seitens der Führung. "Die entscheidendste Hilfe zu einer guten Manneszucht ist, darüber kann kein Zweifel sein, eine gute Ausbildung der Truppe für ihre kriegerischen Aufgaben. Denn Manneszucht ist ja nach ihrer kriegerischen Bedeutung hin betrachtet nichts anderes als die Fähigkeit des Mannes, den kriegerischen Aufgaben unbedingt gerecht zu werden. (...) Diese Ausbildung verleiht dem Kämpfer die Fähigkeiten und Fertigkeiten, die es ihm ermöglichen, dem Willen der Führer zu gehorchen. Indem sie ihm die Möglichkeit zu solchem unbedingten Gehorsam verschafft, schenkt sie ihm ein Gefühl der Kraft und der moralischen und technischen Überlegenheit, die zu außerordentlichen Leistungen befähigt. So wird (Weniger zitiert Prinz Friedrich

---

[21]Ebd., S. 107. Hervorhebungen durch Unterstreichung von mir.
[22]Ebd., S. 100 f.

Karl I. B.S.) 'die Ausbildung und Erziehung des Soldaten zum <u>vollen</u> <u>kriegerischen Manneswert</u>' die beste Gewähr für die Aufrechterhaltung der Manneszucht. Wer dem Soldaten nicht das Können vermittelt, das ihn <u>kampffähig</u> macht, versündigt sich an der Manneszucht."[23]

Das weitere positive Mittel zur Aufrechterhaltung der Manneszucht im Kriege sieht Weniger in der Fürsorge für die Truppe. "Die Erfahrungen des Weltkrieges zeigten unwiderleglich, daß die 'nie rastende Fürsorge für das Wohl seiner Mannschaft' nicht nur 'das schöne und dankbare Vorrecht des Offiziers' (FO. 1908 Art. 6) ist, das den 'Weg zum Herzen seiner Untergebenen' bahnt und ihr Vertrauen gewinnt (...), sondern daß Fürsorge die unerläßliche Voraussetzung für die <u>Erhaltung der Kampfkraft</u> der Truppe und für Aufrechterhaltung und Festigung der Manneszucht ist."[24]

Weniger weist den Gedanken, Fürsorge als Zeichen von Weichheit und Schwäche aufzufassen, entschieden zurück. Als Beispiel führt er General Pétain[25] an, der die Meuterei der französischen Truppen 1917 nur dadurch in den Griff bekommen habe, daß er rücksichtslose Strenge mit einer Reihe von Fürsorgemaßnahmen gekoppelt habe: "Durch solche 'Politik der eisernen Faust im Samthandschuh' gelang es Pétain, der Meuterei Herr zu werden, das Vertrauen zur Führung wieder herzustellen und allmählich <u>die Front wieder</u> <u>kampffähig</u> zu machen. (...) Härte der Führung und Fürsorge sind keine Gegensätze, sondern bedingen einander."[26]

Weniger beschreibt die Fürsorgemaßnahmen im Ersten Weltkrieg so: "Sie erstreckten sich von der Sorge um den Magen und um die Quartiere bis zur Vermittlung geistiger und seelischer Genüsse durch Musik, Theater, Feldkinos, Soldatenheime, Feldbüchereien und so weiter."[27] Diese Darstellung läßt an seinen eigenen Einsatz als

---

[23]Ebd., S. 101 f. Hervorhebungen von mir.
[24]Ebd., S. 85. Hervorhebung von mir.
[25]Henri Philippe Pétain, 1856-1951, 1917 Oberbefehlshaber der französischen Streitkräfte, gründete als Staatschef (1940-44) das Vichy-Regime.
[26]Ebd., S. 86. Hervorhebung von mir.
[27]Ebd., S. 86.

NS-Betreuungsoffizier im Zweiten Weltkrieg denken.[28] Die Art und
Weise, wie er auf vermeintliche Kleinigkeiten eingeht, wie er z.b.
in dem Streit um das "ja wirklich unschöne Krätzchen"[29] und die
begehrte Schirmmütze Partei ergreift, macht deutlich, wie sehr die
Welt des Soldaten seine eigene ist: "Dieser Kampf gegen die
Schirmmütze war ein schwerer psychologischer Fehler und er ist
beispielhaft für ähnliche Fehler. Die Führung übersah, daß der
Soldat, wenn er in Ruhe oder auf Urlaub kam, sich schmücken
wollte, schon aus Selbstachtung, aus dem Bedürfnis, sich einmal
außerhalb des Drecks zu wissen, einmal wieder gut gekleidet zu
sein und sich fühlen zu können. Dafür gab es wenig andere Möglichkeiten. Diesem Schmuckbedürfnis hätte die Führung Rechnung
tragen müssen. Es bedeutete sehr viel für die Manneszucht und die
Stimmung des Soldaten, auch einmal die andere Seite des Soldatentums zu genießen, etwas von dem Glanz zu zeigen, der im Frieden das Soldatsein so anziehend macht."[30]

An keiner Stelle seiner Ausführungen läßt Weniger jedoch einen
Zweifel an dem übergeordneten Ziel aller Maßnahmen aufkommen:
Immer geht es um die Erhaltung der Kampfkraft des einzelnen wie
der Truppe. Das machen auch seine Überlegungen zum Problem der
Überanstrengung deutlich, das sich im Zusammenhang mit der Trup-
penfürsorge stellt.

Weniger führt dem Leser die Erfahrungen des "großen Krieges", wie
er den Ersten Weltkrieg häufig nennt, vor Augen und macht die
langjährige Überanstrengung des deutschen Heeres für den
Zusammenbruch im Herbst 1918 verantwortlich. Für ihn liegt das
Versagen nicht bei der militärischen Führung, sondern bei den
Politikern, die Deutschlands wehrpolitische Lage bereits zu
Kriegsbeginn hätten richtig einschätzen müssen. Mit Blick auf die

---

[28]Von Oktober 1943 bis August 1944 war Weniger dem Befehlshaber Nordwest-
Frankreich, General Vierow, zugeordnet. Beleg: Nds. 171, Fragebogen vom
14.6.1947. - Laut Schwenk hatte er in dieser Zeit eine Planstelle als Wehr-
machtsbetreuungsoffizier inne, ihm oblag die Truppenbetreuung, insbesondere das
Filmwesen (Schwenk 1968, S. 23).

[29]Wehrmachtserziehung 1938, S. 114. - "Krätzchen" ist eine Umschreibung für die
Feldmütze des Soldaten.

[30]Ebd., S. 113 f. Hervorhebungen von mir. - Diese verallgemeinernde Formulierung
deutet darauf hin, daß sich Weniger eine gleichgültige oder gar ablehnende Haltung
Soldatischem gegenüber überhaupt nicht vorstellen kann.

Zukunft sagt er dann: "Dennoch gilt auch für die militärische Führung der Zukunft die sehr ernste Lehre: 'Der Feldherr darf zwar ohne Zaudern von der Truppe **zeitweise** das Höchste, auch das scheinbar die menschliche Leistungsfähigkeit Übersteigende fordern, **nicht aber auf die Dauer.**'"[31] Zur Bekräftigung seiner Ansicht zitiert er Ernst Jünger, der sich in seiner Schrift "In Stahlgewittern" ähnlich äußert: "In einem kurzen draufgängerischen Kriege kann und muß der Offizier die Mannschaft rücksichtslos erschöpfen, in einem sich lange hinschleppenden führt dies zu physischem und moralischem Zusammenbruch."[32]

Weniger differenziert das Phänomen der Überanstrengung nach seiner psychophysischen wie moralischen und geistigen Seite. Neben der physischen Überanstrengung durch körperliche Strapazen, Hunger und mangelnden Schlaf, die durch seelische Belastungen wie Kampf und Leiden noch verstärkt werde, gebe es auch eine moralische. Diese werde dadurch hervorgerufen, daß "das echte Pathos der Pflicht und der Entsagung dauernd an Nichtigkeiten verschwendet" werde.[33] Die größte Gefahr der völligen Zerrüttung einer Truppe liege jedoch in der geistigen Überanstrengung. Sie entstehe, "wenn die Truppe vor unerfüllbare Aufgaben gestellt wird. Unerfüllbar können Aufgaben werden, wenn die Truppe moralisch, seelisch, physisch überanstrengt wird. Aber wenn die Aufgabe auch über die Kräfte der physisch und seelisch ausgeruhten, moralisch unangekränkelten Truppe geht, dann liegt die geistige Überanstrengung vor, die die größte Gefährdung für die Manneszucht darstellt, weil sie mit dem Glauben an den Sieg und dem Vertrauen in die Führung die Kräfte zerstört, auf denen die Kriegführung beruht."[34]

Zum Abschluß dieses Gedankenganges sei ein weiteres Zitat gebracht, an dem deutlich wird, daß Weniger in seiner Militärpädagogik vom Krieg und nicht vom Wohl des einzelnen Menschen her denkt. Im Anschluß an das Jünger-Zitat gibt er zu bedenken: "Indessen dürfen die Dinge nicht zu leicht genommen werden. Denn

---

[31]Ebd., S. 78. Hervorhebung durch Unterstreichung von mir.
[32]Zitiert von Weniger in Wehrmachtserziehung 1938, S. 84.
[33]Ebd., S. 79.
[34]Ebd., S. 79. Hervorhebungen von mir.

Anstrengung und gefährlicher Einsatz ist oft nötig, um die Truppe kampfkräftig und in der kriegerischen Gewohnheit zu erhalten."[35]

Als dritte Grundlage für den Erhalt und die Festigung der Manneszucht nennt Weniger Gerechtigkeit. Wieder vermittelt die realistische Darstellung den Eindruck, als seien ihm die Ereignisse des "großen Krieges" auch noch nach zwanzig Jahren lebendige Gegenwart. Er betont die Wichtigkeit dieses dritten positiven Mittels und unterstreicht gleichzeitig die Schwierigkeit seiner Realisierung. Es sei um Gerechtigkeit nicht nur bei der Verteilung der Verpflegung und der Quartiere gegangen, sondern auch der Lasten. "Besondere Sorgenquellen für den gerechten Führer"[36] seien der Urlaub und die Löhnung gewesen. Bei der langen Dauer des Krieges sei es unmöglich gewesen, den Urlaub als Vergünstigung zu handhaben. Er sei zu einem Recht geworden, dessen peinlichste Beachtung für die Stimmung in der Truppe ausschlaggebend geworden sei. Für die Löhnung fordert Weniger: "Jedenfalls dürfen die Spannungen zwischen den Löhnungen an der Front und denen der unabkömmlichen Arbeiter in der Heimat künftig nicht mehr so groß sein, wie es im Weltkrieg der Fall war (...). Die Löhnung des Feldsoldaten muß zukünftig ein sozialer Lohn werden (...)"[37] Auch dieses Zitat macht deutlich: Weniger besinnt sich auf den vergangenen Krieg, um aus ihm Lehren für den nächsten zu ziehen.

Das schwierigste Problem aber sei gewesen, Auszeichnungen gerecht zu vergeben. "Die Funktion der Auszeichnung im Kriege war eine doppelte; sie sollte die besonderen Leistungen, Heldentaten vor allem, belohnen und sie sollte einen Ausgleich schaffen für die Ungerechtigkeit, die dem Tapferen und Tüchtigen mehr auferlegt als dem, der nur schlecht und recht seine Pflicht tut. Als schönes Vätererbe war überkommen das Eiserne Kreuz[38] (...) es war der

---

[35]Ebd., S. 84. Hervorhebungen von mir.
[36]Ebd., S. 90.
[37]Ebd., S. 90 f.
[38]Der Preußenkönig Friedrich Wilhelm III. stiftete am 10.3.1813 das E.K. als Tapferkeitsauszeichnung im Krieg gegen Napoleon I. 1870 und 1914 wurde die Auszeichnung erneuert. - Weniger wurde am 17.12.1916 das E.K. II verliehen, das rangmäßig höhere E.K. I am 10.1.1920. Beleg: Nds. 171, Fragebogen vom 14.6.1947. (Weniger hatte sich von April bis Oktober 1919 in Berlin als Offizier an den Kämpfen gegen die Spartakisten beteiligt. Vgl. Schwenk1968, S. 7).

schlichte Ausdruck für die <u>Einheit der Verantwortung des Volkes in Waffen</u> und für den gleichen Rang der Tat, in welchem Bereich sie auch geschehen sein mochte."[39] Wenigers Ausführungen zum Thema "Auszeichnung" sind detailreich und engagiert; er kritisiert die Handhabung im Ersten Weltkrieg und entwickelt Vorstellungen, wie z.b. durch "Anerkennung im Tagesbericht", "Abzeichen an den Uniformen", "Spangen für wiederholte Auszeichnung", "Neuverleihung mit neuen Daten" und "Beförderungen außer der Reihe" künftig "hervorragende Taten und Leistungen" belohnt werden könnten.[40] Er betont zwar, daß sich Belohnung und Auszeichnung gegenüber dem Motiv der Pflichterfüllung nicht in den Vordergrund schieben dürften, leugnet aber ihre positive Wirkung auf die Manneszucht nicht. Es liegt nahe, hier eine Verbindung zu dem Schmuckbedürfnis des Soldaten, seinem Wunsch, "sich fühlen zu können", zu ziehen.

Kameradschaft

Überleitend zur Darstellung weiterer konstitutiver Begriffe der Militärpädagogik Wenigers, sei noch einmal an die Dankesworte erinnert, die er seinem Regiment widmet, "das dem jungen Soldaten fast vier Jahre Heimat gewesen ist", und dem er dankt, "weil in diesem erst im Kriege aufgestellten Truppenteil in <u>Kameradschaft und Kampfgemeinschaft</u> alle die <u>großen Erfahrungen</u> verkörpert waren, denen nachzudenken dieses Buch (i.e. Wehrmachtserziehung und Kriegserfahrung) bemüht ist."[41]

Wenn Weniger mit Hingabe das Phänomen der Kameradschaft im Kriege beschreibt, so ist er darin kein Einzelfall. Erinnerungen an den Krieg in literarischer Gestalt oder als "oral history" beziehen sich immer wieder auf das Erlebnis der Kameradschaft an der Front. Für Weniger erwuchs sie aus dem <u>Gefühl</u> der <u>Zusammenge-hörigkeit</u>, und zwar "unabhängig von den Empfindungen des Zueinanderpassens, Sichmögens oder gar der Freundschaft und Liebe."[42]

---

[39]Ebd., S. 92. Hervorhebung von mir.
[40]Vgl. Wehrmachtserziehung 1938, S. 94.
[41]Ebd., S. X. Hervorhebung von mir.
[42]Ebd., S. 117.

Sie habe dem einzelnen ein <u>Gefühl</u> der <u>Geborgenheit</u> gegeben, ohne in die tiefsten Geheimnisse seiner Seele zu dringen. Diese Verbindung von Distanz und Zusammenleben sei ihre "größte Kraft" gewesen.[43] "Die Kameradschaft der Front ging ganz auf in dem Zusammenleben der Front selber, sie begründete dort eine <u>Heimat</u>, die jedes Glied der Truppe trug, aber sie ließ den Mann im übrigen sein, was er sein mochte, und nahm ihn nicht über das Zusammenleben hinaus in Anspruch."[44] Aus dem "simplen Ideal" des reibungslosen Ablaufs aller Arbeitsleistungen - auch die kriegerischen Taten seien als solche aufgefaßt worden - ergaben sich nach Weniger weitere Züge der Frontkameradschaft. Weil die Kräfte und Fähigkeiten unterschiedlich verteilt gewesen seien, hätten die Aufgaben nur in gegenseitiger Hilfe erfüllt werden können. Erneut taucht die Metapher der Heimat auf: "Die Selbstverständlichkeit der gegenseitigen Hilfe gibt das <u>Gefühl der Sicherheit</u> und damit <u>der Heimat</u>, mit ihr ist aus der losen Zusammenfügung eine Gemeinschaft geworden."[45]

Weniger führt dann die Begriffe <u>Ehre</u>, <u>Verantwortung</u>, <u>Zucht</u> und <u>Scham</u> als weitere Kennzeichen der Kameradschaft ein. Sie setze ihre Ehre darein, daß die der Gruppe gestellten Aufgaben gelängen; damit übernehme sie Verantwortung für das einzelne Glied. "So hält die Kameradschaft eine strenge **Zucht** und unterdrückt die böswilligen, unzuverlässigen und unkameradschaftlichen Elemente."[46]

Weniger schildert präzis die psychischen Prozesse, die in einer seiner Ansicht nach "gesunden Kameradschaft" den einzelnen zu disziplinieren vermochten: "Das stärkste Mittel, über das die Kameradschaft verfügte, war der Entzug der Achtung der Gesamtheit, die <u>Beschämung</u>. Und so wurde die **Scham** die stärkste Triebkraft im einzelnen, sie brachte ihn dazu, auch gegen seinen

---

[43]Es ist wohl kein Zufall, daß Weniger die Zurückhaltung innerhalb der Kameradschaft hervorhebt; das scheint seinem eigenen Bedürfnis entsprochen zu haben. Gerhard Wehle, der von 1955-1957 Assistent bei Weniger war, charakterisierte ihn in einem Gespräch mit mir am 18.11.1993 in Düsseldorf so: "Er war ein Mann, der einen Schutzschild um sich gelegt hatte und letztlich niemanden an sich heranließ."
[44]Wehrmachtserziehung 1938, S. 117. Hervorhebung von mir.
[45]Ebd., S. 118. Hervorhebung von mir.
[46]Ebd., S. 119. Hervorhebung von mir.

schwachen oder bösen Willen sich den Gesetzen der Kameradschaft zu fügen. Man schämte sich, wenn man den Anforderungen der Gemeinschaft nicht entsprach, man schämte sich, weil man anders war als es von ihr erwartet wurde, darum überwand man sich (...) und tat das, was man tun sollte, und hielt sich so, wie es verlangt wurde. Man wagte nicht, den andern im Stich zu lassen, weil man die Schande fürchtete."[47]

An dieser Stelle, wo es um Zucht und Disziplin, das rechte Verhalten und Wohlverhalten geht, schlägt Weniger den Bogen zur Manneszucht, die sich bekanntlich durch "Pünktlichkeit, Genauigkeit und Straffheit bei jeder Diensthandlung"[48] äußert. Er führt aus: "Die Kameradschaft übernimmt selbst die Manneszucht und das bedeutet keineswegs ihre Lockerung (...) Im Gegenteil, da die Kameradschaft in ihren Reihen selber auf eine Rangordnung nach Geltung und Leistung hält, kann sie, richtig angesprochen, auch die objektiven Ordnungen der soldatischen Führung, wie sie an sich unter dem Gesetz des Zwangs durchgehalten werden, in ihren Willen aufnehmen und so fest begründen. Die Kameradschaft ermöglicht so etwas wie die spielende Bewältigung der schweren Last der Disziplin, und daraus erwachsen Gefühle der Genugtuung und des Glücks."[49]

Führertum und Gefolgschaft

Trotz seiner Ausführungen über die strenge Zucht innerhalb der Kameradschaft zentriert sich für Weniger ihr Wesen in dem Wort "Gefühl". Das Gefühl der Zusammengehörigkeit, Geborgenheit, Sicherheit, Heimat, Genugtuung, ja des Glücks, das sie dem einzelnen Mann vermittelt, ist das tragende Fundament. Zugleich sieht er die Gefahr, in die eine überwiegend emotional bestimmte Gemeinschaft geraten kann: Sie kann zur Kameraderie verkommen. "Es gibt Verbrecher-Kameraderien, die innerhalb ihrer Grenzen die gleichen hohen Eigenschaften fordern und entwickeln, wie wir sie in der

---

[47]Ebd., S. 119. Hervorhebungen von mir.
[48]Vgl. Wenigers Zitat der Heeresdienstvorschriften von 1908, Wehrmachtserziehung 1938, S. 66.
[49]Ebd., S. 120. Hervorhebung von mir.

echten Kameradschaft finden."[50] Um dieser Gefahr zu entgehen,
bedarf die kameradschaftlich verbundene Truppe des Führers.
Weniger spricht ausdrücklich davon, daß eine Führung notwendig
sei, denn "der Führer gibt der Truppe erst den Willen, d.h. er setzt
der Gemeinschaft, in der Zusammengehörigkeitsgefühl und gegen-
seitige Treue lebendig sind, nun die Ziele und Aufgaben, die Anforderungen und Pflichten von den überpersönlichen, jenseits der
Kameradschaft liegenden Mächten des Staates und des Volkes her.
Durch diese Zielsetzung wird aus der Kameradschaft die **Gefolgschaft**. Ohne den Willen eines Führers, der seine Mannschaft zur
Gefolgschaft zwingt, ist die Kameradschaft nur ein fast willen-
loses, pflanzenhaftes Gebilde, das die natürliche Tendenz hat, mit
einem Mindestmaß an Kraftaufwand auszukommen."[51]

Kritischer Einschub: Wenigers Ruf nach einem Führer

An dieser Stelle möchte ich einhalten und das, was Weniger als
Kameradschaft und Gefolgschaft begreift, noch einmal bedenken.
Unter soziologischer Rücksicht liefert er eine Beschreibung grup-
pendynamischer Prozesse, die treffend das wiedergibt, was mit
dem Terminus "Gruppenzwang" belegt werden könnte: die Kameradschaft als Gemeinschaft mit einer festen Hierarchie nach Geltung
und Leistung, die den einzelnen emotional bindet, ihm Sicherheit
gibt, Geborgenheit, das Gefühl dazuzugehören - sofern er sich
einfügt, anpaßt, unterordnet. Wie sehr Wenigers Darstellung diesem
Sachverhalt entspricht, zeigt auch der Sprachstil dieser Passage:
Die häufige Verwendung des unbestimmten "Man" ist signifikant
dafür. "Man schämte sich, wenn man den Anforderungen der
Gemeinschaft nicht entsprach, man schämte sich, weil man anders
war als es von ihr erwartet wurde" usw. Festzuhalten ist, daß
Weniger den Sachverhalt "Gruppenzwang" innerhalb der Kameradschaft nicht nur analysierend erkennt, sondern zugleich in
seiner gruppenstiftenden Wirkung anerkennt. Darüber hinaus sieht
er die Gefahr der Kameraderie, wie er das Abgleiten einer
Kameradschaft ins Kriminelle nennt, und dieser Gefahr begegnet er

---

[50]Ebd., S. 122.
[51]Ebd., S. 121. Hervorhebungen durch Unterstreichung von mir.

mit dem Ruf nach einem Führer. Die autoritäre Struktur, die
Wenigers Denken kennzeichnet, tritt an dieser Stelle unmißverständlich zutage: Der Führer gibt der Mannschaft erst den Willen,
indem er ihr die Ziele und Aufgaben setzt und sie zur Gefolgschaft
zwingt. Der Führer seinerseits ist den überpersönlichen Mächten
verpflichtet, die Weniger "Staat" und "Volk" nennt. Weniger fragt
1938 nicht nach den Zielen des Staates, nach seiner konkreten
Gestalt, er fragt nicht nach der Rechtmäßigkeit der Forderungen,
die an den Volksbegriff geknüpft werden, sondern er glaubt.

Wenigers Autoritätsgläubigkeit tritt das eine Mal als Votum für
eine heroische Geschichtsschau bei gleichzeitiger Warnung vor einer kritischen Vergangenheitsbetrachtung in Erscheinung. Sie umgibt sich ein anderes Mal mit dem Nimbus unerbittlicher Härte,
nämlich in der Forderung nach rücksichtsloser Säuberung der
Truppe von allen Elementen, die ihre Kampfkraft lähmen, sowie in
der Forderung nach einer erweiterten Standgerichtsbarkeit vor dem
Feind. Diese Gläubigkeit, die greifbare Gestalt gewinnt in dem Ruf
nach Führertum und Gefolgschaft, ist nicht als Wenigers Privat-
angelegenheit zu werten, sie ist vielmehr durch seine Schriften
öffentlich und damit breitenwirksam geworden.[52] Das gilt es sich
vor Augen zu führen; darin liegt die Rechtfertigung dieser Untersuchung.

Ich kehre zum Text zurück. Als Prämisse von Wenigers Denken hatte
ich eingangs die Wertordnung genannt, derzufolge der Krieg das Maß
aller Dinge sei. Daher ist es folgerichtig, daß die Kameradschaft
durch Gefolgschaft zu einer Kampfgemeinschaft werden soll. "Zu
einem <u>Werkzeug des Kampfes</u> wurde freilich auch die Kameradschaft der Front erst durch ihre Führer"[53], konstatiert Weniger.
Unmißverständlich beschreibt er das "Wie" dieses Vorgangs: "Der
Führer stellt seine Mannschaft in den Dienst der Sache, indem er
sie zwingt, **ihm** zu gehorchen und zu folgen. Kameradschaft und

---

[52]So wird Weniger 1939 von Albert Schreiner als "Wortführer der nationalsozialistischen Wehrmacht" (1981, S. 8) wahrgenommen und neben Friedrich Altrichter,
Kurt Hesse und Karl Pintschovius als "Wehrpsychologe" (ebd., S. 152) zitiert.
Schreiner, A.: Vom totalen Krieg zur totalen Niederlage Hitlers (1939 im Exil erschienen), Reprintausgabe Köln und Frankfurt/M. 1981.
[53]Ebd., Hervorhebung von mir.

Gefolgschaft sind deutlich unterschieden. Gefolgschaft ist seit alters ein Willensverhältnis, ein überlegener Wille zwingt die Mannschaft zu bedingungslosem Gehorsam. Der Führer vertritt die Ziele in seiner Person, er setzt die Kraft seiner Mannschaft auch dann an diese Ziele, wenn ihr Sinn den Leuten nicht aufgeht oder wenn sie ihn nicht in ihren Willen aufzunehmen vermögen."[54]

Bedingungsloser Gehorsam tritt hier noch als Unterordnung unter den Willen des Führers auf, auch wenn der Mann den Sinn des Befehls nicht erkennen oder seine Durchführung selbst nicht wollen kann. Das ist aber nur die Vorstufe dessen, was Weniger als Ziel in dem Verhältnis von Führer und Geführten ansieht. Die Gefolgschaft hat ihre höchste Vollendung erreicht, wenn der einzelne den Willen des Führers zu seinem eigenen gemacht hat. Hat der einzelne den Führerwillen so internalisiert, daß er meint, aus eigenem Antrieb zu handeln, dann fühlt er sich identisch mit der ihm gestellten Aufgabe und erlebt diese Identität mit höchster Befriedigung. Diesen Vorgang, der zur Übernahme des fremden Willens in den eigenen führt, nennt Weniger - Erziehung[55]. Ich nenne ihn Manipulation. Im folgenden werde ich Weniger ausführlich zu Wort kommen lassen, um diese Behauptung zu belegen.

Zu einer möglichen kameradschaftlichen Verbundenheit zwischen Führer und Geführten merkt er an: "Eine solche Kameradschaft darf nur dann sein, wenn es dem Führer gelungen ist, jenseits der äußeren durch Zwangsmittel gegründeten Autorität den bedingungslosen Gehorsam unter seinen Willen zu einer inneren Selbstverständlichkeit zu machen."[56]

Zu den Aufgaben einer Wehrerziehung im Frieden - ich greife hier vor - sagt er: "Erziehungsgemeinschaft nennen wir Gruppen, in denen die Ziele der Erziehung und Ausbildung nicht nur von den Lehrern und Führern gewollt und verantwortet werden, sondern auch von denen, die erzogen und ausgebildet werden sollen. Diese

---

[54]Ebd. Hervorhebungen durch Unterstreichung von mir.
[55]Hervorhebung von mir.
[56]Ebd., S. 127. Hervorhebung von mir.

sind dann nicht mehr nur Objekte der Einwirkung[57], sondern Träger des Willens, die das, was ihnen zunächst von außen aufgezwungen scheint, von innen her bejahen und selbständig aus eigenem Antrieb ergreifen. (...) In Krieg und Frieden ist entscheidend, daß der Wille des Führers Wille der Gruppe und Wille jedes einzelnen wird; im Kriege der Kampfwille, im Frieden der Erziehungswille."[58]

Kritischer Einschub: Wenigers Einschätzung von Autoritäten

Ich habe soeben Autoritätsgläubigkeit als ein wesentliches Strukturmerkmal in Wenigers Denken bezeichnet. Die Voraussetzung für eine solche Denk-Haltung ist ein diskriminierendes Denken, das mit der Bereitschaft gekoppelt ist, behauptete Herrschaftsansprüche kritiklos anzuerkennen. Die Formulierungen, die Weniger wählt, wenn es um "Führertum" geht, belegen das. Es sei an seine Ausführungen zu Disziplin und Manneszucht erinnert, in denen er sagt: "(Die Disziplin) soll schließlich - und das ist wohl das eigentlich Deutsche an der Sache - den Trägern der Autorität nicht nur Gehorsam, sondern auch **Achtung** als Anerkennung ihrer inneren Berechtigung zur Ausübung der Gewalt verschaffen."[59] Autoritätsträgern - es geht hier um Truppenführer - spricht Weniger ohne jede Begründung eine Berechtigung zur Ausübung von Gewalt zu und fordert von den Untergebenen nicht nur Unterordnung, sondern Anerkennung dieses fragwürdigen Machtanspruchs.

Als ein weiteres Beispiel autoritär-hierarchischen Denkens seien Wenigers Überlegungen zu Fragen des Umgangs zwischen Führer und Mannschaft genannt. Er sagt: "Auch hier wäre es eine romantische Fälschung der Erinnerung, wenn man behaupten wollte, im Kriege habe nur **der** Führer die Truppe zur Gefolgschaft gezwungen, der in die Kameradschaft einbezogen war. Es gab Führernaturen, Herrenmenschen stärksten Willens, die ihre Männer zur Gefolgschaft zwangen, ohne mit ihnen kameradschaftlich verbunden zu sein, und

---

[57]Die Vorstellung, es könnte in einem Erziehungsverhältnis "Objekte der Einwirkung" geben, ist befremdlich.
[58]Ebd., S. 140 f. Hervorhebungen von mir.
[59]Ebd., S. 107.

andere, deren große und kühne Gedanken die Einsamkeit forderten, um zu Taten werden zu können."[60]

Zur Frage des rechten Umgangs gehört auch die der angemessenen Sprache. Auch hier fordert Weniger eine unbedingte Einhaltung der gesetzten Rangordnug. "Von dieser Rangordnung aus, in der die Aufrechterhaltung des Führerwillens an erster Stelle steht, muß nun der Führer auch in die Gesetze der Kameradschaft eingreifen, wenn sie im Widerspruch zu den kriegerischen Aufgaben stehen (...) Alles, was in das Gebiet des Befehls gehört, bedarf auch der Sprache des Befehls und liegt so außerhalb der Grenzen der Kameradschaft. (...) Das Nebeneinander einer herrischen und kurz angebundenen Befehlssprache und eines kameradschaftlichen Umgangstones außerhalb des Dienstbereichs darf als Zeichen einer guten soldatischen Ordnung gelten."[61]

Noch ein Zitat sei angeführt, das jenes von Weniger hypostasierte Herausgehobensein des Führers dokumentiert. Wieder geht es um das Verhältnis von Führer und Mannschaft, das er präzisiert: "Selbst die Gefahrengemeinschaft, die gewiß selbstverständlich war, mußte gelegentlich aufgehoben werden, um unersetzliche Führer nicht nutzlos zu opfern. Oft erforderte höhere Notwendigkeit, daß der Führer sich der unmittelbaren Gefahr entzog, um seinen Aufgaben gerecht zu werden. (...) Auch die Gemeinschaft in den Entbehrungen konnte wohl einmal ihre Grenze haben, um den Führer frisch zu erhalten und seine Kräfte zu stärken, deren er in der Not mehr bedurfte als der Mann."[62]

Diese Argumentation Wenigers mag aus der Sicht militärischer Notwendigkeit zwingend sein. Genauso zwingend mag es sein, die Truppe ab und zu in Anstrengung und gefährlichen Einsatz zu führen, um sie "kampfkräftig und in der kriegerischen Gewohnheit" zu erhalten. Auch Ernst Jüngers Überlegung, daß der Offizier in einem kurzen draufgängerischen Kriege die Mannschaft "rücksichtslos erschöpfen" könne und müsse, mag aus taktischer Sicht geboten sein

---

[60]Ebd., S. 122. Hervorhebung durch Unterstreichung von mir.
[61]Ebd., S. 128. Hervorhebungen von mir.
[62]Ebd., S. 124. Hervorhebung von mir.

- bemerkenswert ist, daß ein Phänomen wie der Krieg, das zu solchen Sachzwängen führt, kritiklos akzeptiert wird!

Kampfgemeinschaft, innerlicher Gehorsam und kämpferische Persönlichkeit

Ich kehre zu Wenigers Ausführungen über Kameradschaft, Gefolgschaft und Kampfgemeinschaft zurück. Die Aufstufung dieser Begriffe zeigt ihre Wertigkeit und spiegelt damit Wenigers Werthierarchie. Die Charakterisierung dessen, was er unter Kampfgemeinschaft versteht, ist zugleich eine Zusammenschau wesentlicher Begriffe seiner Wehrpädagogik; insofern mag die wortgetreue Wiedergabe seiner Gedanken als eine vertiefende Wiederholung angesehen werden.

"Ihre höchste Wirkform", sagt Weniger, "gewinnen die geistigen und moralischen Kräfte des Soldatentums in der **Kampfgemeinschaft**. Kampfgemeinschaft ist kein Ausbildungsziel, deshalb gebrauchen die Wehrmachts-Dienstvorschriften dieses Wort nicht. Aber es bezeichnet die Vollendung, mit der kriegerische Aufgaben bewältigt werden, und so wird die Kampfgemeinschaft zusammen mit den anderen großen Leitbildern deutschen Soldatentums in den 'Pflichten des Deutschen Soldaten' genannt: 'Große Leistungen in Krieg und Frieden entstehen nur in unerschütterlicher Kampfgemeinschaft von Führer und Truppe' (Art. 6)."[63]

Der erzieherische Aspekt wird in den folgenden Ausführungen thematisiert: "Kampfgemeinschaft ist vor allem eine **Willensgemeinschaft**, darin wesenhaft unterschieden von der auf dem Gefühl ruhenden Kameradschaft, und zwar geht der entschlossene Wille der zur Kampfgemeinschaft zusammengeschlossenen Gruppe darauf, die kämpferische Aufgabe bewußt zur eigenen Sache zu machen (...) Diese Einheit von Wille und Aufgabe, die höchste Erfüllung, die Männern werden kann, gewann ihren tiefsten Sinn, als die Aufgaben der kämpfenden Truppe nicht mehr von oben und außen gestellt wurden, als alle Zwangsmittel, die zur Pflichterfüllung

---

[63]Ebd., S. 132. Hervorhebungen durch Unterstreichung von mir.

hätten anhalten können, fortgefallen waren, als die Schwachen abfielen. Da blieb in diesen kleinen Einheiten, überall an den Fronten
zerstreut, die Aufgabe lebendig."[64] Weniger beschreibt hier die ge-
lungene Indoktrination des fremden Willens beim einzelnen Mann.

Der Angelpunkt soldatischer Erziehung, der für Weniger in der
Übernahme des fremden Willens in den eigenen besteht, wird von
ihm unter dem Aspekt von Verantwortung und Freiwilligkeit beleuchtet. Er stellt den "erzieherischen" Vorgang so dar: "Man kann
den Vorgang, in dem Verantwortung von jedem einzelnen Kämpfer
ergriffen wird, beschreiben als Übergang von dem Gehorsam des
Zwangs und der äußeren Anpassung an die Pflicht zum **freiwilli-
gen** Gehorsam."[65] Aus Sorge, der Begriff "freiwilliger Gehorsam"
könnte mit "Beliebigkeit" in Verbindung gebracht werden, sucht
Weniger nach einer treffenderen Formulierung und sagt: "Besser
faßt man den Vorgang wohl, wenn man ihn beschreibt als <u>Herein-
nahme der Aufgabe in das Bewußtsein des Mannes</u>, so daß sein ganzes Dasein von ihr <u>durchtränkt</u> wird, oder als Verankerung in dem
Kern seines Lebens, als <u>Verinnerlichung, Beseelung</u> des Gehorsams
oder wie man das nennen mag. **Innerlicher Gehorsam** würde das
Gemeinte vielleicht am besten treffen. Immer ist das Ergebnis die
<u>Gleichsetzung von Willen und Aufgabe im Manne</u> und so werden aus
<u>ungeformten Bestandteilen der Masse</u> und aus <u>willenlosen Ange-
hörigen</u> von technischen Einheiten <u>kämpferische Persönlichkeiten</u>.
Persönlichkeiten nennen wir Menschen mit eigenem Bewußtsein,
eigenem Willen und eigenem Denken <u>im Dienst überpersönlicher
Mächte</u>."[66]

Für Weniger ist der einfache Soldat also ein "ungeformter
Bestandteil der Masse" und ein "willenloser Angehöriger von technischen Einheiten", bis er dank der soldatischen Erziehung zu einer
"kämpferischen Persönlichkeit" wird. Das ist eine die Würde des
einzelnen angreifende Formulierung, weil sie seine individuelle
Wertigkeit ausblendet. Nach seiner Definition von Persönlichkeit -
"Persönlichkeiten nennen wir Menschen mit eigenem Bewußtsein,

---

[64]Ebd., S. 133. Hervorhebungen durch Unterstreichung von mir.
[65]Ebd., S. 134.
[66]Ebd. Hervorhebungen durch Unterstreichung von mir.

eigenem Willen und eigenem Denken im Dienst überpersönlicher Mächte" - stellt sich Wenigers Militärpädagogik als eine staatstragende und systemkonforme Lehre dar. Der erste Teil der Definition, der dem einzelnen eigenes Bewußtsein, eigenen Willen und eigenes Denken zuspricht, darf nicht darüber hinwegtäuschen, daß diese Fähigkeiten begrüßt werden, sofern sie "im Dienst überpersönlicher Mächte" stehen. Unter überpersönlichen Mächten versteht Weniger Staat und Volk. Da er den Anspruch beider ohne jede Einschränkung anerkennt - es sei daran erinnert, daß die sogenannten "Nürnberger Gesetze"[67] seit drei Jahren in Kraft waren, daß Hitler seine Kriegspläne bereits enthüllt hatte[68] - muß daraus gefolgert werden, daß er den Staat in seiner Manifestation von 1938 bejaht hat. Es liegt ferner in der Logik seiner Definition von Persönlichkeit, daß sich die führenden Ideologen des nationalsozialistischen Systems darunter subsumieren ließen: Ein Goebbels oder Himmler hätte durchaus als Persönlichkeit in diesem Sinn bezeichnet werden können. Die Definition hatte demnach einen zeitgerechten Zuschnitt.

Es stellt sich somit an dieser Stelle der Textanalyse erneut die Frage: Wo sind Formulierungen, Definitionen, offene oder auch nur versteckte Aussagen in diesem Werk Wenigers, die einen Ansatz geboten hätten, von dem aus den nationalsozialistischen Mächten hätte Widerstand entgegengebracht werden können?

Kritischer Einschub: Zum Verhältnis von Staat und Erziehung

Die Frage, in welchem Licht Weniger den NS-Staat von 1938 gesehen hat, ist von zentraler Bedeutung für die Einschätzung seiner pädagogischen, also militärpädagogischen Äußerungen, so daß ich ergänzend eine Schrift von 1929 heranziehen möchte. In seinem

---

[67]Auf dem Nürnberger Parteitag vom 15.9.1935 wurde die Entrechtung und Diskriminierung der Juden festgeschrieben durch das "Gesezt zum Schutz des deutschen Blutes und der deutschen Ehre" und das "Reichsbürgergesetz".

[68]Auf einer Besprechung in der Reichskanzlei am 5.11.1937 hatte Hitler seine Pläne zur "Sicherung des Lebensraums" offengelegt; der damalige Wehrmachtsadjutant Friedrich Hoßbach fertigte eine Niederschrift darüber an.

Beitrag *Zur Frage der staatsbürgerlichen Erziehung* [69] äußert sich
Weniger prinzipiell zum Verhältnis von Erziehung und Staat.
Aufgrund des allgemeinen Charakters dieser Aussagen ist es legitim, sie mit einem späteren Werk in Verbindung zu bringen, obwohl
die Schrift unter einer anderen historisch-politischen Konstellation verfaßt worden ist. Weniger macht u.a. folgende Aussagen: 1.
Staatsbürgerliche Erziehung ziele stets auf eine bestimmte Gesinnung und Haltung, 2. die Pädagogik habe nicht nach dem Staat an
sich in seiner konkreten Gestalt zu fragen, sondern habe ihn als
gegeben hinzunehmen und innerhalb dieses gesteckten Rahmens die
pädagogisch relevanten Fragen zu stellen. - Die erste Aussage sei
mit folgendem Zitat belegt: "Diese <u>Gesinnung</u> und <u>Haltung</u>, dieses
Verhalten ist dann das Ziel der staatsbürgerlichen Erziehung, und
zwar ist immer ein <u>ganz konkretes Verhalten</u> gemeint, das sich auf
die Stellung des Staatsbürgers in diesem konkreten Staat, seinen
konkreten Aufgaben und Forderungen gegenüber bezieht, zugleich
aber Stellungnahmen und Verhaltungsweisen gegenüber nicht unmittelbar staatlichen Bereichen ausdrücklich oder unausdrücklich
einschließt. (...) Aber gemeint ist jedenfalls niemals nur ein all-
gemeines Tugendsystem, eine formale Pflichtenlehre oder eine
Summe schöner Gefühle, <u>sondern eben ein ganz bestimmtes
'demokratisches' (oder faschistisches) Verhalten.</u>"[70] Mit Blick auf
Litt, der 1924 grundlegende Gedanken zur staatsbürgerlichen
Erziehung entwickelt hatte, und in Abgrenzung zu dessen warnender
und kritischer Stimme[71] betont Weniger, "daß auch die schärfsten
soziologischen, historischen, volkskundlichen, volkswirtschaft-
lichen, staatstheoretischen Analysen, daß die Mitteilung wissenschaftlicher Erkenntnisse im Unterricht nicht ausreicht und andere
<u>staatserzieherische Maßnahmen</u>, die auf ein <u>besonderes geistiges
Vehalten</u>, auf eine <u>besondere Gesinnung</u> gehen, nicht überflüssig
machen können. Gewiß gehört zu jedem Verhalten Erkenntnis,
gewiß ist Gesinnung ohne Erkenntnis blind, <u>aber wissenschaftlicher Unterricht ermöglicht immer vieldeutige Erkenntnis und</u>

---

[69]In: Die Erziehung, 4. Jg. 1929, S. 148-171. Neudruck 1951. Pädagogische
Quellentexte 6, Oldenburg i. O.

[70]Ebd., S. 161. Hervorhebung von mir.

[71]Weniger bezieht sich auf Litts Schrift: Möglichkeiten und Grenzen der Pädagogik.
Abhandlungen zur gegenwärtigen Lage von Erziehung und Erziehungstheorie, Leipzig
und Berlin 1926. Darin: Die philosophischen Grundlagen der staatsbürgerlichen
Erziehung von 1924.

infolgedessen verschiedenartige gesinnungsmäßige Stellungnahmen, und so ergibt sich die Beziehung zu dem geforderten Verhalten
niemals von selbst."[72] Man gewinnt den Eindruck, als sei Weniger
die Vorstellung vieldeutiger Erkenntnis und verschiedenartiger
Stellungnahmen im Hinblick auf das von allen Staatsbürgern geforderte einheitliche Verhalten suspekt. Es ist dieselbe Sichtweise,
die ihn neun Jahre später auf die vermeintliche Gefährlichkeit
einer kritischen Geschichtsbetrachtung hinweisen läßt.

Zur zweiten Aussage formuliert Weniger: "Ob der Staat ein Staat
bestimmter Parteien ist oder nicht, ob eine andere Staatsform an
sich 'theoretisch' wünschenswerter, vielleicht Ziel meines persönlichen politischen Wollens und Handelns ist, das ist für das hier
aufgegebene *pädagogische* Problem ebensowenig bedeutsam, wie
die Möglichkeit, in einer Theorie einen vollkommenen Staat zu
konstruieren oder in einer Ethik die Wege zu einem Idealstaat
aufzuzeigen." Er fährt mit den entscheidenden Sätzen fort: "Die
pädagogische Aufgabe ist, dieser Gegebenheit gegenüber die Rein-
heit des pädagogischen Verhaltens, die Freiheit der Bildung und des
Menschentums zu sichern. Die pädagogische Theorie hat zu prüfen,
ob pädagogisch vertretbare Folgerungen aus solchen politischen
Voraussetzungen und Forderungen gezogen werden, ob die von hier
aus geforderten Zielsetzungen einen pädagogischen Sinn ergeben, ob
sich pädagogisch echte Mittel finden lassen, ob unter solchen
Bedingungen ein pädagogisches Verhalten überhaupt möglich ist und
wie, und andererseits unter welchen Bedingungen den hier vorliegenden Tatbeständen zunächst politischer Natur ein pädagogischer
Sinn abgewonnen werden kann, der vor dem Gewissen und der
Verantwortung des Erziehers besteht. Erst von hier aus also ist
Kritik an Zielsetzungen und Mitteln der staatsbürgerlichen Erziehung möglich, erst hier ist der Ort der pädagogischen Autonomie
auf diesem Felde, nicht schon in der Kritik an dem Anliegen des
Staates selber."[73] (Gemeint ist das Anliegen des Staates, gesin-
nungsbildend gemäß der jeweiligen Staatsform auf die Schüler
einzuwirken)

---

[72]Ebd., S. 162 f. Hervorhebungen von mir.
[73]Ebd., S. 163. Hervorhebungen von mir.

Zweierlei wird an diesem Zitat deutlich: Dem Pädagogen qua
Pädagogen steht es nicht an, Kritik an dem Anliegen des Staates zu
üben, er hat den Staat als Gegebenheit hinzunehmen. Dann allerdings hat er die Aufgabe zu prüfen, ob unter den vorgegebenen
Bedingungen ein pädagogisch verantwortbares Verhalten möglich
ist. Es stellt sich nun die Frage, ob sich Weniger 1938 angesichts
seiner militärpädagogischen Einlassungen an seine neun Jahre zuvor formulierten pädagogischen Maßstäbe erinnert? Die Tatsache,
daß er sein militärpädagogisches Hauptwerk im Auftrag des
Ministeriums für Wissenschaft, Erziehung und Volksbildung verfaßt, läßt verschiedene Erklärungen zu. Es gibt die Möglichkeit, daß
er sich an seine Ausführungen von 1929 nicht mehr gebunden fühlt
und sich erst 1951 wieder auf sie besinnt. Es gibt ferner die
Möglichkeit, daß er die genuin pädagogischen Fragen nach der
Freiheit der Bildung und des Menschentums 1938 durchaus im Kopf
hat, daß er den Staat daran mißt und daß sein Urteil positiv aus-
fällt, er also keinen Grund für eine Kritik oder gar Abkehr vom faschistischen Staat sieht. Es gibt auch die Möglichkeit, daß ihm angesichts der immer deutlicher werdenden Indoktrination und Verführung der Jugend in Schule und politischen Organisationen zumindest Zweifel an der pädagogischen Lauterkeit der Absichten des
NS-Staates gekommen sind und er gehofft haben könnte, durch
seine schriftstellerische Arbeit positiv für die pädagogische Sache
zu wirken. Nur - unter dieser Rücksicht stellt sich dann erneut die
Frage nach Textstellen, die eine Botschaft in diesem Sinne erkennen ließen.

Ich kehre zum Text von 1938 zurück. Weniger findet immer neue
Formulierungen, um den Selbstwerdungsprozeß des Mannes von einem ungeformten Massenbestandteil zur kämpferischen Persönlichkeit zu beschreiben. "Voller kriegerischer Manneswert" ist eine
weitere Umschreibung seiner Zielvorstellung. Für ihn "gehört zum
vollen kriegerischen Manneswert auch der Einsatz der Verstandeskräfte des Soldaten. Das Entscheidende ist, daß aus dem
bloßen Gehorchen ein **denkender** Gehorsam wird. Denkender Gehorsam bedeutet, daß jeder einzelne Kämpfer Aufgabe und Befehl in
Beziehung setzt zu der Lage, die er vorfindet, und nun selbständig
und selbsttätig handelt im Bewußtsein der Zusammenarbeit mit

den Kampfgenossen, ohne von Kommando, Hilfe und körperlicher Nähe des anderen abhängig zu sein."[74] Weniger legt mehrfach Wert auf diesen Sachverhalt und sagt: "Das moderne Gefecht fordert wohl unbedingten Gehorsam, läßt aber **blinden** Gehorsam nicht zu."[75] Unbedingter, denkender Gehorsam ist gegenüber dem blinden eben effektiver.

Weniger steigert seine Formulierungen zur vollständigen Identifikation von Mann und soldatischer Aufgabe. "In der Kampfgemeinschaft gewinnt der Mann über die physische und seelische Widerstandskraft hinaus den **kämpferischen Mut**, in dem unter der Verantwortung vor der Aufgabe, getragen von der Gemeinschaft von Führern und Geführten, alle geistigen, sittlichen, körperlichen Kräfte, Leib und Seele, Verstand und Wille zusammengenommen sind zu kühnem und selbstlosem Handeln."[76]

Abschließend fordert er: "Aus den Idealen der Kampfgemeinschaft und aus den taktischen Notwendigkeiten des modernen Gefechts erwachsen die Ziele der Erziehung und Ausbildung des Soldaten. Aufgabe der Erziehung ist, jeden Mann fähig zu machen, in Not und Gefahr Glied einer Kampfgemeinschaft[77] zu werden. Das kann er aber nur, soweit er selber den vollen Manneswert erreicht und eine selbständige kämpferische Persönlichkeit geworden ist. So kommt es in der Erziehung auf jeden einzelnen Mann an, doch wird er nicht individualistisch für sich genommen - wie ja auch die modernen Formen des Einzelkampfes nicht Ausdruck des Individualismus sind -, sondern er wird als Einzelmensch von vornherein stufenweise durch die Mannschaft, Kameradschaft, Gefolgschaft auf die Gemeinschaft bezogen, für die er sich einsetzen soll."[78]

---

[74]Ebd., S. 134. Hervorhebung durch Unterstreichung von mir.
[75]Ebd., S. 43.
[76]Ebd., S. 135. Hervorhebungen durch Unterstreichung von mir.
[77]Vgl. hierzu Wenigers Aussage auf S. 132, der zufolge die Kampfgemeinschaft selbst kein Ausbildungsziel sei.
[78]Ebd., S. 136. Hervorhebungen von mir.

Kampfgemeinschaft in Krieg und Frieden

Im Zusammenhang mit seinen Ausführungen zur Kampfgemeinschaft zitiert Weniger - wie bereits erwähnt - aus den "Pflichten des deutschen Soldaten" den Satz: "Große Leistungen in Krieg und Frieden entstehen nur in unerschütterlicher Kampfgemeinschaft von Führer und Truppe."[79] Mit leiser Kritik an dieser Formulierung, die soldatischen Friedensdienst mit dem Wort Kampfgemeinschaft zu belegen wagt, versucht er, "den Sinn der Kampfgemeinschaft im Frieden als **Erziehungsgemeinschaft** zu verstehen"[80]. Der Kampfgemeinschaft als innerer Form der taktischen Gruppen im Krieg entspreche die Erziehungsgemeinschaft als innere Form der Ausbildungsgruppen im Frieden. Die Kampfgemeinschaft sei Ausdruck des erzogenen Willens, die Erziehungsgemeinschaft kennzeichne Erziehungsbereitschaft: "In Krieg und Frieden ist entscheidend, daß der Wille des Führers Wille der Gruppe und Wille jedes einzelnen wird; im Kriege der Kampfwille, im Frieden der Erziehungswille."[81]

Wichtig ist festzuhalten, daß für Weniger Maß und Ziel der Erziehungsgemeinschaft im Frieden die Kampfgemeinschaft des Krieges ist. Mit Bedauern artikuliert er die "unvermeidliche Paradoxie der Friedensausbildung des Soldaten"[82]. Aller Vorwegnahme hafte etwas Unwirkliches an, "und so kann die Truppe im Frieden als Erziehungsgemeinschaft immer nur ein Bild, ein Symbol der Kampfgemeinschaft sein."[83] Kampfgemeinschaft als Lebensform sei im Frieden nicht möglich, "denn sie entsteht ja nur unter dem Ernst der vollen kriegerischen Verantwortung und wörtlich im Feuer der Schlachten "[84] Dem Frieden fehle eben, wie er es an anderer Stelle formuliert, "der scharfe Schuß"[85].

---

[79]Ebd., S. 132.
[80]ebd., S. 140.
[81]Ebd., S. 141.
[82]Ebd.
[83]Ebd.
[84]Ebd. Hervorhebung von mir.
[85]Ebd., S. 149: "Der 'scharfe Schuß' ist ein brauchbares Symbol für alles, was dem Frieden fehlt."

Folgerichtig stellt er <u>drei Gesetze</u> für die Friedensausbildung der Soldaten auf, wobei das erste das wichtigste sei: "<u>Es darf im Friedensdienst nichts geschehen, was die Kampfgemeinschaft des Krieges erschweren oder unmöglich machen könnte.</u>"[86] Als zweites fordert er, daß der Friedensdienst die Voraussetzungen schaffe, auf denen im Krieg die Kampfgemeinschaft ruht. Drittens sei es wichtig, daß Gehalt und Form der Kampfgemeinschaft im Frieden symbolisch vertreten seien, u.a. "im Auftreten der Truppe als <u>Waffenträger der Nation</u> und als <u>Verkörperung der Staatsmacht</u>"[87].

Meine zu Beginn dieses Kapitels vertretene These, daß für Weniger der Krieg Maß aller Dinge sei, findet erneut ihre Bestätigung in den Worten, mit denen er das erste Buch seines Werkes *Wehrmachtserziehung und Kriegserfahrung* abschließt: "Alle Friedensnotwendigkeiten müssen freilich letzten Endes zurücktreten vor dem Gesetz (sic!) der <u>Vorbereitung auf den Krieg</u> und, wir wiederholen es, die <u>Formen des Friedens</u> dürfen die Ansätze <u>nicht zerstören,</u> aus denen dann <u>im Kampf</u> die <u>höchsten Gestaltungen des Soldatentums</u> erwachsen können: die Kampfgemeinschaft und der selbständig denkende und handelnde Einzelkämpfer."[88]

---

[86]Ebd. Hervorhebung von mir.
[87]Ebd., S. 142. Hervorhebungen von mir.
[88]Ebd., S. 144. Hervorhebungen von mir.

5.2. *Die geistige Führung der Truppe. Das Ethos des deutschen Soldatentums und die Erziehung des deutschen Offiziers* (1942)[1]

Diese Schrift Wenigers ist von besonderem Interesse, weil ihre zeitgeschichtliche Verknüpfung wenigstens stellenweise nachgewiesen werden kann.

Vier der sechs kurzen Kapitel werden in der Zeitschrift der Bildungsinspektion des Heeres *Erziehung und Bildung im Heere* vorab gedruckt. Es sind die Kapitel *Das Erbe Friedrichs des Grossen, Die preussische Prägung, Die Wege der Offiziererziehung* sowie *Geist und Bildung des deutschen Offiziers.* Kapitel I und VI (*Zucht, Erziehung, geistige Führung* sowie *Theorie und Praxis in der Erziehung und Ausbildung des deutschen Offiziers*) werden mit Erscheinen der Broschüre 1942 zum ersten Mal veröffentlicht. 1944 erfährt die Schrift ihre zweite Auflage und das Verbot ihrer weiteren Verbreitung.[2] Ich werde auf die Begründung später eingehen.

Nach Beendigung des Zweiten Weltkrieges findet die Schrift 1947 eine erste Erwähnung. Im Rahmen seiner Entnazifizierung[3] lehnt Weniger die Verantwortung für sie ab; sie fällt für ihn nun unter die Bezeichnung "militärische Dienstschriften über Erziehung des deutschen Offiziers und Erziehung des deutschen Soldaten"[4]. Verantwortlich für den Text seien seine Vorgesetzten, durch sie seien ohne sein Zutun Änderungen und Weglassungen erfolgt. 1952 ändert Weniger seine Meinung; er besinnt sich wieder auf die Veröffentlichung aus dem dritten Kriegsjahr und bietet ein Exemplar der ersten Auflage dem Amt Blank "als Beitrag zu einer Handbibliothek für die Abteilung 'Inneres Gefüge'" an. "Ich habe es flüchtig noch einmal angesehen", schreibt er dazu, "und nichts gefunden, was nicht seine Gültigkeit behalten hat, wenn es auch na-

---

[1]Kiel 1942, hg. von der Inspektion des Bildungswesens der Marine. 2. Aufl. 1944. Zitiert als: Die geistige Führung 1942. - Ich zitiere nach der 2. Auflage.

[2]Das teilt Weniger in einem Brief vom 21.4.1959 Konteradmiral Werner Ehrhardt mit. Fundort: BA/MA Freiburg, N 488/5.

[3]Vgl. dazu meinen Exkurs: Wenigers Aussagen in seinem Entnazifizierungsverfahren.

[4]Vgl. Anlage G zum Fragebogen vom 14.6.1947, Blatt 7 und 8 der Verfahrensakte Nds. 171.

türlich in unsere Verhältnisse übertragen werden muß."[5] 1959
kommen ihm erneut Bedenken; er rät Konteradmiral Ehrhardt von
der Verwendung dieser Schrift im Rahmen der Heranbildung des
Offizier- und Unteroffiziernachwuchses ab - es sei ihm "noch zuviel Tarnfarbe an dem Heft" - und bittet ihn, sich bis zum Erscheinen einer Neufassung an andere Schriften aus seiner Feder zu
halten.[6]

Welches sind die Kernaussagen dieser Schrift, die von ihrem Autor
so wechselhaft beurteilt wird?

Die geistige Führung

Die tragenden Begriffe "geistige Führung der Truppe" und "Ethos des
deutschen Soldatentums" hängen eng zusammen. Als die Broschüre
veröffentlicht wird, dauert der Krieg bereits drei Jahre. Weniger
sieht mit der Dauer die Gefahr einer inneren Verwahrlosung der
Truppe gegeben, wodurch sie die "innere Form des Soldatentums und
damit ihre Spannkraft und Frische verliert."[7] Das natürliche Mittel
gegen Verwahrlosung, Verstärkung der Zucht, hält er für unzurei-
chend. Die geistige Führung soll vielmehr als weiteres Mittel zu
Erziehung und Zucht hinzukommen. "Es handelt sich darum", erläutert er, "den erlernten und anerzogenen soldatischen Formen immer
wieder die Inhalte zuzuordnen und bewusst zu machen, um de-
rentwillen sie da sind, es geht darum, <u>den Geist zu bewahren</u>, aus
denen die Formen entstanden sind und in dem die Aufgaben bewältigt werden müssen. Auch bei gut erzogenen Männern und einer gut
ausgebildeten Truppe müssen, <u>damit das Schwert scharf bleibe</u>, die
Motive lebendig erhalten und immer neu angeregt werden, aus denen

---

[5] Weniger in einem Brief vom 15.5.1952 an Hans Tänzler, Bundeskanzleramt,
Dienststelle Blank. Fundort: BA/MA Freiburg, N 488/1.
[6] Weniger in seinem Brief an Konteradmiral Ehrhardt vom 21.4.1959, a.a.O. - Als
Literatur empfiehlt er: *Die Gefährdung der Freiheit durch ihre Verteidiger* (1959);
Goethe und die Generale der Freiheitskriege. Geist. Bildung. Soldatentum ([3]1959);
Bürger in Uniform (1953) sowie "Widerstand und das Widerstandsrecht in der
Demokratie". Bei der letzten Angabe ist ihm offensichtlich ein Fehler unterlaufen,
eine Veröffentlichung mit diesem Titel gibt es nicht, gemeint hat er wohl die
Niederschrift seines Radiovortrags *Gehorsamspflicht und Widerstandsrecht in der
Demokratie* von 1952.
[7] Die geistige Führung 1942, S. 5.

der soldatische Wille und damit die selbständige kriegerische Leistung erwächst."[8] Die geistige Führung ziele auf den "<u>Kern der Persönlichkeit</u>", sie vermittle kampferprobten Männern, die "<u>wissen wollen, was sie sollen</u>", "feste Überzeugungen, die die unerschütterlichen Grundlagen für den soldatischen Willen bilden."[9]

Weniger wendet sich dann den Führern als den Trägern der geistigen Führung zu. Ihre Überzeugungskraft hänge von der eigenen festen Überzeugung ab sowie von der Fähigkeit, diese zu vermitteln. Die Gedankenführung läuft auf den Begriff "Ethos" zu, das in einer "einheitlichen Haltung" Gestalt gewinne. "Ethos", definiert Weniger, "nennen wir den Geist einer Sache, den Kern des Willens, das, was allem Denken und Tun Zusammenhang und Ziel gibt."[10] Er läßt es aber nicht bei dieser allgemeinen Formulierung bewenden, sondern konkretisiert sie in aller Deutlichkeit: "Das tragende Ethos für die geistige Führung der Truppe kann nur das <u>Ethos des Soldatentums</u> sein, das seine Lebensinhalte, den Sinn seines Daseins aus den <u>Kräften des deutschen Volkes</u> und den <u>nationalpolitischen Aufgaben des Reiches</u> empfängt."[11] Er läßt keinen Zweifel an dem Ziel aller Bemühungen aufkommen, wenn er sagt: "Der Sinn der geistigen Führung der Truppe liegt in der Kräftigung deutschen Soldatentums <u>im Dienste des Reiches</u>. Die Bemühungen sind also nicht Selbstzweck um der Bildung willen. Die Auslese der Stoffe und Gehalte wird vom <u>Ethos des Soldatentums</u> und den <u>Aufgaben des Reiches und seiner Wehrmacht</u> bestimmt. An dem bloss gebildeten Soldaten, <u>an der Bildung an sich liegt gar nichts</u>, in sich ruhend wäre sie eher eine Gefahr."[12] Ist das ein Satz der Tarnung, im Hinblick auf Hitler verfaßt, der von Bildung bekanntlich wenig hielt? Die Frage bleibt offen, da sich Weniger zu seinem militärpädagogischen Schrifttum aus der Zeit des Dritten Reiches nicht öffentlich geäußert und vermeintlich braune Textstellen niemals kenntlich gemacht hat (auch anläßlich der Entnazifizierung nicht).

---

[8]Ebd., S. 6. Hervorhebungen von mir.
[9]Ebd. Hervorhebungen von mir.
[10]Ebd.
[11]Ebd., S. 7. Hervorhebungen von mir.
[12]Ebd. Hervorhebungen von mir.

Die Frage nach seinem Bildungsbegriff, nach dem, was er unter "Bildsamkeit" und "Erziehbarkeit" verstanden wissen möchte, ist so bedeutsam, daß ich versuchen werde, den Punkt noch von anderen Textstellen aus zu beleuchten. "An dem bloss gebildeten Soldaten, an der Bildung an sich liegt gar nichts, in sich ruhend wäre sie eher eine Gefahr", so lautet Wenigers Satz. 1929 hatte er im Hinblick auf den staatsbürgerlichen Unterricht in Schulen formuliert: "Gewiß gehört zu jedem Verhalten Erkenntnis, gewiß ist Gesinnung ohne Erkenntnis blind, aber wissenschaftlicher Unterricht ermöglicht immer vieldeutige Erkenntnis und infolgedessen verschiedenartige gesinnungsmäßige Stellungnahmen, und so ergibt sich die Beziehung zu dem geforderten Verhalten niemals von selbst."[13] Bildung im Sinne Wenigers zielt auf ein gefordertes Verhalten, zielt auf eine bestimmte Haltung und Gesinnung. Die Freiheit des einzelnen, sich mit verschiedenen Gestaltungen des menschlichen Geistes auseinanderzusetzen und in dieser Auseinandersetzung eine je eigene Gestalt zu erlangen, die dann "verschiedenartige gesinnungsmäßige Stellungnahmen" nach sich zöge, ist mit Wenigers Bildungsbegriff nicht gemeint. Das geforderte Verhalten, das für ihn 1929 in Abhängigkeit von der jeweiligen Staatsform ein demokratisches oder faschistisches sein konnte[14], wird von ihm 1938 in *Wehrmachtserziehung und Kriegserfahrung* eindeutig im Sinne der NS-Diktatur als "soldatische Willensstellung" definiert, "die durch die geschichtlichen Notwendigkeiten der Selbstbehauptung von Volk und Staat gefordert ist."[15] In dem vorliegenden Text von 1942 geht Weniger noch einen Schritt weiter und präzisiert seine Vorstellung von Bildung und Erziehung, indem er sie mit der Gehorsamspflicht verknüpft: "Für den Offizier, vom jüngsten Leutnant bis zum ältesten General, enthält die <u>absolute Gehorsamspflicht</u> nicht zuletzt die Forderung, sich seine Erziehbarkeit bis zu den höchsten Stellen hinauf zu bewahren. <u>Erziehbarkeit</u> heisst hier sehr viel mehr als nur die Fähigkeit, aus neuen Eindrücken zu lernen; sie schliesst die <u>Bereitschaft</u> ein, <u>sich im Kern seines Wesens offen zu halten für den erzieherischen Willen der Führung</u>, der seinerseits nur eine besondere Erscheinungsform ihres <u>strategisch-politischen Willens</u>

---

[13]Weniger, E.: Zur Frage der staatsbürgerlichen Erziehung, a.a.O., S. 163.
[14]Vgl. ebd., S.161.
[15]Wehrmachtserziehung 1938, S.10. Vgl. hierzu Kap. 5.1.2. dieser Arbeit.

ist."[16] Der strategisch-politische Wille der Führung ist die Spitze, auf die alles zuläuft; Weniger mag die Konsequenz eines solchen Bildungsverständnisses, die in einer **Entmündigung** des einzelnen liegt, empfunden haben, denn er spricht von der "Härte dieser Forderung", die nur zu ertragen sei, "wenn der Ordensgeist der Entsagung und unbedingten Pflichterfüllung im Offizierkorps lebendig"[17] sei. Doch er nimmt nichts zurück, sondern bekräftigt noch einmal seine Lehre, indem er sagt: "Das fordert von dem einzelnen Offizier Frische des Geistes und eine gewisse Unbekümmertheit der Seele, vor allem aber eine immer wieder gegen die eigenen Triebe lebendig zu erhaltende <u>Zucht des Willens zur Hingabe an den Dienst,</u> <u>dessen Inhalte durch den Willen der obersten Führung bestimmt</u> <u>sind</u>."[18]

Es stellt sich die Frage, ob Weniger die Gefährlichkeit dieser Bildungstheorie, die von dem einzelnen (in hierarchischer Stufung) Aufgabe des eigenen Urteils und dafür bedingungslose Hingabe an einen fremden Willen fordert, tatsächlich nicht gesehen hat. Selbst wenn er sich 1942, als das Heft erschien, von den Kriegserfolgen noch hätte blenden lassen, spätestens zum Zeitpunkt der zweiten Auflage, 1944 also, hätte er die verhängnisvolle Wirkung einer solchen Forderung nach Selbstaufgabe des einzelnen erkennen können. Daß er dann 1952 unter demokratischem Vorzeichen weiterhin an seinen Ausführungen festhält, bleibt eine Tatsache wie auch der folgende Satz, den ich zum Abschluß dieser Sequenz über den Zusammenhang von Bildung und Ethos zitieren möchte. 1942 bzw. 1944 vertritt Weniger die Ansicht: "In den <u>gewaltigen Kämpfen des</u> <u>gegenwärtigen Krieges</u> werden das Ethos und damit die Erziehung des Offiziers wiederum ganz neue Seiten gewinnen und eine <u>grossartige Erweiterung und Vertiefung erfahren,</u> deren Tragweite wir erst ahnen können."[19]

Als Ergebnis der bisherigen Textanalyse ist festzuhalten: Die geistige Führung der Truppe wird von Weniger als wirksamste erzieherische Kraft "im Kampf gegen Erschlaffung und Niedergang" ver-

---

[16]Die geistige Führung 1942, S. 23. Hervorhebungen von mir.
[17]Ebd., S. 23.
[18]Ebd., S. 23. Hervorhebungen von mir.
[19]Ebd., S. 10. Hervorhebungen von mir.

standen. Sie zielt auf den Kern der Persönlichkeit des einzelnen Truppengliedes, auf seinen Willen, und wirkt durch das in den soldatischen Führern lebendige Ethos. Dieses Ethos des deutschen Soldatentums, das für Weniger mit dem Ethos des deutschen, ursprünglich des preußischen Offiziers identisch ist, werde ich in seinen einzelnen Aspekten darzustellen versuchen, denn es ist ein Herzstück seines Denkens, gewissermaßen sein Bekenntnis.

Das Ethos des deutschen Offiziers

Für Weniger ist das Ethos des deutschen Offiziers unauflöslich verknüpft mit der Gestalt Friedrichs des Großen. Nicht der Soldatenkönig begründete in Wenigers Verständnis die Tradition des deutschen Soldatentums, sondern der Sohn mit den Schlachten der drei Schlesischen Kriege. Weniger führt aus: "Der Geist des Soldatentums behielt unter Friedrich Wilhelm etwas vom Exerzierplatz, er war noch nicht zum Kriegertum gereift. Es fehlte die grosse Bewährung des Krieges, es fehlte der Ruhm, der von ihr ausgeht und Ueberlieferung stiftet. (...) Es fehlte damit der Armee und ihren Offizieren das Bewusstsein eines letzten Wagnisses, einer äussersten Bereitschaft und somit ein eigentlicher Ernst, wie er erst in der stets lebendig erhaltenen Beziehung zum Kriege und zum Opfer und damit zum Tode erwächst."[20] Selbst in den Niederlagen "zeigte sich die Grösse und Unerschütterlichkeit des auf siegreichen Schlachtfeldern entstandenen Soldatentums, das durch Rückschläge nicht mehr zu zerstören war."[21]

Der schwärmerische Ton ist nicht zu überhören, den Weniger anschlägt, wenn er von den Feldherrnnaturen spricht, deren Kennzeichen "Kühnheit des Denkens", "Weite des Blickes" und "Entschlossenheit des Handelns"[22] sei. Das, was sich aus pazifistischer Sicht als Grauen darstellt, was Künstler, wie Picasso in dem Werk "Guernica", als zerstörerische Macht dargestellt haben, wird für Weniger Inbegriff des Lebens. Stellvertretend für viele Textstellen

---

[20]Ebd., S. 9. Hervorhebungen von mir.
[21]Ebd. Hervorhebung von mir.
[22]Ebd., S. 11.

dieser Art seien einige genannt, die auch in ihrer Metaphorik das eben Gesagte belegen. Weniger urteilt im Hinblick auf das preußische Offizierkorps so: "Grundlegend für seinen Aufbau und seine Entwicklung wurden doch nicht die grossen Organisatoren und Exerziermeister, sondern die genialen Feld-herren. Sie haben, von Friedrich angefangen, der Truppe immer wieder das schlagende Herz eingesetzt und den Atem eingeflösst, kurz, den Geist geschenkt, aus dem sie allein leben kann. (...) So tritt neben den Satz: 'Der Geist einer Armee steckt in ihren Offiziers' der andere, dass der Geist des Offizierkorps bestimmt und geformt wird durch das Genie des Feldherrn, der im Feuer der Schlachten seinen Willen auf seine Offiziere zu übertragen weiss und aus dessen kriegerischem Wirken die Gesetze der Friedensausbildung abgeleitet werden."[23] Immer wieder betont Weniger: "Nur kriegerische Taten können bestimmen, was gelten solle in den Heeren und Flotten. Die soldatischen Erziehungsgedanken werden auf den Schlachtfeldern geboren."[24] Wie in dem Werk von 1938, ist auch in dieser Schrift der Krieg Maßstab für den Dienst im Frieden.

Preußisches Offiziersethos lebt für Weniger in den Begriffen "Pflicht", "Ehre", "Herrentum" und "Ritterlichkeit". Er gibt in dem Kapitel *Die preussische Prägung* eine historische Herleitung des Pflichtbegriffes; dieser gehe auf den Soldatenkönig zurück, der ihn zur selbständigen Grundlage des Dienstes gemacht habe. Altlutherische Frömmigkeit, das pietistische Bemühen um Werkgerechtigkeit, der Fahneneid als sakraler Ausdruck für eine unauflösliche Bindung des Untertanen an den König, diese einzelnen Momente führt Weniger dergestalt zusammen, daß er abschließend feststellt: "Friedrich Wilhelm I. ist damit der Schöpfer des spezifisch preussischen Pflichtgefühls, das seine Ehre im entsagungsvollen Dienst sucht. Die Ehre besteht in dem Recht, seine Pflicht tun zu dürfen."[25]

Das Zusammenspiel der einzelnen Aspekte im Gesamt des preußischen Offiziersethos ist einfach: Wie die Ehre in der Erfüllung der

---

[23]Ebd., S.10. Hervorhebungen von mir.
[24]Ebd., S. 9. Hervorhebung von mir.
[25]Ebd., S. 13. Hervorhebung von mir.

Pflicht besteht, ist das Herrentum an die Beachtung der ritterlichen Tugenden geknüpft, wie das Mittelalter sie verstanden hat.
Weniger findet viele Ansätze, um diesen Sachverhalt immer wieder
neu zu umschreiben. Einige Beispiele mögen das belegen. Im
Hinblick auf den von ihm geringgeschätzten Exerzierdrill sagt er:
"Das entscheidende Gegenmittel aber gegen das Abgleiten in die
Pedanterie des Gamaschendienstes und gegen die Versuchung zu
subalterner Auffassung der Pflichten des Offiziers liegt in dem
steten Appell an das Herrentum jedes Offiziers, an seine lautere
Gesinnung und ritterliche Haltung. Auch in dieser Hinsicht übernahm das preussisch-deutsche Offizierkorps die Ueberlieferung des
mittelalterlichen Rittertums in seiner Blütezeit und im besonderen
des Deutschen Ordens."[26] Dem Hinweis auf die Gefahr des
Mißbrauchs der Privilegien, des Abgleitens in ein Kastendenken,
begegnet Weniger mit der Zuversicht, daß "die gesunde Kraft des
deutschen Offizierkorps das Eigentliche allem Missbrauch gegenüber immer zu behaupten gewusst (habe): In dem Herrentum des
deutschen Offiziers verkörpert sich die besondere Verpflichtung zu
vorbildhaftem Leben und beispielhafter Leistung, zu innerer und
äusserer Sauberkeit, zur Rechtlichkeit des Denkens, zur Unantastbarkeit der sittlichen Grundauffassungen."[27] Eine andere Befürchtung, die geforderte Ritterlichkeit, die gerade auch den Schwächeren gegenüber geboten ist, könne zu einer unsoldatischen, ver-
weichlichten Haltung führen, entkräftet er mit den Worten: "Es ist
in der Tat kein Paradoxon, sondern ein wesentlicher Bestandteil der
Anforderungen an den Offizier, dass er <u>kriegerische Härte bis zum
äussersten</u>, <u>Härte gegen sich selbst</u>, <u>Härte gegen die Untergebenen</u>,
<u>Härte gegen den Feind</u> mit <u>ritterlich-menschlicher Gesinnung und
Haltung</u> zu verbinden habe."[28]

Dieses letzte Zitat macht deutlich: Für Weniger ist Herrentum
durchaus mit der Vorstellung von Macht verbunden. Deshalb spricht
er in *Wehrmachtserziehung und Kriegserfahrung* von "Herrenmenschen stärksten Willens"[29], deshalb formuliert er in dieser Schrift,
daß der Offizier in der Besinnung auf das geschichtsmächtige Ethos

---

[26]Ebd., S. 16.
[27]Ebd., S. 17.
[28]Ebd., Hervorhebungen von mir.
[29]Wehrmachtserziehung 1938, S. 122.

geistigen Soldatentums "Herr seiner selbst und damit seiner Männer"[30] wird. Deshalb können sich seine Vorstellungen mit denen der damaligen Machthaber treffen. "Vergessen wir nicht, dass der Offizier ein Herr sein muss", zitiert Weniger Generaloberst von Seeckt und führt dann weiter aus: "Der Führer hat wiederholt von dem Herrentum des deutschen Offiziers gesprochen. Es ist nicht das Herrentum eines Einzelnen oder einer bevorrechteten Kaste. Jeder gesunde deutsche junge Mann kann Offizier werden, es bedarf nicht mehr des einst einmal vielleicht notwendigen feudalen Rückhalts an Geburt und Besitz. Der Offizier ist Herr als Vorbild und als Repräsentant für das Herrentum des ganzen deutschen Volkes."[31]

Die Erziehung des deutschen Offiziers

Weniger stellt im weiteren Verlauf seiner Ausführungen die Frage nach den Wegen der Offiziererziehung. Die Sorge, es könne nicht genug geborene Soldaten geben, um alle Führerstellen mit ihnen zu besetzen, räumt er mit dem bereits bekannten Argument aus, daß man wie zum Soldaten zum Offizier erzogen werden könne.[32] "Der totale Krieg hat diese grosse Erfahrung, dass man zum Offizier erzogen werden könne und dass also nicht nur mit den sogenannten geborenen Soldaten als Führern zu rechnen sei, erneut in grösstem Ausmass bestätigt."[33]

Auch die Erziehungsmittel sind aus seinem Werk von 1938 bekannt; zu der Erziehung durch Kameradschaft, Vorbild und Beispiel tritt die Selbsterziehung des Offiziers hinzu. Im Vordergrund steht für Weniger die "wortlose", "unausdrückliche" Erziehung durch die Kameradschaft des Offizierkorps, in dem "der Typus des deutschen

---

[30]Die geistige Führung 1942, S. 8.
[31]Ebd., S. 18. Hervorhebungen von mir.
[32]Vgl. Wehrmachtserziehung 1938, S. 4.
[33]Die geistige Führung 1942, S. 19. Hervorhebungen von mir. - Hier wird die Angleichung Wenigers an den nationalsozialistischen Sprachstil deutlich, für den Bork (Mißbrauch der Sprache, a.a.O., S. 42) u.a. eine "Superlativ-Manie" nachgewiesen hat. - Das Wort vom "totalen Krieg", das Weniger hier aufgreift, geht auf eine Schrift Ludendorffs mit diesem Titel von 1935 zurück. (Sie war Weniger bekannt, er zitiert 1944 in *Die Selbständigkeit der Unterführer und ihre Grenzen* aus ihr.) Goebbels hat später mit diesem Wort die Menge fanatisiert. (Rede im Berliner Sportpalast am 18.2.1943).

Offiziers gleichmässig geformt "[34] wird. Er preist die "erzieherische Macht dieser Kameradschaftserziehung des deutschen Offizierkorps"[35]; ihr sei die "mühelose Einschmelzung neu hinzuströ-
menden Nachwuchses"[36] zu verdanken; "sie ermöglichte es, den
Kreis der zur soldatischen Führung Berufenen immer weiter auszu-
dehnen und schliesslich Nachwuchs aus allen Volksschichten in den
Schwertadel aufzunehmen."[37] Wieder fällt der schwärmerische Ton
auf, wenn er "die Herausarbeitung eines einheitlichen und geformten Typus des deutschen Offiziers" als eine der "wenigen gültigen
Gestaltungen seines Wesens" bezeichnet, "die dem deutschen Volke
im 19. Jahrhundert gelungen ist. Dieser festumrissene Typus ermöglicht es immer wieder zahllosen jungen Männern von sehr verschiedenen Anlagen und verschiedener Herkunft, das Preussentum
und die kriegerische Aufgabe in ihren Willen aufzunehmen und zur
Grundlage der eigenen Persönlichkeit werden zu lassen."[38]

Die Herausformung eines einheitlichen Offizierstypus ist das erzieherische Anliegen des Militärpädagogen Weniger; seine Bewunderung für große soldatische Gestalten bringt dann ein individuelles Moment in seine Lehre. "Denn auch das ist der Erziehung
des deutschen Offiziers eigentümlich", sagt er, "dass sie bei dem
Bemühen um die Züchtung eines hohen Durchschnitts[39] doch auch
wieder die genialen Aussenseiter und die aussergewöhnlichen
Charaktere, die selber nichts Typisches, sondern nur Individuelles
haben, zum Vorbild nimmt."[40] Nach der Charakterisierung des
"geborenen Soldaten", die er wörtlich aus dem Werk von 1938 übernimmt[41], führt er die großen Führer namentlich auf, denen er Vorbildfunktion zuschreibt. Scharnhorst, Gneisenau, Boyen, Grolmann,
Generäle und Feldherren aus der Zeit der Befreiungskriege[42], sind
neben anderen wie Moltke, Schlieffen, Seeckt dem Weniger-Leser

---

[34]Ebd. Hervorhebungen von mir.
[35]Ebd., S. 20.
[36]Ebd. Hervorhebung von mir.
[37]Ebd. Hervorhebung von mir. - "Schwertadel" ist eine Reminiszenz Wenigers an das
      von ihm hochgeschätzte mittelalterliche Rittertum.
[38]Ebd. Hervorhebungen von mir.
[39]Eine Anpassung an die Sprachregelung des Dritten Reiches ist nicht zu übersehen.
[40]Ebd., S. 21. Hervorhebung von mir.
[41]Vgl. Wehrmachtserziehung 1938, S. 7.
[42]1813-1815, in denen die Völker Europas gegen Napoleon I. aufstanden.

wohlvertraute Gestalten, denen er in zahlreichen Schriften als
Repräsentanten eines "geistigen Soldatentums" begegnet. In der
vorliegenden Schrift kommen Namen aus der Kolonialzeit wie
Lettow-Vorbeck, Estorff, von Erckert hinzu. Im Hinblick auf die
Weltkriege sagt Weniger: "Im Weltkriege verdankte die junge Luft-
waffe solchen geborenen Soldaten, dass sie so bald einen eigenen
Führertypus gewann. Wir nennen hier Immelmann, Boelcke und
Richthofen. Schon heute darf man hier Briesen, Mölders und Prien
als Beispiele für den Offiziertypus dieses Krieges anführen."[43]

Die Vorbildfunktion der Offiziere für ihre Untergebenen verpflichte
sie zu einer unablässigen Arbeit an sich selbst. Dabei umfasse die
Selbsterziehung "alle Bereiche des Mannestums"[44]. Zur Veran-
schaulichung nennt Weniger die Bekenntnisdenkschrift von
Clausewitz, Aufzeichnungen v. Erckerts, die Hans Grimm überliefert hat, sowie Sätze Ernst Wurches aus Walter Flex´ Erzählung
"Der Wanderer zwischen beiden Welten".

Kritischer Einschub: Wenigers Realitätsbezug

Angesichts der großen Diskrepanz zwischen dieser literarischen
Heldenseligkeit Wenigers und dem tatsächlichen Geschehen im
Ersten Weltkrieg wie in dem damals gegenwärtigen Zweiten[45],
stellt sich die Frage nach der Motivation für Publikationen dieser
Art. War Weniger tatsächlich so blind, daß er an einen realen Bezug
seiner Ausführungen zur Wehrmacht und eine positive Wirkung auf

---

[43]Die geistige Führung 1942, S. 22.
[44]Ebd.
[45]Zum Zeitpunkt der 2. Auflage dieser Broschüre 1944 war die Schlacht um
Stalingrad im Winter 1942/43 bereits geschlagen mit mehr als einer Million Toten
auf russischer Seite. Im Hinblick auf die Zivilbevölkerung des umkämpften Gebietes
hatte die Wehrmacht den Befehl erhalten, alle Frauen und Kinder zu deportieren und
alle Männer zu "beseitigen". Von den 300 000 deutschen Soldaten kamen Zweidrittel
um, 90 000 gingen nach einer späten Kapitulation in Gefangenschaft. - In
Deutschland selbst waren im August 1944 7,8 Mio ausländische Zivilarbeiter und
Kriegsgefangene in Rüstungsindustrie und Landwirtschaft eingesetzt. Die Fremd-
arbeiter waren in verordneten Säuberungsaktionen von den kämpfenden Truppen aus
den besetzten Gebieten ins "Reich" zwangsdeportiert worden. - Und im Schatten
dieses "totalen Krieges" waren seit der Wannsee-Konferenz im Januar 1942 bis
Juni 1944 in den Vernichtungslagern bereits eineinhalb Millionen europäischer
Juden ermordet worden, unter Mithilfe der deutschen Wehrmacht.

sie glaubte? Die Vorstellung einer "sauberen Wehrmacht" in einem verbrecherischen Staat mutet bei einem Wehrmachtsangehörigen höheren Ranges - Weniger veröffentlichte die vorliegende Schrift als Major - weltfremd an. Die Tatsache, daß er trotz des erlebten Kriegsinfernos auch 1952 noch an der vorliegenden Schrift festhält, spricht allerdings dafür.

Es gibt noch einen anderen Hinweis auf Wenigers Befangenheit in einer Welt idealisierten Soldatentums und seinen unerschütterlichen Glauben daran. In dem Vorwort, das er der Neuauflage seines Buches *Goethe und die Generale* 1959 voranstellt[46], geht er auf den Zeitbezug ein und sagt: "Wenn ein Buch, das zwischen 1933 und 1945 zum ersten Male erschienen ist, heute neu herauskommt, erwartet man erhebliche Veränderungen im Text oder nimmt an, daß heute Kompromittierendes weggelassen sei. Ich habe die Einleitung unverändert gelassen. Meine Auffassungen haben sich nicht gewandelt."[47] Er nennt dann die Generäle des Widerstandes Karl-Heinrich v. Stülpnagel und Ludwig Beck. Beide "sahen in der Verbreitung der Gedanken des Buches die Möglichkeit, die echte, humane Überlieferung des preußisch-deutschen Offizierkorps zu erhalten. Dafür war es freilich zu spät."[48] Diese Einsicht, die in einem einzigen kritischen Satz kurz aufleuchtet, hebt den Schlußsatz auf, in dem Weniger seine unveränderte Auffassung bekräftigt: "Möge der Neudruck dazu beitragen, daß in der neuen Bundeswehr Humanität eine Macht werde und daß in ihrem inneren Gefüge die echte soldatische Überlieferung und das geistige Erbe unseres Volkes ehrfürchtig bewahrt bleiben."[49]

---

[46]Der vollständige, gegenüber der Erstauflage von1941 veränderte Titel lautet: *Goethe und die Generale der Freiheitskriege. Geist. Bildung. Soldatentum.* Stuttgart: J. B. Metzlersche Verlagsbuchhandlung.
[47]Ebd., S.IX. Hervorhebung von mir.
[48]Ebd., S. X. Hervorhebung von mir.
[49]Ebd. Hervorhebung von mir.

Geistiges Soldatentum

Ich kehre zurück zur Schrift *Die geistige Führung der Truppe. Das Ethos des deutschen Soldatentums und die Erziehung des deutschen Offiziers.* Die Ausführungen Wenigers zur Offiziesrerziehung sind im wesentlichen eine Wiederholung seiner Gedanken aus *Goethe und die Generale.* Es ist sein Ziel, den Nachweis für ein "Bündnis zwischen 'Weimar' und 'Potsdam'"[50], d.h. für die geistige Bildung des deutschen Offiziers, zu führen. Weniger hebt den Anteil der großen Soldaten aus der Zeit der Freiheitskriege an der sogenannten Deutschen Bewegung[51] und damit an der "Eigenständigkeit des deutschen Geistes vor allem gegenüber französischer Ueberfremdung"[52] hervor; euphorisch verkündet er: "Aber das Entscheidende ist doch, dass diese <u>Geistigkeit</u> im soldatischen Dasein und, wie man geradezu sagen kann, auf den Schlachtfeldern selber wirksam wurde und <u>den hohen Rang der Bewältigung der kriegerischen Aufgaben</u> gewährleistete, <u>der von keinem anderen Soldatentum der Welt</u> erreicht worden ist."[53]

In diesem Abschnitt über "Geist und Bildung des deutschen Offiziers" erfährt der Leser, was unter den Begriffen "geistiges Soldatentum" oder "deutsche kriegerische Geistigkeit" zu verstehen sei. Es gehe um den Zusammenhang von Geist, Intellekt, Willen und Charakter, wie ihn Clausewitz in seinem Werk "Vom Kriege" (1832-1834) dargestellt habe. "Die <u>Kühnheit des Geistes,</u> verbunden mit der <u>Schärfe des eindringenden Verstandes</u> und gipfelnd in der <u>Entschlossenheit des Willens</u> - das sind fortan die Kennzeichen der <u>deutschen kriegerischen Geistigkeit</u> geblieben."[54]

Diese "kriegerische Geistigkeit" wünscht Weniger auch für die Wehrmacht des Dritten Reiches. So versucht er, die Verbindung mit einem Hinweis auf Hitlers "Mein Kampf" herzustellen, und formuliert: "Der Anspruch an Geist und Bildung des Offizierkorps wird in der Wehrmacht heute mit aller Strenge festgehalten. Ein

---

[50]Die geistige Führung 1942, S. 24.
[51]Diesen Begriff übernimmt Weniger von H. Nohl.
[52]Die geistige Führung 1942, S. 24.
[53]Ebd., S. 25. Hervorhebungen von mir.
[54]Ebd. Hervorhebungen von mir.

wesentlicher Grund dafür ist auch, dass der Offizier seit der Einführung der allgemeinen Wehrpflicht ja nicht mehr nur, wie im achtzehnten Jahrhundert, der Ausbilder von Soldaten für den Krieg und der Führer im Kriege ist, sondern ein Volkserzieher geworden ist, der die gesamte junge Mannschaft der Nation in soldatischem Geist zu erziehen und zu bilden hat. (Hitler: Mein Kampf.) Von jedem Offizier werden damit erzieherische Fähigkeiten verlangt und ein Vorrang auch an geistiger Beherrschung der Dinge, an Wissen und Können."[55]

Kritischer Einschub: Wenigers Schrift im Lichte seiner eigenen Darstellung

Das ist die Textstelle, auf die sich Weniger 1952 in seinem Schreiben an die Dienststelle Blank bezieht. Ich komme noch einmal auf diesen Brief zurück und wiederhole daraus die Sätze: "Anbei ein Exemplar der ersten Auflage meiner kleinen Schrift 'Die geistige Führung der Truppe' als Beitrag zu einer Handbibliothek für die Abteilung 'Inneres Gefüge'. Ich habe es flüchtig noch einmal angesehen und nichts gefunden, was nicht seine Gültigkeit behalten hat (...) Selbst das Führerzitat, mit dem es ihm freilich nicht ernst war, gibt hier eine richtige Forderung wieder."[56]

Dieser (grammatisch mißverständliche) Satz dürfte so zu verstehen sein, daß Weniger auch 1952 noch die Auffassung Hitlers teilt, der zufolge der Offizier als Volkserzieher "die gesamte junge Mannschaft der Nation in soldatischem Geist zu erziehen und zu bilden hat". Der Satz hingegen, der sich in dem Text von 1942 an das Hitlerzitat anschließt: "Von jedem Offizier werden damit erzieherische Fähigkeiten verlangt und ein Vorrang auch an geistiger Beherrschung der Dinge", könnte damals von Weniger auf Hitler hin, und zwar als Gegengewicht gegen dessen Überbetonung körperlicher Ertüchtigung und die sinnlosen Durchhalteparolen, formuliert worden sein.

---

[55]Ebd., S. 27. Hervorhebungen von mir.
[56]BA/MA Freiburg, N 488/1. Hervorhebung von mir.

An dieser Stelle meiner Textanalyse wende ich mich auch der anderen Stellungnahme noch einmal zu, die Weniger 1959 Konteradmiral Ehrhardt gegenüber äußert. Es geht dabei zunächst um die Kritik des NS-Führungsstabes an der Schrift und dem daraus folgenden Verbot ihrer weiteren Verbreitung. Leider gibt Weniger weder Datum noch Autor des Schriftstückes an, aus dem er zitiert. Auch ist seine Zitatmarkierung mißverständlich. Ich zitiere dennoch textgetreu. Weniger berichtet an Admiral Ehrhardt: "Dann aber griff der NS-Führungsstab der Marine ein und verbot die Schrift, weil sie den nationalsozialistischen Grundsätzen nicht entspreche[57] (es folgt das Zitat aus dem nicht belegten nationalsozialistischen Schriftstück, B.S.): 'Die auch heute noch gelegentlich vertretene Ansicht von einem in sich selbst ruhenden, durch die Jahrhunderte sich gleichbleibenden Soldatentum, dass (sic!) allen politischen Bestrebungen gegenüber sich neutral verhält und in seinen Grundauffassungen von Ehre, Treue und Gehorsam, Koprsgeist (sic!) und Kameradschaft allein sich selbst genügt, ist abzulehnen. Vielmehr ist in der Offiziererziehung darauf zu achten, daß von der nationalsozialistischen Weltanschauung aus zwar alle traditionellen Werte der Wehrmacht bejaht, aber dass sie von dem nationalsozialistischen Geist durchdrungen und verwandelt werden müssen. Gerade die Ereignisse des 20. Juli 44 haben die Notwendigkeit gezeigt, kompromisslos für die Überhöhung der alten soldatischen traditionellen Werte durch die nationalsozialistische Weltanschauung einzutreten....' (trotz des Anführungszeichens geht Wenigers Zitat weiter, B.S.).

Die zu 1.) genannte Schrift trägt in ihrer Anlage und Durchführung fast ausschließlich 'historisierenden Charakter'. Der nationalsozialistische deutsche Offizier als Einheit seiner völkischen, politischen, soldatischen und menschlichen Persönlichkeit gelangt in ihr nicht zur Darstellung. Die Schrift ist nicht mehr zu verbreiten'. (Hier endet Wenigers Wiedergabe, kommentierend fährt er fort, B.S.):

---

[57]Rein sprachlich hört es sich so an, als sei Weniger selbst anderer Meinung, andernfalls hätte sich der Indikativ angeboten.

"Der Mann hatte natürlich vom nationalsozialistischen Standpunkt aus durchaus recht. Mir selbst freilich ist noch zuviel Tarnfarbe an dem Heft, und es ist auch noch, was damals in der Gegnerschaft zum Nationalsozialismus durchaus berechtigt war, allzu historistisch und traditionalistisch geschrieben, so sehr ich die Grundeinstellung, vor allem über die Ritterlichkeit des Offiziers auch heute noch bejahe."[58] Weniger stellt anschließend die Neubearbeitung von *Die geistige Führung der Truppe* sowie *Wehrmachtserziehung und Kriegserfahrung* in Aussicht, empfiehlt dem Admiral seine neuen wehrpädagogischen Texte und beendet den Brief mit den Worten: "Die ältere Schrift würde ich raten für den Unterricht einstweilen nicht zu verwenden bis die Neufassung kommt. Gegen eine wissenschaftliche Benutzung ist natürlich nichts einzuwenden."[59]

Es fällt auf, daß die von Weniger referierte Kritik des NS-Führungsstabes an seiner Schrift seiner eigenen Intention so genau entspricht, daß er sie selbst nicht hätte präziser formulieren können. Es war seine Intention, seine militärpädagogischen Schriften aus nationalsozialistischer Zeit in eben dem Lichte erscheinen zu lassen, das die Worte des unbekannten nationalsozialistischen Schreibers hervorrufen, wenn er von einem "in sich selbst ruhenden, durch die Jahrhunderte sich gleichbleibenden Soldatentum (spricht), das allen politischen Bestrebungen gegenüber sich neutral verhält".

Auch das letzte Kapitel der vorliegenden Schrift, das der Frage nach dem Verhältnis von Theorie und Praxis in der Ausbildung des Offiziers nachgeht, macht deutlich, daß Wenigers militärpädagogische Vorstellungen so "neutral" nicht sind. Das Schriftverbot (das nach dem 20. Juli 1944 erfolgt sein muß) ist unverständlich; der genannte Grund, in dem Text käme die nationalsozialistische Weltanschauung nicht angemessen zur Geltung, ist nicht überzeugend.

Theorie und Praxis

---

[58]BA/MA Freiburg, N 488/5, Blatt 44 und 45.
[59]Ebd.

Gleich zu Anfang des kurzen Kapitels stellt Weniger fest, daß im Hinblick auf den Krieg "alle Friedenserziehung graue Theorie und der Krieg die eigentliche Praxis des Soldaten"[60] sei. Das kriegerische Handeln wiederum komme ohne theoretische Kenntnisse nicht aus. Wieder ist es Friedrich der Große, in dessen Gestalt er den "unheilvollen Gegensatz von Theorie und Praxis, von Front und grünem Tisch"[61] aufgehoben sieht. "Der König, der so auf die Kräfte des Blutes vertraute und auf die Macht der Tradition, wusste zugleich um die Unentbehrlichkeit der Schulung, der Lehre, der Theorie, der Zucht des Geistes in jeder Form."[62] Auf Bemerkungen zu Clausewitz und Scharnhorst folgen Ausführungen, die eindeutig der NS-Ideologie zuzuordnen sind.

Der Text lautet: "Diese Erziehung zu nüchternem, hartem Denken in strenger Schulung durch die Theorie ist eine wesentliche Eigentümlichkeit vor allem der deutschen Generalstabserziehung. Aber das Denken ist dabei nicht Selbstzweck, und es wird alles getan, damit es den kriegerischen Willen nicht lähme. Die Voraussetzung für alle Kriegstheorie und für die deutsche soldatische Führerausbildung überhaupt ist der heisse Glaube an die gute Sache, an die Aufgaben der Wehrmacht, an die unzerstörbaren Kräfte der Rasse, des Volkes, des deutschen Soldatentums, an seine geistigen Fähigkeiten und sittlichen Tugenden; ferner der fanatische Wille zum Sieg[63] und die rückhaltlose Bereitschaft zum Kämpfen und schliesslich der Gehorsam, der sich dem Willen des Führers bedingungslos fügt.
Glaube, Gehorsam, kämpferischer Mut, Wille zum Sieg sind die Grundlagen für den soldatischen Einsatz und die Kunst der Führung. Kriegstheorie, Kriegswissenschaft, das Denken überhaupt werden nur in ihrem Dienst fruchtbar, das heisst, der Intellekt unterstellt sich der Verantwortung für das kriegerische Handeln und leitet die Verantwortung nicht erst, wie es die französische Theorie liebt,

---

[60]Die geistige Führung 1942, S. 30.
[61]Ebd.
[62]Ebd. Hervorhebung von mir.
[63]Hitler hatte vor Vertretern der deutschen Presse am 10. November 1938 gesagt, das Volk müsse lernen, "fanatisch an den Endsieg zu glauben". Beleg: Bork, S.: Mißbrauch der Sprache, a.a.O., S. 24.

aus der vorgängigen Klarheit der Erkenntnis ab, die die Sicherheit des Erfolges gewährleisten soll."[64]

Zusammenfassung

"Die (...) genannte Schrift trägt in ihrer Anlage und Durchführung fast ausschließlich 'historisierenden Charakter'. Der nationalsozialistische deutsche Offizier als Einheit seiner völkischen, politischen, soldatischen und menschlichen Persönlichkeit gelangt in ihr nicht zur Darstellung."[65] Mit diesem nicht namentlich belegten Zitat vermittelt Weniger einen Eindruck, der im Widerspruch zu der tatsächlichen Textaussage steht. Denn läßt man die Kernaussagen der einzelnen Kapitel noch einmal Revue passieren, so wird deutlich, daß auch diese militärpädagogische Veröffentlichung von 1942 nationalsozialistisches Gedankengut enthält.

Es sei daran erinnert, daß das Ethos des Soldatentums "den Sinn seines Daseins aus den Kräften des deutschen Volkes und den nationalpolitischen Aufgaben des Reiches empfängt". Es sei daran erinnert, daß die absolute Gehorsamspflicht des Offiziers die Forderung beinhaltet, "sich im Kern seines Wesens offen zu halten für den erzieherischen Willen der Führung, der seinerseits nur eine besondere Erscheinungsform ihres strategisch-politischen Willens ist." Es sei daran erinnert, daß "jeder gesunde (!) deutsche Mann" Offizier werden kann und daß der Offizier "Herr als Vorbild und als Repräsentant für das Herrentum des ganzen deutschen Volkes" ist. Es sei daran erinnert, daß die Offizierserziehung die "Züchtung eines hohen Durchschnitts" anstrebt und daß die Voraussetzung deutscher soldatischer Führerausbildung "der heisse Glaube an die gute Sache (ist), an die Aufgaben der Wehrmacht, an die unzerstörbaren Kräfte der Rasse", und daß ferner der "fanatische Wille zum Sieg", die "rückhaltlose Bereitschaft zum Kämpfen" und der "Gehorsam, der sich dem Willen des Führers bedingungslos fügt", dazugehören.

---

[64]Die geistige Führung 1942, S. 31. Hervorhebungen von mir.
[65]BA/MA Freiburg, N 488/5, Blatt 45.

Obwohl die Ausführungen Wenigers zur geistigen Führung der
Truppe von nationalsozialistischer Ideologie durchdrungen sind,
bietet er die Schrift 1952 dem Bundeskanzleramt mit der Bemerkung an, nichts gefunden zu haben, was nicht seine Gültigkeit behalten hätte. Zu diesem Zeitpunkt ist die Öffentlichkeit über den
Stand der Wiederaufrüstung in der Bundesrepublik Deutschland noch
nicht unterrichtet, Weniger gehört zum Kreis ihrer Wegbereiter;
von ihnen hat er nichts zu befürchten, ihnen gegenüber kann er sich
vielmehr mittels seiner Veröffentlichung als Wehrexperte auswei-
sen. 1959 ist die Bundeswehr dagegen durch die Frage ihrer atoma-
ren Ausrüstung in die öffentliche Diskussion gerückt, möglicherweise hat Weniger es deshalb vorgezogen, sich erneut von seiner
Schrift aus nationalsozialistischer Zeit zu distanzieren, zumal da
er inzwischen auf seine wehrpädagogischen Veröffentlichungen aus
neuerer Zeit hinweisen konnte.

5.3. Die Erziehung des deutschen Soldaten (1944)[1]

Auch diese Veröffentlichung Wenigers aus nationalsozialistischer
Zeit hat ihre Geschichte. Bernhard Schwenk erwähnt 1968 die
Schrift in seiner Weniger-Biographie im Zusammenhang mit Wenigers Entnazifizierung. "Die Anklage", schreibt er, "gründete sich
hauptsächlich auf einen Auszug aus der Schrift 'Die Erziehung des
deutschen Soldaten', der in Umlauf gesetzt worden war."[2] Die mir
zugänglichen Archivunterlagen enthielten diesen Auszug nicht.
Dennoch gibt es auch in dem von mir durchgesehenen unvollständigen Aktenmaterial[3] Hinweise auf *Die Erziehung des deutschen Soldaten*. Sie sowie Bezüge aus weiteren Quellen sollen kurz genannt
werden.

Der erste Hinweis findet sich in dem Weniger entlastenden
Gutachten des Unterausschusses der Göttinger Universität vom
22.4.1947, in dem es heißt: "In seiner militärischen Stellung hat
Weniger im Kriege in dienstlichem Auftrag einige Schriften zur
Wehrmachtserziehung verfaßt, die unter seinem Namen erschienen,
inhaltlich die von ihm seit jeher angestrebten Ziele verfolgten, in
der Fassung aber verschiedene Zugeständnisse an die Phraseologie
des Nationalsozialismus aufwiesen. Nach seiner Angabe sind diese
Partien teils von übergeordneten militärischen Dienststellen ohne
sein Vorwissen dem Text eingefügt, teils auch von ihm selbst nach
Besprechung mit General v. Stülpnagel so gefaßt worden, um sich
damit zu tarnen und die gegen die Veröffentlichung der Schriften
bestehenden politischen Schwierigkeiten zu überwinden."[4]

Der Universitätsausschuß folgt damit Wenigers Argumentation, die
dahin geht, militärische Schriften von militärischen Dienstschriften zu unterscheiden. Für letztere lehnt er die Verantwortung
aus den vom Ausschuß referierten Gründen ab. In der als Anlage G
zum Fragebogen vom 14.6.1947 registrierten umfangreichen Aufstellung seiner Vorlesungen, Reden, Vorträge, Schriften und Ab-

---

[1]Berlin: E. S. Mittler & Sohn 1944, Frontbuchhandelsausgabe für die Wehrmacht.
Zitiert als: Die Erziehung 1944.
[2]Schwenk 1968, S. 23.
[3]Vgl. hierzu den Exkurs: Wenigers Aussagen in seinem Entnazifizierungsverfahren.
[4]Handakten zur Verfahrensakte Nds. 171.

handlungen führt Weniger weder *Die geistige Führung der Truppe* noch die *Erziehung des deutschen Soldaten* bibliographisch auf, sondern schließt die Auflistung mit dem Hinweis: "Ausserdem militärische Dienstschriften über Erziehung des deutschen Offiziers und Erziehung des deutschen Soldaten."[5] *Wehrmachtserziehung und Kriegserfahrung* und *Goethe und die Generale* werden dagegen als militärische Schriften genannt, desgleichen drei kurze Abhandlungen aus der Militärwissenschaftlichen Rundschau.[6]

In dem <u>Verzeichnis seiner wissenschaftlichen Arbeiten</u> für das Berufungsverfahren auf den Lehrstuhl Nohls fehlen die beiden Veröffentlichungen ganz; *Wehrmachtserziehung und Kriegserfahrung*; *Goethe und die Generale*; *Führerauslese und Führereinsatz im Kriege* ("im Kriege" ist ausgelassen, B.S.) *und das soldatische Urteil der Front* sowie *Die Selbständigkeit der Unterführer und ihre Grenzen* sind dagegen aufgeführt.[7]

In den Entnazifizierungsunterlagen findet sich der nächste Hinweis auf die Schrift über die Erziehung des deutschen Soldaten in einem <u>Schreiben des Öffentlichen Klägers</u> an den Vorsitzenden des III. Spruchausschusses der Stadt Göttingen <u>vom 21.8.1948</u>, in dem es heißt: "Weniger hat glaubhaft festgelegt, daß seine Schrift über die Erziehung des Soldaten, obwohl sie vom Redakteur mit Tarnungssätzen versehen worden sei, von der Zensur trotzdem nicht freigegeben wurde. Erst im Jahre 1944 seien einige Exemplare in Frontbuchhandlungen erschienen."[8]

Während des Krieges leugnet Weniger seine Autorschaft nicht. In einem <u>Brief aus Paris an Herman Nohl vom 1.4.1943</u> schreibt er zufrieden und bedauernd zugleich: "In einigen Wochen wird hier die

---

[5]Anlage G zum Fragebogen vom 14.6.1947, Blatt 7 und 8 der Verfahrensakte Nds. 171.
[6]Es sind dies: *Führerauslese und Führereinsatz im Kriege und das soldatische Urteil der Front. Ein Beitrag.* M.R. 1940, H. 4; *Führerauslese und Führereinsatz im Kriege und das soldatische Urteil der Front. II. Teil: Der Feldherr als Erzieher.* M.R. 1941, H. 3 sowie *Die Selbständigkeit der Unterführer und ihre Grenzen,* M.R. 1944. - In der Aufstellung sind die bibliographischen Angaben dahingehend verändert, daß das Wort "Krieg" nicht mehr erscheint. Zwei Titel lauten dann: "Führerauslese und Führereinsatz und das soldatische Urteil der Front" und "Der Feldherr als Erzieher".
[7]Vgl. Personalakte, Universitätsarchiv Göttingen.
[8]Blatt 16 der Verfahrensakte Nds. 171.

'Erziehung des deutschen Soldaten' gedruckt, wenn auch nur in 2000 Exemplaren."[9]

Als letztes Dokument zu dieser Schrift sei das Gutachten genannt, mit dem der Vorsitzende der III. Spruchkammer die endgültige Entlastung Wenigers begründet. In diesem Schriftsatz vom 9.9.1948 heißt es: "Seine mililtärischen Dienstvorschriften seien keine 'Veröffentlichungen', für die der Autor die Verantwortung trage. Er habe auch nicht verhindern können, daß ohne sein Zutun Änderungen und Weglassungen erfolgten, nur dadurch sei zu erklären, daß einige Seiten, die ihn in den Verdacht des Militarismus bringen könnten, in seine Schriften aufgenommen worden seien, die aber nicht von ihm stammten, auch nur der Tarnung dienen sollten."[10]

Soweit der Nachweis der einzelnen Quellen, die auf *Die Erziehung des deutschen Soldaten* Bezug nehmen. Alle sieben Angaben sprechen für die Wichtigkeit dieser Schrift, ob Weniger nun während des Dritten Reiches Nohl gegenüber den Druck ankündigt und zugleich sein Bedauern über die geringe Auflage bekundet oder ob er die Abhandlung später anläßlich seiner Entnazifizierung wie seines Berufungsverfahrens verschweigt bzw. die Verantwortung für sie ablehnt und die entsprechenden Gremien seiner Argumentation folgen.

Methodische Überlegungen

Auf zwei Wegen möchte ich die Veröffentlichung angehen. Einmal sollen die Passagen analysiert werden, in denen die Erziehungsgedanken des Verfassers besonders prägnant zum Ausdruck kommen. Da Weniger, wie die genannten Quellen belegen, nach dem

---

[9]Nohl 591, Brief Nr. 140. Nieders. Staats- und Universitätsbibliothek Göttingen, Handschriftenabteilung. - Kurt Beutler macht darauf aufmerksam, daß Weniger bereits Anfang 1941 die Veröffentlichung einer Schrift zur Erziehung des deutschen Soldaten geplant habe. In späteren Briefen habe er von kleinen Änderungswünschen gesprochen, die das OKW geäußert habe, an keiner Stelle aber habe er sich von dieser Schrift distanziert. Vgl. Beutler, K.: Erich Wenigers Militärpädagogik in später Wahrnehmung. In: Zeitschrift für Pädagogik, Heft 2/1994, S. 291-301.
[10]Blatt 18 der Verfahrensakte Nds. 171. - Vgl. zu diesem Zitat die Anmerkungen 41 und 42 meines Exkurses zu Wenigers Entnazifizierung.

Krieg die Verantwortung für die Schrift von 1944 zurückgewiesen
hat, können ihm die Gedanken über Erziehung, die die Textanlayse
konzentriert wiederzugeben versucht, nicht ohne weiteres zugesprochen werden.

Um Klarheit über die Frage der Autorschaft zu bekommen, soll in
einem zweiten Schritt die Abhandlung von 1944 mit Wenigers militärpädagogischem Hauptwerk von 1938 in Form einer Synopse
verglichen werden. Sollte der Textvergleich ergeben, daß wesentliche Aussagen der späteren Schrift wörtlich oder dem Sinne nach
bereits in dem Werk von 1938 zu finden sind, Weniger also 1944
lediglich wiederholt oder bekräftigt, was er schon 1938 veröffentlichte, wäre belegt, daß er auch der Verfasser der späteren
Schrift ist; damit wäre er für ihre Aussagen verantwortlich.

Die Synopse, die auf den Abschnitt über die pädagogische Fragestellung folgt, wird zudem aufgrund der Textdoppelung die Text-
aufnahme beim Leser intensivieren und somit eine zusätzliche
Hilfe für sein Textverständnis sein.

Die pädagogische Fragestellung

"Erziehung" als repressive Beeinflussung

"In allen Erziehungsformen ist eine <u>Macht</u> wirksam, <u>die ihre Zwecke
durchsetzen will</u>, und <u>selten wird ein Erziehungsvorgang ganz ohne
Zwangsmittel verlaufen</u>."[11] Weniger hebt die Allgemeinheit dieser
Aussage ausdrücklich hervor, indem er sagt, das sei "an sich gar
nichts eigentümlich Deutsches oder auch nur Soldatisches. Bei der
Wehrmacht, deren Wesen es ist, staatliche Macht sichtbar zu machen und gegebenenfalls wirksam anzuwenden, wird nur besonders
deutlich, dass der Geist, um Wirklichkeit zu werden, der Macht bedarf."[12]

---

[11] Die Erziehung 1944, S. 12. Hervorhebungen von mir.
[12] Ebd. - Zu Wenigers Kombination von "erziehen" und "zwingen" gibt es
  Parallelformulierungen in Hitlers "Mein Kampf". Dort heißt es z.B.: "Der
  Nationalsozialismus muß grundsätzlich das Recht in Anspruch nehmen, der gesamten
  deutschen Nation ohne Rücksicht auf bisherige bundesstaatliche Grenzen seine

Erziehung im Sinne Wenigers ist kein Wagnis, das die Freiheit des
anderen anerkennt, sich den Erziehungsbemühungen durch ein "Nein"
auch entziehen zu können. Erziehung ist kein Angebot, das der
einzelne ergreifen kann, keine Handreichung, die eigene Gestalt zu
finden. Erziehung im Verständnis Wenigers will zwingen, nichts
riskieren, will sich des Willens des anderen bemächtigen. "Entscheidend ist immer der innere Vorgang, in dem die Macht anerkannt und ihre Zielsetzung in den eigenen Willen übernommen wird",
betont er und führt weiter aus: "Darum steht hinter allen militärischen Formen das Streben der Führung, den Willen der Geführten zu
gewinnen und mit ihrem Willen zu verschmelzen. Das Ziel aller
Bemühungen um die Truppe ist die Weckung ihres eigenen Willens
zu vorbehaltlosem Dienst."[13]

Intention dieser Erziehung ist der Griff nach dem Innersten des
einzelnen, nach seinem Willen. Die Erziehung von Soldat und Offizier, um die es in den bislang vorgestellten Texten ausschließlich
geht, mag hier die allgemeine pädagogische Aussage veranschaulichen: "In allen Erziehungsformen ist eine Macht wirksam,
die ihre Zwecke durchsetzen will". Die Art und Weise der Durchsetzung ist perfide: Zwang wird als Weg zur Freiheit, die Aufgabe
des eigenen Willens als Gewinn hingestellt. Erziehung wird zu
Manipulation, der Zögling zum manipulierten Objekt. "Denn Erziehen", sagt Weniger, "heisst Pflichten zu Überzeugungen werden lassen, äusserlich Angelerntes, nur Auferlegtes, zum innersten Bedürfnis machen, zur Sache des Herzens. Es heisst, den übergeordneten Willen zum Willen des Zöglings werden und den Zwang zur
Freiheit reifen lassen. (...) Erzogen ist der, der die ihm auferlegten
Pflichten selbstverständlich erfüllt und den Zwang nicht mehr
empfindet."[14]

Prinzipien aufzuzwingen und sie in seinen Ideen und Gedanken zu erziehen." Von der
Propaganda ist zu lesen: "Die Propaganda versucht eine Lehre dem ganzen Volke
aufzuzwingen." (München: Zentralverlag der NSDAP. [12]1943, S. 648 und S. 652.
Im Original jeweils gesperrt gedruckt).

[13]Die Erziehung 1944, S. 12. - 1947 greift Weniger diesen Gedanken in seiner
Abschiedsrede an den Lehrgang für Kriegsteilnehmer, zugeschnitten auf die neue
Situation, wieder auf. Vgl.: Reden 1946/47, S. 333.

[14]Die Erziehung 1944, S. 14. Hervorhebungen von mir. - Weniger gibt hier eine
geradezu klassische Beschreibung der Funktion des Über-Ichs im Sinne Freuds.

Für den militärischen Bereich formuliert Weniger gemäß dieser
Erziehungsidee: "Das Ziel der soldatischen Erziehung ist also, die
Aufgaben der Wehrmacht in Krieg und Frieden dem Mann und der
Truppe zu einer Selbstverständlichkeit für das Denken und Tun zu
machen, so dass mit den Aufgaben auch die Mittel gewollt und beherrscht werden. Damit werden dann auch die der Wehrmacht
selbstverständlichen Voraussetzungen gewollt. So wird der bedingungslose Gehorsam Äusserung der höchsten Freiheit des Soldaten,
seines freien Willens. (...) Der Soldat fühlt den Zwang nicht mehr,
weil er seiner zur Erfüllung der Pflicht nicht mehr bedarf."[15]

Dieser Erziehungsbegriff, der, die Unantastbarkeit der Würde des
einzelnen nicht achtend, seine Vereinnahmung intendiert, kommt in
der Fortführung der o.g. Gedanken bemerkenswert klar zum Ausdruck: "Diese Erziehung", heißt es da, "braucht ihre Zeit, wie jede
Erziehung, die ins Innere des Menschen greifen will. Die Kunst ist
lang, aber der Augenblick ist rasch: die Wehrmacht muss in jedem
Augenblick schlagkräftig und verwendungsbereit sein, und deshalb
muss der Zwang der Formen, - wie in jeder Erziehung - schon vor
Abschluss des Erziehungsvorganges die äussere Erfüllung der
Aufgaben sichern (...). Mehr darf von diesem äusseren Zwang nicht
erwartet werden, es sei denn, dass er dazu diene, die Augenblicke
der Schwäche und des Zweifels zu überwinden."[16]

Unter der Überschrift "Die Erziehung in den soldatischen Formen"
erläutert Weniger, was genau er unter dem "Zwang der Formen"
versteht, der dem einzelnen helfen soll, "Augenblicke der Schwäche
und des Zweifels" zu überwinden. Ein dichtes Geflecht von Maßnahmen und Einrichtungen wirkt "beständig" auf den einzelnen
Soldaten ein mit dem Ziel, in ihm "bestimmte Verhaltensweisen" zu
erzeugen. "Sie (i.e. die Einrichtungen) erziehen dadurch, dass ein
unsachgemässes Vehalten von selbst böse Folgen hat, und zwar
abgesehen von etwaigen Strafen, die dafür verhängt werden. Solche
selbstverständlichen Folgen jedes Versagens oder unrichtigen
Verhaltens sind vor allem: vermehrte Anstrengung, Wiederholung
der Übung bis es klappt, Verstärkung des Tempos oder Ausdehnung

---

[15]Ebd. Hervorhebungen von mir.
[16]Ebd., S. 14 f. Hervorhebungen von mir.

der Übungszeit. Das berühmte, oft beredete und oft missverstandene Beispiel ist das Nachexerzieren; es soll bekanntlich keinen Strafcharakter haben, sondern nur nachholen, was im Ablauf der Übungen selbst nicht gelang. "[17]

Diese negativen Folgen eines unrichtigen Verhaltens erinnern an den Begriff der "natürlichen Strafen" bei Joachim Heinrich Campe (1746-1818). Wer legt aber fest, was beim Exerzieren, bei Parade und Besichtigung, den Marschübungen, den Ehrenbezeugungen, im Innendienst, bei Turnen und Sport als richtiges Verhalten zu gelten habe? Für Weniger ist es primär die Überlieferung, denn er sagt: "Hier wird also durch ein kunstvolles, in der Erfahrung von Jahrhunderten aufgebautes System von aufeinander abgestimmten Institutionen erzogen, deren Eigenart es ist, dass sie beständig bestimmte Formen des Tuns und Handelns erfordern und keinerlei Passivität erlauben, ohne dass nicht sofort eine empfindliche Gegenwirkung erfolgte."[18] Sinn dieser Institutionen sei, daß sie im Soldaten bestimmte Verhaltensweisen "erzeugen", so daß "ein Netz von **soldatischen** Gewohnheiten (entstehe), in denen die männliche Art, auf eine Sache zu reagieren überliefert und ständig geübt (werde)."[19]

Die bislang dargestellte Weise der Beeinflussung, bei Weniger "Erziehung" genannt, wirkt indirekt, sie erfolgt vor allem über atmosphärisch erzeugten Druck. Das Selbstverständliche hat hier seinen systematischen Ort. Im militärischen Bereich ist damit die "gesunde soldatische Atmosphäre", die "männlich gesunde Luft" gemeint, der sich der einzelne nicht entziehen kann und in der sich der Rekrut schon bald daran gewöhnt, "richtig zu atmen".[20] Auch diese Formulierung macht das Manipulative eines solchen pädagogischen Konstruktes deutlich.

---

[17]Ebd., S. 16.
[18]Ebd. Hervorhebungen von mir.
[19]Ebd. Hervorhebung durch Unterstreichung von mir.
[20]Ebd., S. 17.

"Erziehung" als autoritäre Führung

Nach Weniger ist der soldatische Führer auch Erzieher seiner Männer; deshalb ist er ein weiterer wichtiger Faktor in seinem Erziehungskonzept. Das Wesen des Soldatischen sei auf die Überwindung des Gegners gerichtet, der Führer zeige durch Vorbild und Beispiel, "wie man es am besten und zweckmäßigsten macht"[21]. "Er lehrt die meisterhafte Form der Bewältigung, die die Truppe zur Nachahmung zwingt."[22] Für Weniger schließen sich die Begriffe "Zwang" und "Erziehung" keineswegs aus, unmißverständlich formuliert er: "So kommt in die Formen mit ihrer scheinbar so objektiven und mittelbaren Wirkung durch den Einsatz der Führer ein persönliches Element hinein. Dadurch wird aus der blossen Gewöhnung (...) eine wirkliche Erziehung, in der das eigentlich Zwingende die Persönlichkeit des Erziehers ist."[23] Auch das Zitat aus den Leitsätzen[24] : "Führer ist, wer durch Können, Haltung und Gesinnung die Truppe zur Gefolgschaft zwingt", gehört hierher, weil Weniger es immer wieder zur Bestätigung der eigenen Aussage anführt.[25] Sollten jedoch Kraft und Fähigkeit des einzelnen Führers einmal versagen, dann stehe ihm die **Tradition** mit den Geschichte gewordenen Leistungen der Führer und Truppen vergangener Zeiten als **"erzieherische Macht"** zu Gebote.[26]

"Ist der Soldat nicht erzogen, so gibt es keine Garantie für sein richtiges Verhalten in der Schlacht."[27] Mit diesem Satz, der unter Erzogensein die Garantie für ein gewünschtes Verhalten versteht, setzt Weniger die Reihe seiner erziehungsfeindlichen Vorstellungen fort. Ein "hervorragendes Erziehungsmittel"[28] auf dem Weg zu richtigem Verhalten sei der Drill. Weniger hebt hervor, daß es den "vielbeschrienen Gegensatz von Drill und Erziehung und die berühmte Alternative 'Drill **oder** Erziehung'"[29] für die deutschen

---

[21]Ebd.
[22]Ebd. Hervorhebung von mir.
[23]Ebd., S. 18. Hervorhebungen von mir.
[24]Leitsätze für Erziehung und Ausbildung vom 8.8.1935.
[25]Die Erziehung 1944, S. 45. Hervorhebung von mir.
[26]Vgl. ebd., S. 18.
[27]Ebd., S. 28. Hervorhebung von mir.
[28]Ebd., S. 26.
[29]Ebd., S. 20.

Dienstvorschriften nicht mehr gibt. Die zwei Formen des Drills, auf die er in seinen militärpädagogischen Schriften immer wieder ausführlich eingeht, seien hier nur kurz in Erinnerung gerufen. Der Exerzierdrill ist ein "unentbehrliches Mittel für die Erziehung zu Ordnung und Manneszucht"[30], er dient der Darstellung der Truppe und damit der Selbstdarstellung der Wehrmacht als dem stärksten Symbol von "Staatsmacht" und "Volkseinheit". Der Gefechtsdrill bezweckt, dem Soldaten die Gefechtsformen und den Gebrauch der Waffe "in Fleisch und Blut" übergehen zu lassen.[31] Wesentlich für beide Formen sei "die bewusste, willentliche Einfügung des Einzelnen in die Gemeinschaft."[32]

Weniger setzt immer wieder an, um dem Drill, den er in seiner Härte voll bejaht, den negativen Beigeschmack zu nehmen. Wieder postuliert er die willentliche Zustimmung des einzelnen zu dem, was ihn erwartet. In diesem Sinne formuliert er im Hinblick auf den Exerzierdrill: "Das soldatische Bewusstsein schliesst den Willen zur Ordnung und zur Unterstellung unter ein Ganzes ein und die Bereitschaft zu festen Formen, in denen die Gemeinschaft der Truppe Gestalt gewinnt. So braucht der Drill auch nicht grundsätzlich gegen den Willen des Rekruten anzugehen oder gar ihn zu brechen. Es darf mit der Bereitschaft gesunder Jugend sich drillen, das heisst, sich an die geregelten Formen des militärischen Auftretens gewöhnen zu lassen, durchschnittlich gerechnet werden."[33] Um keinen Zweifel aufkommen zu lassen, wie er den Hinweis auf die Bereitschaft der gesunden Jugend verstanden wissen möchte, fügt Weniger warnend hinzu: "Den guten Willen voraussetzen heisst nicht, dass der Rekrut um seine Bereitwilligkeit erst gefragt werden müsse oder dass irgendeine Massnahme des Drills von seiner Zustimmung abhängig wäre. Der Vorrang der Erziehung bedeutet keinerlei Willkür des Willens, keine Beliebigkeit des Tuns und Lassens."[34] Der hier zitierte Passus endet mit der bereits bekannten Konsequenz für diejenigen, die sich als unwillig und deshalb als

---

[30]Ebd., S. 20.
[31]Vgl. ebd., S. 24.
[32]Ebd., S. 26. Hervorhebung von mir.
[33]Ebd., S. 22. Hervorhebung von mir.
[34]Ebd., S. 29.

krank erweisen sollten: der Forderung nach dem "Ausmerzen verderbter Glieder".[35]

Hinsichtlich des Gefechtsdrills äußert sich Weniger in gleichem
Sinn; auch hier wird das Repressiv-Manipulative seiner Erziehungsvorstellung greifbar, wenn er sagt: "Der Soldat soll zu einem
selbständig denkenden und bewusst handelnden Kämpfer erzogen
werden. Aber **zugleich** soll er auch sich einfügen und gehorchen
lernen. Dazu hilft der Drill. (...) Wenn der Drill seinen Zweck vollständig erreicht hat, dann hat die Selbständigkeit des kämpferischen Willens in der bedingungslosen Einfügung in die kämpfende
Gemeinschaft ihren höchsten Ausdruck gefunden."[36]

Insgesamt hat der Gefechtsdrill für Weniger eine dienende
Funktion, er soll das reibungslose Funktionieren des Waffen-
gebrauchs ermöglichen, notwendig müsse "im feindlichen Feuer" der
Kampfwille des einzelnen wie der Truppe hinzukommen, dann aller-
dings zeige sich "der Segen eines guten und richtig betriebenen
Drills".[37]

Schwerpunkte und Merkmale soldatischer Erziehung

Wenigers militärpädagogisches Konzept ist in sich konsequent: Das
große Ziel ist der Sieg, die Überwindung des Gegners. Sinn des
Soldatentums ist die kriegerische Bewährung. Alles, was diesem
Sinn und Ziel dient, ist zu fördern. Der Krieg ist der Maßstab, auch
für die Erziehung im Frieden. Weniger wiederholt die Forderung von
1938: "Es ist also die Aufgabe der Truppenführung wie jedes einzelnen Erziehers und Ausbilders, alle Anforderungen, die an die
Truppe, an Offizier und Mann im Frieden zu stellen sind, so **kriegsmässig** wie möglich zu gestalten."[38]

So wichtig in Wenigers Augen Gehorsam und Manneszucht für die
Wehrmacht auch sind, "die höchste Soldatentugend aber ist der

---

[35]Ebd.
[36]Ebd., S. 27. Hervorhebungen durch Unterstreichung von mir.
[37]Ebd., S. 28. Hervorhebung von mir.
[38]Ebd., S. 36.

kämpferische Mut."[39] Weniger fordert eine eigene Erziehung zu Mut und Kühnheit, zu Härte und Entschlossenheit als den Kennzeichen des Mutes. Wichtigste Erziehungsmittel sind wieder das "Vorbild der Erzieher" sowie eine "gesunde soldatische Atmosphäre", in der die sittlichen Forderungen selbstverständlich seien.[40] Der Ruf nach Härte und Entschlossenheit bekommt hier den Rang einer sittlichen Forderung. Die Vorbildfunktion des soldatischen Führers wird im Kampf evident, wenn der kämpferische Mut sich zum Angriffsgeist steigert: "Der Führer überträgt in der Kampfgemeinschaft den **Angriffsgeist,** der die Voraussetzung des soldatischen Handelns auch in der Verteidigung ist, und den Opferwillen, ohne den nichts gewagt werden kann, auf jeden einzelnen Soldaten."[41]

Ganz im Sinne der Zeit[42] sieht Weniger im Sport einerseits ein weiteres Mittel zur Mutübung und zitiert dazu die Dienstvorschriften, in denen es heißt: "Sport fördert die Entwicklung der kämpferischen Persönlichkeit. Er erzieht im Soldaten das Männliche und Starke, weckt Sebstbewusstsein, Kampfgeist und innere Zucht. Er zwingt zur Unterordnung und stärkt Zusammenhalt und Korpsgeist der Truppe."[43] Andererseits weist er den Sport in seine Grenzen. Mit leiser Kritik und lautem Pathos stellt er richtig: "Sportlicher Mut ist noch nicht sittliche Tapferkeit, Kühnheit der Seele, Entschlossenheit des Charakters."[44] Die Ermutigung der Männer, die Wahrheit zu sagen und von ihrem Beschwerderecht Gebrauch zu machen, ist für ihn als Mutübung genauso wichtig wie der Sport.

---

[39]Ebd., S. 31.

[40]Vgl. ebd., S. 31 f.

[41]Ebd., S. 60. - 1956 taucht der Gedanke, daß Angriff sehr wohl zur Verteidigung gehöre, in *Die Erziehung des Soldaten* wieder auf. Im Hinblick auf den zeitbedingten Wandel der militärischen Umstände konstatiert Weniger: "Mit den Kampfformen, mit den veränderten technischen Mitteln, nicht zuletzt mit der veränderten politischen Funktion der Truppe (beispielsweise Verteidigungszweck statt Eroberungszweck, ein Unterschied, der nicht, wie man uns weißmachen (sic!) möchte, identisch ist mit dem zwischen Angriff und Verteidigung als taktischen Formen) verändern sich zugleich auch die notwendigen Formen der Ausbildung und der Erziehung der Truppe." (A.a.O., S. 578).

[42]In "Mein Kampf" sagt Hitler zum Wert des Sportes: "So ist überhaupt der Sport nicht nur dazu da, den einzelnen stark, gewandt und kühn zu machen, sondern er soll auch abhärten und lehren, Unbilden zu ertragen." (A.a.O., S. 455).

[43]Die Erziehung 1944, S. 32. Hervorhebungen von mir.

[44]Ebd., S. 34.

Wenigers Erziehungskonzept ist in sich stimmig: Innerer Schwerpunkt der - hier auf den Soldaten hin gedachten - Erziehung und Ausbildung ist für ihn die Gesinnungsbildung, als Merkmale der Erziehungsarbeit nennt er Einfachheit und Härte. Auch diese Aspekte, die eine bemerkenswerte Kongruenz zu den Erziehungsvorstellungen Hitlers aufweisen, sollen durch Zitate belegt werden. "Nicht Kentnisse und Fertigkeiten", führt Weniger aus, "nicht ein bestimmtes Wissen oder Können sind das Wesentliche in der Vorbereitung des Soldaten auf den Ernstfall, so unentbehrlich sie sind, sondern <u>Gesinnung</u> und <u>Haltung</u>, <u>Charakter</u> und <u>Wille</u>."[45] Dazu paßt die Einfachheit der Befehle und Formen, die Weniger als die "eigentliche Grösse der preussisch-deutschen Soldatenerziehung"[46] preist. "Ihre besondere Macht liegt darin, dass sie alle die vielfältigen Aufgaben auf die **einfachsten Formen** gebracht hat, so dass jeder Unteroffizier als Ausbilder, der jüngste Leutnant als Erzieher, eingeordet in eine feste Überlieferung und in genaue Pläne, sie handhaben kann, ohne sich der komplizierten Hintergründe und Zusammenhänge bewusst zu sein. Das ist das **erste** Merkmal der deutschen soldatischen Erziehung: die Einfachheit der Formen."[47] Zu der Einfachheit tritt für ihn die Härte hinzu, sie zielt auf Charakter und Willen des einzelnen und symbolisiert schon im Frieden den Ernst des Krieges. "Neben die Einfachheit der Formen tritt als **zweites** Merkmal deutscher soldatischer Erziehung ihre **Härte**, die allen Ausbildungs- und Erziehungsvorgängen einen <u>besonderen Akzent von unnachgiebiger Strenge</u> hinzufügt. So vertritt die Härte überall den kriegerischen Ernst des Schlachtfeldes, auf dem es um Tod und Leben geht (...) " Er fährt fort: "In der Härte zeigt sich also nicht etwa die Rücksichtslosigkeit der Vorgesetzten oder die maschinenmässige Gleichgültigkeit toter Institutionen, die nach dem Menschen gar nicht fragen. Vielmehr ist sie in jedem

---

[45]Ebd., S. 35. Hervorhebungen von mir. - Unter "Erziehungsgrundsätze des völkischen Staates" schreibt Hitler in "Mein Kampf": "Erst in zweiter Linie kommt dann die Ausbildung der geistigen Fähigkeiten. Hier aber wieder an der Spitze die Entwicklung des Charakters, besonders die Förderung der Willens- und Entschlußkraft, verbunden mit der Erziehung zur Verantwortungsfreudigkeit, und erst als letztes die wissenschaftliche Schulung." (A.a.O., S. 452, im Original gesperrt gedruckt.)

[46]Die Erziehung 1944, S. 70.

[47]Ebd.

Augenblick bewusste Rücksichtnahme auf die Zielsetzung der soldatischen Erziehung und Ausbildung. <u>Ohne Härte sind keine Schlachten zu schlagen und keine Kriege zu gewinnen</u>, Härte gegen den
Feind, <u>Härte</u> gegen sich selbst, <u>Härte</u> gegen die Untergebenen und
Kameraden. Was zunächst auf die Truppenführung gemünzt ist, gilt
ganz selbstverständlich auch für die Erziehung und Ausbildung:
'Weichheit in der Führung schadet immer.'"[48] Auch an diesen Sätzen
zeigt sich Wenigers manipulative, allerdings konsequente Umkehrung der Werte: die geforderte Härte ist nicht als Rücksichtslosigkeit der Vorgesetzten zu werten, sondern als Ausdruck
ihrer bewußten Rücksichtnahme auf das soldatische Erziehungsziel, das auf die Bewährung in der Schlacht gerichtet ist.

"Erziehung" als totale Vereinnahmung des einzelnen durch den Staat

Weniger entwarf seine Militärpädagogik im unmittelbaren Kraftfeld
eines totalitären Systems. Da nimmt es nicht wunder, daß sein
Erziehungskonzept ebenfalls totalitäre Züge trägt. Das läßt sich an
unterschiedlichen Aspekten seines Konzepts verdeutlichen. So zielt
die Vereinnahmung des einzelnen durch die Wehrmacht, und die
Wehrmacht ist zugleich Symbol und tatsächlicher Träger der
Staatsmacht, auf den Kern seiner Persönlichkeit; wie belegt, ist es
das erklärte Ziel aller erzieherischen Maßnahmen, den Willen des
einzelnen zu "gewinnen".

Daß Wenigers Militärpädagogik mit Absolutheitsanspruch auftritt,
wird an seiner Behauptung deutlich, das Soldatentum sei "die
grundlegende Lebensform für den deutschen Mann"[49],. Die soldatische Lebensform versteht er dabei nicht als Selbstzweck, sondern in "lebendiger Beziehung auf Volk, Staat und Reich"[50]; damit
legitimiert er gleichzeitig den Zugriff dieser Mächte auf den einzelnen. Einer großen, allumfassenden Gebärde kommt seine Schil-

---

[48]Ebd., S. 72. Hervorhebungen von mir. - Der Ruf nach Härte, wenngleich in anderem
Kontext, begegnet dem Leser auch in: Die geistige Führung 1942, S. 17.
[49]Die Erziehung 1944, S. 80. - Hier liegt Weniger auf einer Linie mit Werner Picht,
der in seinem Buch *Der soldatische Mensch* (Berlin: Fischer 1940) die These vertritt, der soldatische Mensch sei die dem Deutschen von der Geschichte aufgetragene
Wesensform.
[50]Die Erziehung 1944, S. 80.

derung der deutschen Wehrmacht gleich: "Sie ist ganz eingebettet in den Strom des völkischen Daseins; das gleiche Blut pulsiert in ihr wie in allen anderen deutschen Lebensgemeinschaften. Die sittlichen und geistigen Kräfte, die das deutsche Volk in seiner Arbeit, in seiner Ruhe und in seinen Bezügen zum metaphysischen Urgrund tragen, sind auch in der Wehrmacht wirksam"[51] - Worte voller Pathos, denen ein dunkler, unklarer Inhalt korrespondiert.

Klarer sind die Vorstellungen, die Weniger im Hinblick auf die wehrgeistige Erziehung des gesamten deutschen Volkes entwickelt. Es geht dabei nicht um den aktiven Dienst, sondern um eine allgemeine Wehrerziehung, vor allem der männlichen Jugend. "In der vormilitärischen Ausbildung durch Hitler-Jugend, SA., Schule und Reichsarbeitsdienst werden die körperlichen, geistigen und sittlichen Voraussetzungen für den aktiven Wehrdienst geschaffen."[52] Wie unerbittlich der Zugriff des Staates gedacht und von Weniger bejaht wird, macht der folgende Satz deutlich: "So stellt die deutsche Führung in der Wehrerziehung alle Erziehungsmächte in den Dienst der Wehrmacht."[53]

Andererseits macht Weniger bereits in diesem Text von 1944 deutlich, daß es sich bei der allgemeinen Wehrerziehung "nicht um Soldatenspielerei und nicht um die Militarisierung des gesamten Volkslebens" handelt. "Jede Vorwegnahme der eigentlichen militärischen Ausbildung soll ebenso vermieden werden wie ein dilettantisches Kopieren des aktiven Dienstes bei den Übungen der Wehrmannschaften (i.e. der SA.)."[54] Es geht Weniger nicht um eine vordergründige Militarisierung des deutschen Volkes, sondern um

---

[51] Ebd., S. 81. - Wie die Synopse belegt, hat Weniger diese völkischen Gedanken bereits 1938 geäußert.

[52] Die Erziehung 1944, S. 83.

[53] Ebd., S.84. Hervorhebung von mir. - Auch nach 1945 äußert Weniger im Zusammenhang mit der Bundeswehr Gedanken die, wenngleich versteckt und indirekt, die allgemeine Erziehungswirklichkeit in den Dienst des Militärs stellen. "Wenn die Jugend in Schule und Berufsausbildung die besten erreichbaren Lebens- und Entwicklungsmöglichkeiten findet, so ist das zugleich die beste Vorbereitung auf den Waffendienst." (Die Erziehung des Soldaten, a.a.O., S. 579).

[54] Die Erziehung 1944, S. 84. - Im Rahmen des Aufbaus der Bundeswehr wird Weniger jede vormilitärische Ausbildung der Jugend ablehnen, weil eine solche Vorwegnahme die Achtung vor dem Ernst und der Größe des Soldatentums konterkarieren würde, wie er sagt.

nicht weniger als "eine Revolution des ganzen Volkes"[55], durch die
der "Geist des deutschen Soldatentums" überall lebendig werden
und die "soldatische Haltung" bewußt herausgearbeitet werden
sollen. Deshalb setzt er sich, in Übereinstimmung mit den damaligen Machthabern, für eine wehrgeistige Erziehung ein: "Wehrerziehung ist immer auch **wehrgeistige Erziehung**, wie auch die
Truppe heute eine ausdrückliche wehrgeistige Betreuung erfährt."[56]
Es sei daran erinnert, daß Weniger zu der Zeit, da diese Schrift
erscheint, selbst als Betreuungsoffizier in Frankreich wirkt und
daß er bereits seit 1937 Mitglied der *Deutschen Gesellschaft für
Wehrpolitik und Wehrwissenschaften* ist, die ihre Aufgaben und
Ziele seit ihrer Gründung im Juni 1933 "wehrgeistig" versteht, d.h.
als umfassende Vorbereitung des deutschen Volkes auf den kommenden Krieg.

Zusammenfassung

Die Textanalyse hat ein Konzept der Menschenbehandlung offengelegt, dessen Strukturen sich als manipulativ, repressiv, autoritär
und totalitär erwiesen haben. Vorgänge, die durch eine solche
Begrifflichkeit charakterisiert sind, haben mit "Erziehung" nichts
gemein. Sie sind durch Kategorien bestimmt, nach denen der einzelne zur Anerkennung einer übergeordneten Macht oder Ideologie
gezwungen werden soll. So facettenreich der Erziehungsbegriff
gerade in seiner historischen Bedingtheit auch sein mag, Zwang, in
welcher Form auch immer, gehört niemals zu ihm. Das aus der
Schrift von 1944 herausgeschälte "pädagogische" Konzept Wenigers
ist unpädagogisch; während der NS-Diktatur war es aufgrund der
Art seiner erziehungsfeindlichen Struktur dazu angetan, die "Erziehungsgrundsätze des völkischen Staates"[57] zu unterstützen.

Dem könnte man entgegenhalten, die hier analysierte Schrift stelle,
eben weil sie militärpädagogischen Inhalts sei, einen Sonderfall
dar. Darauf ist zu erwidern, daß Weniger häufig allgemeinpädago-

---

[55]Ebd., S. 37.
[56]Ebd., S. 84.
[57]Vgl. Hitler, Mein Kampf, a.a.O., S. 452.

gisch formuliert und seine Überlegungen erst in einem zweiten Schritt auf den militärischen Bereich überträgt. Auch sei darauf hingewiesen, daß Bernhard Schwenk die Militärpädagogik Wenigers immerhin für so aussagekräftig hält, daß er die Frage stellt, ob das Buch von 1938 nicht als seine Allgemeine Pädagogik zu lesen sei.[58] Skeptiker könnten dem entgegnen, daß es sich in dem oben untersuchten Text eben nicht um das allgemein anerkannte Werk von 1938 handele, sondern um die umstrittene Schrift von 1944.

Hier hat die Synopse ihren systematischen Ort. Der folgende Textvergleich beweist, daß sich weite Passagen aus *Die Erziehung des deutschen Soldaten* in *Wehrmachtserziehung und Kriegserfahrung* wiederfinden. Weniger bekräftigt 1944, was er bereits am Vorabend des Krieges vertreten hat. Und da er sich zu seinem Werk von 1938 stets bekannt hat, ist die Behauptung, *Die Erziehung des deutschen Soldaten* sei eine Dienstschrift, für die er keine Verantwortung trage, nicht zu halten.

Synopse

Die Erziehung des deutschen Soldaten (1944)	*Wehrmachtserziehung und Kriegserfahrung (1938)*
Endlich ist deutsch die Meinung, dass in der fraglosen Sicherheit der beobachteten Formen und in der Frische ihrer Ausübung, im Exakten, "Zackigen", die Selbstverständlichkeit der in ihnen vertretenen soldatischen Überzeugung am besten ausgedrückt und sogar bewiesen werde. (S. 10)	"Schliff" zu zeigen, als äußeres Zeichen der Erfüllung dieser Anforderungen, ist ein berechtigter Ehrgeiz von Führer und Truppe und ein ideales Ziel für jeden einzelnen Mann. (S. 57)

---

[58] Schwenk, B.: 'Wehrmachtserziehung und Kriegserfahrung' - Erich Wenigers Allgemeine Pädagogik? In: Bildung und Soldatentum 1992, S. 141.

Die Erziehung des deutschen Soldaten (1944) - Forts.	*Wehrmachtserziehung und Kriegserfahrung (1938) - Forts.*

Die Hauptaufgabe solcher Institutionen und der mit ihnen verbundenen Formen ist aber, eine **gesunde soldatische Atmosphäre** zu schaffen, in der die kriegerischen Werte lebendig sind und erlebt werden können.
(S. 17)

Diese Möglichkeit gibt es freilich nur in einem gesunden Volke und in einer gesunden soldatischen Atmosphäre.
(S. 50)

Der **Exerzierdrill** wird als ein unentbehrliches Mittel für die Erziehung zu Ordnung und Manneszucht angesehen. Aber ihm wird dabei ein ganz konkreter **Ausbildungszweck** gegeben. Sein "Sinn und Zweck ist nicht, leere Formen um ihrer selbst willen zu üben", er dient vielmehr dem "drillmässigen Einüben der für Auftreten und Führung einer Truppe unentbehrlichen Formen". Form und Inhalt müssen sich also auch beim Exerzierdrill - entgegen den landläufigen Auffassungen - decken. Seine Reichweite ist von vornherein eingegrenzt. Nur soweit er dem Ausbildungszweck Genüge tut, also an konkreten Aufgaben, vermag er erzieherisch zu wirken. Sein Inhalt bestimmt sich aus den Aufgaben, die der Truppe gerade im Frieden für ihr Auftreten und ihre äussere Erscheinug gestellt sind. Dafür haben sich im Laufe der Entwicklung feste Formen herausgebildet, die zur Gewohnheit zu machen Aufgabe des Exerzierdrills ist. ...

Der **Exerzierdrill** wird auch in den neuen Dienstvorschriften als ein notwendiges Mittel für die Erziehung zur Ordnung und Manneszucht angesehen. Aber ihm wird dabei ein ganz konkreter **Ausbildungszweck** gegeben. Sein "Sinn und Zweck ist nicht, leere Formen um ihrer selbst willen zu üben" (...). Er dient vielmehr dem "drillmäßigen Einüben der für Auftreten und Führung einer Truppe unentbehrlichen Formen" (...). Form und Inhalt müssen sich also auch beim Exerzierdrill - entgegen den landläufigen Auffassungen - decken. So ist die Reichweite dieses Drills von vornherein eingegrenzt. Nur soweit er seinem Ausbildungszweck Genüge tut, also an konkreten Aufgaben, vermag er erzieherisch zu wirken. (...) Sein Zweck bestimmt sich aus den Aufgaben, die der Truppe gerade im Frieden für ihr Auftreten und ihre äußere Erscheinung gestellt sind. Dafür haben sich im Laufe der Entwicklung feste Formen herausgebildet, die zur Gewohnheit zu machen Aufgabe des Exerzierdrills ist. ...

Die Erziehung des deutschen Soldaten (1944) - Forts.	Wehrmachtserziehung und Kriegserfahrung (1938) - Forts.

Darüber hinaus hat jede Wehrmacht die Aufgabe, die Staatsmacht und die Volkseinheit würdig und eindrucksvoll als ihr stärkstes Symbol anschaulich zu machen, indem sie sich selbst darstellt. Dazu ist der Exerzierdrill notwendig.

(S. 20/21)

Darüber hinaus hat jede Wehrmacht die Aufgabe, die Staatsmacht und die Volkseinheit würdig und eindrucksvoll als ihr stärkstes Symbol anschaulich zu machen, in dem sie sich selbst darstellt. Dazu ist der Exerzierdrill notwendig.

(S. 44/45)

Auch die Parade ist eine durchaus sinnvolle Form der Repräsentation, sinnvoll auch für die Truppe als Selbstdarstellung. Einen besonderen Paradedrill gibt es in den Ausbildungsvorschriften nicht. Die Aufgabe ist vielmehr, den Anforderungen der Parade und ähnlicher Veranstaltungen mit den Mitteln gerecht zu werden, die durch die Notwendigkeiten des geschlossenen Auftretens der Truppe, des Marschierens und etwa des Wachdienstes ohnehin schon gegeben sind. Diese Formen sind eben drillmässig zu üben. Die Parade bestätigt nur ihren Besitz, sie gibt Zeugnis von den "guten Manieren der Truppe". Der Sinn dieses Drills in den "soldatischen Umgangsformen" ist dem soldatischen Gefühl ohne weiteres einsichtig. Das soldatische Bewusstsein schliesst den Willen zur Ordnung und zur Unterstellung unter ein Ganzes ein und die Bereitschaft zu festen Formen, in denen die Gemeinschaft der Truppe Gestalt gewinnt. ...

An sich aber ist die Parade eine durchaus sinnvolle Form der Repräsentation, sinnvoll auch für die Truppe als ihre Selbstdarstellung. Einen besonderen Paradedrill sollte es freilich nicht geben und hat es in den Ausbildungsvorschriften nicht gegeben. Die Aufgabe ist vielmehr, den Anforderungen der Parade und ähnlichen Veranstaltungen mit den Mitteln gerecht zu werden, die durch die Notwendigkeiten des geschlossenen Auftretens der Truppe, des Marschierens und etwa des Wachdienstes ohnehin schon gegeben sind. Diese Formen sind eben drillmäßig zu üben. Die Parade bestätigt nur ihren Besitz, sie gibt Zeugnis von den "guten Manieren der Truppe". Der Sinn dieses Drills ist dem soldatischen Gefühl ohne weiteres einsichtig. Das soldatische Bewußtsein schließt den Willen zur Ordnung und zur Unterstellung unter ein Ganzes ein und die Bereitschaft zu festen Formen, in denen die Gemeinschaft der Truppe Gestalt gewinnt. ...

Die Erziehung des deutschen Soldaten (1944) - Forts.

Wehrmachtserziehung und Kriegserfahrung (1938) - Forts.

So braucht der Drill auch nicht grundsätzlich gegen den Willen des Rekruten anzugehen oder gar ihn zu brechen. Es darf mit der Bereitschaft gesunder Jugend sich drillen, das heisst, sich an die geregelten Formen des militärischen Auftretens gewöhnen zu lassen, durchschnittlich gerechnet werden. (S. 21/22)

So braucht der Drill auch nicht grundsätzlich gegen den Willen des Rekruten anzugehen oder gar ihn zu brechen. Es darf mit der Bereitschaft gesunder Jugend sich drillen, d.h. sich an die geregelten Formen des militärischen Auftretens gewöhnen zu lassen, durchschnittlich gerechnet werden. (S. 45/46)

Auf diese Weise gewinnt der Exerzierdrill eine Freudigkeit und eine männliche Grazie, die durchaus nicht im Widerspruch zu seinen harten Anforderungen und dem Ernst seiner Zielsetzungen steht. (S. 22)

So gewinnt der Exerzierdrill eine Freudigkeit und eine männliche Grazie, die durchaus nicht in Widerspruch zu seinen harten Anforderungen und dem Ernst seiner Zielsetzung steht (...). (S. 46)

In diesem Sinne hat Generaloberst von Seeckt davon gesprochen, dass der Drill nicht neben der Erziehung hergehe, sondern ihre Folge sei.
Der moderne Drill ist eine Folge der Erziehung, weil er die höheren sittlichen Motive immer schon voraussetzt: die vaterländische Gesinnung, das soldatische Bewusstsein, den männlichen Willen und hinter ihm als tragenden Grund den Wehrwillen des ganzen Volkes. ...

Von innen gesehen läßt sich das Wesen des modernen Drills am besten in den Worten des Generalobersten von Seeckt beschreiben: "Der moderne Drill geht nicht neben der Erziehung her, sondern ist ihre Folge."
(...) Der moderne Drill ist eine Folge der Erziehung, weil er die höheren sittlichen Motive schon voraussetzt: die vaterländische Gesinnung, das soldatische Bewußtsein, den männlichen Willen, und hinter ihm als tragenden Grund den Wehrwillen des ganzen Volkes. ...

Die Erziehung des deutschen Soldaten (1944) - Forts.	Wehrmachtserziehung und Kriegserfahrung (1938) - Forts.

Dieses Motiv zu wecken, ist die Aufgabe einer umfassenden sittlichen, politischen und soldatischen Erziehung in Haus und Schule, in der Jugendgemeinschaft und in den politischen Gliederungen ebenso wie in der Wehrmacht selbst. Eine solche Erziehung erweckt und entwickelt Gehorsam, Pflichtgefühl, soldatische Gesinnung aus den gegebenen Anlagen heraus. Die Wehrmachterziehung setzt hier schon Begonnenes fort und bringt es zur Reife. Der Drill aber kann alle diese Tugenden durch Übung und Gewöhnung nicht schaffen. Er gibt dem Vorhandenen nur die Möglichkeit der Übung an konkreten Aufgaben und schafft bestimmte Voraussetzungen zur Bestätigung durch das Lehren spezifisch militärischer Fertigkeiten.

Soll der Drill die Fortdauer solcher Fertigkeiten und Verfahrensweisen auch jenseits des Zwangs ermöglichen, so ist er auf die Erziehung angewiesen, die den Willen durch Motive in Gang setzt, und auf Bildung, die die Einsicht in die Sache gibt, aus der der Wille gestärkt werden kann. Ist der Soldat nicht erzogen, so gibt es keine Garantie für sein richtiges Verhalten in der Schlacht. ...

Diese Motive zu wecken ist die Aufgabe einer umfassenden sittlichen, politischen und soldatischen Erziehung in Haus und Schule, in der Jugendgemeinschaft und in den politischen Gliederungen wie in der Wehrmacht selbst. Eine solche Erziehung erweckt und entwickelt Gehorsam, Pflichtgefühl, soldatische Gesinnung aus den gegebenen Anlagen heraus. Die Wehrmachtserziehung setzt hier schon Begonnenes fort und bringt es zur Reife. Der Drill aber kann diese Tugend durch alle Übung und Gewöhnung nicht schaffen. Er gibt nur den schon vorhandenen Tugenden die Möglichkeit, sich an konkreten Aufgaben zu üben, er gibt bestimmte Voraussetzungen die spezifisch militärischen Fertigkeiten anzuwenden. (...) Soll der Drill die Fortdauer von Fertigkeiten und Verfahrensweisen auch jenseits des Zwangs ermöglichen, so ist er auf **Erziehung** angewiesen, die den Willen durch Motivation in Gang setzt, und auf **Bildung**, die die Einsicht in die Sache gibt, aus der sich der Wille stärkt. Ist der Soldat nicht erzogen, so gibt es keine Garantie für sein richtiges Verhalten in der Schlacht. (...) ...

Die Erziehung des deutschen
Soldaten (1944) - Forts.

Wehrmachtserziehung und
Kriegserfahrung (1938) - Forts.

Es bedarf für den Ernstfall des Kampfwillens oder des Willens zum Aushalten, wenn das an sich durch den Drill ermöglichte reibungslose Funktionieren des Waffengebrauchs wirklich einsetzen und sich im feindlichen Feuer durchsetzen soll. Sind diese Kräfte da, dann wirkt der Segen eines guten und richtig betriebenen Drills freilich um so nachhaltiger. Nun "macht der Drill den Kopf frei für unvorhergesehene Ereignisse und neue Entschlüsse". Nun vermag er auch "über die Augenblicke eines Schwankens des Willens hinwegzuhelfen, bis die Disziplin, die Erziehung wieder die Zügel fest in der Hand hält" (v. Seeckt). Wenn aber überhaupt kein Wille da ist, nützen alle gedrillten Fertigkeiten und alle scheinbar festen Gewohnheiten nichts.
(S. 27/28)

Es bedarf für den Ernstfall des Kampfwillens und des Willens zum Aushalten, wenn das an sich durch den Drill ermöglichte reibungslose Funktionieren des Waffengebrauchs wirklich einsetzen und sich im feindlichen Feuer durchsetzen soll. (...) Sind diese Kräfte da, dann wirkt der ganze Segen eines guten und richtig betriebenen Drills freilich um so nachhaltiger. Nun "macht der Drill den Kopf frei für unvorhergesehene Ereignisse und neue Entschlüsse". Nun vermag er auch "über die Augenblicke eines Schwankens des Willens hinweg zu helfen, bis die Disziplin, die Erziehung wieder die Zügel fest in der Hand hält" (von Seeckt). Wenn aber überhaupt kein Wille da ist, nutzen alle gedrillten Fertigkeiten und alle scheinbar festen Gewohnheiten nichts.
(S. 48/49)

Den guten Willen voraussetzen heisst nicht, dass der Rekrut um seine Bereitwilligkeit erst gefragt werden müsse oder dass irgendeine Massnahme des Drills von seiner Zustimmung abhängig wäre. Der Vorrang der Erziehung bedeutet keinerlei Willkür des Willens, keine Beliebigkeit des Tuns und Lassens.
...

Den guten Willen, sich drillen zu lassen, voraussetzen, heißt nicht, daß der Rekrut um seine Bereitwilligkeit erst gefragt werden muß, oder daß irgendeine Maßnahme des Drills von seiner Zustimmung abhängig wäre. (...) Der Vorrang der Erziehung bedeutet keinerlei Subjektivität und Willkür des Willens, keine Beliebigkeit des Tuns und Lassens.
...

Die Erziehung des deutschen Soldaten (1944) - Forts.

Wehrmachtserziehung und Kriegserfahrung (1938) - Forts.

Die Voraussetzung des Willens bedeutet auch nicht, dass der soldatische Erzieher idealistische Vorstellungen von dem guten Willen der Masse und des Einzelnen, von ihren hohen sittlichen und intellektuellen Fähigkeiten hegen soll. Echte Erziehung gibt sich keinerlei Illusion über die Natur des Menschen hin. Aber sie weiss, dass die Möglichkeit, den Willen zu wecken, besteht, und dass man dem Willen eine Chance geben muss, sich als gut zu bewähren.

Diese Möglichkeit gibt es freilich nur in einem gesunden Volke und auch nur in einer soldatischen Atmosphäre. Sind Volk und Truppe selbst nicht in Ordnung, dann ist es gewiss schwer, guten Willen vorauszusetzen. Aber dann wäre das Gegenmittel nicht so sehr der Drill, der vielmehr nur der vorläufigen Sicherung der Ordnung und Manneszucht zu dienen hätte, als die Neubildung eines gesunden Soldatentums durch Vorbild und Beispiel, durch Reinigung der Atmosphäre und Ausmerzen verderbter Glieder. (S. 28/29)

Sie bedeutet auch nicht, daß der soldatische Erzieher idealistische Vorstellungen von dem guten Willen der Masse und des einzelnen, von ihren hohen intellektuellen und sittlichen Fähigkeiten hegen soll. (...) Echte Erziehung gibt sich hier keinerlei Illusionen über die Natur des Menschen hin. Aber sie weiß, daß die Möglichkeit den Willen zu wecken besteht, und daß man dem Willen eine Chance geben muß, sich zu bewähren.

Diese Möglichkeit gibt es freilich nur in einem gesunden Volke und in einer gesunden soldatischen Atmosphäre. Sind Volk und Truppe selbst nicht in Ordnung, dann ist es schwer, guten Willen vorauszusetzen. Aber dann wäre das Gegenmittel nicht so sehr der Drill, der vielmehr nur der vorläufigen Sicherung der Ordnung und Manneszucht zu dienen hätte, als die Neubildung eines gesunden Soldatentums durch Vorbild, Beispiel, Reinigung der Atmosphäre, Ausmerzen verderbter Glieder. (S. 50)

Die Erziehung weiss auch, dass der gute Wille oft schwach und nicht Herr der Triebe ist. Es bedarf also der Gegenwirkung gegen die Triebe und der Unterstützung des Willens. ...

Der Erzieher weiß auch, daß der gute Wille oft schwach und nicht Herr der Triebe ist. Es bedarf also der Gegenwirkung gegen die Triebe und der Unterstützung des Willens. ...

Die Erziehung des deutschen
Soldaten (1944) - Forts.

Wehrmachtserziehung und
Kriegserfahrung (1938) - Forts.

Hier setzt sie auch den Drill ein, der die Triebe hemmt und den Willen festigt, indem er ihm feste Gewohnheiten gibt und die Gelegenheit, sich auch Schwierigkeiten und Widrigkeiten gegenüber zu bewähren. Der Drill ist hier ein Mittel der Erziehung. Aber das kann er nur sein, wenn gleichzeitig eine grosse Fülle anderer erzieherischer Mittel eingesetzt wird, um den Willen zu entwickeln und zu stützen: Lehre und Unterweisung, Mutübungen aller Art, vor allem Vorbild und Beispiel von Führer und Kameraden, gesunde Ordnung des militärischen Lebens und eine kräftige, männliche Atmosphäre.
(S. 30)

Hier setzt sie auch den Drill ein, der die Triebe hemmt und den Willen festigt, indem er ihm feste Gewohnheiten gibt und die Gelegenheit, sich auch gegen Schwierigkeiten und Widrigkeiten zu bewähren. Der Drill wird hier selber ein Mittel der Erziehung. Aber das kann er nur, wenn gleichzeitig eine große Fülle anderer erzieherischer Mittel eingesetzt wird, die den Willen entwickeln und stützen: Lehre und Unterweisung, Mutübungen aller Art, vor allem Vorbild und Beispiel von Führer und Kameraden, gesunde Ordnung des militärischen Lebens und eine kräftige, männliche Atmosphäre.
(S. 50/51)

Auch für diese werden neben dem Drill viele andere Erziehungsmittel eingesetzt, die den Soldaten über den lediglich formalen, wenn auch absoluten Gehorsam, wie ihn der Exerzierdrill zunächst erreicht, hinausführen zu dem inhaltlichen, denkenden Gehorsam, der die Voraussetzung für die Erfüllung der kämpferischen Aufgabe ist.
(S. 30/31)

Das Entscheidende ist, daß aus dem bloßen Gehorchen ein **denkender** Gehorsam wird.
(S. 134)

Die Erziehung des deutschen Soldaten (1944) - Forts.

Wehrmachtserziehung und Kriegserfahrung (1938) - Forts.

Denn in der deutschen Wehrmacht ist alle formale Autorität nur die freilich unentbehrliche Grundlage für die inhaltliche Autorität, die im Krieg trotz aller Kriegsgesetze auf die Dauer allein wirksam ist. Inhaltliche Autorität hat, wer durch Können, Haltung und Gesinnung die Truppe zur Gefolgschaft zwingt. Seine Überlegenheit versteht sich von selbst und kann der Krücken des äusseren Zwangs entraten. Der Weg zu dieser inhaltlichen Autorität und zu einem inneren Gehorsam, der auf Überzeugung und Einsicht beruht, darf durch den Drill nicht verbaut werden. (S. 31)

In Wahrheit ist aber alle formale Autorität nur die freilich unentbehrliche Grundlage für die inhaltliche Autorität, die im Krieg trotz aller Kriegsgesetze auf die Dauer allein wirksam ist. Da ist "Führer, wer durch Können, Haltung und Gesinnung die Truppe zur Gefolgschaft zwingt" (H.Dv. 130/1 Nr.9). Der Weg zu dieser inhaltlichen Autorität und zu einem inhaltlichen Gehorsam, der auf Überzeugung und Einsicht beruht, darf durch den Drill nicht verbaut werden. (S. 55)

Mit seiner Methode des Trainings, das nicht wie der Drill ein "Fremdübungs-", sondern ein "Selbstausbildungsmittel" ist, vermag der Sport Ziele zu erreichen, die durch befehlsmässige Ausbildung weder bei dem einzelnen Mann noch bei der Gruppe und Mannschaft erreicht werden können. Das **Training** tritt als Ausbildungsmethode vielfach neben den Drill ersetzt ihn oft ganz. So erscheint denn auch der Drill in den Dienstvorschriften nicht mehr bei der körperlichen Ausbildung des Soldaten. ...

Der Sport mit seiner Methode des Trainings, das nicht wie der Drill ein "Fremdübungs-", sondern ein "Selbstausbildungsmittel" ist, vermag Zielsetzungen zu erreichen, die durch befehlsmäßige Ausbildung oft nicht erreicht werden können. Und zwar nicht nur beim einzelnen, sondern in der Gruppe und bei ganzen Mannschaften. Das **Training** tritt als Methode weitgehend neben den Drill, ersetzt ihn vielfach, ja im Drill selber ist manches den Formen des Trainings angenähert, um den Übungserfolg zu steigern. Vor allen Dingen aber erscheint der Drill nicht mehr in der körperlichen Ausbildung der Soldaten. ...

Die Erziehung des deutschen Soldaten (1944) - Forts.	*Wehrmachtserziehung und Kriegserfahrung (1938) - Forts.*

Vielmehr sind die **Leibesübungen** ein selbständiges Erziehungs- und Ausbildungsmittel geworden, das sogar vor dem Drill eingeordnet ist. (S. 32/33)

Die **Leibesübungen** sind vielmehr in den modernen Ausbildungsvorschriften ein selbständiges Ausbildungs- und Erziehungsmittel geworden, das sogar vor dem Drill eingeordnet ist (...). (S. 47)

Der innere Rang der soldatischen Form wird nach ihrer Nähe zu diesem Schwerpunkt bestimmt und nach ihrem Beitrag zu dem doppelten Ziel der Erziehung und Ausbildung: der Kampfgemeinschaft und dem im Besitz des vollen kriegerischen Manneswertes handelnden Einzelkämpfer. (S. 35)

Alle Friedensnotwendigkeiten müssen freilich letzten Endes zurücktreten vor dem Gesetz der Vorbereitung auf den Krieg und, wir wiederholen es, die Formen des Friedens dürfen die Ansätze nicht zerstören, aus denen dann im Kampf die höchsten Gestaltungen des Soldatentums erwachsen können: die Kampfgemeinschaft und der selbständig denkende und handelnde Einzelkämpfer. (S. 144)

Um dieses doppelte Ziel zu erreichen, müssen sich Erziehung und Ausbildung "die Forderungen, die der Krieg stellt", zur Richtschnur nehmen. Es ist also die Aufgabe der Truppenführung wie jedes einzelnen Erziehers und Ausbilders, alle Anforderungen, die an die Truppe, an Offizier und Mann im Frieden zu stellen sind, so **kriegsmässig** wie möglich zu gestalten. (S. 36)

Die Forderungen, die der Krieg stellt, bilden die Richtschnur für die Erziehung und Ausbildung des Soldaten, so heißt es gleich am Anfang der "Leitsätze für Erziehung und Ausbildung" (H.Dv. 130/1). Alle Maßnahmen des Friedensdienstes sind bezogen auf den Krieg, und alle Anforderungen, die an die Truppe, an Offizier und Mann, zu stellen sind, so kriegsmäßig als möglich zu gestalten, ist das stete Anliegen der Truppenführung im großen wie der Erzieher und Ausbilder im einzelnen. (S. 147)

Die Erziehung des deutschen Soldaten (1944) - Forts.

Wehrmachtserziehung und Kriegserfahrung (1938) - Forts.

Dabei zeigt sich in der deutschen Friedensausbildung eine gesunde Skepsis dem gegenüber, was im Frieden kriegsmässig zu gestalten sei. Generaloberst von Seeckt hat immer wieder darauf hingewiesen, dass "kriegsmässig gemeint ist nicht im Sinne der Nachahmung des Krieges, sondern in dem einer Vorbereitung auf den Krieg". Den "Friedensübungen mangelt vor allem das im Kriege vorzugsweise Bestimmende, der scharfe Schuss", und "niemals darf übersehen werden, dass der Krieg vielfach andere Erscheinungen aufweisen wird, wie sie die Friedensverhältnisse zeigen können". Das aber wird von vornherein in Rechnung gestellt, damit nicht das Bemühen um Kriegsmässigkeit zu Künsteleien oder zu falschen Vorstellungen führt von dem, was im Krieg zu erwarten steht. Die deutsche Ausbildung wurde auf diese Weise vor nur scheinbar kriegsmässigen Formen bewahrt, während ihr zugleich eine bewegliche kriegerische Phantasie und mehr an geistiger Durchdringung der künftigen kriegerischen Aufgabe abgewonnen wurde.

(S. 37/38)

Der Gedankengang geht am besten aus von der Tatsache, daß im Frieden, bei allem Bemühen den Forderungen des Krieges durch kriegsmäßige Anlage der Ausbildung wie der Übungen gerecht zu werden, das Entscheidende fehlt: **der scharfe Schuß**, wie man heute in einer Abkürzung zu sagen liebt, die freilich noch zu optimistisch ist - als wenn es nur das wäre und als ob diese Einzahl der Wirklichkeit auch nur annähernd gerecht zu werden vermöchte. Aber der "scharfe Schuß" ist ein brauchbares Symbol für alles, was dem Frieden fehlt. Die Frage ist, wie die Wirklichkeit des Krieges, die in der symbolischen Redeweise vom scharfen Schuß gemeint ist, im Frieden so ersetzt werden kann, daß die Friedensarbeit auch wirklich auf den Ernstfall vorbereitet. Offensichtlich muß hier, wie schon aus dem technischen Ausdruck "Annehmen" zu ersehen ist, die **kriegerische Phantasie** mitwirken, als Kraft, sich die Verhältnisse des Krieges anschaulich vorzustellen. Ohne die Macht solcher Vorstellungen ist die Friedensarbeit unmöglich, in ihr liegt das künstlerische, freischaffende Element des Soldatentums im Frieden.

(S. 149)

Die Erziehung des deutschen Soldaten (1944) - Forts.	Wehrmachtserziehung und Kriegserfahrung (1938) - Forts.

So sagen die "Leitsätze": "Neben der körperlichen und militärischen Ausbildung bedingen die sittlichen und seelischen Kräfte des Soldaten seinen Wert im Kriege. Diese Kräfte zu heben ist die **Aufgabe der soldatischen Erziehung.**"
(S. 38)

1908 heißt es statt dessen kurz und bündig: "Neben der körperlichen und militärischen Ausbildung bedingen die sittlichen und geistigen Kräfte des Soldaten seinen kriegerischen Wert. **Sie zu heben ist das Ziel der Erziehung.**"
(S. 59)

Die sittliche Grundvoraussetzung für die unbedingte Pflichterfüllung im Grossen wie im Kleinen ist die Treue, und so konnte Feldmarschall von Hindenburg sagen: **Die Treue ist das Mark der Ehre.**
(S. 43)

Viele Menschen,(...) sind auf die Gesetze der Kameradschaft und auf ihre Ehre hin ansprechbar, und die Treue als das Mark ist ihnen kein leeres Wort, sondern ein wirkliches Anliegen.
(S. 120)

Die Ehre des Soldaten erwächst daraus, dass ihm das Vertrauen geschenkt wird, er werde die ihm auferlegten Aufgaben zum Bestandteil seines eigenen Willens machen und sie um der Sache selbst willen erfüllen, nicht aus Motiven, die der Aufgabe fremd sind, wie Lohn und Strafe.

Die Ehre eines Mannes erwächst daraus, daß ihm das Vertrauen geschenkt wird, er werde die Aufgabe, die ihm auferlegt werden muß, zum Bestandteil seines eigenen Willens machen und sie um der Sache selbst willen erfüllen, nicht aus Motiven, die der Aufgabe fremd sind, etwa aus Furcht vor Strafe oder in der Hoffnung auf Belohnung.

Die Erziehung des deutschen Soldaten (1944) - Forts.

Wehrmachtserziehung und Kriegserfahrung (1938) - Forts.

Der Dienst in der Wehrmacht gibt jedem Soldaten seine Ehre im Vertrauen darauf, dass er fähig sei, sich als Glied der Volksgemeinschaft bedingungslos, das heisst ohne einen anderen Beweggrund als den, dass er sich dieser Gemeinschaft als Glied zugehörig weiss, mit seiner Person für Volk und Vaterland bis zur Opferung seines Lebens einzusetzen. (S. 46/47)

So ist "der Dienst in der Wehrmacht Ehrendienst am deutschen Volke" (Pflichten 1), er gibt jedem Soldaten seine Ehre im Vertrauen darauf, daß er fähig sei, sich als Glied der Volksgemeinschaft bedingungslos, d.h. ohne einen anderen Beweggrund als den, daß er sich dieser Gemeinschaft zugehörig weiß, mit seiner Person für Volk und Vaterland bis zur Opferung seines Lebens einzusetzen (Pflichten 3). (S. 63)

Die Pflichten sind die Rechte des Soldaten. Unnachsichtig trifft die Strafe den, der die Pflichterfüllung nicht zu seinem Mannesrecht macht. Denn jede bewusste Pflichtverletzung bedeutet nun, dass der Mann sich ausserhalb der Volksgemeinschaft stellt, dass er seine Ehre selbst aufs Spiel setzt und verliert. Die Strafe bestätigt nur in ihrer Härte den Ausschluss aus der Volksgemeinschaft. Diese Gesetzesstrafe, über die dem ehrliebenden Soldaten nichts gesagt zu werden braucht, ist etwas anderes als die Erziehungsstrafe, welche nur Vergehen, Schwäche und Unterlassungen ahndet und ein Mittel der Disziplinarstrafgewalt ist, ...

Die Pflichten sind selber seine Rechte. Aber um so erbarmungsloser trifft die Strafe den, der die Pflichterfüllung nicht zu seinem Mannesrecht macht. Denn jede Pflichtverletzung bedeutet nun, daß der Mann sich außerhalb der Volksgemeinschaft stellt, daß er seine Ehre selbst aufs Spiel setzt und verliert. Die Strafe bestätigt nur in ihrer Härte den Ausschluß aus der soldatischen Gemeinschaft, so wie der Verbrecher sich schon durch die Tat selbst aus der Volksgemeinschaft ausschließt und seine Ehre verliert, auch wenn sie ihm nicht durch das Urteil ausdrücklich aberkannt wird. Daraus folgt wiederum, daß die Gesetzesstrafe etwas anderes ist als die Erziehungsstrafe, welche nur Vergehen, Schwächen und Unterlassungen ahndet, und ein Mittel der Disziplinar-Strafgewalt des Vorgesetzten ist, ...

Die Erziehung des deutschen Soldaten (1944) - Forts.	Wehrmachtserziehung und Kriegserfahrung (1938) - Forts.

die auf Erhaltung der Manneszucht zielt, ohne den Betroffenen grundsätzlich aus der soldatischen Gemeinschaft und damit von der Erziehbarkeit auszuschliessen. Die Erziehungsstrafe lässt dem Betroffenen seine Ehre.
(S. 47/48)

die auf Erhaltung der Manneszucht zielt, ohne den Betroffenen grundsätzlich aus der soldatischen Gemeinschaft und damit von der Erziehbarkeit auszuschließen und ohne ihm seine Ehre zu nehmen.
(S. 63)

"Der Grundpfeiler des Heeres, die Manneszucht, ohne die Soldatentum nicht zu denken ist, ist bestimmend für Haltung und **Gesinnung** des Einzelnen und der Mannschaft." Gesinnung und Haltung sind also vor allen Dingen an der Manneszucht abzulesen, die sich "in unbedingtem Gehorsam - 'Gehorsam ist die Grundlage der Wehrmacht' heisst es in den 'Pflichten' - auch in schwierigen Verhältnissen, in Pünktlichkeit, Genauigkeit und Straffheit bei jeder Diensthandlung zeigt".
(S. 49)

Hier wird dann der Charakter der Manneszucht als eine Tugend des Soldaten, nicht eines durch technische Mittel erreichbaren Zustandes ausdrücklich beschrieben: "Ohne Manneszucht ist Soldatentum nicht zu denken. - Sie zeigt sich in unbedingtem Gehorsam auch in schwierigen Verhältnissen, in Pünktlichkeit, Genauigkeit und Straffheit bei jeder Diensthandlung. **Sie ist bestimmend für Haltung und Gesinnung des Einzelnen und der Mannschaft.**
(S. 66)

"Die höchste Soldatentugend ist der kämpferische Mut, der Härte und Entschlossenheit fordert". (...) Ausgeschlossen ist damit nicht nur die Feigheit, die immer schimpflich ist, sondern ebenso auch das Zaudern, das "unsoldatisch" ist (...).
(S. 53)

"Höchste Soldatentugend ist der kämpferische Mut. Er fordert Härte und Entschlossenheit. Feigheit ist schimpflich, Zaudern unsoldatisch."
(S. 135)

Die Erziehung des deutschen Soldaten (1944) - Forts.

Wehrmachtserziehung und Kriegserfahrung (1938) - Forts.

Aber Kameradschaft lässt sich nicht erzwingen, man kann sie nur durch ein bestimmtes Verhalten ermöglichen, denn sie ist ein Gefühl, und Gefühle lassen sich nicht kommandieren. Wenn die Kameradschaft nun doch als eine Notwendigkeit für die kriegerische Leistung gefordert wird, so heisst dies, dass die Grundlagen, aus denen sie erwachsen kann, durch ausdrückliche Bemühungen der Führung wie der Truppe sichergestellt werden müssen.
(S. 54/55)

Man kann sie durch ein bestimmtes Verhalten ermöglichen, erzwingen läßt sie sich nicht. Denn sie ist ein **Gefühl**, und Gefühle lassen sich nicht kommandieren. Wenn die Kameradschaft nun doch als eine Notwendigkeit für die kriegerische Leistung gefordert wird, so heißt das, daß die Grundlagen, aus denen sie erwachsen kann, durch ausdrückliche Bemühungen der Führung wie der Truppe sichergestellt werden müssen.
(S. 117)

Kampfgemeinschaft ist kein Ausbildungsziel, deshalb gebrauchen die Dienstvorschriften dieses Wort nicht. Aber es bezeichnet die Vollendung, in der kriegerische Aufgaben bewältigt werden können, und so wird die Kampfgemeinschaft zusammen mit den anderen grossen Leitbildern deutschen Soldatentums in den "Pflichten des deutschen Soldaten" genannt: "Grosse Leistungen in Krieg und Frieden entstehen nur in unerschütterlicher Kampfgemeinschaft von Führer und Truppe.
(S. 56)

Kampfgemeinschaft ist kein Ausbildungsziel, deshalb gebrauchen die Wehrmachts-Dienstvorschriften dieses Wort nicht. Aber es bezeichnet die Vollendung, mit der kriegerische Aufgaben bewältigt werden, und so wird die Kampfgemeinschaft zusammen mit den anderen großen Leitbildern deutschen Soldatentums in den "Pflichten des Deutschen Soldaten" genannt: "Große Leistungen in Krieg und Frieden entstehen nur in unerschütterlicher Kampfgemeinschaft von Führer und Truppe" (Art. 6).
(S. 132)

| *Die Erziehung des deutschen Soldaten (1944) - Forts.* | *Wehrmachtserziehung und Kriegserfahrung (1938) - Forts.* |

Es gab in den Jahren des Weltkrieges militärische Einheiten, in denen die innere Form des Soldatentums, wie sie die Kampfgemeinschaft darstellt, mit den äusseren taktischen Formen zusammenfiel: Jagd- und Kampfstaffeln, Sturmtrupps, zusammengeschmolzene, aber unerschütterte Bataillone, die um ihren Führer gescharten letzten Überlebenden einer Kompanie, ein MG.-Nest, eine Geschützbedienung. Daraus entstanden die Leitbilder für die Kampfgemeinschaft überhaupt.
(S. 56)

Es gab in den letzten Jahren des Weltkrieges soldatische Einheiten, in denen die innere und äußere (taktische) Form zusammenfielen, Jagd- und Kampfstaffeln, Sturmtruppen, zusammengeschmolzene aber unerschütterte Bataillone, die um ihren Führer gescharten letzten Überlebenden einer Kompanie, ein MG.Nest, eine Geschützbedienung. Diese wurden die Leitbilder für die Kampfgemeinschaft überhaupt (...).
(S.132/133)

Diese Einheit von Wille und Aufgabe, die höchste Erfüllung des männlichen Daseins, gewann ihren tiefsten Sinn, als die Aufgaben der kämpfenden Truppe nicht mehr von oben und aussen gestellt wurden, als alle Zwangsmittel, die zur Pflichterfüllung hätten anhalten können, fortgefallen waren, als die Schwachen abfielen. Da blieb in diesen kleinen Einheiten, überall an der Front zerstreut, die Aufgabe lebendig. Heimat und Vaterland waren nur noch hier, wie einst Österreich im Lager Radetzkys.
(S. 57)

Diese Einheit von Wille und Aufgabe, die höchste Erfüllung, die Männern werden kann, gewann ihren tiefsten Sinn, als die Aufgaben der kämpfenden Truppe nicht mehr von oben und außen gestellt wurden, als alle Zwangsmittel, die zur Pflichterfüllung hätten anhalten können, fortgefallen waren, als die Schwachen abfielen. Da blieb in diesen kleinen Einheiten, überall an der Front zerstreut, die Aufgabe lebendig; Heimat und Vaterland waren nur noch hier, wie einst Österreich im Lager Radetzkys (...).
(S. 133)

Die Erziehung des deutschen
Soldaten (1944) - Forts.

Wehrmachtserziehung und
Kriegserfahrung (1938) - Forts.

Die Kampfgemeinschaft wurzelt also in der **gemeinsamen Verantwortung** aller in ihr Verbundenen, Verantwortung in dem vollen Wortsinn genommen, der die bewusste und tätige Antwort auf den Ruf der Aufgabe meint.
(S. 58)

Die Kampfgemeinschaft wurzelt also in der **gemeinsamen Verantwortung** aller in ihr Verbundenen, Verantwortung in dem vollen Wortsinn genommen, der die bewußte und tätige Antwort auf den Ruf der Aufgabe meint.
(S. 134)

Aus dem Gehorsam des Zwangs und der äusseren Pflicht wird der **innere Gehorsam**, der den Willen des Mannes mit seiner Aufgabe gleichsetzt. So erwachsen kämpferische Persönlichkeiten mit eigenem Bewusstsein, eigenem Willen und eigenem Denken im Dienst der überpersönlichen Aufgabe, und es entsteht durch dieses Erlebnis gemeinsamer und persönlicher Verantwortung die gegliederte, zielvolle Ordnung der Kampfgemeinschaft.
(S. 58/59)

Innerlicher Gehorsam würde das Gemeinte vielleicht am besten treffen. Immer ist das Ergebnis die Gleichsetzung von Willen und Aufgabe im Manne und so werden aus ungeformten Bestandteilen der Masse und aus willenlosen Angehörigen von technischen Einheiten kämpferische Persönlichkeiten. Persönlichkeiten nennen wir Menschen mit eigenem Bewußtsein, eigenem Willen und eigenem Denken im Dienst überpersönlicher Mächte.
(S. 134)

Weil die Kampfgemeinschaft nur aus kriegerischen Persönlichkeiten bestehen kann, darum gehört zum vollen kriegerischen Manneswert auch der Einsatz der Verstandeskräfte des Soldaten. Das Entscheidende ist, dass aus dem blossen Gehorchen ein **denkender Gehorsam** wird. Denkender Gehorsam bedeutet, dass jeder einzelne Kämpfer Aufgabe und Befehl in Beziehung setzt zu der Lage, die er vorfindet, und nun **selbständig** und **selbsttätig** handelt ...

Daher gehört zum vollen kriegerischen Manneswert auch der Einsatz der Verstandeskräfte des Soldaten. Das Entscheidende ist, daß aus bloßem Gehorchen ein **denkender** Gehorsam wird. Denkender Gehorsam bedeutet, daß jeder einzelne Kämpfer Aufgabe und Befehl in Beziehung setzt zu der Lage, die er vorfindet, und nun **selbständig** und **selbsttätig** handelt ...

Die Erziehung des deutschen Soldaten (1944) - Forts.	Wehrmachtserziehung und Kriegserfahrung (1938) - Forts.

im Bewusstsein der Zusammenarbeit mit den Kampfgenossen, ohne von Kommando, Aufsicht, Hilfe und körperlicher Nähe des anderen abhängig zu sein.
(S. 59)

im Bewußtsein der Zusammenarbeit mit den Kampfgenossen, ohne von Kommando, Hilfe und körperlicher Nähe des anderen abhängig zu sein.
(S. 134)

In der Kampfgemeinschaft gewinnt der deutsche Soldat über die physische und seelische Widerstandskraft hinaus den **kämpferischen Mut**, in dem unter der Verantwortung vor der Aufgabe, getragen von der Gemeinschaft von Führern und Geführten, alle geistigen, sittlichen, körperlichen Kräfte, Leib und Seele, Verstand und Wille zusammengenommen sind zu kühnem und selbstlosem Handeln. **Entschlossenheit** ist der Zustand des Mutes, der mehr ist als blosse Überwindung der Angst und des Selbsterhaltungstriebes, mehr auch als das mehr oder minder grosse Mass an Furchtlosigkeit, das dem Menschen jeweils von Natur mitgegeben ist. Zu solchem Mut gehören Einsicht ebensosehr wie Kühnheit, Unterdrückung der hemmenden Triebe ebensowohl wie Anspannung aller Kräfte.
(S. 59/60)

In der Kampfgemeinschaft gewinnt der Mann über die physische und seelische Widerstandskraft hinaus den **kämpferischen Mut**, in dem unter der Verantwortung vor der Aufgabe, getragen von der Gemeinschaft von Führern und Geführten, alle geistigen, sittlichen, körperlichen Kräfte, Leib und Seele, Verstand und Wille zusammengenommen sind zu kühnem und selbstlosem Handeln. **Entschlossenheit** nennen wir den Zustand des Muts, der mehr ist als bloß Überwindung der Angst und des Selbsterhaltungstriebs, mehr auch als das mehr oder minder große Maß an Furchtlosigkeit, das dem Menschen jeweils von Natur mitgegeben ist. Zu solchem Mut gehören Einsicht ebensosehr wie Kühnheit, Unterdrückung der hemmenden Triebe ebensowohl wie Anspannung aller Kräfte.
(S. 135)

Dabei weiss die soldatische Erziehung, dass in den Zusammenhängen von Truppenführung und taktischer Gruppenbildung einerseits, ...

Da liegen eben in den Zusammenhängen von Truppenführung und taktischer Gruppenbildung einerseits, ...

Die Erziehung des deutschen
Soldaten (1944) - Forts.

Wehrmachtserziehung und
Kriegserfahrung (1938) - Forts.

von Kameradschaft, Gefolgschaft und Kampfgemeinschaft andererseits Erfahrungen vorliegen über das Verhältnis von Masse und Gemeinschaft, von Mannschaft und Persönlichkeit, die einen Anhalt geben für die organisatorische und erzieherische Bewältigung der Schwierigkeiten. Gewiss waren es die kleinen Eliten, die, erfüllt von kriegerischem Geist, kämpferischem Mut und soldatischem Verstand, die Träger der militärischen Aufgaben wurden. Um die Eliten herum gab es die Masse der Mitläufer, und schliesslich weiss der Erfahrene, wie gross auf der Tenne des Krieges die Spreu ist, die verworfen oder als unnützer Ballast mitgeschleppt werden muss. Dennoch sind die grossen Taten des Weltkrieges zwar von den Eliten geführt, aber nicht allein bewältigt worden. Das kämpfende und leidende Volk in Waffen tat das Seine dazu. Die geheimnisvolle Macht des Volkstums, die unzerstörbare völkische Substanz auch in der Masse der Soldaten umfasste diese mit den Eliten in einer höheren Einheit, in der die kriegerische Aufgabe trotz des Mitläufertums der Vielen und trotz der verworfenen Spreu der Unzulänglichen doch tiefer bewältigt wurde, als es den Eliten, den geborenen Soldaten, den führenden Menschen allein hätte gelingen können.

(S. 62/63)

von Kameradschaft, Gefolgschaft und Kampfgemeinschaft, wie wir sie in ihren Grundzügen dargestellt haben, andererseits Erfahrungen vor über das Verhältnis von Masse und Gemeinschaft, von Mannschaft und Persönlichkeit, die einen Anhalt geben für die organisatorische und erzieherische Lösung der in diesem Problemkreis auftauchenden Schwierigkeiten. Gewiß waren es die kleinen Eliten, die, erfüllt von kriegerischem Geist, kämpferischem Mut und soldatischem Verstand, die Träger der militärischen Aufgaben wurden. Um die Eliten herum gab es dann die Masse der Mitläufer, und schließlich weiß der Erfahrene, wie groß auf der Tenne des Kriegs die Spreu ist, die verworfen wird oder als unnützer Ballast mitgeschleppt werden muß. Dennoch sind die gewaltigen Taten des Weltkrieges zwar von den Eliten geführt, aber nicht allein bewältigt worden. Das kämpfende und leidende Volk in Waffen tat das Seine dazu.
(S. 137)

Die Erziehung des deutschen Soldaten (1944) - Forts.	Wehrmachtserziehung und Kriegserfahrung (1938) - Forts.

Äusserlich, taktisch und wehrpsychologisch betrachtet, handelt es sich um das Gesetz der **Gliederung und Steigerung der Kampfkraft.** Die Erfahrung zeigt, dass durchschnittlich die höchste Kampfkraft nicht dadurch zustandekommt, dass man die überhaupt vorhandenen Besten in **einer** Kampfgruppe zusammenstellt, die übrigen aber in einer anderen, nicht im gleichen Masse kampfkräftigen Gruppe belässt.

Das Ergebnis würde sonst sein, dass die mögliche Höchstleistung der Auserwählten durch die Unbrauchbarkeit der übrigen auf die Dauer mehr als ausgeglichen wäre, während zugleich die auf eine Stelle konzentrierten Blutopfer die Eliten vernichten würden.

(S. 63/64)

Wir suchen sie nach ihren taktischen und wehrpsychologischen Erscheinungen zu erfassen in den beiden Gesetzen der **Gliederung** und der **Steigerung** der Kampfkraft. Die Erfahrung zeigt, daß durchschnittlich die höchste Kampfkraft nicht dadurch zustande kommt, daß man die überhaupt vorhandenen Besten in einer Kampfgruppe zusammenstellt, die übrigen aber in anderen, nicht im gleichen Maße kampfkräftigen Gruppen beläßt. Das Ergebnis würde sein, daß die mögliche Höchstleistung der Auserwählten durch die Unbrauchbarkeit der übrigen auf die Dauer mehr als ausgeglichen wäre, während zugleich die auf eine Stelle konzentrierten Blutopfer die Eliten vernichten würden.

(S. 138)

Vertrauen schenken hat eine veredelnde Kraft, und wenn der Wille geweckt und die Führung festgegründet ist, vermögen sich auch die Schwachen gegenseitig zu stützen; aus den Mitläufern werden Mitarbeiter, die zwar gewiss nicht zum Höchsten berufen sind, die aber doch ihre Pflicht redlich und zulänglich erfüllen.

(S. 65)

Vertrauen schenken hat eine veredelnde Kraft, und wenn der Wille geweckt und die Führung festgegründet ist, vermögen sich auch die Schwachen gegenseitig zu stützen; aus den Mitläufern werden Mitarbeiter, die zwar nicht zum Höchsten berufen sind, die aber doch ihre Pflichten redlich erfüllen.

(S. 139/140)

Die Erziehung des deutschen Soldaten (1944) - Forts.

Wehrmachtserziehung und Kriegserfahrung (1938) - Forts.

Die bedeutsamste Form, in der die Kampfgemeinschaft im Frieden vertreten sein kann, ist die im Korpsgeist verbundene Truppe, die Gesinnung und Haltung der Kampfgemeinschaft vorwegnimmt und erzieherisch auswertet. Der Geist der Truppe, der Führer und Mann erfüllt, drückt sich in Haltung und Leistung bei der Friedensarbeit aus. Daneben tritt als geringere, aber doch unentbehrliche Vorform der Kampfgemeinschaft die **Sportgemeinschaft**, in der der kämpferische Mut sich im Wetteifer zeigen kann, während zugleich etwas den kriegerischen Formen der Manneszucht Ähnliches Gestalt gewinnt. (S. 69)

Im Kriege nur eine Vorstufe der Kampfgemeinschaft, ist die von Korpsgeist erfüllte Truppe im Frieden die höchste Form, in der Gesinnung und Haltung der Kampfgemeinschaft vorweggenommen und erzieherisch gestaltet werden kann. Der Geist der Truppe, der Führer und Mann erfüllt, drückt sich in Haltung und Leistung bei der Friedensarbeit aus. Im Wetteifer mit anderen Truppenteilen wird der Wille der Truppe angespannt und die soldatischen Kräfte werden entwickelt. Daneben tritt als geringere aber doch unentbehrliche Vorform der Kampfgemeinschaft die **Sportgemeinschaft**, in der der kämpferische Mut sich im Wetteifer zeigen kann, während zugleich etwas den kriegerischen Formen der Manneszucht Ähnliches Gestalt gewinnt. (S. 143)

Aber die eigentliche Grösse der preussisch-deutschen Soldatenerziehung und ihre besondere Macht liegt darin, dass sie alle die vielfältigen Aufgaben auf die **einfachsten Formen** gebracht hat, (...). "Im Kriege verspricht nur das Einfache Erfolg." (S. 70)

So kompliziert freilich alle theoretischen Erwägungen sein mögen, sie sind unnütz, wenn sie nicht schließlich als Ergebnis wenige einfache Einsichten bringen; denn ohne **eine letzte Einfachheit sind die soldatischen Aufgaben nicht zu bewältigen.** (S. 149)

Die Erziehung des deutschen
Soldaten (1944) - Forts.

Wehrmachtserziehung und
Kriegserfahrung (1938) - Forts.

So hat z.B. die harte Disziplin, die Manneszucht als Form der Führung, nicht nur, wie wir sahen, den Sinn, den absoluten Gehorsam und die bedingungslose Einfügung in die kriegerische Ordnung zum Ausdruck zu bringen und den Trägern der Autorität über den Gehorsam hinaus auch Achtung als Anerkennung ihrer inneren Berechtigung zur Gewaltausübung zu verschaffen.
(S. 72)

Die Disziplin hat die Aufgabe in dreifacher Hinsicht die Manneszucht zu erhalten und zu stärken: sie soll Mann und Truppe in voller Kampfkraft und in gespannter Bereitschaft erhalten, sie soll den absoluten Gehorsam und die bedingungslose Einfügung in die kriegerische Ordnung zum Ausdruck bringen und sie soll - und das ist wohl das eigentlich Deutsche an der Sache - den Träger der Autorität nicht nur Gehorsam, sondern auch **Achtung** als Anerkennung ihrer inneren Berechtigung zur Ausübung der Gewalt verschaffen.
(S. 107)

Bindings Äusserung hierüber ist mit Recht berühmt geworden, wenn seine Beispiele auch aus dem Weltkrieg genommen sind - heute sitzen die Feldmützen von Rechts wegen schief -: "Sicher spielen auch anscheinend kleine Dinge unsichtbar mit. Sonst würde ein General nicht so entsetzlich scharf darauf sehen, dass (beispielsweise) die Feldmützen der Leute mit dem unteren Rand unverbrüchlich waagerecht stehen.(...) Oder er würde über einen offenen Knopf nicht in fluchende Ekstase geraten. Darüber lässt man sich dann von vernünftigen Männern, tüchtigen Kompanieführern, belehren. ...

(hier als Fußnote)
Ähnliches berichtet Rudolf G. Binding: "Sicher spielen auch anscheinend kleine Dinge unsichtbar mit. Sonst würde ein General nicht so entsetzlich scharf darauf sehen, daß (beispielsweise) die Feldmützen der Leute mit dem unteren Rand unverbrüchlich waagerecht stehen (...) Oder er würde über einen offenen Knopf nicht in fauchende Ekstase geraten. Darüber läßt man sich dann von vernünftigen Männern, tüchtigen Kompanieführern, belehren. ...

Die Erziehung des deutschen
Soldaten (1944) - Forts.

Wehrmachtserziehung und
Kriegserfahrung (1938) - Forts.

Diese Dinge sind wichtig, sagen sie: der fehlende Knopf hinter der Front wird im Schützengraben zur fehlenden Handgranate. Vergisst er hier seinen Knopf, der Kerl, so vergisst er vorne seine Patronen. Sitzt ihm hier die Mütze auf dem Ohr, so sitzt ihm vorne das Korn schief in dem Visier."
(S. 73)

Diese Dinge sind wichtig, sagen sie: der fehlende Knopf hinter der Front wird im Schützengraben zur fehlenden Handgranate, vergißt er hier seinen Knopf, der Kerl, so vergißt er vorne seine Patrone. Sitzt ihm hier die Mütze auf dem Ohr, so sitzt ihm vorne das Korn schief in dem Visier."
(S. 106)

Schon in der Felddienstordnung 1909 heisst es: "Nie rastende Fürsorge für das Wohl der Truppe ist das schöne und dankbare Vorrecht des Offiziers". (...) Fürsorge ist kein Zeichen eines weichen Gemüts, sie ist die unerlässliche Voraussetzung für die Erhaltung der Kampfkraft und für die Aufrechterhaltung der Disziplin der Truppe. Ohne Fürsorge für die Truppe keine Disziplin in der Truppe.
(S. 76)

Die Erfahrungen des Weltkrieges zeigten unwiderleglich, daß die "nie rastende Fürsorge für das Wohl seiner Mannschaft" nicht nur "das schöne und dankbare Vorrecht des Offiziers" (FO. 1908 Art.6) ist, das den "Weg zum Herzen seiner Untergebenen" bahnt und ihr Vertrauen gewinnt (TF. 8, H.Dv. 130/1 Art.9), sondern daß Fürsorge die unerläßliche Voraussetzung für die Erhaltung der Kampfkraft der Truppe und für Aufrechterhaltung und Festigung der Manneszucht ist. Ohne Fürsorge für die Truppe keine Disziplin in der Truppe.
(S. 85)

Die deutsche Wehrmacht lebt nicht gesondert von dem übrigen Volk in einem abgeschlossenen Raum, wie es die liberalen Legenden und die ausländische Kritik wahrhaben wollen. ...

Der Weltkrieg gab die Erfahrung von einem Volk in Waffen, von den Bauern, Bürgern und Arbeitern, die aufgeboten sind, ihr Vaterland zu verteidigen. (...)
...

Die Erziehung des deutschen Soldaten (1944) - Forts.	Wehrmachtserziehung und Kriegserfahrung (1938) - Forts.
Sie ist ganz eingebettet in den Strom des völkischen Daseins; das gleiche Blut pulsiert in ihr wie in allen anderen deutschen Lebensgemeinschaften. (...) Es gibt keine Spaltung innerhalb des deutschen Geistes, keinen Gegensatz von "Weimar und Potsdam". Der Geist, der in den deutschen Bauern, Bürgern und Arbeitern lebt, ist auch der Geist der deutschen Wehrmacht. (S. 81)	Die Wehrmacht als Waffenträger der Nation ist Ausdruck und Abbild der im Volk lebendigen Kräfte. (S. 178)

Als Fazit dieses umfangreichen Textvergleichs sei noch einmal betont: Die in der Schrift *Die Erziehung des deutschen Soldaten* entwickelten Vorstellungen und Forderungen sind eindeutig Weniger zuzuschreiben.[59] Damit ist das Ergebnis der Textanalyse, der Erziehungswissenschaftler Weniger habe in erziehungsfremden und dem nationalsozialistischen System konformen Kategorien gedacht, bestätigt. Die Erkenntnis wiegt dabei noch schwerer, wenn man bedenkt, daß sich Weniger trotz der Möglichkeit, von 1938 an sechs Jahre lang die Auswirkungen der NS-Diktatur zu beobachten und mitzuerleben, 1944 immer noch in den Dienst dieses verbrecherischen Systems gestellt hat.

Die Synopse wirft darüber hinaus auch ein Licht auf das Werk *Wehrmachtserziehung und Kriegserfahrung*. Die eindringliche Konfrontation mit dem Text, wie sie in dem methodischen Schritt einer synoptischen Darstellung erfolgt, bestätigt, was die textkritische Analyse dieser Schrift von 1938 auf anderem Weg bereits

---

[59]Kleine Änderungen, die Weniger auf Wunsch des OKW vorgenommen haben mag, oder auch einige Satzeinfügungen der Schriftleitung (sog. "Frankenbergersche Sätze", vgl. dazu Kurt Beutler 1994) ändern daran nichts. Dafür sind die synoptisch belegten Übereinstimmungen der beiden Texte zu umfangreich.

ergeben hatte: Wenigers Behauptung, er habe versucht, in dieser Arbeit "pädagogisch Inseln jener Gesinnung zu bilden, von der einmal der aktive Widerstand gegen den Nationalsozialismus ausgehen könnte"[60],ist, jedenfalls mit Blick auf die wiedergegebenen Passagen, nicht zu halten.

---

[60]Protokoll vom 15.12.1948 "Prof. Weniger berichtet über seine wissenschaftliche Laufbahn", Personalakte, Universitätsarchiv Göttingen.

C. SCHRIFTEN ZWISCHEN 1945 UND 1960

6. Verdrängte oder bewältigte Vergangenheit? - Wenigers Rückbesinnung auf die Zeit des Nationalsozialismus

6.1. *Zur Vorgeschichte des 20. Juli 1944 - Heinrich von Stülpnagel* (1945)[1]

Karl-Heinrich v. Stülpnagel, 1886 in Darmstadt geboren, gehört zu den großen Gestalten des Widerstands gegen Hitler. 1938 bis 1940 war der General der Infanterie Oberquartiermeister im Generalstab des Heeres, 1940 leitete er die deutsch-französische Waffenstillstandskommission in Wiesbaden, 1941 führte er den Oberbefehl über die 17. Armee in der Ukraine, von 1942 bis 1944 war er Militärbefehlshaber in Frankreich. Er schloß sich früh der Widerstandsbewegung an. Unter seiner Leitung verlief der Putsch am 20. Juli 1944 in Paris erfolgreich. Rund 1200 Angehörige der SS und des SD wurden verhaftet, ohne daß ein einziger Schuß fiel. Als der Oberbefehlshaber West Günther v. Kluge nach dem Scheitern des Attentats ihre Freilassung verlangte und damit den Tod des Militärbefehlshabers und Tausender anderer besiegelte, folgte v. Stülpnagel diesem Befehl. Zur Berichterstattung nach Berlin befohlen, ließ er auf dem Weg dahin in der Nähe von Verdun anhalten und versuchte, sich zu erschießen. Der Selbstmordversuch mißglückte, blind wurde er in ein Lazarett gebracht. Kaum vernehmungsfähig, wurde er vom Volksgerichtshof zum Tode verurteilt und am 30. August 1944 in Berlin hingerichtet.[2]

Für Weniger wurde der General zu einer Schlüsselfigur. Ihm verdankte er die Vermittlung zum Generalstabschef Franz Halder, bei dem er einen Sonderauftrag für seine militärwissenschaftlichen Studien erwirkte; unter seinem Befehl war er dabei, als die deutsche Wehrmacht Rußland überfiel, zu seinem Stabe gehörte er auch,

---

[1]Weniger, E.: Zur Vorgeschichte des 20. Juli 1944 - Heinrich von Stülpnagel. In: Die Sammlung, 4. Jg. 1949, 8./9. Heft, S. 475-492. Zitiert als: Stülpnagel 1949.

[2]Vgl. dazu: Bücheler, H.: Carl-Heinrich von Stülpnagel: Soldat - Philosoph - Verschwörer. Biographie. Berlin, Frankfurt/M.: Ullstein 1989; Speidel, H.: Aus unserer Zeit. Erinnerungen. Wien: Propyläen 1977; Cartier, R.: Der Zweite Weltkrieg. Band I und II. München: R. Piper & Co. Sonderausgabe o.J.

als v. Stülpnagel Militärbefehlshaber in Frankreich war. Auf ihn, als Opfer des 20. Juli, beruft er sich, wann immer es um Klärung seiner eigenen Vergangenheit geht. Daher liegt es nahe, daß er ihm den ersten Text widmet, den er nach Kriegsende in Angriff nimmt.

Im Juli 1945 wird Weniger aus amerikanischer Kriegsgefangenschaft entlassen, im August 1945 stellt er die Arbeit fertig. Er legt sie der englischen Militärregierung vor, wie aus einer Notiz von Oktober 1945 in den Entnazifizierungsunterlagen zu ersehen ist.[3] Über deren Reaktion ist dort nichts vermerkt. Weniger äußert sich zu dem Vorgang 1954 so: "Die englische Zensur verbot das (i.e. den Abdruck der Arbeit im dritten Heft der *Sammlung*) unter schärfsten Strafandrohungen."[4]

Erst 1949 wird sie dann in *Die Sammlung* veröffentlicht. In einem Vorspann teilt die Schriftleitung lakonisch mit: "Die Darstellung Prof. Wenigers wurde im August 1945 geschrieben und sollte im 3. Heft unserer Zeitschrift erscheinen. Das war damals noch nicht möglich. Nun drucken wir sie ab, wie sie damals geschrieben wurde (...)."[5] Kurt Beutler hat auf die Unrichtigkeit des letzten Satzes aufmerksam gemacht und die Abweichungen des späteren Textes vom ursprünglichen nachgewiesen.[6]

Das Bild v. Stülpnagels

Die Art und Weise, in der Weniger v. Stülpnagel beschreibt, läßt eine emotionale Bindung an ihn erkennen. Für ihn war er die Verkörperung seines preußischen Offiziersideals. Einige Zitate mögen das belegen: "Seine ungewöhnliche militärische Intelligenz ließ ihn die Probleme unvoreingenommen und mit einem hartnäckigen Realismus sehen. - Ihm war die Strategie die Kunst des Möglichen.

---

[3]Nds. 171, Blatt 12.
[4]Weniger, E.: *Politische Bildung und staatsbürgerliche Erziehung*. Würzburg: Werkbund-Verlag [2]1963, S. 10.
[5]Stülpnagel 1949, S. 475.
[6]Beutler, K.: Militärpädagogische Aspekte bei Erich Weniger. Zum kriegsfördernden Beitrag geisteswissenschaftlicher Pädagogik. In: Forum Wissenschaft, Studienhefte 9, a.a.O., S. 60-72.

- Trotz seiner tiefen Skepsis gegen die oberste militärische Führung tat General von Stülpnagel seine soldatische Pflicht. An Entschlossenheit und Kühnheit hat es ihm nicht gefehlt. - Auch bei
schärfster Kritik, die er nicht scheute, beobachtete er ritterliche
Formen. - Außerhalb des Dienstes war er, ohne je den Abstand auf-
zugeben, der unbefangenste Kamerad, der erste unter gleichen. -
Notfalls trank er sie (i.e. Parteispitzel) übrigens unter den Tisch. -
Seine diplomatischen Fähigkeiten standen den militärischen nicht
nach. Als Präsident der Waffenstillstandskommission konnte er sie
entfalten und erzwang dabei die Bewunderung der Gegenspieler. Sie
empfanden die Liebenswürdigkeit seiner Formen, die Ritterlichkeit
seiner Haltung bei aller Festigkeit des Auftretens, den unfehlbaren
Takt bei der Behandlung der schwierigsten politischen Fragen, vor
allem aber die echte Humanität, die überhaupt ein Grundzug seines
Wesens war. Diese Humanität stand wie bei allen wirklich bedeu-
tenden Soldaten nicht im Widerspruch zu der soldatischen Gesinnung und Haltung. Schon deshalb war er kein Militarist."[7]

Die Charakterisierung dieses Mannes kulminiert in dem Satz: "Das
ist wirklich ein General". Diesen Satz legt Weniger dem Laza-
rettarzt in den Mund, bei dem sich v. Stülpnagel "aufs liebens-
würdigste" nach dem Ergehen der Lazarettinsassen erkundigt, als er
dort nach seinem mißglückten Selbstmordversuch wieder zu sich
kommt.[8] Ob dieser Ausspruch tatsächlich so gefallen ist, steht
dahin. Weniger war nicht Zeuge dessen, was er schildert, er nennt
auch keine Informationsquelle. Hier ist lediglich bedeutsam, womit
er subjektiv v. Stülpnagel treffend zu charakterisieren vermeint.

Das Bild des preußischen Offiziers rundet sich für Weniger durch
eine aristokratische Ahnentafel. So verfolgt er auch v. Stülpnagels
Abstammung zurück bis ins vierte Geschlecht.[9] Zeigt sich an die-

---

[7]Stülpnagel 1949, S. 479-481. Hervorhebungen von mir.
[8]Ebd, S. 492.
[9]Diese Denkweise war schon Ernst Jünger aufgefallen, er notiert dazu: "Weniger kennt
fast jeden Menschen in Deutschland, der einige Bedeutung hat, und diese Kenntnis
reicht bis in die genealogische Verflechtung der Vergangenheit zurück." (Zitiert in:
Schwenk 1968, S. 23. - Die Angabe der Fundstelle des Jünger-Zitats stimmt nicht.)
- Auch der Nachruf der Göttinger Universität hebt diese Beschlagenheit Wenigers
hervor: "Wenn er sich gelegentlich einen 'Welfen' nannte, so klang aus dem Wort die
konservative Anlage eines Mannes, den in Kenntnis adliger Genealogien niemand
übertraf." Beleg: Personalakte, Universitätsarchiv Göttingen.

sem Interesse die besondere historische Befähigung Wenigers? Mir ist es eher ein Hinweis auf hereditäres Denken, das aus dem Erbe eines Menschen Kriterien für seine charakterliche Beurteilung zu gewinnen vermeint und damit - wie Adorno nachgewiesen hat - ein ausgezeichneter Nährboden für Vorurteile ist.[10]

Es sind Anklänge an die nationalsozialistische Rassenideologie, wenn Weniger in diesem Zusammenhang formuliert: "General 'Heiner' von Stülpnagel, im Heer zum Unterschied von seinen Geschlechtsvettern der blonde oder rote Stülpnagel genannt, war ein ungewöhnlich befähigter Mann. Sein Bluterbe enthielt sehr gegensätzliche Ströme. Die uckermärkische Familie von Stülpnagel hat eine große Zahl guter Soldaten hervorgebracht."[11]

Dieses Phänomen ist kein vereinzeltes: Wie auch in seinem Aufsatz über Kantorowicz, behält Weniger in signifikanten Punkten die Nazi-Terminologie bei, obwohl er das Manuskript von 1945 vor seiner Veröffentlichung 1949 überarbeitet hat. K. Beutler spricht von einer "terminologischen Reinigung", der Ausdruck "Führer" sei teilweise durch "Hitler" ersetzt worden.[12] Die Reinigung erfolgte aber so halbherzig, daß der Text sprachlich noch an vielen Stellen distanzlos die NS-Zeit wiedergibt. Eine weitere, beliebige Textstelle mag das belegen: "Schon in den Anfangszeiten des Krieges soll es über fünfzig Instanzen mit dem Recht des Immediatvortrages beim Führer gegeben haben. (...) Dazu kam dann noch die Gewohnheit des Führers, grundsätzlich mindestens zwei Instanzen mit einer Sache zu befassen (...)."[13] Weniger spricht in diesem Aufsatz so oft von "Führer" (genau elfmal), daß sich die Überlegung verbietet, er habe möglicherweise die Anführungszeichen vergessen.

Ich kehre zu dem Persönlichkeitsbild zurück, das Weniger von Stülpnagel entwirft. Er erklärt die Gegnerschaft des Generals zu Hitler aus Stülpnagels Mentalität. Er findet viele Worte und bleibt doch an der Oberfläche. Es ist belegt, daß v. Stülpnagel aus sitt-

---

[10]Vgl. dazu: Adorno, Th. W. et al.: Der autoritäre Charakter. Band 1. Amsterdam: Verlag de Munter 1968, S. 90 f.
[11]Stülpnagel 1949, S. 477. Hervorhebung von mir.
[12]Vgl. Beutler, K.: Militärpädagogische Aspekte bei Erich Weniger, a.a.O, S. 69.
[13]Stülpnagel, S. 488.

lich-religiösen Motiven zum Widerstand fand, daß ihn z.B. der
Befehl Hitlers, bei Sabotageakten Vergeltungsmaßnahmen im
Verhältnis 1 zu 50 bis 100 zu ergreifen, schwer belastete.[14]
Weniger meidet dieses Thema, streift es nur einmal; er zieht eine
unverfänglichere Phänomenbeschreibung vor: "Humanistisch treff-
lich gebildet (...), mathematisch weit über den Durchschnitt begabt,
wäre er am liebsten Gelehrter geworden, Mathematiker oder auch
Historiker. (...) Neben ausgebreiteter Lektüre und einsamen
Spaziergängen liebte er das anregende Gespräch an der Tafelrunde.
(...) Er sah gern Männer der Wissenschaft bei sich zu Gast (...)."[15] So
beschreibt Weniger die ihm imponierenden Züge des Generals und
fügt dann, mit einem deutlich spürbaren "Aber", eine andere
Charakterisierung hinzu: "Dennoch entsprach seine Art nicht dem
herrschenden und herausgestellten Ideal, das vom Feldherrn den
heldischen Glanz und die Taten eines Stoßtruppführers verlangt. Er
leitete die Operationen unauffällig und leise, er verzichtete auf
unmittelbare Einwirkung auf die Truppe, zeigte sich ihr nicht,
liebte es überhaupt nicht, hervorzutreten. (...) Es ist schwer zu sagen, ob diese Zurückhaltung in der innersten Natur Stülpnagels begründet war oder ob sie ihm erst aus der Resignation erwachsen
ist. Vielleicht lag hier doch seine Grenze. (...) Es fehlte ihm wohl an
eigentlichem militärischen Ehrgeiz und an dem elementaren
Machttrieb, der die Menge gewinnen und beherrschen will und auch
die Popularität erstebt und genießt. So konnte er trotz seiner
prachtvollen ritterlichen Erscheinung nicht der mitreißende soldatische Führer werden, der ein Kraftzentrum gegen das Führer-
hauptquartier hätte bilden, in dessen Namen man sich hätte einen
können."[16]

Dieser hier beschriebene Wesenszug v. Stülpnagels ist die Ursache
dafür, daß Hitler ihn - wie Weniger das ausdrückt - "niemals zu be-
zaubern vermochte, auch nicht, als er eine Zeitlang um ihn warb."[17]
Macht aber nicht gerade das, was für Weniger als Grenze im Sinne
von Mangel in Erscheinung tritt, die Stärke dieses Mannes aus? Weil

---

[14]Vgl. dazu Bücheler, H.: Carl-Heinrich von Stülpnagel, a.a.O., u.a. S. 256 und 260.
[15]Stülpnagel 1949, S. 478.
[16]Ebd., S. 480. Hervorhebung von mir. - Die geglückte Erhebung in Paris beweist das
    Gegenteil.
[17]Ebd., S. 479.

seine Werteskala eine andere war als die Hitlers, war der General nicht verführ- und erpreßbar; gerade weil es ihm "wohl" an dem "eigentlichen militärischen Ehrgeiz" und "elementaren Machttrieb" mangelte, war er frei, die sittliche Implikation des geschichtlichen Augenblicks zu erkennen und mit dem souveränen Einsatz seines Lebens zu beantworten.

Die Beziehung zwischen Weniger und v. Stülpnagel

Weniger leitet seine Verbindung zu v. Stülpnagel mit folgenden Worten ein: "Meine wissenschaftlichen Arbeiten führten dabei 1940 zu einer Begegnung mit dem damaligen Oberquartiermeister, General der Infanterie *Heinrich von Stülpnagel* (...) Aus dieser zufälligen Begegnung entwickelten sich immer engere Beziehungen und in den Jahren 1942 bis 1944 ein oft täglicher Umgang mit eingehenden Gesprächen, die, wissenschaftlichen, philosophischen und religiösen Problemen gewidmet, doch immer einmündeten in eine Betrachtung der militärischen und politischen Lage, die für gewöhnlich schloß mit der Frage: Was aber können, was sollen *wir* tun?"[18]

An der Ostfront

An Wenigers Darstellung fällt auf, daß er von seiner ersten Begegnung 1940 gleich zu der fraglos bedeutsamen Zeit seiner Kommandierung in Frankreich ab Oktober 1942 übergeht, daß er aber die Tatsache, zuvor unter v. Stülpnagels Befehl den Beginn des Rußlandfeldzugs mitgemacht zu haben, nicht einmal erwähnt. Vom 1. Mai bis 1. September 1941 gehörte er zum Stab der 17. Armee und kam dann einer Darminfektion wegen ins Lazarett.[19] Auch v. Stülpnagel zieht sich eine Darminfektion zu, meldet sich krank und gibt den Oberbefehl über seine Armee zurück.[20] Weniger erwähnt

---

[18]Ebd., S. 477.
[19]Laut Angaben im Fragebogen v. 14.6.1947, Nds. 171.
[20]In der Biographie Büchelers sind die Hintergründe seines Abschieds von der 17. Armee nachzulesen. Stülpnagel habe nach vergeblichen Interventionen bei v.Brauchitsch die Verantwortung für das voraussehbare Schicksal der 17. Armee

die Erkrankung zwar und erwähnt auch die unpopulären Warnungen
des Generals vor der leichtfertigen Planung der Rußlandoffensive,
stellt aber keinerlei Beziehung zu sich selbst her: "Eine Krankheit,
die er sich als Oberbefehlshaber der 17. Armee in der Ukraine im
September 1941 zuzog, hat ihn davor bewahrt, als Opfer seiner
Überzeugungen in die Wüste geschickt zu werden."[21] Mehr erfährt
der Leser nicht.

Im Hinblick auf ein ausgewogenes Urteil über Weniger ist es keineswegs gleichgültig festzustellen, daß er die - wenn auch kurze -
Zeitspanne seiner Kommandierung an die Ostfront einfach übergeht.
Es ist historisch belegt, daß Hitlers Ausrottungspolitik mit seinem
Angriff auf die Sowjetunion am 22. Juni 1941 in eine neue Phase
getreten war. Einige Zitate mögen die grausamen Fakten in
Erinnerung rufen. M. Gilbert schreibt in seiner Untersuchung: "Von
den allerersten Tagen des deutschen Einmarsches in Rußland an
waren spezielle Tötungskommandos oder Einsatzgruppen im Gefolge
der deutschen Truppen ostwärts gezogen; sie machten sich die
Schrecken und Wirren des Kriegsgeschehens zunutze, um unter diesem Deckmantel Hunderttausende von Juden Stadt für Stadt und
Dorf für Dorf zusammenzutreiben und an Ort und Stelle zu erschießen. Der systematische Massenmord an den Juden hatte begonnen."[22] - "In der Zwischenzeit (...) veröffentlichte die sowjetische
Regierung detaillierte Berichte über hunderte (sic!) von Greueltaten
gegen die russische Zivilbevölkerung während des Vormarsches der
deutschen Armeen durch Rußland zwischen Juni und Dezember
1941. (...) Die Molotow-Note vom 6. Januar (i.e.1942) enthielt eine
sachlich-nüchterne, nach Ortschaften gegliederte Darstellung der,
wie es hieß, 'abscheulichen Gewalttätigkeiten, Ausschreitungen
und Massaker'."[23] Gilbert fährt fort: "In einem weiteren Abschnitt
der Molotow-Note (...) wurden Details über die Massenmorde der
Todeskommandos in der Ukraine mitgeteilt. 'Diese blutigen Exekutionen', hieß es darin, 'wurden im besonderen an unbewaffneten

---

wie des Ostheeres insgesamt nicht mittragen wollen. Bücheler, H.: C.-H. v. St.,
a.a.O, S. 227-230.
[21]Stülpnagel 1949, S. 479. Es ist unklar, ob Weniger die Formulierung im über-
tragenen oder tatsächlichen Sinn gemeint hat.
[22]Gilbert, M.: Auschwitz und die Alliierten, a.a.O, S. 16.
[23]Ebd., S.19 f.

und wehrlosen jüdischen Arbeiterfamilien vorgenommen.' Und im folgenden wurde die Zahl der in den verschiedenen Städten Getöteten angegeben, wobei es sich jedoch um 'unvollständige Zahlen' handelte. Diese Zahlen lauteten: 'Nicht weniger als 6000' in Lwow (Lemberg), 8000 in Odessa, 'über 8500 Getötete oder Erhängte' in Kamenez-Podolsk, 'über 10500 mit Maschinengewehren Erschossene' in Dnjepropetrowsk, 'über 7000 Personen' in Kertsch und 'über 3000' in Mariupol, 'darunter viele alte Männer, Frauen und Kinder, die allesamt vor der Erschießung ihrer Habe beraubt und nackt ausgezogen wurden'."[24]

Vor diesem Hintergrund ist die Frage nach dem, was Weniger von solchen Untaten erfahren oder gar erlebt haben mag, keineswegs so nebensächlich, wie das in zwei Dokumenten behauptet wird. So heißt es in der Begründung zur Entnazifizierungsentscheidung vom 9.9.1948: "Seit dem 29.8.1939 bis Kriegsende stand er im Wehrdienst und bekleidete seit 1.12.1942 den Rang eines Majors d. Res. Seine verschiedenen Kommandos sind nicht weiter von Interesse."[25] Und auch B. Schwenk meint in seiner Weniger-Biographie, bezogen auf die militärischen Einsätze: "Die verschiedenen Stationen können hier nicht im einzelnen dargestellt werden. Im Sommer 1941 war Weniger kurz in Rußland, zog sich aber eine Darminfektion zu und mußte ins Lazarett."[26] In beiden Fällen wird damit bewußt darauf verzichtet, wenigstens an einem Punkt zur Klärung und Aufarbeitung der Vergangenheit beizutragen.

Weniger wiederum spielt an zwei Stellen auf die besagten Verbrechen an, ohne die Dinge beim Namen zu nennen; er hält sich selbst bedeckt und benutzt die Vorfälle, um seine These von der Wehrmacht als dem letzten Hort von Sittlichkeit während der NS-Zeit zu untermauern.[27]

---

[24]Ebd., S. 20.

[25]Universitätsarchiv Göttingen, Personalakte. Hervorhebung von mir.

[26]Schwenk1968, S. 22. Hervorhebung von mir.

[27]Nach dem mißglückten Attentat auf Hitler errichtete die Wehrmacht einen sog. Ehrenhof, der jene Offiziere zu benennen hatte, die der Nazijustiz ausgeliefert werden sollten. Diese Tatsache läßt Weniger z.B. unerwähnt.

Die eine Anspielung steckt in der Äußerung, daß die Wehrmacht "die Kaltstellung des Generalobersten Blaskowitz <u>wegen seines Protestes gegen die Taten der SS in Polen</u>"[28] hinnehmen mußte, die andere holt weiter aus und bringt Wenigers Lieblingsideen in Verbindung mit der Person v. Stülpnagels zum Ausdruck: "es entsprach seinen Überzeugungen, wenn gesagt wurde, daß es die Aufgabe der Wehrmacht als Besatzung und der Militärverwaltung sei, so zu arbeiten, und so sich zu halten, daß die Ehrenhaftigkeit der deutschen Soldaten, die Ritterlichkeit, das Wohlwollen und die gestaltende Kraft der Besatzungsmacht bleibende Erinnerungen hinterließen. Selbst wenn der Krieg verloren ging, wäre dann das moralische Prestige gerettet. Schon in der Ukraine hatte er in diesem Sinne geführt. (...) Es ist noch in Erinnerung, wie hoch damals das Ansehen der Wehrmacht bei der Bevölkerung der besetzten Gebiete stand und wie sie zwischen der Wehrmacht und den von der Partei bestimmten Einrichtungen zu unterscheiden wußte. <u>Aber es wurde der Wehrmacht immer schwerer gemacht, sich rein zu erhalten.</u> Als der Oberbefehlshaber sein Amt in Frankreich antrat, fand er schon den SD mit selbständigen Vollmachten und mit seinen <u>verhängnisvollen Methoden</u> vor."[29] An diese vage Formulierung schließt sich ein Hinweis auf den Gauleiter Sauckel an; dann beendet Weniger dieses Thema mit dem Satz: "Es ist hier nicht der Ort, das Ringen des Militärbefehlshabers mit dem höheren SS- und Polizeiführer und mit dem Gauleiter zu schildern. Einiges konnte er mildern (...)."[30] Wenigers Zurückhaltung ist nicht einzusehen. Wenn schon die literarische Würdigung eines Widerstandskämpfers des 20. Juli nicht der passende Ort ist - wo sonst sollte die Erinnerung an sein Einstehen für Humanität bewahrt werden? Denn gerade damit würde das, was sonst Gefahr läuft, Phrase zu sein, mit Inhalt gefüllt.

Es gibt noch eine Stelle in diesem Aufsatz, die deutlich macht, wie schnell Weniger - mit einem Satz - über die Ereignisse hinweggeht, die das Grauen und die Schuld dieser Epoche ausmachen. Im Zusammenhang mit der Frage nach der Rechtmäßigkeit der

---

[28]Stülpnagel 1949, S. 483.
[29]Ebd., S. 482. Hervorhebungen von mir.
[30]Ebd.

Verschwörung formuliert er: "Von der außerrechtlichen Willkür[31] der Gestapo, des SD, der SS, von den fliegenden Standgerichten und von den Konzentrationslagern ist gar nicht erst zu reden. So gab es also gegen Irrtümer, Willkür, Gewalttat der Führung keinerlei Rechtsschutz."[32]

Diese Aufzählung belegt nicht nur einmal mehr, daß Weniger über die Verbrechen der Nazis informiert war; die Art der Darstellung läßt zudem vermuten, daß er sich aus taktischer Erwägung der Militärregierung gegenüber bedeckt halten will.

In Paris

Wenigers Ausführungen über seine Zeit in Paris sind ebenfalls nicht eindeutig. Von Oktober 1942 bis Oktober 1943 gehörte er zum Stabe v. Stülpnagels; obwohl dieses Jahr als die große Zeit seines Widerstandes immer wieder Erwähnung findet, bleibt es unklar, wieweit der General ihn ins Vertrauen gezogen hat.

"Das Attentat war für den Anfang Juli in Aussicht genommen", beginnt Weniger seine Schilderung der entscheidenden Phase, und er fährt fort: "Doch den General Stief (sic!)[33], der es auszuführen unternommen hatte, verließen im letzten Augenblick die Nerven. Stülpnagel _scheint_ daraufhin an ein Gelingen nicht mehr geglaubt zu haben. 14 Tage vor dem 20. Juli _sagte er mir unter vier Augen_, daß auf die Generale nicht mehr zu hoffen sei. (...) Drei Tage vor dem Attentat wurde Feldmarschall Rommel bei einem Angriff feindlicher Jagdbomber in der Normandie schwer verletzt. (...) _Es wird unserem General klar gewesen sein_, was der Ausfall Rommels bedeutete. (...) Am 18. Juli weihte Stülpnagel seinen Stabschef, Oberst von _Linstow_, ein. In den Mittagsstunden des 20. Juli sah ich den

---

[31]Das ist eine seltsame Formulierung, als gäbe es eine rechtlich legitimierte Willkür!
[32]Ebd., S. 487.
[33]Gemeint ist Generalmajor Hellmuth Stieff. Er gehörte zum engsten Kreis um Generalmajor Henning v. Tresckow. Ich bin in der Literatur zum 20. Juli nirgends auf den Hinweis gestoßen, daß der General "die Nerven verloren" hätte. Wie dem auch sei, indem Weniger diesen Satz so stehen läßt und nicht hinzufügt, daß Hellmuth Stieff am 8. August 1944 vom Volksgerichtshof verurteilt und noch am selben Tag hingerichtet worden ist, kommt das einer Beleidigung gleich.

Oberbefehlshaber zum letzten Mal. In der schwülen Hochsom-
merhitze ging er, was sonst nicht seine Art war, ruhelos auf dem
Dachgarten des Hotel Raphael, von dem man einen großartigen
Rundblick über Paris hat, auf und ab. Er wartete, wie wir jetzt
wissen, auf das Stichwort. Aber der herzliche Abschiedsgruß,
dessen Klang unvergessen bleibt, verriet nicht, was in ihm vorging."[34]

Schon die Hervorhebungen im Zitat zeigen, wie schwankend
Wenigers Wiedergabe der Ereignisse ist. Einmal referiert er eine
Tatsache, dann äußert er Vermutungen. Dichtung und Wahrheit mi-
schen sich in diesem Abschnitt. Der Hinweis auf den Rundblick über
Paris z.B. ist sachlich belanglos, ist romanhafte Ausschmückung
wie auch die folgende Aussage: "Stülpnagel und seine Vertrauten
fuhren noch in der Nacht nach Paris zurück. Auf der Fahrt wurde
kein Wort gewechselt. Der General sah still vor sich hin."[35]

Ein Rückblick aus dem Jahr 1954

An dieser Stelle möchte ich kurz einhalten und Wenigers Beitrag
Neue Literatur zur deutschen Widerstandsbewegung von 1954
heranziehen.[36] Der Schwerpunkt seines Interesses liegt in diesem
Text eindeutig auf der Frage, wieweit in der Literatur die damalige
Erhebung in Paris angemessen gewürdigt wird. Er kommt zu dem
Ergebnis: "Die Ereignisse des 20. Juli in Paris, dem einzigen Platz,
an dem die Erhebung zunächst gelang, sind in den bisherigen
Darstellungen sehr zu kurz gekommen."[37] Deshalb weist er zu
Beginn dieses Beitrags noch einmal auf seinen eigenen Stülpnagel-
Aufsatz hin, dessen Veröffentlichung 1945 durch die Zensur ver-
hindert worden sei. Auch nach neun Jahren reagiert Weniger immer
noch emotional, wenn er formuliert: "So sollten gleich in den
nächsten Heften des ersten Jahrganges (i.e. der *Sammlung*) Erinnerungen an *Karl-Heinrich* (sic!) *von Stülpnagel* erscheinen, um in

---

[34]Ebd., S. 490 f. Hervorhebungen von mir.
[35]Ebd., S. 491.
[36]Weniger, E.: *Neue Literatur zur deutschen Widerstandsbewegung.* In: Die Sammlung,
  9. Jg. 1954, S. 403-411. Zitiert als: Neue Literatur 1954.
[37]Ebd., S. 406.

diesem menschlich und militärisch gleich hervorragenden General, dem Initiator und Führer der Erhebung des 20. Juli in Paris, einen weiteren Kräftestrom sichtbar zu machen, dessen Vorhandensein zu leugnen die Siegermächte in dem Rausch der bedingungslosen Kapitulation 1945 ebenso geneigt waren wie große Teile des deutschen Volkes in ihrer Verzweiflung über die Katastrophe."[38]

Einerseits vermißt Weniger eine angemessene literarische Würdigung des Widerstands in Paris, andererseits reagiert er spürbar irritiert auf eine Veröffentlichung von Wilhelm Ritter von Schramm, die 1954 zu diesem Thema erschien.[39] Weniger geizt nicht mit Anerkennung, um seine Kritik um so wirkungsvoller anzubringen. "Dankenswert" nennt er es, daß der Autor, "als zuverlässiger Berichterstatter über kriegerische Zusammenhänge trefflich bewährt, es unternommen hat, die Pariser Geschehnisse (...) zu rekonstruieren und in lebendiger Nacherzählung der weiteren Öffentlichkeit zugänglich zu machen. An den Ereignissen selber nicht beteiligt, war er ihnen doch als 'höherer Kriegsberichter' beim Oberkommando West nahe, (...). So ist er zu seinem Unternehmen durchaus legitimiert, und es ist ein aufschlußreiches, ja erregendes Buch entstanden. Dennoch lassen sich ernste Bedenken nicht verschweigen, zunächst gegenüber der äußeren Form, dann aber doch auch gegen Inhalt und Gedankenführung."[40] Die inhaltlichen Bedenken Wenigers richten sich vor allem auf die Bewertung General Rommels und des SS-Obergruppenführers Oberg, Überlegungen, die für die Analyse des Stülpnagel-Aufsatzes unerheblich sind. Aufschlußreich ist dagegen Wenigers formale Kritik. Dazu holt er aus. Er beschreibt die Verschwiegenheit v. Stülpnagels, was ihm die Gelegenheit gibt, noch einmal auf sich selbst und die eigene Nähe zu dem General hinzuweisen, er bedauert, daß weder v. Stülpnagel noch Cesar v. Hofacker Aufzeichnungen hinterlassen haben, um dann seinen Vorwurf anzubringen: "Der Verfasser (i.e. v. Schramm) sah sich bei diesem Sachverhalt zu Ergänzungen und

---

[38]Ebd., S. 403. Hervorhebung von mir. - Es ist schwer vorstellbar, daß angesichts der umfassenden Zerstörung 1945 große Teile der deutschen Bevölkerung so blind gewesen sein sollten und nur ein kleiner Teil erkannt haben sollte, daß ein Sieg Hitlerdeutschlands die eigentliche Katastrophe gewesen wäre.

[39]v. Schramm, W.: Der zwanzigste Juli in Paris. Bad Wörishofen 1954. Zitiert nach Weniger, Neue Literatur 1954, S. 407.

[40]Ebd., Hervorhebungen von mir.

Konstruktionen gezwungen, vor allem aber um der Wirkung willen zu dichterischen Freiheiten und romanhaften Ausschmückungen, die doch den Rahmen des quellenmäßig Belegten vielfach überschreiten. Es steckt nun doch zuviel an "Reportage" in dem Buch, der Vorabdruck in einer illustrierten Zeitschrift mag die Neigung dazu verstärkt haben (beispielsweise S.94 'Finckh ballte die Hände' [...])."[41] Auf diesen Seitenhieb folgt der bemerkenswerte Satz: "Natürlich läßt sich über die Methode der Darstellung streiten, doch möchten wir meinen, daß gegenüber dem Ernst eines solchen Geschehens nur entweder der historisch getreue, Wort für Wort belegte Bericht (...) oder die vollkommen freie dichterische Gestaltung angemessen ist."[42]

Die hier wiedergegebenen Ausführungen Wenigers von 1954 befremden; sie nennen den Maßstab, der für seine eigene Stülpnagel-Darstellung ebenfalls gegolten hätte. Seine Darstellung enthält qualitativ dieselben romanhaften Ausschmückungen wie die von ihm kritisierte "lebendige Nacherzählung" v. Schramms. Der eine Satz: "Finckh ballte die Hände" ist Beiwerk wie der andere: "Der General sah still vor sich hin". Es fällt auf, daß Weniger emphatisch (mit dem Hinweis auf den "Ernst eines solchen Geschehens") eine Haltung postuliert, die für ihn selbst keine Verbindlichkeit hatte.[43]

Nach diesem stilkritischen Exkurs sei die Frage gestellt, wie Wenigers Pariser Zeit objektiv zu bewerten sei. In der Literatur zu den Ereignissen des 20. Juli habe ich nirgends einen Hinweis auf Weniger gefunden. Möglicherweise hat er seine Bedeutung für den Widerstand überschätzt. In einem Protokoll vom 15.12.1948 "Prof. Weniger berichtet über seine wissenschaftliche Laufbahn" - angefertigt im Rahmen seiner Berufungsverhandlung auf den Lehrstuhl Herman Nohls - heißt es: "In zwei umfangreichen Arbeiten 'Wehrmachtserziehung und Kriegserfahrung' und 'Goethe und die Generale' habe er versucht, pädagogisch Inseln jener Gesinnung zu bilden, von

---

[41]Ebd., S. 407 f. Hervorhebungen von mir.
[42]Ebd., S. 408.
[43]Auch ein anderer Beitrag Wenigers mit historischem Bezug, *Die weiße Rose* (1953), hält seinen Beurteilungskriterien von 1954 nicht stand. Vgl. dazu das Kapitel *Die weiße Rose* in dieser Arbeit.

<u>der einmal der aktive Widerstand gegen den Nationalsozialismus
ausgehen könnte.</u>"⁴⁴ Wenn dem wirklich so gewesen wäre, dann wäre
es unverständlich, warum gerade er als angeblicher geistiger Wegbereiter des Widerstands nicht zu den Eingeweihten gehört hätte.
Diese Überlegung wird auch nicht entkräftet durch die Beschreibung, die Weniger in dem o.g. Literaturbericht von Stülpnagel gibt:
"Aber der General wahrte doch sein Geheimnis, vor allem <u>ließ er
nur ganz wenige an den Vorbereitungen wissend beteiligt sein.</u> Seine Freunde durften ihn ermutigen und durften auch wohl raten, aber
er zog sie in die Verantwortung nicht hinein und wollte so wenig
Menschen wie möglich gefährden."⁴⁵

Das Attentat auf Hitler - Verrat oder sittliche Pflicht?

Die Frage nach der Bewertung des 20. Juli 1944 ist immer wieder
gestellt worden. Dabei wird der Umstand des Rechtsbruchs, des
verletzten Treueids der Überlegung gegenübergestellt, wieviel Leid
und Zerstörung noch in der Zeit von Juli 1944 bis Kriegsende durch
Hitlers Beseitigung hätten abgewendet werden können.

Auch für Weniger ist die Beurteilung des Attentats von Belang, er
diskutiert dieses Thema nicht nur im Rahmen seiner Stülpnagel-
Arbeit, sondern greift es auch 1952 anläßlich einer Gedenkrede
zum 20. Juli im Südwestfunk noch einmal auf.⁴⁶ Vom "Wagnis der
Revolte mitten im Krieg" ist da die Rede, von "überlieferten
Vorstellungen, die die Auflehnung gegen die Obrigkeit, die Gewalt
über uns hat, als Verbrechen erscheinen ließen", und von der
"Bindung an den Eid".⁴⁷

Wie umstritten der Anschlag auf Hitler, zumindest in Militär-
kreisen, noch bis in die 50er Jahre hinein gewesen ist, läßt sich
daraus ersehen, daß der Personalgutachterausschuß für die Streitkräfte in seinen "Richtlinien für die Prüfung der persönlichen

---

⁴⁴Personalakte, Universitätsarchiv Göttingen. Hervorhebung von mir.
⁴⁵Neue Literatur 1954, S. 407. Hervorhebung von mir.
⁴⁶Veröffentlicht unter dem Titel: *Gehorsamspflicht und Widerstandsrecht in der
Demokratie.* In: Die Sammlung, 7. Jg. 1952, S. 417-422.
⁴⁷Ebd., S. 417.

Eignung der Soldaten vom Oberstleutnant - einschließlich - abwärts" eigens einen Passus dazu aufnimmt. Weniger wiederum war an der Erstellung der Richtlinien beteiligt.[48]

Im Hintergrund der Diskussion steht die Frage nach der Bewertung des Fahneneides der Jahre 1934 bis 1945, die Frage nach seiner Verbindlichkeit. Der Eid, bei dem ursprünglich Gott als Zeuge angerufen wurde, den beide Teile, der Eidleistende wie der Eidnehmende, anerkannten, wurde im Dritten Reich dadurch pervertiert, daß er auf die Person Hitlers geleistet werden mußte.[49] J. Fest gibt eine treffende Analyse dieses Sachverhaltes, indem er feststellt, "daß eine große Anzahl der deutschen Soldaten im streng terminologischen Sinne gar nicht eidesfähig war, da viele nicht an einen persönlichen Gott glaubten oder sich religiös indifferent verhielten. Schon gar nicht eidesfähig war der 'Führer' selbst, als Schwörender wie auch als Eidfordernder oder gar Eideshort. Er schändete die Heiligkeit des Eides, indem er ihn für sich selbst und ausschließlich in Anspruch nahm. Es blieb also dem 'Dritten Reiche' vorbehalten, den Fahneneid als 'religiösen Unterbau der soldatischen Berufsethik' neu zu entdecken und es bei fortschreitender Verbindungseinbuße des Menschen zu Gott zuzulassen, daß er endlich die Stellung eines 'metaphysischen Absolutums' einnahm, über dessen Verletzung hinaus nur noch der Tod blieb."[50]

Eine "deutsche Hartnäckigkeit in Dingen der Metaphysik"[51] vorausgesetzt, ist es nachvollziehbar, daß vielen Soldaten das Attentat auf Hitler zunächst einmal als Verschwörung, Empörung, Verrat,

---

[48]Am 23. Juli 1955 wurde das PGA-Gesetz verkündet, am 27. Juli 1955 wurde Weniger in den Ausschuß berufen, am 13. Oktober 1955 wurden die Richtlinien beschlossen. Der PGA war das offizielle Fortsetzungsgremium einer Gruppe von Männern unterschiedlicher Couleur, die sich bereits im "Amt Blank", dem Vorläufer des Verteidigungsministeriums, mit Fragen einer künftigen Streitmacht befaßten. Weniger gehörte offiziell seit 1952 dazu. - Der Kernsatz des Passus lautet: "Der Soldat ist in seinem Gewissen gebunden an unvergängliche sittliche Gebote. (...) Aus solcher Einstellung muß der künftige Soldat die Gewissensentscheidung der Männer des 20. Juli 1944 anerkennen." Beleg: BA/MA Freiburg, BW 27.

[49]Der Eid im Wortlaut: "Ich schwöre bei Gott diesen heiligen Eid, daß ich dem Führer unbedingten Gehorsam leisten und als tapferer Soldat bereit sein will, jederzeit für diesen Eid mein Leben einzusetzen." Zitiert nach: Cartier, R.: Der Zweite Weltkrieg, a.a.O., S. 778.

[50]Vgl. Fest, J.: Über den Fahneneid, S. 28/29 eines unvollständigen Manuskripts, das im Weniger-Nachlaß im BA/MA Freiburg unter N 488/20 registriert ist.

[51]Fest, S. 29.

Meuterei vorkommen mußte. Die geistige Freiheit, den metaphysischen Grund ihres Handelns von der Person Hitlers zu entkoppeln und in das eigene Gewissen zu verlegen, hatten nur wenige.

Weniger, der seinen Aufsatz 1945 mit der Frage "Wie denkt man heute über den 20. Juli?"[52] beginnt, hat sich "unter der Bevölkerung, besonders unter den ehemaligen Soldaten" umgehört und auch mit "einsichtigen und verantwortlich denkenden Offizieren, etwa auch einem General"[53], gesprochen. Das Ergebnis sei gewesen, daß die Soldaten "die Tat mit Entsetzen verurteilt" und die Offiziere sie bei allem Verständnis doch als "Meuterei" und "Bruch des Fahneneids" gewertet hätten. Aus Offiziersperspektive sei sie zudem als "unter dem Niveau" (ein Offizier bedient sich der Schußwaffe, nicht aber einer Bombe) und als politisch ahnungslos eingestuft worden.[54]

Dieser Meinung setzt Weniger seine Auffassung entgegen; sie entspringt seiner deutsch-nationalen Gesinnung. Es ist derselbe Ton, der in seinem Aufsatz über Ernst Kantorowicz und in dem Zyklus über die Epoche der Umerziehung anklingt. Sein Argument lautet: "Der 20. Juli 1944 bot die letzte Möglichkeit, aus eigener Kraft mit unserem Schicksal fertig zu werden. Nicht als ob mit dem Gelingen der Empörung die Niederlage hätte abgewendet oder auch nur die Verantwortung für das Vorausgegangene hätte abgewälzt werden können. Aber Deutschland wäre auch im Zusammenbruch wieder ein moralischer Faktor geworden und damit auch unter den schwersten ihm auferlegten Bedingungen politisch im Spiel geblieben."[55]

Deutschland wäre Subjekt im geschichtlichen Beziehungsgeflecht geblieben und nicht zum politischen Objekt der Siegermächte degradiert worden. (Dieser Gedanke taucht 1959 in dem Beitrag *Die Epoche der Umerziehung* wieder auf.)[56] In diese Grundvorstellung

---

[52]Stülpnagel 1949, S. 475.
[53]Ebd., S. 475 f. - Die "Bevölkerung" beschränkt sich dabei auf das Militär.
[54]Stülpnagel 1949, S. 475 f.
[55]Ebd., S. 476. Hervorhebung von mir.
[56]Das hier angesprochene Problem ist Kern der Passage, die Weniger 1949, aus welchen Gründen auch immer, gestrichen hat. Im Manuskript von 1945 setzt er sich mit der Bewertung des 20. Juli durch die Alliierten auseinander. Er widerspricht ihrer Auffassung, der Putsch sei der letzte Versuch eines Teils der deut-

Wenigers paßt dann die Motivation für den Widerstand, die er Stülpnagel zuschreibt. Weniger zitiert die "Lieblingswendung" des Generals: "'Ich glaube immer noch an die Anständigkeit des deutschen Volkes. Im Grunde ist das deutsche Volk doch anständig geblieben. Schließlich wird diese Anständigkeit unter all den Verschüttungen (...) wieder zum Vorschein kommen. Ein so anständiges Volk kann nicht untergehen.'"[57] Daran anschließend sagt Weniger: "Dieser Glaube und nicht ein politisches oder militärisches Kalkül (...) führte ihn zur Beteiligung am 20. Juli."[58]

Der Blick auf das eigene Volk ist sicher legitim in einer für dieses Volk existentiell bedeutsamen Situation; die in dem Stülpnagel-Zitat wiedergegebene Häufung von "Anständigkeit" jedoch hat etwas Chauvinistisches oder Beschwörendes an sich, etwas, das sich mit der überlieferten souveränen Weitsicht und engagierten Menschlichkeit dieses Generals nicht verträgt.[59] Denn Weitblick und Humanität sind allgemein und nicht exklusiv. Der Stil dieser Textstelle legt den Gedanken nahe, daß Weniger hier Stülpnagel seine eigenen Hoffnungen von damals in den Mund legt.

Die auf das eigene Volk fixierte und deshalb historisch wie menschlich eingeschränkte Sichtweise Wenigers wird auch im Fortgang seiner Argumentation deutlich. Zwar spannt er den Bogen vom Widerstandsrecht im Calvinismus zum Recht auf Notwehr bei

---

schen Militärkaste gewesen, sich in die Zukunft hinüberzuretten. Ich verweise hier auf Beutler, K.: Militärpädagogische Aspekte bei Erich Weniger, a.a.O., S. 69 f. - Die inadäquate Beurteilung des Attentats auf Hitler durch die Alliierten greift auch R. Cartier auf: "Wäre anerkannt worden, daß eine soziale und geistige Elite das Verbrecherische des Regimes sehr wohl erkannt hatte und bereit war, ihr Leben bei der Beseitigung der Verbrecher aufs Spiel zu setzen, so hätte dies die Forderung nach der bedingungslosen Kapitulation in ein schlechtes Licht gerückt." (Der Zweite Weltkrieg, a.a.O., S. 790).

[57] Stülpnagel 1949, S. 478. Hervorhebungen von mir.

[58] Ebd., S. 479.

[59] Es ist die Frage, was unter "anständig" zu verstehen ist. Auch dieses Wort kann seit der durch Himmler formulierten Pervertierung nicht mehr unbefangen verwendet werden. Am 4. Oktober 1943 sagte er in einer Rede vor SS-Gruppenführern zu der Ermordung der Juden: "Von euch werden die meisten wissen, was es heißt, wenn 100 Leichen beisammen liegen, wenn 500 daliegen oder wenn 1000 daliegen. Dies durchgehalten zu haben und dabei - abgesehen von Ausnahmen menschlicher Schwächen - anständig geblieben zu sein, das hat uns hart gemacht. Dies ist ein niemals geschriebenes und niemals zu schreibendes Ruhmesblatt unserer Geschichte (...)." Zitiert nach: Binder, G.: Epoche der Entscheidungen, Stuttgart-Degerloch: Seewald Verlag, [5]1960, S. 459. Hervorhebung von mir.

Luther; Kern seiner Argumentation ist jedoch die angebliche alt-germanische, von den NS-Ideologen strapazierte Auffassung einer gegenseitigen Bindung von Führer und Volk: "Deutlich war, daß ein Treueverhälnis in dem Augenblick aufgehoben war, in dem der Sinn dieser Einung, die Erhaltung des Volkes in seiner Substanz und seiner Staatlichkeit durch Hitler entweder nicht mehr gewollt oder auch faktisch nicht mehr gewährleistet werden konnte. Die Vernichtung des Volkes darf ein Führer, selbst um einer Idee willen, nicht wollen."[60]

Dieses Zitat enthält implizit eine Bejahung des Nationalsozialismus mit seiner zu einem Führerstaat verkommenen Staatsform. Hitler hatte als Führer versagt, insofern war für Weniger das Recht zum Aufstand, zur Empörung gegeben. Das Bemerkenswerte aber ist, daß er in dem zitierten Satz ein Treueverhältnis zu einem Diktator grundsätzlich anerkennt, daß er ein Wort wie "Einung" überhaupt verwendet und den Sinn dieser Einung in der Erhaltung des Volkes in seiner Substanz sieht. Mit anderen Worten: Wenn Hitler die "Einung" erreicht oder auch nur weiter verfolgt hätte, wäre an dem Treueverhältnis - so Weniger - nicht zu rütteln gewesen. Und weiter: Hitlers Judenverfolgung, die nicht prinzipiell an das Kriegsgeschehen, d.h. an eine Gefährdung des deutschen Volkes gebunden war und tatsächlich auch im Frieden begonnen hatte, wäre unter dieser Prämisse akzeptabel gewesen. Ich lege Weniger nicht auf die inhaltliche Konsequenz seiner Ausführungen fest, dennoch decouvriert ihn eine so leichtfertige Formulierung angesichts der Thematik "Drittes Reich".

Weniger vermag bei seiner zeitgeschichtlichen Analyse - auch als Historiker - die ethnozentrische Sichtweise nicht zu überwinden. Die folgenden Sätze sind ein weiterer Beleg dafür. Im Hinblick auf Stülpnagel konstatiert er: "Er wußte, daß es um etwas anderes ging als um Meuterei und Bruch des Fahneneides, er wußte, daß hier ein Staatsnotstand vorlag, der den Berufenen die sittliche Pflicht zum Handeln auferlegte. In der höchsten Not des Vaterlandes konnte es keine Bedenken geben. Die zweifellose Schuld mußte man auf sich nehmen. Im Konflikt der Pflichten galt die höchste. Für die unver-

---

[60]Stülpnagel 1949, S. 485. Hervorhebung von mir.

meidliche Schuld bot man das Wagnis seines Lebens. Die formale Treue gegen den Führer (sic!) brachte, das ist heute auch dem Bedenklichsten klar, den sicheren Untergang des Volkes, die völlige Zerstörung der Volkssubstanz."[61]

Die höchste Pflicht - Weniger schreibt das August 1945 und korrigiert es auch 1949 nicht - ist demnach die Erhaltung der Volkssubstanz. Das ist eine bedrückende Aussage angesichts des an den Juden verübten Völkermords und aller Zerstörungen, die spätestens mit Kriegsende für jeden Sehenden offenkundig waren.

Neben dieser Aussage hat das Zitat auch einen formalen Aspekt. Das Pathos der Sätze ist verdächtig. Wie der Analyse der Beiträge zu *Ernst Kantorowicz* und der *Weißen Rose* zu entnehmen ist, wird Weniger immer dann pathetisch, wenn er sich unsicher fühlt oder von einer Sache ablenken will. Tatsächlich enthält der Satz über v. Stülpnagel - "er wußte, daß hier ein Staatsnotstand vorlag, der den <u>Berufenen</u> die sittliche Pflicht zum Handeln auferlegte" - die Frage, warum Weniger nicht selbst zu diesen Berufenen und Handelnden gehörte. Von diesem "Wo hast du gestanden?"[62] lenkt er ab; mit gewichtigen Worten wie "In der höchsten Not des Vaterlandes" - "Die zweifellose Schuld mußte <u>man</u> auf sich nehmen" - "Im Konflikt der Pflichten galt die höchste" - "Für die unvermeidliche Schuld bot <u>man</u> das Wagnis seines Lebens" - deckt er die Frage zu. Die Wahl des unbestimmten "Man" erweckt außerdem beim Leser den Eindruck, er, Weniger, befinde sich in der Rolle eines distanzierten Zuschauers, der ein Geschehen kommentiert. Auch das Wort "Berufener" mit seiner Konnotation von "schicksalhafter Ruf, der an einen Menschen ergeht", verfolgt suggestiv eine ihn selbst entlastende Tendenz: Für das Agieren einer außermenschlichen Macht trägt "man" keine Verantwortung.

Im weiteren Verlauf seines Aufsatzes läßt sich Weniger über die Struktur des NS-Staates aus, die keine andere Form des Protests als die Verschwörung zugelassen habe; er ventiliert den Hand-

---

[61]Ebd., S. 484. Hervorhebungen von mir.
[62]Es sei an die Äußerung Wenigers erinnert, seine Gespräche mit dem General seien stets auf die Frage zugelaufen: "Was aber können, was sollen *wir* tun?" (Stülpnagel 1949, S. 477).

lungsspielraum der Führungsstäbe in Heer und Wehrmacht, hält ein mit der Bemerkung: "Wir schreiben hier keine Geschichte der militärischen und politischen Führungsordnung"[63] und beendet seine Würdigung mit der fiktional-romanhaften Schilderung der Ereignisse um v. Stülpnagel unmittelbar nach dem mißglückten Attentat.

Ergebnisse

Die Erkenntnisse, zu denen die Untersuchung von Wenigers Stülpnagel-Aufsatz geführt hat, lassen sich in vier Punkten zusammenfassen:

1. Die Darstellung macht deutlich: Weniger will die Tatsache, daß er unter v. Stülpnagels Befehl den Beginn des Rußlandfeldzugs in der Ukraine mitgemacht hat, übergehen. Die Darstellung läßt weiter keinen Zweifel daran, daß er schon vor 1945 von den Greueltaten wußte, die "im Gefolge der deutschen Truppen" (Gilbert) von den Sonderkommandos der SS und der Polizei an der Zivilbevölkerung - der jüdischen wie der slawischen - verübt wurden. Die Frage, warum er diesen Zeitabschnitt seines militärischen Einsatzes überspringt, bleibt offen.

2. Wenigers Argumentation läßt den Schluß zu, daß er zu den Sympathisanten des Kreises um v. Stülpnagel gehörte. Die Art seiner Darstellung jedoch in ihrem Wechsel von sachkundiger Schilderung und romanhafter Ausgestaltung verunsichert. Die Frage nach seinem Standort, nach dem Grad seiner Informiertheit, letztlich die Frage, warum er nicht zu den Berufenen und im Widerstand Handelnden gehörte, bleibt ungeklärt.

3. Weniger bejaht das Attentat, die Gründe jedoch, auf die sich seine Zustimmung stützt, offenbaren die Enge seines Horizontes. Neben dem nationalistischen Argument, daß Deutschland nach geglücktem Aufstand politisch im Spiel geblieben wäre, und dem biologisch-völkischen, das den Erhalt der deutschen Volkssubstanz zum damaligen Zeitpunkt im Blick hat, nennt er ein drittes Motiv

---

[63]Ebd., S. 488.

für den Widerstand. Im Stülpnagel-Beitrag klingt es dort an, wo er von der "Reinhaltung der Wehrmacht" spricht. In dem später veröffentlichten Rundfunkvortrag vom 20. Juli 1952 heißt es: "Da der Mißbrauch der deutschen Wehrmacht durch den Nationalsozialismus uns in seinen verhängnisvollen Folgen noch gegenwärtig ist, da wir wissen, daß es das Anliegen der Männer des 20. Juli war, diesem Mißbrauch Trotz zu bieten (...)."[64]

Dieses Urteil ist stark verkürzt. Am 20. Juli 1944 stand nicht nur die Reinhaltung der deutschen Wehrmacht auf dem Spiel. Weniger urteilt als Militär, das ist seine Perspektive. Der Beruf, den er seit Oktober 1945 auszufüllen hatte, war jedoch ein anderer. Als Pädagoge war er mitverantwortlich für die Bildung künftiger Lehrer. Es stellt sich die Frage, wie aus einer solchen Blickverengung für die Studenten Weitsicht erwachsen konnte.

4. Als letztes Ergebnis sei noch einmal die Tatsache genannt, daß Weniger auch in seinem Stülpnagel-Aufsatz immer wieder in die Sprachbilder des Nationalsozialismus zurückfällt, wobei in diesen Fällen durchaus eine adaequatio linguae ad rem, eine Übereinstimmung von Sprache und Inhalt, vorliegt.

---

[64]Weniger, E.: *Gehorsamspflicht und Widerstandsrecht in der Demokratie.* In: Die Sammlung, 7. Jg. 1952, S.420.

6.2. Neue Wege im Geschichtsunterricht (1945)[1]

Wie ein Phönix aus der Asche tritt Weniger 1945 wieder in das Licht der Öffentlichkeit. Nach seiner Entlassung aus der Kriegs-gefangenschaft stellt er im August den Stülpnagel-Aufsatz fertig (ohne ihn zu dem Zeitpunkt veröffentlichen zu können), wird ab Oktober Leiter der Pädagogischen Hochschule Göttingen und meldet sich am 11./12. Dezember in Hannover auf einer geschichtspäd-agogischen Tagung mit einem Vortrag über *Neue Wege im Ge-schichtsunterricht* zu Wort. Dieser Vortrag, ein halbes Jahr nach Beendigung des Krieges verfaßt, ist deshalb wert, untersucht zu werden, weil Weniger in ihm die "jüngste Vergangenheit" direkt an-spricht. Ein Jahr später, im Dezember 1946, äußert er sich noch einmal zur Zeit des Nationalsozialismus, auch dieses Mal unter ge-schichtspädagogischem Aspekt.[2] Die Vorträge gehören zeitge-schichtlich zusammen, ich beginne mit dem von 1945. Rück- und Vorschau kreuzen sich hier in der Frage: Geschichtsunterricht in Schulen - ja oder nein?

Zunächst geht Weniger auf Widerstände ein, die sich seiner Ein-schätzung nach dem Geschichtsunterricht in Schulen entgegen-stellen. Auf Lehrer- wie auf Schülerseite sieht er eine Aversion gegen dieses Fach aus der Befürchtung heraus, vom Regen in die Traufe zu kommen. Beide Seiten befürchteten erneut Gesin-nungsdruck und Lehrzwang, erneut eine "Überanstrengung des ge-schichtlichen Beweises"[3], wenngleich unter verändertem Vorzei-

---

[1] Veröffentlicht zum ersten Mal in Die Sammlung, 1. Jg. 1945/46. Im folgenden zi-tiert nach: Weniger, E.: Neue Wege im Geschichtsunterricht mit Beiträgen v. H. Heimpel und H. Körner. Frankf./M. : G. Schulte-Bulmke 1949. Zitiert als: Neue Wege 1949.

[2] Weniger, E.: Geschichte ohne Mythos. Zur Neugestaltung des Geschichtsunterrichts. Niederschrift eines Vortrages auf dem geschichtspädagogischen Lehrgang des Göttinger Instituts für Erziehung und Unterricht in Göttingen am 18.12.46. Veröffentlicht in: Die Sammlung, 3. Jg. 1948, S. 31-47.

[3] Neue Wege 1949, S. 11. - In diesem Zusammenhang sei darauf hingewiesen, daß Weniger (Pseudonym Lorenz Steinhorst) bereits 1936 auf die Vergewaltigung der geschichtlichen Wahrheit durch die neuen Machthaber hinweist. Er schließt jedoch die Augen vor seiner Erkenntnis, indem er die These vertritt: "Die Gefahren des Neubeginnens, Dilettantismus und Vergewaltigung der geschichtlichen Wahrheit, sind deutlich genug, aber auch sie sind ja nur ein Zeichen für die Fruchtbarkeit des neuen Erlebens." Lorenz Steinhorst: Geschichtliche Besinnung. In: Die Schildgenossen, 15. Jg. 1936, H. 2, S. 184. - Daß diese Sicht nicht Ironie, sondern Gläubigkeit des Autors spiegelt, zeigt der unkritisch-positive Tenor des gesamten Beitrags.

chen und dieses Mal nicht von innen, sondern von außen, von den
Besatzungsmächten ausgehend. Die Lehrer befürchteten ferner, von
den Schülern in ihrer Glaubwürdigkeit angezweifelt zu werden,
"wenn sie heute schwarz nennen, was sie gestern für weiß hielten."[4] Bei den Schülern wiederum, die den Lehren des Nationalsozialismus blind vertrauten, sei entweder eine enttäuschte,
resignative Haltung eingetreten oder eine "Verkrampfung", die
trotzig "den Sinn der gegen das Dritte Reich gefallenen Entscheidung" leugne.[5]

Diesen Widerständen setzt Weniger entschieden seine Vorstellungen vom Bildungsauftrag der Schule entgegen. Die Art und Weise,
in der er das tut, läßt dabei einen starken Willen zu politischem
Handeln, zur Mitgestaltung an dem Wiederaufbau des deutschen
Staates erkennen. "Eine Schule ohne Geschichtsunterricht wäre
gleichsam entmannt. Sie hätte keine produktive Spitze mehr. Sie
wäre ein Zeichen dafür, daß unser Volk nicht mehr an seine Geschichtlichkeit, an seine Aufgabe gegenüber der Menschheit glaubt,
daß es seine innere Einheit und die Reste seiner Staatlichkeit auf-
gegeben hat."[6]

Die Zukunft gehört der Jugend, deshalb richtet Weniger sein Augen-
merk auf sie, deshalb will er sie im Geschichtsunterricht für den
neuen Staat gewinnen. Das folgende Zitat soll verdeutlichen, mit
welcher Kraft er sich der Jugend zuwenden will: "Wir müssen (...)
mit allen Kräften darum ringen, daß es anders mit der Jugend
werde. (...) Wir, die ältere Generation, sind ja nur die Platzhalter
für die erst heranwachsenden Träger der Verantwortung in dieser
geschichtlichen Stunde. Das einzige zuverlässige Mittel, das uns in
diesem Ringen um Seele und Geist der Jugend bleibt, ist die Wahrheit, die wir der Jugend schuldig sind, Wahrheit und nichts als
Wahrheit.[7]

---

[4]Ebd. - Wenigers Zeitanalyse von 1945 legt einen Vergleich zu der Verunsicherung
nahe, die seit der "Wende" in den Bildungseinrichtungen der ehem. DDR zu beobachten
ist.

[5]Ebd., S. 12.

[6]Ebd., S. 13 f. Hervorhebungen von mir.- Eine Symbolik im Sinne Freuds als Hinweis
auf den Wunsch nach Potenz/Macht ist in der Wortwahl dieser Sätze nicht zu übersehen.

[7]Ebd., S. 13. Hervorhebungen von mir.

Wenigers Ringen um Seele und Geist der Jugend wohnt ein auto-
ritärer Zug inne. Sein Zugriff auf die Jugend ist umfassend, er will
ihr das Geschichtsbild geben, das sie in sich tragen soll, er will
ihre Vorstellungs- und Gefühlswelt bestimmen. Das macht die
Fortführung des oben begonnenen Zitats deutlich: "Ob die Jugend
bereit und fähig ist, jetzt die Wahrheit zu hören, das ist für uns,
die Lehrenden, zunächst unwesentlich. (...) - wie würde dieselbe
Jugend, die noch kein Verhältnis zur Geschichte hat und haben will,
über uns urteilen, wenn wir wirklich darauf verzichten wollten,
unser Geschichtsbild zu geben, wenn wir eine Schule ohne Geschichtsunterricht aufbauen würden? Sie würde uns der Feigheit
bezichtigen, des Mangels an Mut gegenüber der Wahrheit und gegenüber der Jugend. Sie würde uns verspotten ob unserer Ratlosigkeit.
Sie würde Unglauben vermuten und annehmen, daß wir selber nicht
mehr wüßten, was wir wollten und was die Jugend nun wollen
solle."[8] Ein Jahr später, im November 1946, wendet sich Weniger
anläßlich der Immatrikulation des ersten ordentlichen Lehrgangs
an der Pädagogischen Hochschule Göttingen genau in diesem Sinne
an die Studenten und sagt: "So entsteht die merkwürdige Übergangssituation, in der wir, die Dozenten, vorweg doch sagen müssen, was nach unserer Ansicht an Lage und Aufgabe zunächst einmal
als selbstverständlich zu gelten habe."[9]

Wie sehr Wenigers Denken selbst nach dem Untergang des "Groß-
deutschen Reiches" von Vorstellungen der Stärke beherrscht bleibt,
zeigen die o.g. Sätze. Ratlosigkeit angesichts des soeben über-
standenen Grauens und Unglaube sind in seinen Augen Zeichen von
Schwäche, die er nicht zulassen kann.

Ich nehme Wenigers Frage: Geschichtsunterricht in Schulen - ja
oder nein? wieder auf. Notwendig ist Geschichtsunterricht in seinen Augen, "weil er das Organon ist, durch das Staat und Volk sich
ihres Daseins und ihrer Aufgaben versichern, ihre Verantwortung
vor der Geschichte klären und jede neue Generation in ihre geschichtliche Verantwortung einführen."[10] Weniger hat dabei zu-

---

[8]Ebd. Hervorhebungen von mir.
[9]Reden 1946/47, S. 325. Hervorhebungen von mir. Vgl. Kapitel 6.4. in dieser Arbeit.
[10]Neue Wege 1949, S. 13. Hervorhebungen von mir.

nächst einmal das eigentliche Jugendalter im Blick, d.h. die Altersstufen von 14 bis 18 Jahren. Seine im engeren Sinn didaktischen
Gedanken zur geschichtlichen Bildung der Jugend stützen sich zwar
auf psychologische Erwägungen, letztlich aber spiegeln sie Überzeugungen, die er bereits in seiner Militärpädagogik während des
Dritten Reiches vertreten hat.

Die psychische Verfassung der Jugend von damals charakterisiert
Weniger so: "Hinter aller Skepsis und zur Schau getragenen Teil-
nahmlosigkeit der Jugend verbirgt sich der *Hunger nach Gewißheit*,
nach festen Leitideen, denen man glauben darf, für die es sich *einzusetzen* lohnt."[11] Mit dieser Einschätzung rechtfertigt er die
Forderung, der Jugend wieder Inhalte anzubieten, an die sie glauben
kann und an denen sich ihr Enthusiasmus entzünden soll. Er führt
aus: "Wenn die Jugend dieser Altersstufen von uns überhaupt
geschichtliche Erkenntnis annimmt, dann nur eine solche, die ihr in
positiver Form, von einem Glauben getragen, als Jasagen zu irgendetwas dargeboten wird. (...) Ob wir unter dem Druck unseres
Schicksals zurückblickend ganz neue Seiten unserer Geschichte
aufschlagen, die bis jetzt übersehen wurden, ob wir Verschüttetes
wieder ausgraben, immer wird es darauf ankommen, einen positiven
geschlossenen Zusammenhang von Gewißheiten zu entwicken, der
den Enthusiasmus erregt (...)"[12]

"Feste Leitideen", "positiver geschlossener Zusammenhang von Gewißheiten", "Glaube", "Enthusiasmus" - dieses Vokabular läßt den
Eindruck entstehen, als wolle Weniger eine kritische Haltung bei
der jüngeren Generation gar nicht erst aufkommen lassen, als wolle
er jede Nachdenklichkeit, jede Verunsicherung und Angst, alle ihre
Fragen an die ältere Generation und alles Zweifeln an einem Sinn
von Geschichte angesichts dieses Ausmaßes an Zerstörung im Keim
ersticken. Wieder soll die Jugend emotional-irrational angesprochen werden, anknüpfen soll der Lehrer an den Idealen, die die
Jugend in der nationalsozialistischen Bewegung verkörpert geglaubt habe, Ideale wie "Volksgemeinschaft", "nationale Würde",

---

[11]Neue Wege 1949, S. 14.
[12]Ebd.

"männliche Ehre" und "soziale Gerechtigkeit"[13]. Wie die Analyse des militärpädagogischen Werkes zeigt, sind das auch und gerade Wenigers Leitvorstellungen; damit legt er den Gedanken nahe, auch er habe an ihre Verkörperung durch den Nationalsozialismus geglaubt.

Ich gehe noch einmal auf die Forderungen ein, die Weniger an den neuen Geschichtsunterricht bzw. den Geschichtslehrer stellt. Einerseits erwartet er, daß der Lehrer die Vorurteile, die die Jugend im Hinblick auf die Vergangenheit mitbringt, "mit fester Hand anpacken und zu zerstören suchen"[14] wird. Andererseits stellt er sich wenig später schützend vor die Jugend und empfiehlt dem Lehrer Takt und Rücksichtnahme: "Bei dem Unterricht über die letzten Jahre aber und auch, wenn man nun doch eine zusammenhängende Darstellung der jüngsten Zeit für unentbehrlich hält[15], bedarf es großen Taktes, die (sic!) Entschiedenheit des Urteils mit Rücksichtnahme auf eine Jugend verbindet, die ja noch keine eigene Verantwortung in der Zeit des Dritten Reiches gehabt und vielleicht in dem schmalen Bereich ihres jugendlichen Lebens von den bösen und unzulänglichen Kräften wenig erfahren hat, so daß sie die Ideale in ihrer Brust bewahren konnte."[16] Diese auf Schonung bedachte Didaktik kommt auch in folgenden Worten zum Ausdruck: "Irregeführte oder gegenstandslos gewordene Begeisterung kann nur dadurch überwunden werden, daß der Enthusiasmus für neue Ziele geweckt wird, die im historischen Unterricht ihren Horizont und ihre geschichtliche Tiefe erhalten. Nicht Kritik ist die erste vordringliche Aufgabe der geschichtlichen Unterweisung für die Altersstufen in der Schule, sondern **positive, Begeisterung weckende Darstellung der Vergangenheit** unter dem Aspekt unserer geschichtlichen Stunde."[17]

---

[13]Ebd., S. 24.
[14]Ebd.
[15]Ist Weniger hier anderer Meinung?
[16]Ebd. Hervorhebung von mir. - Über "die" Jugend läßt sich gewiß nicht urteilen. Es ist jedoch die Frage, ob einzelne Jugendliche während ihrer HJ-Mitgliedschaft nicht doch zumindest ethisch für ihr Verhalten verantwortlich waren.
[17]Ebd., S. 14. Hervorhebungen von mir.

Von welch nachgeordneter Bedeutung die schulische Behandlung der NS-Diktatur für Weniger ist, zeigt allein die Wortwahl, wenn er formuliert: "Aber es scheint mir nicht erforderlich, alle Stunden oder gar die letzte Schulzeit für die Geschichte der jüngsten Vergangenheit zu opfern. Viel wichtiger ist es, einerseits die Wurzeln des Nationalsozialismus in der geschichtlichen Tiefe aufzugraben, anderseits die echten und **gesunden Kräfte des deutschen Volkes** in ihren historischen Wirkungszusammenhängen aufzuzeigen."[18] Auch das folgende Zitat macht noch einmal Wenigers Gewichtung deutlich: "Doch die Geschichte der jüngsten Zeit ist nicht die wichtigste Aufgabe des Unterrichts. Entscheidend ist vielmehr die neue Sicht der Gesamtgeschichte des deutschen Volkes innerhalb der Weltgeschichte, welche die echten und tragenden Erinnerungen wiederbelebt und die wahren, unser Schicksal erhellenden Maßstäbe für das Geschichtsverständnis heraustreten läßt."[19]

Leider füllt Weniger diese Worthülsen von den "echten und tragenden Erinnerungen" und den "wahren, unser Schicksal erhellenden Maßstäbe(n)" nicht mit Inhalt. Er wählt statt dessen eine zitierenswerte Metapher: "Jedes vergangene Datum", sagt er, "erhält sein Gewicht erst durch die Deutung, die es erfährt. (...) So bildet sich *für jedes Zeitalter* mit seinen Aufgaben *ein geschichtlicher Horizont, in dem die historischen Daten* wie Sterne stehen, deren Konstellation sich unausgesetzt wandelt und damit ihre Nähe zu uns. Es gibt historische Daten, deren Leuchtkraft trotz unermeßlicher zeitlicher Ferne ganz gegenwärtig, und andere, vielleicht zeitlich viel nähere, die ins Dunkel des Vergessens zurücksinken (...)".[20] Es ist keine Überinterpretation zu behaupten, daß sich in diesem Bild sein Wunsch nach Vergessen der nationalsozialistischen Vergangenheit zumindest andeutet.

Es ist ein bemerkenswertes Charakteristikum dieses Vortrags, daß Weniger die kritischen Ansätze, die er im Hinblick auf die NS-Zeit entwickelt, nicht durchhält. Er sieht z.B. einen deutlichen Unter-

---

[18]Ebd., S. 24. Hervorhebungen von mir.
[19]Ebd. Hervorhebung von mir.
[20]Ebd., S. 25. Hervorhebung durch Unterstreichen von mir.

schied zwischen der Geschichtslehrerausbildung an den Hochschulen und dem Unterricht in Schulen - einen ähnlichen Unterschied hatte er zwischen der Offiziersausbildung und der des einfachen Mannes gemacht. Seiner Meinung nach sollte die Geschichts-
<u>wissenschaft</u> kritisch sein. "(...) ein wissenschaftlicher Nachwuchs,
der es nicht fertig bringt, liebgewordene Vorstellungen und überlieferte Wunschbilder in den Schmelztiegel kritischer Erkenntnis
und geschichtlicher Selbstbesinnung zu werfen, bringt sich damit
um das Recht selbständiger Verantwortung in führenden Ämtern
(...)".[21] Die in kritischer Besinnung erworbene neue Einsicht sollte
in einem zweiten Schritt auf die Schülerebene transponiert werden.
Diese an sich richtige didaktische Forderung wird von Weniger so
verklausuliert, daß er den Leser seiner Worte ratlos mit dem
Eindruck zurückläßt, die Verarbeitung der jüngsten Vergangenheit
bereite dem Autor große Schwierigkeiten. Die Textstelle lautet:
"Der erste und wichtigste Schritt auf dem neuen Wege des
Geschichtsunterrichts ist also (...) die kritische Selbstbesinnung
des Lehrers auf die neue geschichtliche Lage und das ihr an-
gemessene Geschichtsbild, anders ausgedrückt, auf die konkrete
Form der geschichtlichen Wahrheit. Der zweite Schritt ist dann die
Übersetzung dieses kritisch erworbenen Neubesitzes und der
bestätigten alten Wahrheit in die Form der Jugendlehre, <u>die bei
aller Kritik wieder Begeisterung und Hoffnung möglich macht</u>. Die
Probleme der Stoffauswahl sind demgegenüber immer nur zweiten
Ranges."[22] Wenigers didaktische Vorstellungen sind an dieser Stelle diffus. Wie kann der Bildungswert eines Inhalts, durch den dieser
erst zu einem Bildungsinhalt wird, erkannt werden, wenn die Stoffauswahl für zweitrangig erklärt wird? Spätestens hier zeigt sich,
daß das Wort vom "Jasagen zu irgendetwas"[23] unpädagogisch ist;
daß eine solche Haltung darüber hinaus politisch gefährlich ist, hat
die Erfahrung der NS-Zeit überdeutlich gelehrt.

Die Aussagen Wenigers zur nationalsozialistischen Vergangenheit
erweisen sich als äußerst sperrig. Das wird auch deutlich, wenn er
diese Zeit im Zusammenhang mit Fragen des Geschichtsunterrichts

---

[21]Ebd., S. 15.
[22]Ebd. Hervorhebung von mir.
[23]Ebd., S. 14.

auf der Oberstufe anspricht. Wieder ist seine soeben Gesagtes re-
lativierende Gedankenbewegung zu spüren: "Gelingt es dem Geschichtslehrer, aus der Höllenfahrt der geschichtlichen Selbst-
erkenntnis, die uns, der erwachsenen, an dem bisherigen Geschehen
mitverantwortlichen und also mitschuldigen Generation auferlegt
ist, mit einem neuen Glauben zurückzukehren und aus ihm eine neue
positive Form der Aussage über die Geschichte zu entwickeln, so
wird dann auch die historische Kritik ihren Platz schon im
Unterricht der Oberstufe finden können (...) Doch solche Kritik ist
dann nicht mehr destruktiv, sondern steht von vornherein im
Rahmen des konstruktiven Neubaus des Geschichtsunterrichts."[24]
Als Beispiel nennt Weniger die Notwendigkeit einer kritischen
Behandlung des Ersten Weltkrieges im Blick auf die Dolch-
stoßlegende. Sie habe "jene verhängnisvolle Spaltung im deutschen
Volke hervorgerufen, die keine Einheit der letzten Überzeugungen
über die Grundlagen der Politik und Moral, wie sie die Voraussetzung für das staatliche Handeln ist, zuließ. So blieben wir
krank und anfällig für das Gift, das die Propaganda ins Volk ein-
zuträufeln vermochte."[25]

Weitere Themen, an denen Weniger seine Auffassung von kritisch-
konstruktiver Geschichtsbetrachtung verdeutlicht, sind Friedrich
der Große, Bismarck und die Polnischen Teilungen. Seine Forderung,
der neue Geschichtsunterricht dürfe sich bei der Beurteilung der
Vergangenheit nicht von Gesichtspunkten des Erfolges und des
Mißerfolges leiten lassen, mündet in Überlegungen zur jüngsten
Vergangenheit. Ich werde diesen wichtigen Passus ausführlich wiedergeben. Weniger sagt: "Unsere Kritik am Nationalsozialismus erwächst nicht aus seinen Mißerfolgen, sie wird nur durch diese erst
frei." Angelsächsische Stimmen, so führt er weiter aus, äußerten
dagegen den Verdacht: "weil Hitler den Krieg nicht gewonnen habe,
werde er von den Deutschen jetzt verdammt, nicht beispielsweise,
weil er den Krieg überhaupt begonnen oder dem deutschen Volk das
nationalsozialistische System aufgezwungen, oder weil er die

---

[24]Ebd., S. 16. Hervorhebung von mir.
[25]Ebd., S. 17.

Freiheit der anderen europäischen Völker bedroht[26] habe. Hier liegt in der Tat der Kern des Problems unseres geschichtlichen Wandels. Kritisieren wir nur das Versagen, die Niederlage, die verfehlten Mittel, dann bleiben wir an der Oberfläche, dann hat sich in Wahrheit nichts verändert, und wir haben kein Recht, auf eine neue bessere Gestaltung unseres Volksschicksals zu hoffen. Im Grunde warten wir dann nur auf eine uns günstigere Konstellation. Viele denken in der Tat so. Aber solche Denkweise ist vom Übel. Sie hindert die Heilung der Krankheit, die uns befallen hat. Ein Sieg des Nationalsozialismus wäre ein Unglück für unser Volk und eine geschichtliche Katastrophe geworden, das ist die Einsicht, die sich aus geschichtlicher Selbstbesinnung auf Grund der Erfahrungen der letzten Jahre ergibt. Das heißt natürlich nicht, daß wir die Niederlage ersehnt hätten oder jetzt dankbar begrüßen. Wir haben alle die Jahre gewünscht, daß ein ehrenhafter Ausweg sich doch noch finden ließe, der das Unheil des völligen Zusammenbruchs unseres Vaterlandes verhindern könnte. Daher das Recht der Männer vom 20. Juli. Aber ein Erfolg des Nationalsozialismus konnte nicht erbeten werden. Das war der Zwiespalt, der in unsere Herzen gelegt war."[27]

Weniger greift die Frage der Beurteilung eines geschichtlichen Ereignisses nach Erfolg oder Mißerfolg noch einmal auf und spricht sich eindeutig für eine Gesinnungsethik als Beurteilungsmaßstab im Geschichtsunterricht aus. Im Hinblick auf das Dritte Reich sagt er: "Zuletzt ist die Lehre vom absoluten Vorrang der Staatsethik zur Alleinherrschaft gekommen, nur daß dieser Vorrang über den Staat hinaus auf Volk und Rasse ausgedehnt wurde. Diese Lehre ist zusammengebrochen; übrigens nicht so sehr, weil sie solchen Vorrang behauptete, als weil sie ohne weiteres die moralischen Prädikate festlegte, gut nannte, was Staat und Volk frommt, und böse, was dem entgegengesetzt ist, weil sie also die Erfolgsethik in die Gesinnungsethik hineinschmuggelte. Gut und böse aber bleiben durchaus die Grundkategorien auch für unser geschichtliches Urteil. Aber wenn unser moralisches Urteil nicht flach und pharisäerhaft zugleich werden soll, so muß es theologisch und meta-

---

[26]Das ist ein Euphemismus. Die Völker Europas sind durch das Nazi-Regime nicht nur in ihrer Freiheit bedroht worden, sie haben Unterdrückung, Mord, Schändung und Deportation tatsächlich erlitten!

[27]Ebd., S. 19. Hervorhebungen von mir.

physisch unterbaut sein, es muß um die <u>Abgründe der menschlichen</u> <u>Existenz,</u> um ihre <u>Gebrechlichkeit</u> und um ihre <u>Grenzen</u> wissen, es muß die <u>Funktionen des Bösen und seine Macht in der Welt-</u> <u>geschichte</u> kennen und <u>das Dämonische,</u> das eine <u>Triebkraft des ge-</u> <u>schichtlichen Geschehens</u> ist."[28]

Diese Zitate vermitteln den Eindruck von Offenheit, gepaart mit dem Bemühen, Absage und Kritik zu relativieren, so als fehle dem Autor die Kraft, die eigene Erkenntnis auszuhalten. Die Aussage: "Gut und böse aber bleiben durchaus die Grundkategorien auch für unser geschichtliches Urteil", schwächt Weniger in ihrer Konse-quenz für das nationalsozialistische Unrechtsystem sofort wieder ab, indem er Irrationales ins Spiel bringt. Nun wird das "Dämo-nische" eine "Triebkraft des geschichtlichen Geschehens", und der Hinweis auf die "Funktionen des Bösen und seine Macht in der Weltgeschichte" lenkt von der Verantwortlichkeit des Menschen ab, trotz der wiederholten Betonung von der Verantwortung des Menschen als geschichtlicher Grundkategorie. Eine ähnliche Wirkung ruft Weniger hervor, wenn er von der "Heilung der Krankheit" spricht, "die uns befallen hat" oder davon, daß wir "krank und an-fällig (blieben) für das Gift, das die Propaganda ins Volk einzuträu-feln vermochte". Auch Krankheit entlastet und fordert nicht Rechenschaft, sondern Mitleid.

Weniger hätte seinem Vortrag auch den Titel "<u>Verantwortung</u>" ge-ben können. Wie eine magische Formel zieht sich dieser Begriff durch den Text. Daß er jedoch für das dunkelste Kapitel deutscher Geschichte letztlich irrelevant bleibt, zeigt bereits dieser Vortrag und zeigen alle weiteren zu diesem Kapitel herangezogenen Texte. Im Hinblick auf die Frage nach der Gestaltung des neuen Lehrplanes hat dieser Begriff eine Schlüsselfunktion. Weniger lehnt entschie-den Bestrebungen ab, die "als Gegenstand des Geschichtsunterrichts die Kulturgeschichte und für die oberste Stufe die Geistes-geschichte fordern. Diesen Bestrebungen zufolge solle "die <u>poli-</u> <u>tische Geschichte</u> mit ihrer Bevorzugung der <u>Staatsaktionen</u> und der <u>kriegerischen Ereignisse,</u> mit ihrer <u>Heldenverehrung</u> und dem <u>Kultus der Macht</u> (...) abgebaut werden zugunsten der Betrachtung

---

[28]Ebd., S. 21 f. Hervorhebungen von mir.

der scheinlosen Macht des Geistes und der stillen, unablässigen Arbeit der Generationen am Fortgang der Zivilisation und Kultur."[29] Dagegen verwahrt sich Weniger; die Art und Weise, in der er politische von Kultur- und Geistesgeschichte absetzt, ist charakteristisch für ihn. Kulturgeschichte steht für stille, unspektakuläre, langweilige Friedenszeit, politische Geschichte dagegen verkörpert mit ihren "kriegerischen Ereignissen", "Staatsaktionen", dem "Kultus der Macht" und ihrer "Heldenverehrung"[30] das eigentliche, dichte, wahre Leben. Deshalb votiert Weniger entschieden für einen Geschichtsunterricht, der eine so verstandene Politik zum Inhalt hat.[31]

Bei seinen didaktischen Überlegungen spielen die Begriffe "Staat", "Volk", "Verantwortung" eine große Rolle. Sie bilden den Kontext und erhellen sich gegenseitig. Der Geschichtsunterricht hat das Ziel, die Jugend auf die Übernahme der politischen Verantwortung vorzubereiten. Insofern hat der Geschichtsunterricht nur dann Sinn, wenn er in einem Staat erfolgt, in dem die Jugend Verantwortung übernehmen kann. Mit dieser Betrachtungsweise kommt ein demokratisches Moment ins Spiel. Weniger sagt, Gedanken Herman Nohls

---

[29]Ebd., S. 26. Hervorhebungen von mir.

[30]Was Weniger darunter verstanden haben könnte, mag ein Blick in nationalsozialistische Geschichtsbücher veranschaulichen. In dem Geschichtsbuch für Hauptschulen "Die ewige Straße" finden sich unter dem Titel "Helden unserer Zeit" folgende Kapitel (in Auswahl): Männer des Bismarckreiches: Kanonen aus Kruppstahl, Alfred Krupp sorgt für die Arbeiter; Schlachtendenker und Schlachtenlenker, Moltke als Erzieher des deutschen Volkes. Soldaten des Weltkrieges: Reiterattacke in den Lüften, Richthofens Tod und Vermächtnis; Feldherr Ludendorff. Adolf Hitlers braune Kämpfer: Hitlerjunge Herbert Norkus; Horst Wessel stirbt für Deutschland; Albert Leo Schlageter, Sprengtruppenführer im Ruhrkampf. Erschossen auf Frankreichs Befehl. Großdeutschlands Helden: Rommel und seine Afrikakämpfer; Luftheld Werner Mölders; Dietl und die Helden von Narvik. Die Heldenreihe gipfelt dann in "Unser Führer". Zit. nach: Die ewige Straße. Geschichtsbuch für die Hauptschule. Hrsg.: Christoph Herfurth. Band I. Dortmund und Breslau: W. Crüwell 1943, S. 2 f. Hervorhebungen von mir.

[31]Weniger nimmt damit einen Gedanken auf, den er bereits 1934 geäußert hat. Unter dem Pseudonym Lorenz Steinhorst veröffentlichte er in "Die Erziehung" (9, 1934) einen Rückblick auf "Philipp Hördts pädagogische Schriften". Dort heißt es: "Von da aus ist Hördt gefeit gegen jene im Gedanken des Volkstums liegende Irrung, welche die Kulturgeschichte zum Gegenstand des Geschichtsunterrichts macht. Da der Staat die Form der Selbstverwirklichung der Nation ist, so ist der Gegenstand des Geschichtsunterrichts die politische Geschichte, und Hördt weicht der Folgerung nicht aus, die in der Tat gezogen werden muß, daß dann 'die Frage der Stoffauswahl und Stoffanordnung im Geschichtsunterricht nicht nur eine Frage der Methodik und Kinderpsychologie, sondern zugleich eine hervorragend politische Frage' wird." (S. 205).

aufgreifend: "*Die Grundkategorie des Geschichtsunterrichts ist die Verantwortung des handelnden Menschen vor der Geschichte.* Einen selbständigen Geschichtsunterricht gibt es nur da, wo auf eine Jugend politische Verantwortung wartet, und nur so weit (sic!) wirkliche Verantwortung zu übernehmen ist, hat der Geschichtsunterricht eine ernsthafte Bedeutung. [32]

Welch staatspolitische Bedeutung der Geschichtsunterricht in Wenigers Augen hat, macht folgende, für einen Pädagogen überraschende Überlegung deutlich: "So ist also der Geschichtsunterricht keineswegs ein Ort nur individueller Berührung zwischen Personen zum Zwecke der Bildung. Die Aufgabe und Verantwortung des Einzelnen und seiner Generation ist mit der Tatsache des Geschichtsunterrichts schon bezogen auf Staat und Volk."[33] Etwas anders gewendet wiederholt er seine Auffassung von dem Zusammenhang zwischen Volk, Staat und der im Geschichtsunterricht vermittelten Verantwortung: "Verlieren wir vollends unsere Staatlichkeit, so haben wir kein eigenes Organ mehr für unseres Volkes Dienst an der Menschheit und brauchen infolgedessen auch keinen selbständigen Geschichtsunterricht.[34] Der Staat nimmt dieser Überlegung zufolge eine untergeordnete Stellung gegenüber dem Volk ein, er ist für Weniger "selber nur ein Organ des Volkes und seines geschichtlichen Willens."[35] "Volk" wiederum begreift er "im Geschichtsunterricht unabhängig von allen romantischen oder rationalen oder biologistischen Theorien als Erinnerung an gemeinsame Schicksale und als den Willen, künftig gemeinsame Schicksale und gemeinsame Lebensordnungen zu haben."[36]

---

[32]Ebd, S. 26.
[33]Ebd., S. 28.
[34]Ebd., S. 29. Hervorhebung von mir. - Was Weniger unter dem Dienst des deutschen Volkes an der Menschheit versteht, bleibt ungeklärt.
[35]Ebd., S. 28.
[36]Ebd. Hervorhebungen von mir.

Als Ergebnis dieser Untersuchung ist festzuhalten:

1.Weniger äußert sich freimütig zur jüngsten Vergangenheit. Der Satz: "Ein Sieg des Nationalsozialismus wäre ein Unglück für unser Volk und eine geschichtliche Katastrophe geworden (...)" taucht so in keiner anderen Veröffentlichung mehr auf. Daß er eine solche Äußerung tut, hängt mit dem Zeitpunkt seines Vortrags zusammen: Dezember 1945 sind die Verwüstungen des Krieges noch allgegenwärtig, so daß auch er die Augen vor ihnen nicht verschließen kann; noch ist das irritierende und Trotz auslösende Entnazifizierungsverfahren gegen ihn nicht eröffnet, und das Leben unter einer Besatzungsmacht währt noch nicht lange genug, als daß es bereits traumatische Spuren hinterlassen hätte. Dieser letzte Aspekt - der Besatzungsstatus Deutschlands nach dem verlorenen Krieg - kennzeichnet einen wunden Punkt, den Weniger in diesem Vortrag mehrfach anspricht und der ihn am Ende seines Lebens immer noch beschäftigt.[37]

2. Stilistisch gesehen, hat der Vortrag einen eigentümlichen Rhythmus; die Sprachbewegung ist nicht fließend, sondern geht unruhig vor und zurück. Dieser Eindruck entsteht dadurch, daß Weniger Aussagen macht, die er im nachfolgenden Satz oder Abschnitt durch ein gegenläufiges "Aber" wieder aufhebt oder abschwächt. Dadurch bekommt der Leser weder einen systematisch entfalteten noch einen dialektisch-verschränkten[38] noch einen facettenreichen Inhalt geboten: Weniger redet viel und sagt wenig.

3. Der Sprachduktus des Textes ist Ausdruck der ihm zugrundeliegenden Denkbewegung: Wenigers Blick ist zwar auf die Zukunft gerichtet, die Inhalte aber, mit denen er die Zukunft füllen will, kommen aus der Vergangenheit. So soll der neue Geschichtsunterricht an den Idealen anknüpfen, die die Jugendlichen aus der Hitler-Zeit noch im Herzen trügen; er nennt Ideale wie "Volksgemeinschaft", "nationale Würde", "männliche Ehre". Und wenn

---

[37]Vgl. das Kapitel *Die Epoche der Umerziehung 1945-1949* in dieser Arbeit.

[38] Dialektisches Denken ist zwar auch durch eine Hin- und Herbewegung gekennzeichnet, die im Denkprozeß heraustretenden Gegensätze werden aber nicht wie bei Weniger aufgehoben im Sinne von negare, sondern von conservare. Sie sind unterschieden, aber nicht geschieden.

Weniger für einen politischen Geschichtsunterricht votiert, ist der
für ihn mit "Staatsaktionen", "kriegerischen Ereignissen" und "Heldenverehrung" verbunden. Weniger legt diese Begriffe zwar den
Verfechtern eines kulturgeschichtlichen Unterrichts in den Mund,
die den politischen Unterricht eben dieser Inhalte wegen ablehnten,
er sagt aber nicht, daß diese Gegner Falsches behaupteten und auch
nicht, daß die politische Geschichte kriegerische Ereignisse <u>nicht</u>
bevorzuge.

4. Weniger beabsichtigt, bei der Neugestaltung der Schulwirk-
lichkeit ein maßgebliches Wort mitzureden. Er übersieht dabei, daß
es unter den 14- bis 18jährigen Schülern auch Mädchen und junge
Frauen gibt. Sie dürften sich mit Inhalten wie "männliche Ehre" und
"Heldenverehrung" kaum angesprochen fühlen. Ich behaupte, daß
Weniger sie einfach vergessen hat; für mich ist das ein Beleg dafür,
daß er auch auf den neuen Wegen im Geschichtsunterricht seine
alten militärpädagogischen Pfade beschreitet.

5. Nimmt man diesen geschichtspädagogischen Vortrag als Ganzes,
dann wird deutlich, daß der Autor bewußt eine Wende um 180 Grad
vollzieht, daß er der Vergangenheit den Rücken kehrt und seinen
Willen auf die Zukunft richtet. Das zeugt von Mut und Lebenskraft -
beides war 1945 notwendig, um aus der geschichtlichen Talsohle
wieder herauszukommen. Nur, und das ist das Fatale an dieser Art
von "Wende", sie wird rein äußerlich vollzogen. Die soeben durch-
lebte Vergangenheit wird "vergessen", sinkt ins Unterbewußte ab,
bleibt aber wirksam. Ein Neuanfang ist jedoch ohne die psychische
wie geistige Auseinandersetzung mit der Vergangenheit, ganz besonders einer solchen wie der nationalsozialistischen, nicht möglich. Das ist eine Erfahrung, die wir "Nachgeborenen" trotz der demokratischen Staatsform, in der wir leben, noch fünzig Jahre nach
der Hitler-Diktatur machen.

Diese historische Binsenweisheit war auch dem Historiker Weniger bekannt, seine intensive Beschäftigung mit den Erfahrungen des Ersten Weltkrieges bezeugen das. Im Hinblick auf das Dritte Reich und den Zweiten Weltkrieg verhält er sich jedoch anders. Er möchte den Faden da wieder aufnehmen, wo er ihn 1932 hat liegen lassen müssen, wie er in seiner Rede anläßlich der Eröffnung der Pädagogischen Hochschule Göttingen betont.[39]

---

[39]Reden 1946/47, S. 318. - 1932 wurde die Pädagogische Akademie Altona geschlossen, deren Gründungsrektor Weniger gewesen war.

6.3. *Geschichte ohne Mythos. Zur Neugestaltung des Geschichts-*
      unterrichtes (1946)[1]

Ein Jahr nach seinem Vortrag *Neue Wege im Geschichtsunterricht*
äußert sich Weniger im Dezember 1946 erneut zu geschichtspädagogischen Fragen. Wieder geht es um die Neugestaltung des
Unterrichts, wieder ist deutlich eine gedankliche Vor- und
Rückwärtsbewegung zu spüren; auch die Zielangabe hat sich nicht
verändert und findet in ähnlichen Formulierungen wie 1945 ihren
Ausdruck. Es gehe um das "Wagnis eines konkreten Bildes unserer
Zukunft im Spiegel unserer Vergangenheit. Auch ein solches Bild
vermag, wenn es wahr ist, <u>Enthusiasmus</u> und den <u>Mut zum politischen Handeln</u> zu erwecken."[2]

Neu ist dagegen der Versuch, die Inhalte eines zukünftigen
Geschichtsunterrichts in Abgrenzung zum Mythos-Begriff zu be-
stimmen. Leider klärt Weniger nicht, was genau er unter diesem
Begriff verstanden wissen möchte. Er beginnt mit einer ablehnen-
den Aufzählung der Mythologien, die den Geschichtsunterricht des
Nationalsozialismus ausmachten: der "Mythos des tausendjährigen
Reiches, der Rasse und der biologischen Bestimmtheit des
Volkstums und seiner Geschichte", der "Mythos des heroischen
Menschen und des Soldatentums als der eigentlichen Träger der ge-
schichtlichen Verantwortung", der "Mythos des Herrenvolkes und
des einmaligen Auftrags des Nationalsozialismus vor der
Geschichte" sowie der Mythos von der "Einmaligkeit und der
Einzigartigkeit Hitlers als des größten Deutschen und des
Heilbringers."[3] Weniger beendet seine Aufzählung mit einer zutref-
fenden Einschätzung der NS-Ideologen, indem er sagt: "Auf diese
künstlich erzeugten und rationalistisch fixierten Mythen hin wurde
die Geschichte ausgelegt und bewußt vergewaltigt. (...) Im Grunde
war ihm (i.e. dem Nationalsozialismus) der Mythos nur ein höchst
rationales Werkzeug der Propaganda. Vor allem diente ihm der
Schicksalsmythos dazu, die willkürlichen, in Wahrheit unge-

---

[1]Vortrag vom 18. Dezember 1946. Veröffentlicht in: Die Sammlung, 3. Jg. 1948, S.
   31-47.
[2]Geschichte ohne Mythos, S. 43. Hervorhebungen von mir.
[3]Ebd., S. 31.

schichtlichen[4] Entscheidungen des Führers zu tarnen oder zu rechtfertigen."[5]

Weniger sieht demnach die Ursache der nationalsozialistischen Mythenbildung in dem Versuch ihrer Erfinder, das Volk mit ihr zu manipulieren; er fragt weiter, wie es "in unserer Spätzeit der Technik und der Ratio" zu diesem Versuch hat kommen können. Eine Wurzel des nationalsozialistischen Mythos findet er, "wie zu erwarten, bei Nietzsche, in seiner Theorie von der Funktion der monumentalen Historie sowohl wie in den Visionen seiner Spätzeit."[6] Eine andere sieht er in der "Entchristlichung des Sinnes der Geschichte, die das Ergebnis der letzten Jahrhunderte seit dem dreißigjährigen Kriege ist."[7]

Vor diesem Hintergrund betont Weniger, daß der neue Geschichtsunterricht "auf jeden Versuch einer universalen Sinngebung"[8] verzichten müsse, daß seine Aufgaben "wesentlich politische"[9] seien. "Für diese seine Aufgaben bedarf der Geschichtsunterricht keines Mythos vom absoluten und ewigen Wert von Staat und Volk, keiner Staats- oder Volkstums-Metaphysik. Er handelt nur von der nüchternen gesellschaftlichen und politischen Verantwortung, die mit der Existenz von Gesellschaft, Staat und Volk in der Völkergemeinschaft gegeben ist."[10]

Hier zeigt sich die eingangs erwähnte begriffliche Unschärfe in Wenigers Denken. Die Verquickung von Mythos und Metaphysik ist ein Beleg dafür. Der begrifflichen Unschärfe korrespondiert eine inhaltliche. Das wird an folgender Textstelle deutlich. Weniger stellt Forderungen auf, ohne sie mit Inhalt zu füllen: "Es geht ja im Geschichtsunterricht darum, aus der Deutung der Vergangenheit, aus einem Bild der erinnerten und verstandenen Geschichte, kon-

---

[4]Warum Weniger die Entscheidungen Hitlers, deren Tragweite nicht zu leugnen ist, "ungeschichtlich" nennt, ist unklar.

[5]Ebd. - Weniger versäumt, durch das Setzen von Anführungszeichen eine Distanz zum eingeübten Sprachgebrauch "Führer" deutlich zu machen.

[6]Ebd., S. 32.

[7]Ebd.

[8]Ebd., S. 34.

[9]Ebd.

[10]Ebd. Hervorhebungen von mir.

frontiert mit der gegenwärtigen Lage unseres Volkes und seiner (sic!) ihm jetzt gegebenen Aufgaben, ein Bild seiner und unserer Möglichkeiten zu gewinnen, d.h. ein neues Menschenbild, auf das hin die Erziehung sich zusammenfaßt. (...) Nicht um einen neuen Mythos geht es, sondern um die Vorbereitung politischer Entscheidungen durch vorgreifende pädagogische Entscheidungen. Für die Fülle der bevorstehenden, von uns und vor allem von der heranwachsenden Generation unablässig geforderten politischen Entscheidungen wird gleichsam eine neue Tradition gesucht, ohne die (...) keine öffentliche Autorität sich wird behaupten können. Für diese neuen politischen Aufgaben sollen neue Gemeinüberzeugungen geschaffen werden, in denen auch die Verantwortung für die Vergangenheit mitgetragen werden kann."[11]

Es sind weitreichende geistige Veränderungen, die Weniger für die nahe Zukunft fordert: Ein "neues Menschenbild, auf das hin sich die Erziehung zusammenfaßt"; "vorgreifende pädagogische Entscheidungen"; eine "neue Tradition", die "gesucht" werden müsse; "neue Gemeinüberzeugungen", die "geschaffen" werden sollen. Weniger stellt seine Forderungen in keinen Begründungszusammenhang: daher sind sie Leerformeln. Ich vermute, daß er hier bewußt die philosophische Reflexion meidet. Wenn er davon spricht, daß eine neue Tradition gesucht und neue Gemeinüberzeugungen geschaffen werden sollen, macht er damit deutlich, daß für ihn die geistigen Veränderungen Setzungen sein sollen, willkürliche Inhalte also, denen Verbindlichkeitscharakter zugesprochen wird.

Es ist dies dieselbe autoritäre Denkstruktur, die bereits in seinem Vortrag vom Dezember 1945 deutlich wird, wenn er im Hinblick auf die Jugend meint: "Sie würde uns verspotten ob unserer Ratlosigkeit. Sie würde Unglauben vermuten und annehmen, daß wir selber nicht mehr wüßten, was wir wollten und was die Jugend nun wollen solle."[12] Dieselbe Denkweise kommt auch zum Ausdruck, wenn er im November 1946 den Studenten anläßlich ihrer Immatrikulation sagt: "So entsteht die merkwürdige Übergangssituation, in der wir, die Dozenten, vorweg doch sagen müssen, was

---

[11]Ebd., S. 35 f. Hervorhebungen von mir.
[12]Neue Wege 1949, S. 13. Hervorhebung von mir.

nach unserer Ansicht an Lage und Aufgabe zunächst einmal als selbstverständlich zu gelten habe."[13]

Ich nehme noch einmal die o.a. Textstelle auf, in der Weniger Forderungen aufstellt, ohne sie zu konkretisieren. Sie steht für viele, die, gefüllt mit redundanten Leerformeln, den Leser ratlos zurücklassen. Nachdem er ein neues Menschen- und Geschichtsbild postuliert hat, fährt Weniger fort: "Der Lehrer aber steht dafür ein, daß in diesem Bemühen um ein neues Bild keine Wunschträume, Illusionen, Ideologien und Ressentiments wirksam werden, auch kein Mythos, daß es vielmehr Vorgriffe auf eine jetzt zugänglich werdende Wahrheit sind, die den Geschichtsunterricht bestimmen. (...) Wie die Dinge nach dem Zusammenbruch der nationalsozialistischen Weltanschauung liegen, ist ein wichtiger Bestandteil dieser Aufgabe die Entmythisierung der Geschichte, die Desillusionierung unseres Geschichtsbildes, also eine kritische Geschichtsbetrachtung nach der Terminologie *Nietzsches.*"[14]

Nietzsche, den Weniger soeben noch für die Mythologisierung des nationalsozialistischen Geschichtsunterrichts verantwortlich gemacht hat, wird nun zum Gewährsmann für die neue kritische Ausrichtung. Wie sehr Weniger dabei alten Vorstellungen verhaftet bleibt, zeigt die folgende Textstelle, in der er auf Unterrichtsinhalte eingeht und als Beispiele die Ereignisse vom August 1914 und von Langemarck nennt. Kritiker, so bedauert Weniger, leugneten ihre Geltung und lehnten sie als "Steckenbleiben in bürgerlicher oder gar nationalistischer Ideologie"[15] ab. Das geschehe völlig zu unrecht, denn "in beiden Fällen handelt es sich (...) nicht um einen Mythos, sondern um ein echtes Symbol für eine deutsche Möglichkeit zur Vollendung, eine Möglichkeit, endlich einmal die Einheit des Volkes einschließlich der Arbeiterschaft in Gefühl und Handeln zu gewinnen."[16]

Weniger versucht, nationalistische Inhalte wie den vom allgemeinen Begeisterungstaumel bei Beginn des Ersten Weltkrieges oder

---

[13]Reden 1946/47, S. 325. Hervorhebung von mir.
[14]Geschichte ohne Mythos, S. 36 Hervorhebung von mir.
[15]Ebd., S. 37.
[16]Ebd. Hervorhebungen von mir.

vom "Heldentod" deutscher Jugendlicher vor Langemarck[17] dadurch
für den Unterricht zu retten, daß er den Begriff des Symbols willkürlich gegen den des Mythos ausspielt. Auch das ist ein Zeichen
begrifflicher Unschärfe: Weniger redet über Mythos, ohne einen
Bezug zur Ideengeschichte dieses Begriffes herzustellen und ohne
sein eigenes begriffliches Vorgehen zu begründen. Wichtiger als
begriffliche Stimmigkeit ist ihm die eigentliche Botschaft. Mit
seinem Votum für die verklärende Erinnerung an Langemarck bekräftigt er 1946, was er 1938 unter dem Aspekt von heroischer und
kritischer Geschichtsbetrachtung in folgende Worte gefaßt hatte:
"Für die kritische Arbeit heißt es mit dem Grafen von der Goltz:
'Nie wieder Langemarck', d.h. keine aussichtslosen Lagen schaffen,
nie wieder ein solch verschwenderischer Einsatz kostbaren Blutes
unter so unzulänglichen Bedingungen. (...) Aber darüber steht begei-
sternd und erhebend das große **Symbol Langemarck** als das Zeugnis für den Willen der Jugend zum Opfer, zum bedingungslosen
Einsatz des Lebens, für ihre Tapferkeit und für die edle Form der
Hingabe."[18]

Weniger orientiert sich rückwärts, wenn er nach Inhalten für den
zukünftigen Geschichtsunterricht sucht. Voller Pathos beschwört
er die "echte(n) Symbole für die Möglichkeiten des deutschen
Volkes"[19], wie er sie in den "Namenstagen unserer Geschichte"[20] in
Eugen Rosenstocks "Europäischen Revolutionen" von 1931 aufgeführt sieht oder "schließlich auch in den großen Persönlichkeiten
unserer Geschichte, die aller kritischen Betrachtung doch standhalten, auch wenn ihr Werk überholt, einseitig oder gar in der Folge

---

[17]Der belgische Ort Langemarck in Westflandern wurde seit dem Sturmangriff junger
deutscher Kriegsfreiwilliger vom 10.11.1914 zum Inbegriff deutschen Heldentums.
Rudolf G. Binding (1867-1938), Lyriker und Erzähler deutsch-nationaler
Couleur, Kavallerieoffizier, von Weniger geschätzt (Das Bild 1930, S. 9),
schwärmte 1933: "Jenes Geschehen aber gehört schon nicht mehr der Geschichte an,
wo es einst dennoch erstarren und begraben sein würde, sondern der unaufhörlich
zeugenden, unaufhörlich verjüngenden, unaufhörlich lebendigen Gewalt des
Mythos." Binding, Rudolf G.: Deutsche Jugend vor den Toten des Krieges.
Frankfurt/M.: Rütten & Loening 1933, o. S.
[18]Wehrmachtserziehung 1938, S. 256.
[19]Geschichte ohne Mythos, S. 38.
[20]Ebd.

verhängnisvoll war."[21] Er verweist hier auf den eigenen Beitrag
"Über den Freiherrn vom Stein" von 1935.[22]

Pathos und Redundanz kennzeichnen auch die folgenden Ausführungen. In beidem sehe ich ein Indiz für die Diskrepanz zwischen
dem Anspruch der geschichtspädagogischen Vorträge und ihrer
tatsächlichen Aussage. Wenigers Absage an die Überzeugungen der
jüngsten Vergangenheit wirkt wie ein Lippenbekenntnis. Er pro-
klamiert einen Geschichtsunterricht ohne Mythos, versucht dann
mittels einer eigenwilligen Begrifflichkeit (Symbol versus Mythos)
mythisch überhöhte nationalistische Inhalte für den Unterricht zu
konservieren und führt anschließend den Begriff in die Diskussion
ein, der schon für seine Militärpädagogik aus nationalsozialistischer Zeit konstitutiv war: den Begriff des Glaubens. Ich zitiere:

---

[21]Ebd.

[22]Dieser Beitrag, 1935 in der von Romano Guardini mitherausgegebenen Zeitschrift
"Die Schildgenossen" (14. Jg., H. 3) erschienen und 1957 in "Die Sammlung" (12.
Jg.) wiederabgedruckt, versucht wortreich eine kurze Charakteristik des Freiherrn
vom Stein zu geben. Der Stil dieses Artikels läßt sich von der Art und Weise ablesen,
in der Weniger auf die Stein-Biographie des Historikers Gerhard Ritter eingeht, die
1931 in zwei Bänden herausgekommen war. Er beurteilt das Werk wie folgt: "Aber
freilich, ein wenig allzu nüchtern und sachlich sieht er das Ganze an, dem allzu
leidenschaftlichen Lebensatem des Helden, der ihm eigenen Sprachgewalt, die
Ausdruck von Schicksal und Erfahrung ist, entsprechen nicht der Rhythmus und die
Sprache des Buches. So ist man sachlich befriedigt, mannigfach belehrt, aber nicht
eigentlich hingerissen zu dem metaphysischen Kern dieses Lebens, von dem aus wir
unmittelbar in unserem Dasein gepackt und in die Verantwortung unseres eigenen
Schicksals geführt werden." (Die Sammlung, a.a.O., S. 483) - In seiner romanhaften Ausschmückung (z.B. S. 484: "Dazu kam dann seine unmittelbare Wirkung
auf die Menschen, die Kraft und Majestät seines Blickes ...") erinnert dieser Beitrag
an den zehn Jahre später verfaßten über Heinrich von Stülpnagel. - Warum
Weniger allerdings diesen Aufsatz von 1935 in den geschichtsdidaktischen Horizont
seines Vortrags von 1946 stellt, ist nicht zu erkennen. Das folgende Zitat verstärkt
diese Frage. Weniger charakterisiert den Freiherrn mit folgenden Worten: "Und
dann immer wieder die Schärfe und Gradheit seines sittlichen Urteils, die ihn zum
Gewissen der Verantwortung für alle machte, die mit ihm zu arbeiten hatten, und
alle die Halb- und Viertelsmenschen, die schwachen, eitelen, genußsüchtigen
Charaktere, mit denen die jeweilige Aufgabe damals getan werden mußte, über ihre
Schwächen, ja über ihre eigentlichen Möglichkeiten zu großer Tat trieb, die
Gutwilligen ins Ungemessene steigerte." (S. 484) Es ist möglich, daß diese
Klassifizierung von Menschen ein Zitat aus der Zeit des Freiherrn vom Stein ist.
(Vgl. Deutsches Wörterbuch von Jacob und Wilhelm Grimm. Band 10 H-Juzen
(Erstausgabe Leipzig 1877). München: dtv 1984, Spalte 209: Halbmensch, *ein
unvollkommener mensch, namentlich in sittlicher beziehung*) - Die Kombination
von Halb- und Viertelsmensch erinnert jedoch, zumal in einem Text von 1935, fatal
an den Ungeist der Nürnberger Gesetze aus demselben Jahr (16.9.1935), in denen
mit Blutschutzgesetz (Ariernachweis), Reichsbürger- und Ehegesundheitsgesetz
Menschenklassifizierung zum Dogma erhoben und die Weichen für eine verbrecherische Ausgrenzung gestellt wurden. - Alle Hervorhebungen sind von mir.

"Auch ein solcher entmythisierter Geschichtsunterricht setzt freilich einen Glauben voraus, den Glauben an die Aufgabe unseres
deutschen Volkes, die ihm auch heute noch geblieben ist"[23]. Wieder
ist dieses zweideutige Vor und Zurück seiner Gedanken zu spüren,
wenn er fortfährt: "Diesem Glauben wohnt freilich keine metaphy-
sische Verbindlichkeit mehr inne, er enthält auch keine Utopie von
einem tausendjährigen Reich oder von einer deutschen Weltstunde
als Ernte der ganzen Zeit oder von einem unendlichen Fortschritt.
Es ist vielmehr der bescheidene Glaube an die Möglichkeit einer
Friedensordnung in Recht und Freiheit, an die Fähigkeit der Menschen und Völker, in geduldiger Zusammenarbeit diese Möglichkeiten jeweils konkret (...) zu verwirklichen. Es ist im besonderen
der Glaube, daß hierbei das deutsche Volk noch eine Aufgabe und
damit einen Platz finden wird, um so seinen unvollendeten Auftrag
zu vollbringen, für den produktive Möglichkeiten in ihm offen oder
noch verborgen liegen.[24] Zusammengefaßt ist es der Glaube an die
Geschichtlichkeit unseres Daseins, das stets, auch im Zusammenbruch, unsere Antwort, unsere Verantwortung und also unser
Handeln verlangt."[25] Im Hinblick auf den Lehrer folgt Weniger:
"Wer in diesem Sinn nicht gläubig ist, kann keinen Geschichtsunterricht geben, mag er nun die Facultas haben oder nicht, ebenso
wie der nicht christlich Gläubige keinen Religionsunterricht geben
sollte."[26]

In dem Bemühen, Wenigers Denken in der Zeit von 1945/46 auf die
Spur zu kommen, setze ich noch einmal an und suche nach einer
klaren, eindeutigen Aussage. Zum Ende seines Mythos-Vortrags
konkretisiert Weniger seine Vorstellungen. Er kombiniert Schlagworte, wie er sie für die damalige Zeit als charakteristisch
empfand, mit den "unserem Volk gestellten Aufgaben"[27]. Die

---

[23]Ebd.

[24]Gerade dieser Satz von der unvollendeten Aufgabe des deutschen Volkes, von seinen
offenen oder verborgenen Möglichkeiten deutet in seiner Unbestimmtheit auf die
Unsicherheit des Autors. Nimmt man den Satz, in dem Weniger sich von dem
Gedanken einer "deutschen Weltstunde als Ernte der ganzen Zeit" verabschiedet,
hinzu, dann wird sein Bedauern über den weltgeschichtlichen Abstieg Deutschlands
deutlich.

[25]Ebd. Hervorhebungen von mir.

[26]Ebd., S. 39.

[27]Ebd., S. 41.

Schlagworte "Demokratie", "Sozialismus", "Völkerversöhnung", "Wiederherstellung der christlichen Gesittung und der Humanität" begreift er gleichzeitig als "Reizworte" für den Geschichtsunterricht[28], die eine geschichtliche Besinnung auslösen sollen. Er erläutert dann, was eine solche Besinnung zu leisten habe. Ich gebe Weniger im Wortlaut wieder; in meinen Augen sind diese Worte ein Beleg für die Ungebrochenheit seines Denkens auch nach dem "Zusammenbruch".

Weniger fragt im Hinblick auf jene geschichtliche Besinnung: "Ist damit eine erbarmungslose Selbstkritik, möglichst mit den Waffen unserer Gegner aus beiden Weltkriegen, gefordert? Nein. Wir brauchen keine selbstquälerische Zerstörung dessen, an das wir bisher geglaubt haben (...)

Ist damit ein Aufgeben des nationalen Selbstbewußtseins gefordert zugunsten eines allgemeinen Menschentums? - Wiederum nein, wohl aber geht es um einen entschlossenen universalhistorischen Gesichtspunkt, im Blick auf die Gesamtverantwortung der Völker (...)

Ist damit eine Entpolitisierung des deutschen Volkes gegeben als Verweisung in ein geschichtlich belangloses Dasein am Rande des Weltgeschehens? - wiederum nein; wohl aber ist erforderlich eine entschlossene Wendung zu einer neuen Auffassung von Politik und politischer Verantwortung. (...)

Heißt das Gleichschaltung auf eine uniforme, nun aber antifaschistische Massengesinnung? Abermals nein; aber es erfordert festes Beharren auf geschichtlich erworbenen Gemeinsamkeiten und geschichtlich notwendig werdenden Verbundenheiten innerhalb des Volkes und zwischen den Nationen. (...)

Fordert der Tag von uns bedingungslose Gleichschaltung[29] mit den Angelsachsen, den Sowjets oder Frankreich?[30] (...) Nein, aber be-

---

[28]Ebd.
[29]Daß Weniger dieses eindeutig dem nationalsozialistischen Vokabular zugehörige Wort (vgl. Bork, S.: Mißbrauch der Sprache, a.a.O., S.17) gleich zweimal ohne distanzierende Anführungszeichen verwendet, ist ein Hinweis darauf, wie sehr er

herrschte Anerkennung ihrer Weltstunde, ihrer Leistungen für die Menschheit, unserer Bezogenheit auf sie, dazu Ernstnehmen ihrer Kritik an uns bei unserer Selbstbesinnung. (...)"[31]

Die Suche nach einer klaren, einen Neubeginn signalisierenden Aussage Wenigers ist vergebens. Seinem Aufruf zum Ernstnehmen der gegnerischen Kritik an uns steht sein Nein zu einer "erbarmungslosen Selbstkritik" gegenüber. Seiner Überzeugung: "Wir brauchen keine selbstquälerische Zerstörung dessen, an das wir bisher geglaubt haben" entspricht die Absage an eine antifaschistische Haltung. Seine Formulierung, in der er eine "Gleichschaltung auf eine uniforme, nun aber antifaschistische Massengesinnung" zurückweist, ist in ihrer suggestiven Anspielung auf die faschistische Indoktrination eine Diffamierung des Antifaschismus. Gerade die ausführlich zitierte Textstelle dürfte die zaudernde Schaukelbewegung seines Denkens verdeutlicht haben.

Greifbarer werden seine Worte allerdings dort, wo er im Hinblick auf den neuen Geschichtsunterricht von den "Nöten unseres gegenwärtigen Daseins" spricht und sie als "Volkszerstörung"[32] verstanden wissen will. Analog zur Zeit nach dem verlorenen Ersten Weltkrieg sieht Weniger die Aufgabe des politischen Handelns darin, die "Wiederherstellung einer gesunden Volksordnung"[33] zu verfolgen. "Der Unterricht wird zur Besinnung über die *Kräfte* führen, die dem deutschen Volk zur Bewältigung dieser Aufgabe noch geblieben oder wiedergegeben sind."[34] Im Anschluß an den Religionssoziologen Ernst Troeltsch nennt Weniger als wirkende geschichtliche Kräfte "Antike, Christentum, nordisch-germanische

---

diese Terminologie verinnerlicht hatte. Vgl. dazu auch seinen selbstverständlichen Gebrauch der Bezeichnung "Führer" für Hitler (Anm. 4).

[30]Die Reihung ungleichwertiger Begriffe deutet auf einen oberflächlichen Sprachgebrauch hin.

[31]Ebd., S. 42 f. Hervorhebungen von mir.

[32]Ebd., S. 43. Hervorhebung durch Unterstreichung von mir. - Auch in diesen Formulierungen ist ein nationalistisch-nationalsozialistischer Unterton nicht zu überhören.

[33]Ebd. Hervorhebung von mir.

[34]Ebd., S. 44.

Welt"[35]. Diese Strömungen sind ihm Bildungsmächte "von eminent politischer Bedeutung"[36].

Aufschlußreich ist seine Bewertung der sogenannten dritten Bildungsmacht. Weniger sagt: "Die nordisch-germanische Welt als wirkende Welt bleibt auch heute lebendig, obwohl freilich gerade hier die mythologisierenden Übersteigerungen des Nationalsozialismus zugunsten einer gerechten und vorurteilsfreien Würdigung abgebaut werden müssen."[37] Er fährt dann fort: "Hier ist auch der Ort, wo die Blutszusammenhänge und die Verbundenheit der gemeinsamen Sprache, soweit sie erlebt und geschichtlich wirksam geworden sind, Gegenstand des Geschichtsunterrichts werden dürfen, wobei aber unter den Eindrücken unserer heutigen Erfahrung kritisch reinigend und befreiend mit Mythos, Legende, Ideologie aufgeräumt und damit eine tiefere Auffassung aller dieser Zusammenhänge vorbereitet werden muß."[38]

Wie dieses Zitat zeigt, hält Weniger auch nach der nationalsozialistischen Ära an der Vorstellung von "Blutszusammenhängen" und einer wirkmächtigen "nordisch-germanischen Welt" fest; er hofft

---

[35]Ebd.

[36]Ebd.

[37]Ebd., S. 46. - Der Themenkreis "nordisch-germanische Welt" hatte bereits im Dritten Reich Wenigers Interesse gefunden. Der Historiker Hermann Heimpel, später Kollege Wenigers an der Göttinger Universität, hatte 1933 eine Schrift "Deutschlands Mittelalter, Deutschlands Schicksal" verfaßt (und sie Heidegger gewidmet). Weniger veröffentlichte 1936 unter seinem Pseudonym Lorenz Steinhorst einen Artikel zum Thema "Geschichtliche Besinnung" und nahm darin Bezug auf Heimpels Arbeit sowie auf den Historiker Gustav Schnürer (Mitherausgeber der laut Weniger "schätzenswerten Sammlung" "Geschichte der führenden Völker"). In diesem Artikel konstatiert Weniger unter dem Eindruck der als "Revolution" erlebten Anfangsphase des NS-Regimes "neue Brennpunkte des historischen Interesses": "Im Mittelpunkt solcher geschichtlichen Besinnung stehen heute die großen Fragen nach dem Sinn des Eintritts der Germanen in die Weltgeschichte und nach der Bedeutung und Tragweite der Christianisierung der nordischen Völker. Davon hängt dann wieder Verständnis und Beurteilung des Mittelalters ab." Das sich anschließende historische Urteil entspricht auch 1946 noch Wenigers Ansicht und vermag vielleicht seine dunkle Rede von einer "deutschen Weltstunde" etwas zu erhellen. Er sagt: "Wenn Schnürer nach dem christlichen und katholischen Mittelalter fragt, so Heimpel nach dem deutschen (...) Ihm ist das frühe Mittelalter die erste weltgeschichtliche Stunde der Deutschen und ihr Reichsgedanke die ordnende Gewalt des Weltdienstes der Deutschen im Aufgang des Mittelalters. Die Macht der Deutschen (...) war damals in Übereinstimmung mit den Bedürfnissen der Menschheit schlechthin." Lorenz Steinhorst: Geschichtliche Besinnung. In: Die Schildbürger, 15. Jg. 1936, H. 2, S. 184 f. Hervorhebung von mir.

[38]Ebd. Hervorhebungen von mir.

sogar auf eine "tiefere Auffassung aller dieser Zusammenhänge".
Ich nehme diese Äußerungen als einen weiteren Beleg für die
Kontinuität seines Denkens. Darüber hinaus sehe ich in diesen Vorstellungen einen Grund dafür, daß sich Weniger später in der
"Dienststelle Blank" so vorbehaltlos für die mit der "Vermehrung
der alliierten Truppen zusammenhängenden Fragen"[39] einsetzt. Daß
für ihn die Westintegration der Bundesrepublik Deutschland einmal
selbstverständlich sein wird, kündigt sich bereits in diesem Vortrag an, wenn er sagt: "So wird die deutsche Geschichte der Neuzeit
vor allem auch die Geschichte der Auseinandersetzungen und
Begegnungen mit England und mit der überseeischen Welt des
Angelsachsentums sein müssen, nicht aus liebedienerischer Angleichung an unsere gegenwärtige Situation, sondern weil es sich
um wirkende Mächte[40] handelt und um eine Verbindung, aus der unsere politischen Aufgaben erwachsen werden."[41]

Ergebnisse

1. Zeitgeschichtlich bildet dieser Vortrag mit dem von 1945 eine
Einheit. In beiden Fällen ist Wenigers Blick nach vorn gerichtet, die
Neugestaltung des Geschichtsunterrichts ist sein programmati-
sches Ziel; aber er vermag sich nicht wirklich von Vorstellungen zu
lösen, die mit nationaler Größe verbunden sind. Seine Absage an die
jüngste Vergangenheit wirkt halbherzig, Inhalte eines zukünftigen
Unterrichts erinnern an das Bild von altem Wein in neuen
Schläuchen. Der inneren Unschlüssigkeit entspricht jeweils eine
begriffliche Unschärfe - ich verweise deshalb an dieser Stelle auf
das, was ich unter stilistischer Rücksicht als Ergebnis für den
Vortrag von 1945 herausgearbeitet habe.

2. Spezifisch für den vorliegenden Vortrag ist dagegen Wenigers
Beurteilung des nationalsozialistischen Mythos; dabei erkennt er

---

[39]So lautete die Aufgabenbeschreibung der Dienststelle, die 1955 Verteidigungs-
ministerium wurde.
[40]Weniger stellt eine Verbindung her von der "überseeischen Welt des Angelsachsentums" zu der "nordisch-germanischen Welt" als "wirkende(r) Welt". Vgl.
Anm. 35.
[41]Ebd., S. 46. Hervorhebung von mir.

sehr wohl, daß es sich um "pseudomythische Erfindungen"[42] handelt. Ich erinnere an Wenigers Worte: "Eine Wurzel des nationalsozialistischen Mythos finden wir, wie zu erwarten, bei *Nietzsche*, in
seiner Theorie von der Funktion der monumentalen Historie sowohl
wie in den Visionen seiner Spätzeit."[43]

Diese Aussage ist im Zusammenhang mit dem zu sehen, was
Weniger 1938 in seinem militärpädagogischen Hauptwerk unter der
Überschrift "Maßstäbe für das Urteil. Die heroische Geschichtsbetrachtung als Voraussetzung"[44] ausführt. Nachdem er auf die Gefährlichkeit einer nur kritischen Geschichtsbetrachtung hingewiesen hat, fährt er fort: "Daher setzt sie eine andere Art der Geschichtsbetrachtung voraus, die mit Nietzsche als die **monumentale** bezeichnet werden mag. (...) Die monumentale Geschichtsbetrachtung ist eines der großen Mittel der Erziehung und Bildung
der Glieder der Volksgemeinschaft, der Träger des Volkswillens,
der Führer der Volkskraft. - Sie begeistert die junge Mannschaft
der Nation durch die Vertiefung in die große Vergangenheit des
Volkes, in die Taten der großen Deutschen. (...) Als Kriegsgeschichte ist sie eine Geschichte der Helden und ihrer Taten, der
Helden als Feldherrn und Führer wie auch der Helden als der
unbekannten Soldaten. Diese Art der Geschichtsbetrachtung geht
aus von der Positivität der geschichtlichen Leistungen, von dem
Strahlenden in den Geschehnissen. (...) Im Stolz auf die Vergangenheit bilden sich Bereitschaft, Mut und Selbstvertrauen gegenüber den kommenden Aufgaben. - Diese **heroische Geschichtsbetrachtung** muß dem gesamten Nachwuchs der Nation zuteil
werden."[45]

Wenn Weniger 1946 Nietzsches Theorie einer monumentalen Geschichtsbetrachtung als eine Wurzel des nationalsozialistischen
Mythos bewertet und er sich 1938 nach seinen eigenen Worten
selbst auf sie stützt, heißt das, daß auch er im Horizont nationalsozialistischer Mythenbildung formuliert hat. Weniger geht mit
keinem Wort darauf ein.

---

[42]Ebd., S. 31.
[43]Ebd., S. 32. Hervorhebung von mir.
[44]Wehrmachtserziehung 1938, S. 255.
[45]Ebd. Hervorhebung durch Unterstreichung von mir.

Und wenn er in seinem Vortrag von 1946 die Erinnerung an den August 1914 und an Langemarck wachhalten will, legt das den Schluß nahe, daß er auch nach dem Zweiten Weltkrieg noch dieser Geschichtsbetrachtung verhaftet ist, die "von der Positivität der geschichtlichen Leistungen, von dem Strahlenden in den Geschehnissen" ausgeht. Ich werte auch dies als Beleg für die ungebrochene Kontinuität in Wenigers Denken.

6.4. Reden vor der Pädagogischen Hochschule Göttingen:
Rede zur Eröffnung der Pädagogischen Hochschule Göttingen (1946)[1]
Rede bei der Immatrikulation des ersten ordentlichen Lehrgangs der Pädagogischen Hochschule Göttingen (1946)[2]
Ansprache zur Immatrikulation des Sommersemesters 1947 (1947)[3]
Abschiedsworte des Direktors an den Lehrgang für Kriegsteilnehmer an der Pädagogischen Hochschule Göttingen am 11. März 1947 (1947)[4]

Am 8./9. Mai 1945 geht mit der Kapitulation Deutschlands der Zweite Weltkrieg zu Ende. Er hinterläßt im Ideellen wie Materiellen eine Verwüstung, deren Ausmaß alles bis dahin Gekannte übersteigt. Zur selben Zeit, am 9. Mai 1945, wird Herman Nohl auf Grund einer Erklärung der Dekane der Göttinger Universität wieder als vollberechtigtes Mitglied in die Georgia Augusta aufgenommen.[5] Auf seine Initiative geht die Gründung der Pädagogischen Hochschule Göttingen noch in demselben Jahr zurück. Gründungsrektor wird am 1. Oktober 1945 Erich Weniger, der seit drei Monaten aus amerikanischer Kriegsgefangenschaft entlassen ist. Drei Jahre wird er die Hochschule leiten, bis er am 1. Januar 1949 die Nachfolge Herman Nohls an der Göttinger Universität antritt.

Am 8. Februar 1946 hält Weniger in der Aula der Universität die Rede zur Eröffnung der Pädagogischen Hochschule. Ende des Jahres,

---

[1] In: Weniger, E: Die Eigenständigkeit der Erziehung in Theorie und Praxis. Weinheim: Julius Beltz [3]1964, S. 308-322. Alle vier Reden werden daraus zitiert als: Reden 1946/47.
[2] In: ebd., S. 323-327.
[3] In: ebd., S. 328-331.
[4] In: ebd., S. 332-334.
[5] Nohl war am 30.3.1937 entlassen und sein Ordinariat in die Rechts- und Staatswissenschaftliche Fakultät eingegliedert worden. Vgl. dazu: Ratzke, E.: Das Pädagogische Institut der Universität Göttingen. Ein Überblick über seine Entwicklung in den Jahren 1923-1949. In: Becker, H. et al. (Hrsg.): Die Universität Göttingen unter dem Nationalsozialismus. München u.a.: 1987, S. 209 f. - An dieser unmittelbar mit Kriegsende einsetzenden Aktivität der Göttinger Professorenschaft wird der enorme Durchsetzungs- und Durchhaltewille dieser Gruppe deutlich. B. Schwenk hat recht, wenn er in seiner Weniger-Biographie meint: "Jenseits dieser Rechtfertigung läßt sich bei Weniger wie bei Nohl in jenen Jahren deutlich die Tendenz erkennen, nach Möglichkeit im Spiel zu bleiben. (...) Man dachte über das Ende hinaus." (Schwenk 1968, S. 23).

am 2. November 1946, spricht er anläßlich der Immatrikulation des
ersten ordentlichen Lehrgangs. Eine dritte Ansprache hält er zur
Immatrikulation des Sommersemesters 1947, und am 11. März
1947 verabschiedet er mit einer Rede den Lehrgang für Kriegsteilnehmer.

Ich werde die Reden bündeln und sie nach dem befragen, was sie
formal wie inhaltlich über Wenigers Denken in dieser frühen
Nachkriegsphase aussagen.

Pädagogische Hochschule versus Universität

Der stärkste Eindruck, den die Eröffnungsrede vermittelt, ist der
ehrerbietige Ton, den Weniger der Göttinger Universität gegenüber
anschlägt. Von dem "gewaltigen Kosmos der Georgia Augusta" ist
die Rede, neben dem sich die kleine Hochschule wie ein
"Zwerggebilde" ausnähme. "Liegt in unserem Kommen nach
Göttingen nicht Anmaßung und unbescheidenes Geltungsbedürfnis,
zeigt sich nicht ein Mangel an Gefühl für Rang und Gliederung?"[6] So
fragt Weniger und gebraucht hier dieselben Worte wie zwei Jahre
später anläßlich seiner Bewerbung auf den Lehrstuhl Nohls. Dort
heißt es: "<u>Nicht ohne ernste Befangenheit trete ich</u> in den Kreis der
Fakultät (...) "[7] In der Festrede sagt er: "<u>Nicht ohne Befangenheit
betreten wir</u> diesen Ort, in dem Gefühl des Abstands unseres kleinen Aufgabenbereiches zu der großen Welt der Wissenschaften
(...)"[8] Die Verbeugung vor der Universität findet dann ihr persönliches Zentrum in Herman Nohl, der Wenigers wissenschaftliche
Laufbahn wesentlich gefördert hat.[9] Nohl sei "einer der stärksten

---

[6]Reden 1946/47, S. 310.
[7]Universitätsarchiv Göttingen, Personalakte, Protokoll v. 15.12.1948. Hervorhebung
von mir.
[8]Reden 1946/47, S. 310. Hervorhebung von mir.
[9]Herman Nohl hat Wenigers Werdegang aktiv und beschützend begleitet. Einige
Stationen seien kurz aufgeführt:
- Vom 1.1.1923 bis 31.3.1927 ist Weniger Nohls Assistent am Pädagogischen
Seminar der Universität Göttingen.
- Wie aus der Kuratoriumsakte der Göttinger Universität hervorgeht, bemüht sich
Nohl, nachdem Weniger als Assistent ausgeschieden ist, intensiv beim Kurator der
Universität sowie dem zuständigen Minister um einen Lehrauftrag für ihn in
Sozialpädagogik. Der Lehrauftrag wird zum 1.6.1928 erteilt.

Beweggründe für die Wahl Göttingens zur Heimat der südhannoverschen Pädagogischen Hochschule" gewesen.

Weniger wird sein Amt an der Pädagogischen Hochschule als
Vorstufe zu einem Universitätsordinariat angesehen haben, außerdem wird er sich über die Unabweisbarkeit eines Entnazifizierungsverfahrens im klaren gewesen sein. In beiden Fällen würde
er auf das Wohlwollen der Universitätsprofessoren angewiesen
sein. Vor diesem Hintergrund wirkt vor allem seine Eröffnungsrede
wie ein Balanceakt in dem Bemühen, einerseits Ergebenheit,
andererseits Ebenbürtigkeit zu signalisieren. Sein Versuch, die
Aufgabe der neuen Bildungsinstitution zu umreißen, macht das
deutlich.

Weniger versucht, den Unterschied zwischen beiden Institutionen
herauszustellen. Dem Streben nach Wahrheit an der Universität
setzt er den pädagogischen Eros an der Hochschule gegenüber. Er
streicht die Universalität der Universität heraus, "der sie ihren
Namen verdankt, da sie aller bloßen Fachgesinnung, aller utilita-
ristischen Berufsausrichtung den Kampf ansagt", und stellt ihr die
Beschränkung der Hochschule gegenüber, "die sich auf die Aufgabe
eingrenzt, künftige Volks- und Mittelschullehrer fachlich für ihren
Beruf auszubilden."[10] Er versucht dann eine dialektische Verschränkung, indem er sagt: "Diese Pädagogische Hochschule, diese
Berufs- und Fachschule speziellster Art, hat als Bildungsmittel und
Gegenstand von Forschung und Lehre das Allgemeinste, das Menschentum und die menschliche Bildung."[11] Goethe und Humboldt

---

- Nach dem Krieg wird Weniger Gründungsrektor der von Nohl initiierten Pädagogischen Hochschule Göttingen.
- Wenigers Mitbewerber um den Nohlschen Lehrstuhl sind W. Flitner und O.Fr.
Bollnow. Nohl wünscht sich Weniger zum Nachfolger. In einem Brief vom 20. Januar
1947 schreibt C. Bondy an ihn: "Hoffentlich gelingt es Ihnen, Erich als Ihren
Nachfolger zu bekommen."(Handschriftenabteilung der Universität Göttingen, Nohl
37, Blatt 189.) Am 1.1.1949 tritt Weniger die Nachfolge an.
- In den Entnazifizierungsunterlagen des Niedersächsischen Staatsarchivs Hannover
befindet sich ein Fragebogen der britischen Militärregierung, den Weniger am
22.10.1945 unterzeichnet hat. Die Richtigkeit der Aussagen wird von H. Nohl bestätigt. Auch ein zweiter Fragebogen vom 14. Juni 1947, den Weniger für das erste
Entnazifizierungsverfahren hatte ausfüllen müssen, wird von Nohl als Zeuge bestätigt
(Nds. 171 Hildesheim 7475).
[10]Reden 1946/47, S. 311.
[11]Ebd.

plaziert er auf der einen, Pestalozzi auf der anderen Seite.
Herrsche in der Universität das "unbarmherzige Licht der wissenschaftlichen Erkenntnis", so sei die Arbeit der Pädagogischen
Hochschule getragen vom "Glauben an einen einfachen Zusammenhang der eigentlichen Gehalte des Lebens, auf dem alles höhere
Leben erst aufbaut". Von dem "höheren und dem einfachen Dasein"[12]
ist die Rede und von den großen Mittlern zwischen beiden. Beispiel
für eine solche Mittlerrolle sei das Christentum, "in dem die
tiefsten Erfahrungen, denen die hermeneutische Kraft der Theo-
logen in jahrhundertelanger Arbeit galt, dem schlichten, einfachen
Menschenkinde in ihrem vollen Gehalt zugänglich sind, wenn es das
Vaterunser betet, seine Bibel liest oder 'befiehl du deine Wege'
singt, so überall, wo es um die eigentlichen Gehalte des Menschentums in Geist und Gefühl geht."[13] Humanität versucht er dann durch
Abgrenzung zum Humanismus zu erklären: "Humanität ist hier also
nicht Humanismus und wird nicht auf dem Wege über die Antike,
überhaupt nicht auf dem Wege über eine Wisssenschaft gesucht,
sondern in dem Ringen um die einfachsten Grundlagen der menschlichen Existenz, um die elementarsten Zusammenhänge der Bildung,
um die Gemeinsamkeit der Fundamente eines in sich ruhenden
Volksdaseins."[14] Zu diesem "in sich ruhenden Volksdasein" gehörten
die "aufsteigenden Volksschichten", als deren Anwalt sich der
Volkslehrer verstehen solle. Weniger fordert: "Die Lehrer treten,
woher sie auch kommen, bewußt und beherzt an die Seite des Proletariats und an die Seite des Landes."[15]

Mit diesem Gedanken formuliert er einen letzten Unterschied zwischen Hochschule und Universität: Die Hochschule habe einen politischen Auftrag. Dieser bestehe in der "Übernahme einer politischen
Verantwortung für den erzieherischen Kampf gegen die Volkszerstörung, für die Wiederherstellung einer echten Volksordnung
mit den Mitteln, über die Erziehung und Schule verfügen können. (...)
Der künftige Volkslehrer hat die Mission, die elementare Geschichtlichkeit der breiten Volksmassen in ihren Gruppen und

---

[12]Ebd., S. 314.
[13]Ebd., S. 313.
[14]Ebd., S. 312.
[15]Ebd., S. 315.

Ständen zum Bewußtsein zu bringen."[16] Abschließend wendet sich Weniger an die zukünftigen Volkslehrer. Hatte er sie eben noch aufgefordert, "beherzt an die Seite des Proletariats" zu treten, erfährt dieses jetzt grundlos eine verächtliche Herabsetzung, indem er sagt: "Ein armes Leben erwartet Sie, aber es braucht kein proletarisches, d.h. kein sinnentleertes, kein seelenloses, kein un-geistiges Dasein zu werden."[17]

Viele Sätze dieser Ausführungen sind angreifbar und hielten einer kritischen Prüfung nicht stand. Was z.B. sind für Weniger die "ei-gentlichen Gehalte des Menschentums in Geist und Gefühl"? Was ist für ihn "höheres", was "einfaches" Dasein? Sind Menschentum und menschliche Bildung tatsächlich nicht Gegenstand universitärer Forschung und Lehre? Wie sachdienlich ist eine Gedankenführung, die ungleiche Begriffe wie "Humanität" und "Humanismus" kombi-niert, die Antike mit einer Wissenschaft gleichsetzt? Mit welchem Recht verwendet er "proletarisch" als Synonym für "sinnentleert", "seelenlos" und "ungeistig"?

Es soll jetzt nicht den Fragen selbst nachgegangen werden, inter-pretatorisch aufschlußreich ist vielmehr der stilistische Aspekt; denn den logisch-sachlichen Ungereimtheiten korrespondiert ein Mangel an sprachlicher Klarheit. Schopenhauer hat diesen Sach-verhalt mit dem Satz umschrieben: "Der Stil einer Sprache ist die Physiognomie des Geistes". Im Hinblick auf Wenigers Rede könnte man nach der Ursache für die o.g. sprach-logischen Ungereimtheiten fragen. Möglicherweise liegt sie darin, daß es Weniger in dieser Rede primär darum geht, sich selbst ins rechte Licht zu setzen, und weniger darum, einen Sachverhalt adäquat darzustellen.

---

[16]Ebd.
[17]Ebd., S. 320.

Kritische Einblende

Ein Jahr nach dieser Festrede wird gegen Weniger das Entnazifizierungsverfahren eröffnet. Der Unterausschuß der Göttinger
Universität verfaßt ein Gutachten, das zunächst zur Entlastung
Wenigers führt und für das anschließende Revisionsverfahren noch
richtungweisend bleibt.[18]

Im Februar 1948 formulieren die Mitglieder der Philosophischen
Fakultät der Georgia Augusta ein Votum an den Niedersächsischen
Kultusminister. Sie wollen Weniger als Nachfolger auf dem Lehrstuhl Herman Nohls sehen und schreiben mit Nachdruck: "Während
des Krieges hat er diese seine pädagogische Arbeit im Heer konsequent festgehalten und, soweit das möglich war angesichts der
Gegenstellung der Partei, die erzieherischen Gedanken vertreten
und sich auch dort durch die Energie seines pädagogischen Denkens
und die Klarheit seiner Begriffe eine hochangesehene Stellung geschaffen. Hinter diesen seinen verschiedenen Eingängen in die
pädagogische Wirklichkeit steht eine geistige Kraft und eine
Sicherheit des pädagogischen Blicks, wie sie heute kein anderer
Vertreter der Pädagogik besitzt[19], weshalb die Fakultät ihn auch an
erster Stelle nennt und seine Berufung auf diesen Lehrstuhl besonders befürwortet."[20]

Vor diesem Hintergrund stellt sich die Frage nach dem einenden
Band zwischen Weniger und Mitgliedern der Göttinger Universität in
diesen ersten Nachkriegsjahren. Der gemeinsame Nenner ist das
Bestreben, die jüngste deutsche Vergangenheit ruhen zu lassen. Ich
schließe mich Erwin Ratzke an, der in seiner Untersuchung über das
Pädagogische Institut der Universität Göttingen zu dem Schluß
kommt: "Liest man die Vorträge Nohls und wirft einen Blick in die
von ihm (und Weniger, B.S.) herausgegebene Zeitschrift 'Die
Sammlung', so fällt ins Auge, wie wenig Raum dort einer gründli-
chen Auseinandersetzung mit dem Nationalsozialismus eingeräumt
wird. Statt einer schonungslosen Analyse der Ursachen und

---

[18]Vgl. dazu den Exkurs: Wenigers Aussagen in seinem Entnazifizierungsverfahren.
[19]Beworben hatten sich ebenfalls W. Flitner und O. Fr. Bollnow.
[20]Universitätsarchiv Göttingen, Personalakte. Hervorhebungen von mir.

Bedingungen nationalsozialistischer Herrschaft findet man in der Mehrzahl Aufsätze kontemplativ-philosophischen Inhalts. Auch wenn man berücksichtigt, daß bei den Zeitgenossen ein starkes Interesse nach Erörterung von Werten, Normen und Sinnfragen bestanden hat, entsteht doch der Eindruck der Verdrängung statt der Aufarbeitung der zurückliegenden Jahre."[21]

Zeitgeschichtlicher Bezug

Die Universität Göttingen ist der eine Adressat in Wenigers Eröffnungsrede, die britische Militärregierung der andere. Weniger nutzt den offiziellen Anlaß dazu, Dank mit einer Situationsanalyse aus seiner Sicht zu verbinden. Dank zollt er der Militärregierung für ihre Unterstützung "schon so kurze Zeit nach der Katastrophe"[22], wie er das Ende des Dritten Reiches auch hier bezeichnet. Seine Vorstellung vom beiderseitigen Verhältnis kleidet er in die Worte eines Colonels, der zwischen collaboration und cooperation unterschieden habe: "Collaboration sei eine Zusammenarbeit mit der Besatzungsmacht, um sich bei ihr beliebt zu machen und die augenblickliche Lage zu persönlichem Vorteil durch Unterordnung unter den Willen der Sieger möglichst erträglich zu gestalten. Cooperation aber sei die freie Zusammenarbeit, die auf das gemeinsame Ziel einer künftigen gerechten und humanen Ordnung der menschlichen Welt geht. Mit diesem Willen zu echter, auf Gegenseitigkeit begründeter Zusammenarbeit darf sich inmitten der Ruinen jener Optimismus verbinden (...)"[23]

Das alle Sittlichkeit verratende und korrumpierende nationalsozialistische System und der von Deutschland mutwillig begonnene Zweite Weltkrieg sind zum Zeitpunkt der Rede erst seit neun Monaten zu Ende, und doch tritt Weniger mit dem Anspruch für Deutschland auf, ein gleichwertiger Partner in dem Bemühen um eine sittliche Verbesserung der Welt zu sein. Er setzt dabei auf die

---

[21]Ratzke, E.: Das Pädagogische Institut der Universität Göttingen. Ein Überblick über seine Entwicklung in den Jahren 1923-1949, a.a.O., S. 212 f. Hervorhebung von mir.
[22]Reden 1946/47, S. 308. - Vgl. dazu Anm. 38 zu Kapitel 6.1.
[23]Reden 1946/47, S. 309.

junge, aus dem Kriege heimkehrende Generation, sofern man ihr
"ihre Ehre läßt". Dann, so sagt er, "dürfen wir für den guten Willen
und für die innere Erneuerung unserer Jugend auch da bürgen, wo sie
lange Jahre hindurch in einer anderen Welt gelebt hat, mit der wir
nichts mehr zu tun haben wollen."[24] Die innere Erneuerung soll mit
seiner und der anderen Dozenten Hilfe geschehen: Sie würden der
Jugend ein anderes, besseres Bild vom deutschen Menschen vor
Augen stellen, als ihnen in der Vergangenheit gezeigt worden sei;
dieses Bild trügen sie im Herzen.[25]

Ist es Naivität, Selbst- oder Fremdtäuschung - oder alles zusammen -, wenn Weniger die Meinung vertritt, die innere Erneuerung
des einzelnen wie der Volksgemeinschaft sei möglich durch die
Restauration eines alten Bildes, damit es künftig als Identi-
fikationsvorlage diene? Der folgende Satz ist charakteristisch für
seine Denkweise, mag er auch in dem konkreten Bezug berechtigt
sein. Unter den Gästen der Einweihungsfeier sind ehemalige Angehörige der Pädagogischen Akademie Altona. Zu ihnen gewandt,
sagt er: "Sie selber (...) sind uns ein Zeugnis dafür, daß wir auf dem
richtigen Wege waren und daß wir ein Recht haben, da den Faden
wieder aufzunehmen, wo wir ihn damals liegen lassen mußten."[26]

Weniger versucht, die Zeit des Nationalsozialismus auszuklammern.
Mit beschönigenden Worten deckt er zu, ebnet er ein und verhindert
auf diese Weise eine Auseinandersetzung mit der Vergangenheit.
Ein ausführliches Zitat soll das belegen. Er wendet sich an die
Studierenden des ersten Lehrgangs und spricht zugleich in Richtung
der Besatzungsmacht, wenn er sagt: "Die meisten von Ihnen waren
Soldaten, die Frauen in engerem oder weiterem Zusammenhang
Helferinnen der Wehrmacht. Fürchten Sie nicht, daß Ihre Ehre, die
auf Ihrer Pflichterfüllung beruhte, nun nicht anerkannt oder gar
verächtlich gemacht werden soll. Wenn Sie nicht nach dem Maß
Ihrer Einsicht und Ihrer Verantwortung Ihre Pflicht als Soldat ge-

---

[24]Ebd. Hervorhebung von mir. Wenn Weniger vom Dritten Reich als von einer anderen
     Welt spricht, "mit der wir nichts mehr zu tun haben wollen", so ist diese
     Formulierung auch ein Eingeständnis, Vergangenes ruhen lassen zu wollen.
[25]Dem Sinne nach ebd., S. 319.
[26]Ebd., S. 318. Hervorhebung von mir. - Die Pädagogische Akademie in Altona, unter
     Wenigers Leitung aufgebaut, hatte nur zwei Jahre Bestand. Sie wurde 1932 im
     Zusammenhang mit den derzeitigen Sparmaßnahmen wieder geschlossen.

tan hätten, so könnten wir Sie nicht brauchen, weil wir nicht sicher wären, daß Sie jetzt Ihre Pflicht als Volkserzieher ernst nehmen könnten. Wir rechten auch mit Ihnen nicht (i.e. ebensowenig wie mit anderen oder uns selbst?) über Ihre bisherigen Ideale und über den Glauben, dem Sie angehangen haben. Wir wissen, wie wenig Möglichkeiten Sie hatten, frei und unbefangen zu urteilen und zu eigener Entscheidung zu gelangen. Sie konnten vielleicht nicht wissen, daß es ein anderes Deutschland gegeben hat und geben kann."[27]

Im Hinblick auf Deutschlands nationalsozialistische Vergangenheit wird Weniger auch nach dieser Rede an dem Motto "Alles-verstehen-heißt-alles-Verzeihen" festhalten. Es sei nur an den Radiovortrag zum 20. Juli 1952 erinnert, den er damit einleiten wird, daß er seinen Zuhörern verständnisvoll verschiedene Entschuldigungen für ein Mitläufertum im Dritten Reich anbietet.[28]

Hier jedoch, anläßlich der Eröffnung einer Pädagogischen Hochschule, ist eine solche Aufforderung zum Vergessen besonders bedrückend. Was ist aus dem Aufruf der *Weißen Rose* geworden, an den in diesem Zusammenhang noch einmal erinnert sei: "Vergeßt auch nicht die kleinen Schurken dieses Systems, merkt Euch die Namen, auf daß keiner entkomme! Es soll ihnen nicht gelingen, in letzter Minute noch nach diesen Scheußlichkeiten die Fahne zu wechseln und so zu tun, als ob nichts gewesen wäre!"[29]

Es ist anders gekommen. Kleine und große Schurken blieben ungeschoren oder wurden gar voll rehabilitiert.[30] Nur vereinzelt kam es

---

[27]Ebd., S. 319. Hervorhebung von mir.

[28]Veröffentlicht unter dem Titel: *Gehorsamspflicht und Widerstandsrecht in der Demokratie.* In: Die Sammlung, 7. Jg. 1952, S. 417-422.

[29]Scholl 1952, S. 103 f.

[30]Stellvertretend für viele seien zwei Namen genannt: Dr. Hans Globke und Dr. Franz Schlegelberger. Globke war Judenreferent im Reichsinnenministerium Hitlers. Er verordnete die Abstempelung der Judenpässe mit einem "J", die Einführung der Zwangsvornamen "Sarah" und "Israel", das Tragen des Judensterns und viele Maßnahmen zur Aussiedlung der Juden. (Belegt in: Schwarberg, G.: Der SS-Arzt und die Kinder vom Bullenhuser Damm. Göttingen: Steidl Verlag 1988, S. 113.) Unter Adenauer wird Globke Staatssekretär. - Schlegelberger war im NS-Staat Justizstaatssekretär. Er lehnte Gnadengesuche zum Tode Verurteilter ab und ordnete Exekutionen an, die von den berüchtigten regionalen Sondergerichten vollstreckt wurden. 1947 wird er im Nürnberger Juristenprozeß von den Amerikanern zu lebenslanger Haft verurteilt, 1951 wegen Krankheit entlassen. Er bekommt eine

zu einer Aufarbeitung der nationalsozialistischen Vergangenheit. Das lag an der politischen Weichenstellung Konrad Adenauers und gewiß auch an den Interessen der Alliierten[31], es lag aber auch an Männern wie Erich Weniger.

Nachdem Weniger den Studierenden Verständnis und politische Schonung zugesichert hat, spricht er von der Notwendigkeit einer Wandlung. Doch ist das, was er von ihnen verlangt, so unverfänglich wie selbstverständlich. Die ehemaligen Soldaten sollen die "Wendung zum Kinde" vollziehen wie Leutnant Glülphi in Pestalozzis Volksroman "Lienhard und Gertrud". Sie sollen sich bewußtmachen, daß ihnen als Volkslehrern andere pädagogische Fähigkeiten abverlangt werden als beim Militär. "Denn die Arbeit in der Volksschule ist friedlich, gewaltlos, sie verzichtet auf Drill und Dressur, sie vertraut auf die scheinlose Macht des Geistes und auf den stillen Einfluß des Gemüts."[32] Was Weniger hier unter der "scheinlosen Macht des Geistes" versteht, nachdem er zuvor von dem "unbarmherzigen Licht der wissenschaftlichen Erkenntnis" gesprochen hat, bleibt ungeklärt.

Atmosphärisches

In den Reden zur Immatrikulation des Wintersemesters 1946 und des darauffolgenden Sommersemesters wendet sich Weniger an die

---

Pensions-Nachzahlung von 160 000 Mark und eine monatliche Staatssekretärpension, beginnend mit 2894 DM. "So fürstlich entlohnt der neu ausgerufene Rechtsstaat ausgerechnet den zweitwichtigsten NS-Juristen, der 1941 auch die führenden Richter des Reichs bei einer Geheimkonferenz auf Stillhalten gegenüber Hitlers Befehl zum 'Euthanasie'-Massenmord eingeschworen hatte. Bei der sogenannten 'Aktion T4' sind von Ärzten und anderen Mordhelfern 70 000 geistesschwache Kinder und Erwachsene in den Heil- und Pflegeanstalten umgebracht worden." (Beleg und Zitat: Wüllenweber, H.: Sondergerichte im Dritten Reich. Vergessene Verbrechen der Justiz. Frankfurt/M.: Luchterhand 1990, S. 38 ff.)

[31] Günther Schwarberg hat dazu folgendes recherchiert: "Konrad Adenauer hatte als erster gesagt, eine Aufrüstung Westdeutschlands sei nur möglich, wenn die Verbrecher des letzten Krieges nicht mehr vor Gericht gestellt würden. 'Die Begnadigung der Kriegsverbrecher und die Beendigung der Diffamierung der deutschen Soldaten' sei 'Voraussetzung eines jeden militärischen Beitrages', ließ er seinen Beauftragten, den Ex-Wehrmacht-General Hans Speidel, im August 1950 in einer offiziellen Denkschrift erklären." (Schwarberg, G.: Der SS-Arzt und die Kinder vom Bullenhuser Damm, a.a.O., S. 112)

[32] Reden 1946/47, S. 320.

Studenten und Studentinnen. Sie sollen "in feierlicher Verpflichtung" in die Pädagogische Hochschule aufgenommen werden. Deshalb führt er ihnen und damit auch den Dozenten vor Augen, was er als das Wichtige dieser Bildungsinstitution ansieht. Bemerkenswert ist, daß er sich nicht etwa über Bildungsinhalte und deren Gewichtung ausläßt, sondern über die Atmosphäre. Für ihn ruht die Kraft einer solchen Einrichtung "nicht in den Worten, die sie von sich macht, sondern in der Atmosphäre, die sie auszustrahlen, mit der sie uns zu umgeben vermag. So ist die wichtigste Aufgabe, (...) daß wir versuchen die Atmosphäre zu schaffen, in der Sie sich frei auf Ihren künftigen Beruf hin bewegen können, schon umgeben von der Luft, die Ihnen ein gesundes Dasein in Ihrem künftigen Lebenskreis ermöglichen soll. Wie schwer es ist, unter den heutigen Daseinsbedingungen, unter all den inneren Hemmungen und Nöten, die unserer Arbeit entgegenstehen, eine solche dichte und gesunde Atmosphäre zu schaffen, braucht nicht erst gesagt zu werden."[33]

Die für seine Pädagogik konstitutive Vorstellung einer "gesunden Atmosphäre" hat Weniger im Zusammenhang mit seiner Wehrerziehung entwickelt; einige wenige Zitate mögen das noch einmal belegen. 1938 heißt es in *Wehrmachtserziehung und Kriegserfahrung* im Hinblick auf den guten Willen des Soldaten, sich drillen zu lassen: "Diese Möglichkeit gibt es freilich nur in einem gesunden Volke und in einer gesunden soldatischen Atmosphäre."[34] Ist diese Voraussetzung nicht gegeben, dann hilft nur "die Neubildung eines gesunden Soldatentums durch Vorbild, Beispiel, Reinigen der Atmosphäre, Ausmerzen verderbter Glieder."[35] Weil der gute Wille oft schwach ist, bedarf es der "Gegenwirkung gegen die Triebe und der Unterstützung des Willens"[36]. Hier soll der Drill ein Mittel der Erziehung werden. "Aber das kann er nur, wenn gleichzeitig eine große Fülle anderer erzieherischer Mittel eingesetzt wird, die den Willen entwickeln und stützen: Lehre und Unterweisung, Mutübungen aller Art, vor allem Vorbild und Beispiel von Führer und Kameraden,

---

[33]Ebd., S. 324. Hervorhebungen von mir. - Auf welche "inneren Hemmungen und Nöte" Weniger anspielt, bleibt offen.
[34]Wehrmachtserziehung 1938, S. 50. Hervorhebung von mir.
[35]Ebd. Hervorhebung von mir.
[36]Ebd. - Weniger bezieht sich hier auf Schleiermacher, ohne ihn zu nennen.

gesunde Ordnung des militärischen Lebens und <u>eine kräftige, männ-</u><u>liche Atmosphäre.</u>"[37]

Was Weniger hier "kräftige, männliche" oder "gesunde soldatische" Atmosphäre nennt, überträgt er acht Jahre später auf den Bereich der Volkslehrerbildung. Intendiert ist in beiden Fällen dasselbe: Der Wille der jeweiligen Autorität soll von den Lernenden so interna-lisiert werden, daß er von ihnen als selbstverständlich empfunden wird. (So war das vielstrapazierte "gesunde Volksempfinden" der Nationalsozialisten nichts anderes als die kritiklos-unkritische Übernahme von Wertvorstellungen der Führenden durchs Volk.) Alles Selbstverständliche aber ist nicht mehr frag-würdig, es gewinnt vielmehr eine fraglose Gültigkeit. Wenigers Erziehungsbegriff zielt letztlich nicht auf Kritikfähigkeit und Mündigkeit, sondern auf Fremdbestimmtheit, die durch sublime Manipulation als Eigenbe-stimmtheit empfunden werden soll. An dieser Stelle hat das Atmosphärische seinen Platz.

An anderer Stelle, in einem Manuskript mit dem Titel *Feldherrn-briefe über Erziehung*[38], vertritt Weniger dieselben Gedanken: "Die entscheidende Leistung dieser Erziehung 'mitten im Feuer der Schlachten' als einer <u>Willensübertragung</u> des Oberfeldherrn auf seine Organe, des höheren Führers auf seine Unterführer, dieser auf die Truppe, liegt darin, daß in ihr bestimmt wird, <u>was als selbst-</u><u>verständlich</u> für das kriegerische Handeln <u>zu gelten habe</u>. (...) Auf dem, was sich von selbst versteht, ruht ja immer die Kraft einer Gemeinschaft."[39]

Daß Weniger im Hinblick auf Lehrerstudenten nicht anders denkt, zeigt seine Immatrikulationsrede von 1946, in der er sagt: "Was uns in einer solchen <u>Atmosphäre</u> als <u>gesunde Luft</u> umgibt, die uns frei atmen läßt, ist das <u>Selbstverständliche</u>. Die Kraft unserer Hochschule wird auf dem ruhen, was sich in ihr, das heißt also in

---

[37]Ebd., S. 51. Hervorhebung von mir.
[38]Als Schreibmaschinenmanuskript (o. J.) im BA/MA Freiburg unter N 488/36 re-gistriert. - Weniger erwähnt das Manuskript bereits am 22.9.1936 in einem Brief an H. Nohl, desgleichen noch einmal in einem Brief vom 31.5.1944, ebenfalls an Nohl. Zu einer Veröffentlichung scheint es nicht gekommen zu sein.
[39]Feldherrnbriefe, S. 3. Hervorhebung von mir.

unserem Zusammenleben und unserer Arbeit, von selbst versteht. Das Selbstverständliche gibt jedem Einzelnen innerhalb der erzieherischen Gemeinschaft die Sicherheit und Stetigkeit des Handelns. (...) Wir, Ihre Dozenten, haben alles in allem keinen anderen Auftrag, als dieses Selbstverständliche im Anschluß an die Überlieferung für Sie zu festem Besitz werden zu lassen. Über das Selbstverständliche ist für den, der seiner gewiß ist und aus ihm lebt, kein Wort zu verlieren. (...) Je selbstverständlicher alles ist, je fragloser die Überlieferung, je sicherer die Aufgabe, desto selbstverständlicher und wortloser die Erziehung."[40]

Noch einmal sei eine Schrift Wenigers aus nationalsozialistischer Zeit zitiert. In der Einleitung zu *Die Erziehung des deutschen Soldaten* von 1944 heißt es: "Das Selbstverständliche gibt jedem Einzelnen innerhalb der soldatischen Gemeinschaft die Sicherheit und Stetigkeit des Handelns (...) Der Wille des Führers und Feldherrn bestimmt mit der kriegerischen Aufgabe, zugleich, was in der Truppe als selbstverständlich zu gelten habe. Die soldatische Erziehung hat alles in allem keinen anderen Auftrag, als dieses Selbstverständliche im Anschluss an die Überlieferung jedem Soldaten und jeder Einheit zu festem Besitz werden zu lassen. Über das Selbstverständliche ist für den, der seiner gewiss ist und aus ihm lebt, kein Wort zu verlieren. Es umgibt ihn als Atmosphäre. (...) Je selbstverständlicher alles ist, je fragloser die Überlieferung, je sicherer die Aufgabe, um so unausdrücklicher und wortloser die Erziehung."[41]

Fast wörtlich wiederholt Weniger 1946 als Gründungsrektor einer Pädagogischen Hochschule Gedanken, die er 1944 als NS-Führungsoffizier verfaßt hatte![42] Statt "soldatische Gemeinschaft" heißt es jetzt lediglich "erzieherische Gemeinschaft". Ein Problem vermeint Weniger allerdings nach dem Krieg zu sehen: Das Selbstverständliche scheint verlorengegangen zu sein, es muß erst wiedergefunden werden. Wie das geschehen soll, sagt Weniger klar: "So entsteht die merkwürdige Übergangssituation, in der wir, die

---

[40] Reden 1946/47, S. 324 f. Hervorhebungen von mir.
[41] Die Erziehung 1944, S. 5. Hervorhebungen von mir.
[42] Das Entnazifizierungsverfahren wurde erst ein Jahr später, 1947, gegen ihn eröffnet.

<u>Dozenten,</u> vorweg doch <u>sagen müssen, was nach unserer Ansicht</u> an Lage und Aufgabe zunächst einmal <u>als selbstverständlich zu gelten habe</u>."[43] Wenn er auch anschließend diese Aussage abzuschwächen versucht, indem er den Vorgriff auf die Zukunft als vorläufig bezeichnet, so kennzeichnet sie dennoch Wenigers pädagogisches Denken als autoritär.

Es sei noch angemerkt, wie sehr die fehlende Selbstverständlichkeit Weniger beunruhigt. Selbst Akzidentelles mag er nicht dem freien Spiel menschlichen Miteinanderumgehens überlassen. Er sagt: "Es gibt ein fast <u>drolliges</u>[44] Zeichen des Mangels an Selbstverständlichkeit, der uns noch behindert, nämlich unsere Unsicherheit, wie wir Sie und wie Sie sich untereinander anreden sollen."[45] Es mutet grotesk an, sich angesichts des Elends dieser frühen Nachkriegszeit mit der Frage aufzuhalten, ob "Kameraden", "Kollegen" oder "Genossen" die passende Anrede für Lehrerstudenten sein könnte. Weniger entscheidet sich für die alte akademische Anrede "Kommilitone"; so kann er an den "kämpferischen Willen" der Studenten appellieren und sie aufrufen, "Mitkämpfer" für die künftige Volksbildung zu sein.

Noch einen Aspekt hebt er hervor. Das Wort "Kommilitone" erinnert ihn an "akademische Freiheit" und "Widerstand gegen Zopf und Philisterei". "Zu dieser Freiheit möchten wir Sie aufrufen, zu der inneren Unabhängigkeit gegen alle bloße Gewohnheit, gegen alles erstarrte Philisterwesen, zu dem Mute der eigenen Meinung (...)"[46] Das sind emanzipatorische Töne, sie fallen Weniger ein, weil er seine Gedanken in Richtung "Jugendbewegung" schweifen läßt. In dieser wie auch in der Eröffnungsrede zitiert er die Meißner-Formel; denn: "Die Freiheit der Eigenbewegung der Jugend und die

---

[43]Reden 1946/47, S. 325. Hervorhebungen von mir.

[44]Das Wort "drollig" taucht hier nicht zum einzigen Mal auf. In seinem Brief an H. Nohl vom 25. Juni 1944 gebraucht er es, um eine Situation in der Normandie zum Zeitpunkt der Invasion zu schildern. In dieser Rede vom Winter 1946 dient es zur Charakterisierung der Umstände in der Pädagogischen Hochschule, und 1959 fällt es ihm ein, wenn er, zurückblickend auf die Besatzungszeit, anmerkt, daß der "Zupfgeigenhansl" nur ohne Soldatenlieder neu aufgelegt werden durfte. Möglicherweise bringt dieses Wort jeweils ein Irritiertsein Wenigers oder eine Verunsicherung zum Ausdruck.

[45]Reden 1946/47, S. 326. Hervorhebung von mir.

[46]Ebd.

altüberlieferte akademische Freiheit sind hier eins."[47] Doch ist ein
falscher Ton dabei. Die überschwengliche Ausdrucksweise ist ein
Indiz dafür. Schwärmerisch sagt er: "Wenn Sie auf Ihren Gängen in
die Umgebung Göttingens nach Süden blicken, so sehen Sie am
Horizont das wunderbare Massiv des Hohen Meißner, auf dem die
deutsche Jugenbewegung sich 1913 zu einem herrlichen Fest zu-
sammenfand (...) Dieser Blick auf den Meißner ist uns in den letzten
Jahren oft ein Trost gewesen inmitten der Unfreiheit und Ver-
antwortungslosigkeit, die uns auferlegt war."[48] Der Aufruf zur
Mündigkeit, der hier an die Studenten ergeht, ist assoziativ-rheto-
risch.

Nach diesem Einschub kehre ich zum "Atmosphärischen" zurück. Das
Selbstverständliche, eingebettet in eine "dichte, gesunde Atmosphäre", hatte sich als konstitutiv für Wenigers Erziehungsvorstellung erwiesen. Dabei war noch ungeklärt, was den Studierenden als fraglos gelten sollte und wie Weniger die entsprechende Atmosphäre zu erzeugen gedachte. Beides wird deutlich
durch den Schluß seiner Ansprachen. 1946 wie 1947 beendet er
seine Rede mit den Worten: "Nun nehme ich Sie in die Gemeinschaft
der Pädagogischen Hochschule Göttingen auf, indem ich Sie bitte
heranzutreten und mir durch Handschlag zu geloben, daß Sie dem
Gesetz unserer Hochschule / der Verantwortung für Volk, Vaterland
und Menschheit / der Pflicht gewissenhafter Vorbereitung auf Ihren
erzieherischen Beruf / treu und gehorsam sein wollen."[49]

Der inhaltliche Aspekt wirkt so befremdlich wie der formale. Wenn
nach den Erfahrungen des Dritten Reiches, noch unter dem unmittelbaren Eindruck seiner verheerenden Folgen, deutsche Studenten
dazu aufgerufen werden, Verantwortung für Volk, Vaterland und
Menschheit zu geloben, so wirkt das zum einen anmaßend, zum anderen liegt die Gefahr nahe, daß die belasteten Begriffe "Volk" und
"Vaterland" durch ihren unkritischen Gebrauch zu Worthülsen werden und eine bewußte Auseinandersetzung mit ihnen deshalb un-
terbleibt. Der Ritus wiederum, in dem Weniger jeden einzelnen Stu-

---

[47]Ebd.
[48]Ebd., S. 321. Hervorhebung von mir.
[49]Ebd., S. 330 f. Hervorhebung von mir.

denten auffordert, ihm durch Handschlag Treue und Gehorsam gegenüber Pflicht und Gesetz zu geloben, hat einen autoritären Zug,
weil er - in Analogie zu nationalsozialistischem Brauch - Dienst-
und Treueid miteinander verbindet.[50]

Ergebnisse

1. Weniger knüpft 1946/47, zu einem Zeitpunkt also, der ein geistiger Neuanfang hätte werden können, nahtlos an die NS-Vergan-
genheit an. Er überträgt Erziehungsvorstellungen, die er im Rahmen
seiner Wehrmachtserziehung im Dritten Reich entwickelt hat, auf
den Bereich der Lehrerbildung. Die Strukturen sind dieselben;
inhaltlich geht es um das Wecken von Pflichtgefühl und Gehorsam
im Zusammenhang mit der Bereitschaft des Lernenden, den Willen
der jeweiligen Autorität mit dem eigenen zu verschmelzen. Unter
methodischem Aspekt ist das Atmosphärische konstitutiv für eine
"Erziehung", die auf den Willen der zu Erziehenden - es handelt sich
dabei um Erwachsene! - abzielt. Hier sei ein Wort Wenigers an den
Lehrgang für Kriegsteilnehmer eingeblendet: "Freilich, das Unvoll-
endete unserer Arbeit bleibt. (...) Aber ich glaube doch (...) folgern
zu dürfen, daß es uns gelungen ist, Ihren Willen zu gewinnen."[51] Die
geeignete Atmosphäre entsteht dabei durch den feierlichen Akt des
Gelöbnisses.

2. Die Reden machen deutlich, daß Weniger auch nach dem Ende der
NS-Diktatur keine deutliche Zäsur setzen will. Wie später Konrad
Adenauer, wendet er sich gegen eine Diffamierung des deutschen
Soldaten. Ohne zu differenzieren, sieht er in der Erfüllung der soldatischen Pflicht in der Wehrmacht die Gewähr für die Erfüllung
der neuen Pflicht als Volkserzieher. Deshalb fordert er den Lehrgang der Kriegsteilnehmer auf, sich als "<u>Vortrupp</u> unserer Arbeit an
der erzieherischen Erneuerung unseres Volkes"[52] zu fühlen, deshalb
richtet er an die Britische Militärregierung die versteckte Mahnung,
der aus dem Kriege heimkehrenden Generation "ihre Ehre" zu lassen.

---

[50]Ein Immatrikulationszeremoniell gab es bis in die 50er Jahre hinein auch an anderen Hochschulen und Universitäten.
[51]Ebd., S. 332 f.
[52]Ebd. Hervorhebung von mir.

"Der Dienst in der Wehrmacht ist Ehrendienst am deutschen Volk" - dieser Satz aus der Wehrmachtsverordnung von 1934[53] behält für Weniger auch nach 1945 Gültigkeit.[54]

3. Wenigers Festrede zur Eröffnung der Pädagogischen Hochschule veranschaulicht sein Verhältnis zur Göttinger Universität. Er ist auf das Wohlwollen der Professoren der Philosophischen Fakultät angewiesen, sowohl im Hinblick auf ein Ordinariat als auch im Hinblick auf ein mögliches Entnazifizierungsverfahren.[55] So verbindet er den Kotau vor der Universität geschickt mit der Botschaft, einer der ihren zu sein. Entnazifizierungs- wie Berufungsverfahren zeigen dann, daß seine Einschätzung richtig war.

4. Unter formaler Rücksicht sind diese Reden Wenigers als Direktor einer Pädagogischen Hochschule beispielhaft für seine vielfach unpräzise, oberflächlich-nachlässige Denk- und Formulierungs-weise. Sie lassen außerdem einen stilistischen Zug erkennen, der für manches seiner Sprachprodukte typisch ist: den Hang zu fal-schem Pathos. Die weiteren Textanalysen werden bestätigen, daß sich Worthülsen und Pathos häufen, wenn Weniger durch einen Sachverhalt verunsichert ist oder wenn er einem Thema aus-weichen will. Insofern kommt der stilistischen Analyse der Weniger-Texte eine heuristische Bedeutung zu.

---

[53]Die Pflichten 1934.
[54]Bei Weniger zitiert als: "Wehrdienst ist Ehrendienst am deutschen Volk". In: Wehrmachtserziehung 1938, S. 52.
[55]Die Fragebogenaktion der alliierten Besatzungsmächte hatte bereits im Herbst 1945 begonnen.

Exkurs: Wenigers Aussagen in seinem Entnazifizierungsverfahren

Die Quellenlage

Die nachfolgenden Erkenntnisse sind durch Unterlagen des Niedersächsischen Hauptstaatsarchivs Hannover belegt. Es handelt sich um die Entnazifizierungs-Verfahrensakte Nds. 171 Hildesheim Nr. 7475, die Handakten zur Verfahrensakte sowie eine Beiakte unter derselben Registriernummer, ferner um eine bislang der Öffentlichkeit noch nicht zugängliche Akte ohne Registriernummer.

Erkenntnisse

Die Durchsicht des niedersächsischen Archivmaterials hat ergeben, daß ein Kernstück im Entnazifizierungsverfahren, Wenigers eigene Stellungnahme, fehlt. In der Urteilsbegründung vom 9. September 1948[1] heißt es: "Die amtlichen Stellungen des zu Überprüfenden ergeben sich aus dem zu den Akten überreichten Fragebogen (Bl. 47 d. Akten) und dem Lebenslauf (Bl. 48)." Und weiter: "In seinen ausführlichen Anlagen zum Fragebogen vom 27.7.46 hat er in überzeugender Weise dargelegt (...)" Die Archivunterlagen enthalten weder den besagten Lebenslauf Wenigers noch den hier angesprochenen Fragebogen mit den Anlagen. Die Frage, ob sich diese Unterlagen in der Originalakte des Entnazifizierungsausschusses Göttingen-Stadt, Mai 1946 - September 1948, befinden, die in der Handschriftenabteilung der Niedersächsischen Staats- und Universitätsbibliothek Göttingen aufbewahrt wird[2], konnte ich nicht klären, da ich keinen Zugang zu diesem Teil des Weniger-Nachlasses bekommen habe. Die Personalakte Wenigers, die sich im Göttinger Universitätsarchiv befindet und von mir eingesehen wurde, enthält nur eine beglaubigte Abschrift der Entnazifizierungsentscheidung vom 9. September 1948.

---

[1] Blatt 18 der Verfahrensakte Nds. 171 Hildesheim 7475.
[2] Vgl. Gaßen, H.: Übersicht über den Nachlaß "Erich Weniger". In: Göttinger Beiträge zur universitären Erwachsenenbildung, hrsg. v. Karl Neumann. Heft 11/1987, S. 109.

Es fehlen jedoch nicht nur die Stellungnahmen Wenigers, sondern auch sämtliche Dokumente zu dem Kriegsgerichtsverfahren, das im August 1944 gegen ihn eröffnet worden ist; dabei verweist die Begründung zur Entnazifizierungsentscheidung von 1948 ausdrücklich auf die für das Kriegsgerichtsverfahren angefertigten Gutachten.

Eine weitere Erkenntnis aus der Durchsicht der Unterlagen ist die, daß es ein Revisionsverfahren gegeben hat. Zwar spricht auch Bernhard Schwenk in seiner Weniger-Biographie von einem "langwierigen Entnazifizierungsverfahren"[3]; er erwähnt jedoch weder die Bedenken der britischen Militärregierung noch den Einspruch der KPD-Kreisleitung Göttingen gegen das erste Entlastungszeugnis (Clearance Certificate), das Weniger am 26. Juni 1947 ausgestellt worden war.[4] Überhaupt geben die wenigen Zeilen, die er dem Entnazifizierungsverfahren widmet, eine sehr verkürzte und ungenaue Darstellung des Geschehenen wieder, als komme einem solchen Verfahren selbst in einer Biographie nur eine marginale Bedeutung zu. Schwenk schreibt: "Die Anklage gründete sich hauptsächlich auf einen Auszug aus der Schrift "Die Erziehung des deutschen Soldaten", der in Umlauf gesetzt worden war. Außerdem nahm man Anstoß an seiner Tätigkeit als NS-Führungsoffizier"[5].

Grundlage für das Entnazifizierungsverfahren war ein Beschluß der Siegermächte des Zweiten Weltkrieges auf der Konferenz in Jalta vom 3. bis 11. Februar 1945 sowie auf der Konferenz von Potsdam vom 17. Juli bis 1. August 1945. In der Übereinkunft von Jalta heißt es: "Es ist unser unbeugsamer Wille, den deutschen Militarismus und Nationalsozialismus zu zerstören und dafür Sorge zu tragen,

---

[3]Schwenk 1968, S. 23.

[4]Schwenk war der Brief der Kommunistischen Partei Göttingen an den Niedersächsischen Staatssekretär für die Entnazifizierung vom 30. Juli 1947 wahrscheinlich nicht bekannt (er befindet sich in der noch nicht registrierten Akte); der Zeitungsartikel der Hannoverschen Volksstimme vom 1. August 1947 dagegen, in welchem die KPD-Kreisleitung Göttingen öffentlich gegen Wenigers Entlastung protestiert, wäre ihm zugänglich gewesen. Der Artikel trägt die Überschrift: "Göttinger Entnazifizierungskomödie. NS-Führungsoffizier und militaristischer Schriftsteller wird als Unbelasteter eingestuft." (Hannoversche Volksstimme - Süd-Ausgabe, 2. Jg., Nr. 59, S. 5).

[5]Schwenk 1968, S. 23. Hervorhebung von mir. Schwenk gibt leider keinen Fundort an. In den Unterlagen des Niedersächsischen Staatsarchivs findet sich kein Schriftstück, das sich hauptsächlich auf die Schrift *Die Erziehung des deutschen Soldaten* bezöge.

daß Deutschland nie wieder imstande ist, den Weltfrieden zu stören." In Potsdam legte man fest: "Kriegsverbrecher und alle diejenigen, die an der Planung oder Verwirklichung nazistischer Maßnahmen, die Greuel oder Kriegsverbrechen nach sich zogen oder als Ergebnis hatten, teilgenommen haben, sind zu verhaften und dem Gericht zu übergeben. (...) Alle Mitglieder der nazistischen Partei, welche mehr als nominell an ihrer Tätigkeit teilgenommen haben, und alle anderen Personen, die den alliierten Zielen feindlich gegenüber stehen, sind aus den öffentlichen und halböffentlichen Ämtern und von den verantwortlichen Posten in wichtigen Privatunternehmen zu entfernen. Diese Personen müssen durch Personen ersetzt werden, welche nach ihren politischen und moralischen Eigenschaften fähig erscheinen, an der Entwicklung wahrhaft demokratischer Einrichtungen in Deutschland mitzuwirken."[6]

Die Durchführung der Entnazifizierung wurde in den einzelnen Besatzungszonen unterschiedlich gehandhabt. Für den Bereich Göttingen galt zunächst die Verordnung Nr. 24 des britischen Kontrollrats vom 12. Januar 1946. Mit Wirkung vom 1. Oktober 1947 an übertrug eine Verordnung der britischen Militärregierung die Verantwortung für die Entnazifizierung in ihrer Zone deutschen Behörden.[7]

Vor diesem Hintergrund wird deutlich, welche Tragweite die Tatsache hatte, daß Weniger seit Februar 1944[8] NS-Führungsoffizier beim Befehlshaber Nordwestfrankreich sowie Autor zahlreicher militärpädagogischer Schriften war. Deshalb geht es in den vorliegenden Schriftstücken um die beiden Fragen: War Weniger aufgrund seiner Auszeichnung als NS-Führungsoffizier Nationalsozialist, und - oder - war er aufgrund seiner wehrpädagogischen Schriften Militarist? Die Bemühungen des Göttinger Hauptausschusses für Entnazifizierung sowie des Unterausschusses der Göttinger Universität (Weniger war seit Oktober 1945 Professor

---

[6]Lange, I.: Entnazifizierung in Nordrhein-Westfalen. Siegburg 1976, S. 65 und S. 81. Zit. nach: Bardehle, P.: Vorbemerkung zu NDS. 170. Ministerium für Entnazifizierung 1945-1953. Pattensen 1982.
[7]Bardehle, P.: Vorbemerkung zu Nds. 170, a.a.O., S. III.
[8]Nicht: "Im Sommer 1944", wie Schwenk in seiner Biographie S. 23 schreibt. Beleg: Wenigers Aussage vom 22.10.1945. Blatt 11 der Verfahrensakte Nds. 171.

und Direktor der Göttinger Pädagogischen Hochschule) gingen dahin,
den Verdacht, der auf ihn gefallen war, zu entkräften. Darauf gehe
ich später ein.

Das Revisionsverfahren

Am 26. Juni 1947 wird Weniger vom Entnazifizierungs-Haupt-
ausschuß der Stadt Göttingen ein Entlastungszeugnis ausgestellt.
In dem Begründungsgutachten vom 16. Juni 1947, dem sich das
spätere Gutachten vom 9. September 1948 anschließt, heißt es:
"Zusammengefaßt ist festgestellt, daß W. weder Nazi noch Militarist war. (...) W. ist gem. Anweisung 54 nach V[9] kategorisiert.
June 16th 1947"[10]. Aus dem Schriftverkehr bei der Wiederaufnahme
des Verfahrens geht die Beurteilung dieses Zeugnisses durch die
britische Besatzungsmacht hervor. In einem Schreiben der Militärregierung Hildesheim - Special Branch - vom 8. Juni 1948 an den
Inspekteur der Entnazifizierung Regierungsbezirk Hildesheim heißt
es: "Es ist zu ersehen, daß der Betroffene vom Hauptausschuß
Göttingen-Stadt in Kategorie V eingestuft wurde. Diese Entscheidung ist jedoch noch nicht ergangen, da die Militärregierung mit der
Entscheidung nicht einverstanden war und den Genannten nicht als
geeignet für die Stellung des Leiters der Pädagogischen Hochschule
Göttingen ansieht. Die Entscheidung ist von Special Branch nicht
bestätigt worden, weil der Genannte NS-Führungsoffizier gewesen
ist. (Paragr. 83-97 der Direktive 24)."[11]

Hieraus wird deutlich, daß der Göttinger Entnazifizierungs-
ausschuß die Einwände der britischen Militärregierung gegen
Weniger nicht hatte ausräumen können. Erst nachdem die Entnazifizierung in deutsche Verantwortlichkeit übergegangen war, wird
Weniger endgültig entlastet.

---

[9]Vom April 1947 an wurden nach amerikanischem Vorbild fünf Kategorien unterschieden: I. Verbrecher, II. Übeltäter, III. weniger bedeutende Übeltäter, IV. Partei-
gänger, V. Entlastete. Zit. nach Lange, I.: Entnazifizierung in Nordrhein-Westfalen,
a.a.O., S. 25 und S. 27.
[10]Handakten zur Verfahrensakte Nds. 171.
[11]Blatt 14 der Verfahrensakte Nds. 171.

Nach dem positiven Spruch der Entnazifizierungskammer Göttingen
vom 16. Juni 1947 wendet sich die KPD Göttingen mit einem Brief
vom 30. Juli 1947 an den Niedersächsischen Staatskommissar für
die Entnazifizierung. Darin heißt es u.a.: "Wir halten diese Entscheidung nicht nur für falsch, sondern für einen Skandal schlechthin. (...) Dr. Weniger, der vor 1933 Mitglied der S.P. war[12], ist nach
der Machtübernahme mit fliegenden Fahnen ins Lager seiner früheren politischen Gegner übergegangen. Er hat eine beachtliche Reihe
von Aufsätzen und Schriften veröffentlicht, die eine absolute
positive Einstellung zum Nationalsozialismus und vor allem zum
Militarismus zeigen. (...) Die gesamte demokratische Bevölkerung
Göttingens erblickt in der Entscheidung des Hauptausschusses nicht
nur ein Fehlurteil, sondern einen Schlag gegen die Gerechtigkeit
schlechthin. Wir fordern daher im Namen aller Antifaschisten,
besonders im Namen der deutschen Jugend, von Ihnen, daß Sie die
Wiederaufnahme des Verfahrens gegen Dr. Weniger veranlassen (...).
Wir fordern aber auch von Ihnen eine Überprüfung des Göttinger
Hauptausschusses, der eine solche, jeder Vernunft Hohn sprechende
Entscheidung fällen konnte."[13]

Als weiterer Protest erscheint am 1. August 1947 der besagte
Artikel in der Hannoverschen Volksstimme[14], und in einem Brief
vom 1. Dezember 1947 an den Niedersächsischen Minister für die
Entnazifizierung versucht der Sachbearbeiter für Entnazifizierung
der KPD-Landesleitung Hannover erneut, eine Wiederaufnahme des
Verfahrens zu erreichen.[15] Wie dilatorisch der Minister für die
Entnazifizierung den Vorstoß der KPD behandelt, wird aus den jeweils kurzen Antwortschreiben deutlich. So heißt es in einem Brief
vom 6. August 47: "Auf Ihr Schreiben vom 30.7.1947, für das ich
bestens danke, werde ich nach Vorliegen eines entsprechenden
Berichts zurückkommen."[16] Ähnlich heißt es in der Antwort vom

---

[12]Diese Aussage ist falsch. Weniger war kein Parteimitglied, er stimmte allerdings in
der Novemberwahl 1932 und März 1933 für die SP. Beleg: Angaben des Personal-
fragebogens, Verfahrensakte Nds. 171.

[13]Bislang noch nicht registriertes Aktenmaterial.

[14]Der Artikel zitiert ein Werk Wenigers falsch: "Wehrmachtserziehung und Kriegserfahrung" heißt der Titel und nicht "Wehrmachtserziehung und Kriegführung".

[15]Beiakte zur Verfahrensakte Nds. 171.

[16]Beiakte zur Verfahrensakte Nds. 171.

27. Januar 1948 auf den Vorstoß vom Dezember: "Ich werde auf die Angelegenheit zu gegebener Zeit zurückkommen."[17]

Wie wenig es auch dem Göttinger Hauptausschuß um Klärung ging, veranschaulicht ein Brief seines Vorsitzenden vom 2.9.1947 an den Inspekteur des Entnazifizierungswesens in Hildesheim. Der mit "vertraulich" gekennzeichnete Brief zeigt gerade in der Abwegigkeit seiner Argumentation die entschiedene Parteilichkeit. Der Vorsitzende schreibt: "Daß Prof. Weniger nie ein Nazi war, darüber sind sich wohl auch alle englischen Stellen klar. Es wäre also nur die Frage offen, ob Prof. Weniger Militarist ist. Der Hauptausschuß hat diese Frage nach besonderer Abstimmung verneint. Die Bücher selbst sind Werke, (...) die inhaltlich so gehalten sind, daß kein Militärsachverständiger anderer Staaten aus dem Inhalt dieser Bücher einen Militaristen sieht. Ich sprach dieserhalb einige Worte mit einem hiesigen englischen Oberstleutnant. Dieser Mann hat meine Auffassung indem er sagte: <u>Ein Militarist ist ein schlechter Soldat</u>. Mit diesen Worten ist der Begriff des Militaristen für einen logisch denkenden Menschen richtig umrissen.[18] (...) Ich möchte nur darauf hinweisen, daß Prof. W. nicht etwa auf Grund irgendwelcher Machenschaften, die man aus dem ganzen Lebenslauf von Weniger konstruieren will, abgeschossen wird. M.E. versuchen gewisse Kreise die Stelle von Weniger nach politischen Gesichtspunkten zu besetzen. Ich möchte auf diese meine Eindrücke hinweisen, und ich bitte Sie, der dortigen Militärregierung meine Auffassung mitzuteilen."[19]

---

[17]Beiakte zur Verfahrensakte Nds. 171.

[18]Dieser verharmlosenden Sprachverdrehung sei die auch schon 1947 gängige Lesart gegenübergestellt: "*Militarismus*, um 1860 in Frankreich von den Kritikern Napoleons III. geprägtes Schlagwort, später in den allg. polit. Sprachgebrauch eingegangen, bezeichnet Denkweisen, die militär. Prinzipien zur ideolog. und ordnungspolit. Grundlage von Staat und Gesellschaft machen. Merkmale des M. sind Überbetonung militär. Formen, Vorherrschaft des militär. Machtprinzips im öffentl. Leben, Ausbreitung militärisch-autoritärer Ordnungsformen (persönl. Gehorsam, Disziplin) im zivilen Bereich und ihre Einwirkung auf das Erziehungswesen, Verherrlichung des Krieges, Einordnung des Heeres als Erziehungsinstitution (...)." Der Große Brockhaus, Wiesbaden [18]1976, Bd. 7, LAP-MOP, Stichwort "Militarismus", S. 573.

[19]Noch nicht registriertes Aktenmaterial. Hervorhebung von mir. Sprachliche Fehler sind textgetreu wiedergegeben.

Wollte man der Definition von Militarismus des Vorgesetzten der Göttinger Entnazifizierungskammer folgen, dann allerdings war Weniger kein Militarist; ihm ging es gerade um das "Ethos des deutschen Soldatentums". Der so vage Hinweis auf gewisse Kreise, die versuchen würden, Wenigers Stelle nach politischen Gesichtspunkten zu besetzen, macht deutlich, wie groß damals der Widerstand gegen einen konsequenten Neuanfang war.

Zum Inhalt der in den beiden Verfahren gemachten Aussagen

Wie bereits dargelegt, waren mir Wenigers eigene Stellungnahmen nicht zugänglich. Ich bin deshalb vorwiegend auf Aussagen über ihn angewiesen, auf das Gutachten des Unterausschusses der Universität Göttingen vom 22. April 1947[20], die beiden Urteilsbegründungen vom 16. Juni 1947[21] und 9. September 1948[22] sowie auf ein Schreiben des Öffentlichen Klägers für die Entnazifizierung an den Vorsitzenden des III. Spruchausschusses Göttingen vom 21. August 1948[23]. Drei Schriftstücke gibt es allerdings aus Wenigers eigener Feder: Seinen Antrag vom 22. Oktober 1945[24] auf Wiedereinsetzung in seine früheren Rechte sowie seine Angaben vom 22. Oktober 1945[25] und 14. Juni 1947[26] in den Personalfragebögen des Military Government of Germany.

Ich beginne mit Blatt 9 der Verfahrensakte.[27] Es ist eine Auflistung der (fehlenden) Stellungnahmen Wenigers und zeigt leitmotivisch die brisanten Fragen, um die es in den besagten Schriftstücken geht.

---

[20]Handakten zur Verfahrensakte Nds. 171.
[21]Handakten zur Verfahrensakte Nds. 171.
[22]Blatt 18 der Verfahrensakte Nds. 171.
[23]Blatt 16 der Verfahrensakte Nds. 171.
[24]Blatt 10-12 der Verfahrensakte Nds. 171.
[25]Beiakte zur Verfahrensakte Nds. 171.
[26]Blatt 1-8 der Verfahrensakte Nds. 171.
[27]Blatt "9" der Verfahrensakte ist eine 3. Schreibmaschinenseite, die ersten zwei Seiten sowie nachfolgende fehlen. So sind Datum und Verfasser nicht bestimmbar. Die Blattnumerierung "9" ist zufällig. Auch das ist ein Hinweis auf die Unvollständigkeit der dem Archiv übergebenen Akte Weniger. - Sprachliche Ungenauigkeiten sind textgetreu wiedergegeben. Hervorhebung von mir.

"3.) Stellungnahmen des Prof. Weniger

I.   Lebenslauf

II. Bericht über seine militärische Verwendung seit 1939, seine Aufklärungstätigkeit gegen den Nationalsozialismus und den Militarismus, seine Tarnung als NSFO und über das gegen ihn eröffnete Kriegsgerichtsverfahren.

III. "Über die Motive meiner militärischen Schriften"
     Inhalt: Nach 1933 schien es ihm die wichtigste Aufgabe, die Wehrmacht freizuhalten vom Nationalsozialismus und von militaristischen und reaktionären Neigungen. Aufgabe war, die Kräfte des inneren Widerstandes, besonders im Offizierkorps aufzuwecken. "<u>Man wird in meinen militärischen Schriften nichts finden, was auf Militarismus deutet, und nichts, was irgendeine Zustimmung zum Nationalsozialismus enthält.</u>"

IV. Bericht über die militärischen Dienstschriften und ihre Aufgabe.

V.   Zusammenfassende Stellungnahme an die Militärregierung (Abschrift)
     a) "Über meine militärische Verwendung"
     b) "Über die Motive meiner militärischen Schriften"
     c) "Über meine militärischen Dienstschriften"

VI. Stellungnahme zu einzelnen Vorwürfen
     a) Über die Tarnung als NSFO.
     b) Über den Vorwurf der Verheimlichung von Unterlagen.
     c) Über den nichtmilitaristischen Charakter der militärischen Dienstschriften.
     d) Über die Tarnung."

Die in Hannover aufbewahrten Entnazifizierungsunterlagen kreisen um die drei Fragenkomplexe:

Wie ist Wenigers Auszeichnung als NSFO zu bewerten?

Welche Bedeutung haben die militärpädagogischen Schriften?

Ist Weniger ein Opfer des Nationalsozialismus?

Wie ist Wenigers Auszeichnung als NSFO zu bewerten?

Zu diesem Punkt äußert sich der Öffentliche Kläger für die Entnazifizierung am 21.8.48 wie folgt: "Die Tatsache der Übernahme der Stellung als NSFO (Umwandlung des Filmbetriebes in St. Germain) kann unter den gegebenen Umständen als Tarnmaßnahme gewertet werden und scheidet daher ebenfalls als Belastungspunkt aus."[28]

Die Übernahme einer NS-Führungsposition als Tarnung also - zu welchem Zweck? Weniger gibt am 22.10.1945 dazu folgende Erklärung: "Seit Oktober 1942 war ich zum Stabe des Generals v. Stülpnagel in Paris kommandiert und von ihm hauptsächlich zu Vorträgen vor dem Offizierkorps eingesetzt. Der Sinn dieser Vorträge war, unter den Offizieren das Verständnis für die ethischen Anforderungen des Berufes und die echten Werte des Soldatentums gegenüber den mittlerweile eingerissenen Verfälschungen zu wecken. Infolge der Beargwöhnungen, denen der General v. Stülpnagel wegen seiner antinationalsozialistischen Haltung ausgesetzt war, mußte er mich im Oktober 1943 in eine Planstelle als Betreuungsoffizier beim Befehlshaber Nordwestfrankreich versetzen. Diese Stellen wurden im Februar 1944 umgewandelt in solche für NS-Führungsoffiziere. Ein sofortiges Verlassen dieser Stelle wäre ohne aufzufallen nicht möglich gewesen. Aber General v. Stülpnagel bat den Befehlshaber sofort, mich in die nächste anderweitig frei werdende Planstelle zu versetzen."[29]

Die Begründung der Entnazifizierungsentscheidung im schriftlichen Verfahren vom 9.9.1948 schließt sich Wenigers Darstellung an und hebt hervor, "daß er a) nicht durch die NSDAP auf diesen Posten gelangt ist, sondern im Gegenteil dazu von militärischen Instanzen befohlen worden ist, die in Kenntnis seiner antinationalsozialistischen Gesinnung Wert darauf legten, an dieser Stelle eine zuverlässige Person zu wissen, die den Zwecken und Zielen der nationalsozialistischen Einrichtung der NS-Offiziere entschieden entgegentreten würde, b) auch tatsächlich in diesem geheimen Auftrag

---

[28]Beiakte zur Verfahrensakte Nds. 171. Hervorhebung von mir.
[29]Blatt 1-8 der Verfahrensakte Nds. 171. Hervorhebung von mir.

tätig gewesen ist, c) die NSDAP. den Vorgang durchschaut hat und unverzüglich in schärfster Form gegen ihn vorgegangen ist."[30] Einige Zeilen darauf heißt es, dieses Mal mit Beziehung auf Wenigers Fragebogen-Aussagen von 1946: "Seit 1933 habe er es als seine wichtigste Aufgabe angesehen, die Wehrmacht vom National-sozialismus und militaristischen und reaktionären Neigungen frei-zuhalten."

Auch der <u>Unterausschuß der Göttinger Universität</u> übernimmt in seiner Stellungnahme vom 22.4.1947 Wenigers Version seines anti-nationalsozialistischen Wirkens im Dritten Reich: "Wenigers unge-wöhnliche päd. Fähigkeiten und seine hohe kritische Begabung lie-ßen ihn hier bald einen Weg einschlagen, der in eine konsequente Arbeit gegen das NS-Regime mündete und ihn in eine enge geistige Gemeinschaft und persönliche Berührung zu dem Kreis höherer Offiziere brachte, aus dem später die Teilnehmer des 20. Juli her-vorgingen."[31] Und noch einmal wird die Bekräftigung seines Ein-satzes für den Widerstand in kaum abgewandelten Worten her-ausgestrichen, verfaßt als Begründung für die erste Entlastung vom 16.6.1947: "Das Buch (i.e. 'Goethe und die Generale') erregte Auf-sehen und brachte W. in Verbindung mit den oppositionellen Krei-sen, besonders mit dem später hingerichteten General Heinrich v. Stülpnagel. Auf dessen Veranlassung wurde W. hintereinander zu höheren Stäben kommandiert mit dem doppelten Zweck, einmal kritischen Einblick in die höhere Führung zu gewinnen, zweitens durch Vorträge und schriftstellerische Arbeiten auf das Offizier-korps einzuwirken und es zum Widerstand gegen den National-sozialismus aufzureizen und vor Militarismus in den eigenen Reihen zu bewahren."[32]

Wie bei Schwenk[33] und Gaßen[34] sei auch an dieser Stelle auf Ernst Jüngers Tagebuchnotiz vom 31.3.43 verwiesen, in der es von Weniger heißt: "Er bereist die Truppe, um Vorträge zu halten und

---

[30]Blatt 1-8 der Verfahrensakte Nds. 171.
[31]Blatt 18 der Verfahrensakte Nds. 171.
[32]Handakten Nds. 171.
[33]Schwenk 1968, S. 24.
[34]Gaßen, H.: Geisteswissenschaftliche Pädagogik auf dem Wege zu kritischer Theorie. Beltz-Forschungsberichte, Weinheim, Basel 1978, S. 85.

dann in Nachtgesprächen die Offizierkorps zu sondieren, und mein-
te, daß heut um die bedeutenderen Generale eine Bewegung sei, die
an den Spruch im Lukas-Evangelium erinnere: 'Bist du es, der da
kommen soll, oder sollen wir eines anderen warten?'"[35]

Weniger, der mit Jünger 1915 als Artillerist in Monchy war, benennt seinen Kriegskameraden ("Hauptmann Ernst Jünger, jetzt
Schriftsteller in Kirchhorst vor Hannover") als Zeugen für seine
Fragebogen-Aussagen vom 22.10.1945.[36] Als weiteren Zeugen nennt
er Oberlandesforstmeister Hausmann[37] (möglicherweise war dieser
ein Kollege seines 1939 gefallenen Bruders Adolf, der Oberforst-
meister gewesen war). Unterschrieben worden ist dieser Fragebogen wie auch der vom 14.6.1947 nur von Herman Nohl.

Welche Bedeutung haben die militärpädagogischen Schriften?

Weniger hatte behauptet: "Man wird in meinen militärischen
Schriften nichts finden, was auf Militarismus deutet, und nichts,
was irgendeine Zustimmung zum Nationalsozialismus enthält."[38]
Welche Argumentationskette bildet er, um diese Behauptung zu
stützen? Dem Fragebogen vom 14.6.1947 ist eine Aufstellung von
Vorlesungen, Reden, Vorträgen und Schriften beigefügt.[39] Als
Bücher sind genannt "Wehrmachtserziehung und Kriegserfahrung"
und "Goethe und die Generale". Unter den Abhandlungen sind drei
kurze Beiträge aufgeführt, die Weniger 1940, 1941 und 1944 in der
Militärwissenschaftlichen Rundschau veröffentlicht hat.[40] Es feh-

---

[35]Jünger, E.: Strahlungen. München: R. Oldenburg [4]1955, S. 234.
[36]Handakten zur Verfahrensakte Nds. 171.
[37]Laut Begründung zur Entnazifizierungsentscheidung vom 9.9.1948 hatte Hausmann
schon im Kriegsgerichtsverfahren 1944 für Weniger ausgesagt.
[38]Siehe Blatt 9 der Verfahrensakte Nds. 171.
[39]Anlage G zum Fragebogen vom 14.6.1947, Blatt 7 und 8 der Verfahrensakte Nds.
171. Hervorhebung von mir.
[40]Es sind dies im einzelnen: *Führerauslese und Führereinsatz im Kriege und das soldatische Urteil der Front. Ein Beitrag.* M.R., Jg. 1940, Heft 4; *Führerauslese und
Führereinsatz im Kriege und das soldatische Urteil der Front. II. Teil: Der Feldherr
als Erzieher.* M.R., Jg. 1941, Heft 3; *Die Selbständigkeit der Unterführer und ihre
Grenzen.* M.R., Jg. 1944, Heft 2. - In seiner Aufstellung verändert Weniger den
Titel des ersten Beitrags und nennt nur den Untertitel; dadurch ver-
meidet er das Wort "Krieg". Seine Angabe lautet dann: "Führerauslese und Führereinsatz und das soldatische Urteil der Front" und "Der Feldherr als Erzieher". - Bei

len die ideologisch außerordentlich brisanten Schriften "Die geistige Führung der Truppe, das Ethos des deutschen Soldatentums
und die Erziehung des deutschen Offiziers", Kiel 1942, ²1944 sowie
"Die Erziehung des deutschen Soldaten", Berlin 1944. Für diese beiden Abhandlungen nennt Weniger eine eigene Rubrik: "Militärische
Dienstschriften". Er beendet deshalb die Aufstellung mit dem be-
deutungsvollen Satz: "Ausserdem militärische Dienstschriften über
Erziehung des deutschen Offiziers und Erziehung des deutschen
Soldaten."

Diese Unterscheidung ist ein wirkungsvoller Kunstgriff. Wie die an-
schließenden Zitate belegen, hat Weniger damit diejenigen gefunden, die er für Textstellen verantwortlich machen kann, die ihn
belasten könnten: seine Vorgesetzten. In der Urteilsbegründung vom
9.9.1948 heißt es dazu: "Seine militärischen Dienstvorschriften[41]
seien keine 'Veröffentlichungen', für die der Autor die Verantwortung trage. Er habe auch nicht verhindern können, daß ohne sein
Zutun Änderungen und Weglassungen erfolgten, nur dadurch sei zu
erklären, daß einige Seiten, die ihn in den Verdacht des Militarismus bringen könnten, in seine Schriften aufgenommen worden
seien, die aber nicht von ihm stammten, auch nur der Tarnung dienen sollten."[42]

Der richtungweisende Unterausschuß der Göttinger Universität
hatte in seinem Gutachten vom 22.4.1947 den Argumentationsgang
vorgezeichnet, indem er ausführte: "In seiner militärischen Stellung hat Weniger im Kriege in dienstlichem Auftrag einige Schriften zur Wehrmachtserziehung verfaßt, die unter seinem Namen
erschienen, inhaltlich die von ihm seit jeher angestrebten Ziele
verfolgten, in der Fassung aber verschiedene Zugeständnisse an die
Phraseologie des Nationalsozialismus aufwiesen. Nach seiner Angabe sind diese Partien teils von übergeordneten militärischen
Dienststellen ohne sein Vorwissen dem Text eingefügt, teils auch

---

der Liste seiner Veröffentlichungen anläßlich der Bewerbung auf den Lehrstuhl
Nohls verfährt er genauso.

[41]Dieser Terminus ist ein Lapsus aus Nachlässigkeit; ich halte mich an Wenigers
Sprachregelung, der in dem besagten Fragebogen und der beigefügten Aufstellung
einzig zwischen "militärischen Schriften" und "militärischen Dienstschriften"
unterscheidet.

[42]Blatt 18 der Verfahrensakte. Hervorhebungen von mir.

von ihm selbst nach Besprechung mit General v. Stülpnagel so gefaßt worden, <u>um sich damit zu tarnen</u> und die gegen die Veröffentlichung der Schriften bestehenden politischen Schwierigkeiten zu überwinden."[43]

Als letzten Beleg nenne ich das Schreiben des Hauptausschußvorsitzenden an den Vorsitzenden des III. Spruchausschusses vom 21.8.1948. Darin heißt es: "Weniger hat glaubhaft festgelegt, daß seine Schrift über die Erziehung des Soldaten, obwohl sie <u>vom Redakteur mit Tarnungssätzen versehen worden sei</u>, von der Zensur trotzdem nicht freigegeben wurde. Erst im Jahre 1944 seien einige Exemplare in Frontbuchhandlungen erschienen."[44] - Hier möchte ich dreierlei zu bedenken geben.

1. Weniger, dessen Name mit dem Begriff "Verantwortung" verknüpft ist - von ihm stammt die Definition "Bildung ist der Zustand, in dem man Verantwortung übernehmen kann"[45] - lehnt in seinem Entnazifizierungsverfahren für einen Teil seiner Schriften die Verantwortung ab, obgleich sie unter seinem Namen veröffentlicht sind. Diejenigen aber, die Weniger - aus welchen Gründen auch immer - stützen wollen, folgen seiner Unterscheidung gern; sie werden dadurch der Mühe enthoben, sich selbst mit den relevanten Texten auseinanderzusetzen und Farbe zu bekennen.

2. Wenn in den Zitaten von Veränderungen "übergeordneter militärischer Dienststellen" an den militärischen Dienstschriften Wenigers die Rede ist, "die auch nur der Tarnung dienen sollten", so mutet das seltsam an. Das hieße doch, daß die höheren militärischen Dienststellen zum Schein nationalsozialistisches Gedankengut in Wenigers Texte eingefügt hätten mit dem Ziel, ihn zu schützen.

3. Es ist in den Zitaten weiter die Rede davon, daß Weniger selbst auch "Zugeständnisse an die Phraseologie des Nationalozialismus" gemacht habe, um sich zu tarnen und die Schriften veröffentlichen zu können. In diesem Zusammenhang drängen sich mindestens zwei

---

[43]Handakten zur Verfahrensakte Nds. 171. Hervorhebungen von mir.
[44]Blatt 16 der Verfahrensakte Nds. 171. Hervorhebung von mir.
[45]Weniger, E.: Die Eigenständigkeit der Erziehung in Theorie und Praxis, Weinheim: Julius Beltz [4]1964, S. 138.

Fragen auf: Warum hat er nach dem Krieg nicht eindeutig Stellung bezogen, die getarnten Passagen deutlich gemacht und sich von ihnen distanziert? Und ferner: Welchen Sinn hat eine Tarnung, die so perfekt ist, daß die getarnte Botschaft von der zeitkonformen - hier der nationalsozialistischen - nicht mehr zu unterscheiden ist?

Weniger hat sich nach dem Kriege nicht nur _nicht_ von seinen sog. militärischen Dienstschriften distanziert, er geht noch darüber hinaus. 1952 bietet er eine solche Dienstschrift von 1942 der Dienststelle Blank als lesenswert an: "Anbei ein Exemplar der ersten Auflage meiner kleinen Schrift "Die geistige Führung der Truppe" als Beitrag zu einer Handbibliothek für die Abteilung 'Inneres Gefüge'. Ich habe es flüchtig noch einmal angesehen und nichts gefunden, was nicht seine Gültigkeit behalten hat, wenn es auch natürlich in unsere Verhältnisse übertragen werden muß. Selbst das Führerzitat, mit dem es ihm freilich nicht ernst war,[46] gibt hier eine richtige Forderung wieder."[47]

Wie ist dieser Wechsel in der Beurteilung der eigenen Schriften zu erklären? Es ist offensichtlich, daß Weniger es während seines Entnazifizierungsverfahrens für opportun gehalten hat, die Autorschaft für manche Schriften zu leugnen. Vier Jahre später jedoch, als die junge Bundesrepublik Deutschland wieder an eigene Streitkräfte denkt, kann er seine wehrpädagogischen Schriften hervorholen und sich als Experte anbieten. 1959 allerdings kommen ihm Bedenken, als ihn der Kommandeur der Marine-Ausbildung um das Einverständnis angeht, die besagte Schrift von 1942 für die

---

[46]Es handelt sich hierbei nicht um ein eigentliches Zitat. Weniger beruft sich vielmehr zur Bekräftigung seiner Ausführungen auf Hitlers "Mein Kampf". Wörtlich heißt es auf Seite 27 der o.g. Schrift: "Der Anspruch an Geist und Bildung des Offizierkorps wird in der Wehrmacht heute mit aller Strenge festgehalten. Ein wesentlicher Grund dafür ist auch, dass der Offizier seit der Einführung der allgemeinen Wehrpflicht ja nicht mehr nur (...) der Ausbilder von Soldaten für den Krieg und der Führer im Kriege ist, sondern ein Volkserzieher geworden ist, der die gesamte junge Mannschaft der Nation in soldatischem Geist zu erziehen und zu bilden hat. (Hitler: Mein Kampf.)" Diesen Gedanken der Wehrmacht als "Erziehungsschule der Nation" hatte Weniger bereits 1938 in _Wehrmachtserziehung und Kriegserfahrung_ (S. 5) vertreten. Es ist nicht einzusehen, warum ihm 1942 nicht ernst gewesen sein sollte, was ihm 1938 wichtig gewesen war und ihm 1952 immer noch richtig zu sein schien.

[47]Brief Wenigers an Hans Tänzler, Bundeskanzleramt, vom 15.5.1952. BA/MA Freiburg, N 488/1, S. 45.

Ausbildung des gesamten Offizier- und Unteroffiziernachwuchses neudrucken lassen zu dürfen. Nun ist ihm "noch zuviel Tarnfarbe an dem Heft", und er stellt eine Überarbeitung in Aussicht: "Ich hoffe, in nicht zu ferner Zeit, sowohl mein gewichtsvolleres Buch 'Wehrmachtserziehung und Kriegserfahrung', wie die von Ihnen genannte kleine Schrift neu bearbeiten zu können, wobei sowohl die neuen Kriegserfahrungen, wie die veränderte gesellschaftliche und politische Stellung der Bundeswehr berücksichtigt werden müssen."[48] Einstweilen empfiehlt er dem Kommandeur seine militärpädagogischen Schriften aus der Zeit des Wiederaufbaus der Streitkräfte nach 1945 sowie "den unveränderten Neudruck meines Buches 'Goethe und die Generale der Freiheitskriege, Geist, Bildung und Soldatentum'". Weniger argumentiert geschickt; er sieht zu, daß er im Spiel bleibt, und schützt sich gleichzeitig vor der Gefahr, die ihm aus seiner Vergangenheit erwachsen könnte.

Ich kehre zum Entnazifizierungsverfahren zurück. "Tarnung" ist das eine Argument, das Wenigers Entlastung stützen soll; das andere hebt darauf ab, er habe sich in seinen einschlägigen Werken für die Rettung des soldatischen Berufsethos in der Wehrmacht eingesetzt. Die beiden in der Aufstellung genannten Bücher "Wehrmachtserziehung und Kriegserfahrung" und "Goethe und die Generale", zu denen sich Weniger stets bekannt hat, werden als Werke des Widerstandes interpretiert. Der Göttinger Universitätsausschuß urteilt am 22.4.1947: "Sein Ziel in allen Schriften zu diesem Thema war nicht die Verherrlichung des Krieges als solchen oder gar der Hitlerschen Gewaltlehre, sondern die geistige und sittliche Durchdringung des soldatischen Berufs und seine Verpflichtung auf die Ideale der Menschlichkeit und Ritterlichkeit. (...) Nach alledem ist der Ausschuß durchdrungen von der Lauterkeit und Anständigkeit dieses Charakters, Eigenschaften, die während eines ganzen Lebensweges klar zu Tage und in direktem Kampf gelegen haben mit allem, was man geistig als Nationalsozialismus oder als einen zur Machtanbetung entarteten Militärismus bezeichnen kann (...)."[49]

---

[48]Brief Wenigers an den Konteradmiral Werner Ehrhardt vom 21.4.1959. BA/MA Freiburg, N 488/5, S. 45.
[49]Handakten zur Verfahrensakte Nds. 171. Hervorhebung von mir.

Dieser Pleonasmus ist für ein Gremium von Hochschullehrern befremdlich; er zeigt, wie stark der Wunsch ist, einen der ihren vom
Verdacht des Militarismus reinzuwaschen.

Ein Jahr später wiederholt der Öffentliche Kläger für die Entnazifizierung in seinem Schreiben vom 21.8.1948 an den Vorsitzenden des III. Spruchausschusses der Stadt Göttingen das Vor-
Urteil der Hochschullehrer: "Die 1938 erschienene Schrift über
Wehrmachtserziehung ist als Versuch zu werten, auf die Wehrmacht im Sinne ritterlicher Kriegführung pädagogisch einzuwirken."[50]

Im Hinblick auf das Buch "Goethe und die Generale" gibt die
Entlastungsbegründung vom 16.6.1947 der Schreibmotivation des
Autors eine neue Wende. Weniger hatte in seiner Einleitung betont,
das Buch sei aus dem Verlangen heraus entstanden, anhand der
Tagebücher Goethes zu beweisen, daß der große Deutsche das
Militärwesen keineswegs gering achtete[51]; jetzt heißt es in der
Begründung: "In dieser Zeit das Buch 'Goethe und die Generale' ge-
schrieben, dass (sic!) der Generalität ein Bild einer Zeit vorhalten
sollte, in der deutsche Generale human, ritterlich und in geistiger
Verbindung mit den besten Kräften des geistigen Deutschland gelebt haben."[52]

Es gibt noch ein Dokument, das sich auf die besagten Werke bezieht.
Es hält fest, wie Weniger sie selbst gewertet wissen wollte. Im
Rahmen seiner Bewerbung auf den Lehrstuhl Herman Nohls - die
Entnazifizierung lag drei Monate zurück - heißt es in einem Protokoll vom 15.12.1948 "Prof. Weniger berichtet über seine wissenschaftliche Laufbahn": "In zwei umfangreichen Arbeiten 'Wehrmachtserziehung und Kriegserfahrung' und 'Goethe und die Generale'
habe er versucht, pädagogisch Inseln jener Gesinnung zu bilden, von
der einmal der aktive Widerstand gegen den Nationalsozialismus

---

[50]Blatt 16 der Verfahrensakte Nds. 171.
[51]Weniger, E.: Goethe und die Gernerale. Leipzig: Insel-Verlag MCMXLIII, S. 10: "Denn
    mittlerweile ist Goethes Leben selbst für uns und unser Volk so beispielhaft und
    vorbildlich geworden, daß es unerträglich für unser Gefühl wäre, wenn der Dichter
    einem der entscheidenden Lebensbereiche wirklich fremd geblieben wäre (...)."
[52]Handakten zur Verfahrensakte Nds. 171.

ausgehen könnte."[53] Meine Untersuchung zu *Wehrmachtserziehung und Kriegserfahrung* hat, zumindest im Hinblick auf dieses Werk, Wenigers Behauptung nicht bestätigen können.

Ist Weniger ein Opfer des Nationalsozialismus?

Ich wende mich nun dem dritten "Seil" des Argumentationsstranges zu, das Weniger nicht nur als einen wegweisenden Widerstandskämpfer, sondern darüber hinaus als Opfer des Nationalsozialismus auszuweisen versucht. Zwei Ereignisse werden in diesem Zusammenhang genannt: die Anwendung des §4 des "Gesetzes zur Wiederherstellung des Berufsbeamtentums" vom 7.4.1933 auf Weniger[54] sowie ein im August 1944 gegen ihn eröffnetes Kriegsgerichtsverfahren, das aber niedergeschlagen wurde. Zu beiden Sachverhalten gibt es Bemerkungen Wenigers auf den vorhandenen Fragebögen sowie in dem besagten Antrag vom 22.10.1945 auf Wiedereinsetzung in seine früheren Rechte. Die oben wiederholt genannten Gremien gehen dann in ihrer Darstellung des Berufsverbotes über Wenigers Einlassungen hinaus.

Weniger äußert sich zu seiner Entlassung aus dem Amt des Direktors und Professors an der Pädagogischen Akademie in Frankfurt a. M. zum 21.9.1933 so: "Durch meinen Protest und vor allem durch den meiner Studenten wurde diese Entscheidung unter dem 17.1.1934 (A IV Weniger 16) aufgehoben. Ich wurde nunmehr auf Grund von §5 dieses Gesetzes[55] in das Amt eines Studienrates versetzt. Gemäß §5 behielt ich meine Amtsbezeichnungen und Dienst-

---

[53] Personalakte, Universitätsarchiv Göttingen.

[54] Hier §4 im Wortlaut: "Beamte, die nach ihrer bisherigen politischen Betätigung nicht die Gewähr dafür bieten, daß sie jederzeit rückhaltlos für den nationalen Staat eintreten, können aus dem Dienst entlassen werden. Auf die Dauer von drei Monaten nach der Entlassung werden ihnen ihre bisherigen Bezüge belassen. Von dieser Zeit an erhalten sie drei Viertel des Ruhegeldes (§8) und entsprechende Hinterbliebenenversorgung." In: Reichsgesetzblatt Teil I, Jg. 1933. Hg. v. Reichsministerium des Innern, Berlin 1933, Reichsverlagsamt, S. 175.

[55] Hier §5 im Wortlaut: "(1) Jeder Beamte muß sich die Versetzung in ein anderes Amt derselben oder einer gleichwertigen Laufbahn, auch in ein solches von geringerem Rang und planmäßigem Diensteinkommen (...) gefallen lassen, wenn es das dienstliche Bedürfnis erfordert. Bei Versetzung in ein Amt von geringerem Rang und planmäßigem Diensteinkommen behält der Beamte seine bisherige Amtsbezeichnung und das Diensteinkommen der bisherigen Stelle." A.a.O., S. 175.

bezüge. Die inzwischen vorgenommene Regelung meiner Pension wurde zurückgenommen. Eine wirtschaftliche Schädigung ist also nicht erfolgt."[56] Wie dem Wortlaut des §4 zu entnehmen ist, erlitt Weniger auch für die Zeit der Entlassung selbst keine finanzielle Einbuße, weil die Entlassung nur drei Monate dauerte, die Bezüge daher unvermindert weitergezahlt wurden.

In der Urteilsbegründung vom 9.9.1948 heißt es im Gegensatz dazu : "Hervorgehoben verdient zu werden, daß Prof. Weniger sich durch seine antinationalsozialistische Haltung des Nichteintrittes in die Partei wirtschaftliche und berufliche Nachteile zugezogen hat - Versetzung in ein niedrigeres Amt - ohne dem Nazismus Zugeständnisse zu machen."[57]

Das gleiche Argument hatte bereits der Göttinger Universitätsausschuß vorgebracht; er hatte auf eine berufliche Schädigung durch das NS-Regime abgehoben. In seinem Gutachten ist über Weniger zu lesen: "Seine hohe Begabung, speziell auf pädagogischem Gebiet, und die Lauterkeit seines Charakters waren die Faktoren, die ihn schon lange vor 1933 in bedeutsame Stellungen im Lehrerbildungswesen brachten, und die noch Größeres hoffen ließen. Diese Linie wurde 1933 unterbrochen, als er, der ausgesprochene Sozialist, zunächst als politisch unzuverlässig entlassen und später auf einem untergeordneten Posten kalt gestellt wurde. Auch in dieser drückenden Lage machte er dem Nationalsozialismus keine Zugeständnisse; er gehörte weder der Partei noch einer ihrer Gliederungen an. Da Weniger auf diese Weise jedes Wirken auf seinem Hauptbetätigungsfeld unmöglich war, griff er ein Nebengebiet auf, das ihn schon nach dem ersten Weltkrieg interessiert und auf dem er zu wirken versucht hatte, die Wehrpädagogik."[58]

So lautet der Universitäts-Report, obwohl Weniger selbst in dem Antrag auf Wiedereinsetzung in seine früheren Rechte zu der langen Beurlaubungszeit gesagt hatte: "Bis 30.3.1936 war ich ohne Beschäftigung. Am 1.4.36 wurde mir eine planmäßige Studienrats-

---

[56]Blatt 10 der Verfahrensakte Nds. 171. Hervorhebungen von mir.
[57]Blatt 18 der Verfahrensakte Nds. 171. Hervorhebung von mir.
[58]Handakten der Verfahrensakte Nds. 171. Hervorhebung von mir. Sprachliche Fehler sind textgetreu wiedergegeben.

stelle 'schwarz k.w.' bei dem Staatl. Kaiser-Wilhelm-Gymnasium Frankfurt a. M. übertragen, doch blieb ich für wissenschaftliche Arbeiten weiterhin beurlaubt. Am 1.10.1937 wurde ich in eine planmäßige Studienratsstelle an einer höheren Schule der Stadt Frankfurt a. M. versetzt unter Aufrechterhaltung der Beurlaubung bis zum 31.3.1938. Unter dem 6.4.1938 wurde ich dem Lessing-Gymnasium in Frankfurt a. M. zum Dienstantritt überwiesen. An dieser Anstalt habe ich bis Kriegsbeginn unterrichtet, unterbrochen nur durch zwei militärische Übungen und einen mehrmonatlichen Krankenhausaufenthalt infolge Reitunfalls."[59]

Wenn nun trotz solcher Angaben ein Gremium von Hochschullehrern den an sich erstrebenswerten Vorzug einer Beurlaubung für wissenschaftliche Arbeiten unter Beibehaltung der Bezüge als berufliche Schädigung darzustellen versucht, dann stellt eine solche Beurteilung den Sachverhalt auf den Kopf. Sie ist ein weiteres Zeichen dafür, wie sehr diesem Gremium daran gelegen war, den künftigen Kollegen von jedem Verdacht reinzuhalten. Auch die Behauptung, Weniger habe "weder der Partei noch einer ihrer Gliederungen" angehört, stimmt so nicht. Weniger war kein Parteimitglied, er gehörte aber nach eigenen Angaben seit 1934 der NSV und seit 1938 dem NS-Lehrerbund an.[60] Beide Einrichtungen waren Organistionsformen der alleinherrschenden Staatspartei NSDAP. Die Urteilsbegründung vom 9.9.1948 gibt diesbezüglich folgende Lesart: "Der Betroffene hat der Partei nicht als Mitglied angehört, er war lediglich zahlendes Mitglied der NSV seit 1934, des Lehrerbundes seit 1938 und automatisch des NS-Reichs-Kriegerbundes als Mitglied des Traditionsverbandes seines Regiments. Dies sind rein formale Belastungen, die einer Entlastung nicht entgegenstehen."[61]

Die näheren Umstände, unter denen Weniger in Frankreich angeklagt worden ist, bleiben dagegen im dunkeln. Weder im Niedersächsischen Staats- noch im Göttinger Universitätsarchiv findet sich ein Aktenstück dazu. Weniger selbst geht mit nur zwei Sätzen auf

---

[59]Blatt 11 der Verfahrensakte Nds. 171. Hervorhebung von mir.
[60]Fragebogen vom 14.6.1947, Verfahrensakte Nds. 171.
[61]Blatt 18 der Verfahrensakte Nds. 171.

dieses Geschehen ein. In dem "Antrag auf Wiedereinsetzung in meine früheren Rechte zugleich Bericht zu Fragebogen Je" vom 22. Oktober 1945 findet sich unter "Remarks=Bemerkungen" folgender Eintrag: "Im Zusammenhang mit den Ereignissen des 20. Juli 1944 wurde im August 1944 ein Verfahren wegen antinationalsozialistischer Äußerungen bei dem Kriegsgericht des Militärbefehlshabers in Frankreich gegen mich eröffnet. Das Verfahren wurde im Zusammenhang mit den Rückzugsbewegungen niedergeschlagen, da eine Beweisführung nicht mehr möglich schien."[62]

In der Begründung zur Entnazifizierungsentscheidung 1948 heißt es zu demselben Sachverhalt: "Gegen W. wurde ein Kriegsgerichtsverfahren anhängig gemacht, über das auf die Gutachten v. Blanke, Hausmann, Tieschowitz und besonders Bargatzky[63] (Bl. 17; 23; 24 und 26 d. Akten) verwiesen wird. Er wurde beschuldigt, seine Kommandierung als NS-Offizier sei nur Tarnung gewesen, um seine wehrmachtzersetzende Tätigkeit fortzusetzen und er sei ein besonders gefährlicher Gegner des Nazismus. Das Verfahren endete mit Niederschlagung nur weil sämtliche Belastungszeugen absichtlich versagten."

Diese Darstellung wirft einige Fragen auf. Laut Weniger wurde das Verfahren niedergeschlagen, "da eine Beweisführung nicht mehr möglich schien". Es ist hinlänglich bekannt, daß die "Rechtsprechung" in Hitlers Unrechtsstaat nicht zimperlich war. In der nächtlichen Radioansprache nach dem mißglückten Attentat versprach Hitler: "Diesmal wird nun so abgerechnet, wie wir das als Nationalsozialisten gewöhnt sind."[64] A. Bullock beschreibt die

---

[62]Blatt 12 der Verfahrensakte Nds. 171. Hervorhebung von mir.

[63]Dieser Name taucht 1954 wieder auf in Wenigers Beitrag *Neue Literatur zur deutschen Widerstandsbewegung*. In: Die Sammlung, 9. Jg. 1954, S. 406. Weniger bezeichnet Bargatzky dort im Zusammenhang mit den Ereignissen des 20. Juli 1944 in Paris als einen der "überlebenden Mitwisser und Mitwirkenden des engsten Kreises".

[64]Zitiert nach: Bullock, A.: Hitler. Düsseldorf: Droste Verlag, 8. deutsche Auflage 1961, S. 752 (1. deutsche Ausgabe 1953). - Die Zahl von "mehr als 4980" Opfern der Hitlerschen Rachejustiz wird ebenfalls von S. A. Kaehler genannt, der am 20. Juli 1954 in der Aula der Göttinger Universität die Gedenkrede hielt. Diese Rede wurde in Die Sammlung, 9. Jg. 1954, veröffentlicht und Weniger zum Geburtstag (11. September 1954) zugeeignet. In dem Text nimmt der Autor allerdings keinerlei Bezug auf Weniger. Zu den Geschehnissen nach dem 20. Juli 1944 bemerkte er: "Die Verfolgungen und Hinrichtungen hielten bis in die letzten Apriltage an, wo

Rache Hitlers wie folgt: "Die genaue Zahl der nach dem 20. Juli Hingerichteten ist unbekannt, obwohl eine Aufstellung zusammengetragen wurde, die 4980 Namen aufführt. Viele Tausend andere kamen ins Konzentrationslager. Die Untersuchungen und Hinrichtungen wurden von der Gestapo und dem SD bis in die letzten Kriegstage hinein ununterbrochen fortgesetzt, und die Sitzungen des Volksgerichtshofs unter dem berüchtigten Nazi-Richter Roland Freisler erstreckten sich über Monate. (...) Mit ganz wenigen Ausnahmen, die größtenteils auf Glückszufälle zurückzuführen waren, wurden alle, die sich aktiv an der Verschwörung beteiligt hatten, ob Zivilisten oder Militärs, festgenommen und gehängt.[65] Das war zu erwarten gewesen. Aber Hitler und Himmler nahmen die Gelegenheit wahr, viele Personen zu ergreifen oder zu töten, die zu der Verschwörung in ganz lockerer oder gar keiner Verbindung standen, wohl aber des Mangels an Begeisterung für das Regime verdächtig waren."[66] Weniger war aber August 1944 von den Nazis als "ein besonders gefährlicher Gegner des Nazismus" eingestuft worden - so der Vorsitzende des III. Spruchausschusses in seiner Entlastungsbegründung vom 9.9.1948. Es ist schwer nachzuvollziehen, daß die NS-Machthaber ein bereits eröffnetes Kriegsgerichtsverfahren gegen einen "besonders gefährlichen Gegner" niedergeschlagen hätten, wenn ihre Zweifel nicht vollständig ausgeräumt worden wären. In der Ausfertigung zum Entnazifizierungsurteil heißt es: "Das Verfahren endete mit Niederschlagung nur weil sämtliche Belastungszeugen absichtlich versagten." (s.o.) Das heißt, daß sämtliche Zeugen Weniger nur dadurch haben entlasten können, daß sie ihn glaubhaft als Nationalsozialisten darzustellen vermochten. Irritierenderweise fehlen - das sei noch einmal angemerkt - die einschlägigen Aktenblätter, so daß die gutachterlichen Aussagen nicht nachgelesen werden können. Damit bleibt ein Sachverhalt, der für die Frage nach der Rolle Wenigers im Dritten Reich aufschlußreich hätte sein können, im Zwielicht.

---

die Mordlust der SS noch hemmungslos walten konnte. (...) Die Zahl der im Zusammenhang mit dem 20. Juli hingerichteten Offiziere wird nach verläßlichen Angben auf 700 beziffert." (S. 441).

[65]Der Gedanke, Weniger könne ja einer dieser ganz wenigen Ausnahmen sein, wird dadurch entkräftet, daß die Nazis ihm bereits ein Verfahren angehängt hatten.

[66]Bullock, A.: Hitler, S. 752.

Beziehungen

Zum Schluß dieses Kapitels sei noch einmal das Schreiben des Öffentlichen Klägers für die Entnazifizierung an den Vorsitzenden des III. Spruchausschusses der Stadt Göttingen vom 21.8.1948 genannt. Der erste Teil gibt in sieben Punkten die Zeugenaussage von Professor Curt Bondy wieder.

"I. Vermerk: Prof. Bondi (sic!) (nach USA emigrierter jüdischer Hochschullehrer) hat sich am 27.7. beim Öffentlichen Kläger für Prof. W. verwandt und hierbei folgende Gesichtspunkte hervorgehoben:

1. Es sei ganz eindeutig, daß Prof. W. kein Nazi gewesen sei.
2. W. habe seZt. die Frage aufgeworfen, inwieweit die Wehrmacht pädagogisch zu behandeln und beeinflussen sei. Er, B., habe hierfür absolut Verständnis gehabt (...) .
3. Als er, B., aus dem KZ entlassen worden sei, habe er Prof. Nohl und Frau W. (Prof. W. selbst sei damals erkrankt gewesen) in Kassel getroffen und beide über seine Erfahrungen im KZ aufgeklärt.
4. Er wolle als besonders bezeichnend erwähnen, daß W., als dieser 1938 in Göttingen auf der Straße Prof. Hirsch, der besonders stark jüdisch ausgesehen habe, begegnet sei, ostentativ angesprochen habe.
5. Über das Buch von W. "Goethe und die Generale" habe sich der bekannte Goetheforscher Prof. Beutler, Frankfurt, positiv geäußert.
6. Das Verhältnis von W. zu General Stülpnagel zeige, daß sich W. in der Widerstandsbewegung besonders tapfer gezeigt und sein Leben wirklich eingesetzt habe.
7. Der UA. der Univ. habe sich, wie ihm bekannt sei, einstimmig für W. ausgesprochen, auch der brit. Intelligence Service habe sich positiv zu W. eingestellt."[67]

An diesem Zeugnis lassen sich Beziehungen ablesen, auf die Weniger zurückgreifen kann:

---

[67]Blatt 16 der Verfahrensakte Nds. 171.

Prof. Beutler, der "Goethe und die Generale" positiv bewertet hatte, war wie Jünger ein Regimentskamerad aus dem 1. Weltkrieg. Weniger, Beutler, Bondy kannten sich zudem aus ihrer Frankfurter Zeit in den dreißiger Jahren. Beutler leitete damals das Freie Deutsche Hochstift und Goethemuseum, Weniger die Pädagogische Akademie, und Bondy war in die jüdische Gemeinde gekommen, nachdem die Nazis ihm 1933 seine Stellung als Honorarprofessor für Jugendstrafvollzug an der Universität Göttingen genommen hatten. Als Jude fiel Bondy unter den Arierparagraphen (§3) des Gesetzes zur Wiederherstellung des Berufsbeamtentums vom 7. April 1933[68]. Es ist dasselbe Gesetz, dessen §4 bei Weniger zur Beurlaubung und kurzfristigen Entlassung geführt hatte - mit dem Unterschied, daß Weniger für sich die Rehabilitation durchsetzen konnte, Bondy nicht. Er wurde, wie Kantorowicz, ins KZ nach Buchenwald deportiert, kam wieder frei und emigrierte in die USA.

Zum Nachlaß H. Nohl gehört auch eine Mappe mit Briefen von Curt Bondy.[69] Aus ihnen geht hervor, wie sehr dieser sich freut, als sich nach dem Krieg die Verbindung zum alten Göttinger Freundeskreis reaktiviert. Er fühlt sich wieder dazugehörig, will helfen, schickt Care-Pakete und setzt sich - aus seiner jetzt stärkeren Position als amerikanischer Staatsbürger heraus - engagiert für Freunde ein, die durch die Entnazifizierung in Bedrängnis geraten sind, wie z.B. für Lehmensieck, Brake und Weniger.[70] Am 20. Januar 1947 schreibt er an Nohl: "Hoffentlich gelingt es Ihnen, Erich als Ihren Nachfolger zu bekommen. Ich habe ihm gestern einen Durchschlag meines 'Gutachtens' über ihn geschickt, nachdem ich hörte, daß es schon wieder gegen ihn anfängt und daß mein damaliger Luft- postbrief niemals angekommen ist."[71] Am 6. März 1947 teilt er Nohl mit: "E. W. schrieb mir vor längerer Zeit, daß mein Gutachten über ihn nicht angekommen sei. Daraufhin habe ich ihm ein neues geschickt, aber auch das ist bisher nicht bestätigt. Ich hoffe, es wird ihm wenigstens etwas helfen. Ich habe in meinem Brief gerade

---

[68]Hier §3 im Wortlaut: "(1) Beamte, die nicht arischer Abstammung sind, sind in den Ruhestand (§§8ff.) zu versetzen (...)". RGBl I, S. 175.

[69]Handschriftenabteilung der Niedersächsischen Staats- und Universitätsbibliothek Göttingen, registriert unter Nohl 37.

[70]Blatt 15 der Verfahrensakte Nds. 171.

[71]Nohl 37, Blatt 189.

zu der Frage der Militärpädagogik Stellung genommen."[72] In einem Brief (an E. Blochmann[73]) vom 13. Juli 1947 heißt es dann: "Ich bin froh über die Nachricht von Göttingen, daß in E. W.´s Fall positiv entschieden worden ist und ich hoffe, daß das Br. Mil. Govtm. sich diesem Urteil anschließen wird."[74]

Diese Hoffnung erfüllt sich nicht: Es kommt zur Revision, und Bondy macht ein Jahr später anläßlich einer Europa-Reise die o.g. Aussage vor dem Öffentlichen Kläger in Göttingen.

In den Unterlagen des Militärarchivs Freiburg taucht der Name Bondy 1954 wieder auf. Weniger hatte eine Begegnung zwischen ihm und dem Grafen Baudissin vermittelt und schreibt nun an Baudissin: "Es war mir eine große Freude zu erfahren, daß Sie Fühlung mit meinem Freund Curt Bondy aufgenommen haben. Sie werden einen guten Eindruck von der Unbestechlichkeit seines Urteils und von seiner Unvoreingenommenheit gewonnen haben."[75] Den weiteren Inhalt des Briefes - es geht um Aussonderung z.B. von Neurotikern und Schwachsinnigen aus der Truppe mit Hilfe von Testverfahren - werde ich an anderer Stelle aufnehmen. Hier geht es um Wenigers Hinweis auf Bondys Unbestechlichkeit - eine Botschaft in eigener Sache, die er Baudissin als der Autorität im "Amt Blank" auf diese Weise übermittelt.

Ich kehre noch einmal zu Bondys Zeugenaussage von 1948 zurück. Es wird da ein zentrales Thema angesprochen und zugleich in der Schwebe gehalten: Wenigers Stellung zum Antisemitismus. Zwar bezeugt Bondy, daß Weniger 1938 den Juden Prof. Hirsch trotz seines "jüdischen Aussehens" auf der Straße angesprochen habe. Punkt 3 seiner Aussage bleibt dagegen kommentar- und verbindungslos im

---

[72]Nohl 37, Blatt 190.
[73]Elisabeth Blochmann gehört wie Weniger seit 1919 zum Schülerkreis um Herman Nohl in Göttingen. Wie Curt Bondy, wird sie 1933 fristlos und ohne Pensionsansprüche aus dem Staatsdienst entlassen, auch sie unter Anwendung von §3 des Gesetzes zur Wiederherstellung des Berufsbeamtentums vom 7.4.1933. Sie emigriert nach England, kommt 1952 zurück und wird die erste Professorin für Pädagogik an der Marburger Universität. Vgl. dazu: Klafki, W./Müller, H.-G.: Elisabeth Blochmann (1892-1972). Marburg: Schriften der Universitätsbibliothek Marburg 1992.
[74]Nohl 37, Blatt 197.
[75]BA/MA Freiburg, N 488/1, S. 30. Hervorhebung von mir.

Raum: "Als er, B., aus dem KZ entlassen worden sei, habe er Prof. Nohl und Frau W. (...) in Kassel getroffen und beide über seine Erfahrungen im KZ aufgeklärt."

Warum erwähnt Bondy diese Begebenheit? Informiertwordensein über die Greueltaten der NS-Verbrecher ist noch kein Entlastungsgrund, es wäre vielmehr eine Verpflichtung zu verantwortlichem Handeln gewesen. Die Frage, ob Weniger aus Bondys Erfahrungsbericht überhaupt eine Konsequenz gezogen hat, wird damit zwar implizit angesprochen, bleibt aber unbeantwortet.[76]

Ergebnisse

Die Durchsicht der Entnazifizierungsunterlagen im Niedersächsischen Hauptstaatsarchiv Hannover sowie der Akten im Göttinger Universitätsarchiv hat folgendes ergeben:

1. Wesentliches Aktenmaterial, das Wenigers eigene Stellungnahme zu seiner nationalsozialistischen Vergangenheit und seinen wehrpädagogischen Schriften enthalten haben soll, wird in diesen Archiven nicht aufbewahrt. Ebenso fehlen die Zeugenaussagen, die zur Niederschlagung des gegen ihn eröffneten Kriegsgerichtsverfahrens geführt haben sollen.

2. Wenigers Entnazifizierung hat sich deshalb so lange hingezogen (Frühjahr 1947 bis Herbst 1948), weil der erste positive Entscheid von der britischen Militärregierung nicht bestätigt wurde und es zu einer Wiederaufnahme des Verfahrens kam. Nachdem die Entnazifizierung in deutsche Verantwortlichkeit übergegangen war (1.10. 1947), wurde Weniger endgültig entlastet.

---

[76]Wenn Bondy nur einen Bruchteil dessen wiedergegeben hat, was Walter Poller in seinem authentischen Bericht über die unglaublichen Zustände im KZ Buchenwald beschreibt, dann kann sein Hinweis, er habe Nohl und Frau Weniger über Buchenwald "aufgeklärt", auch als eine äußerst sublime Form der Anklage gelesen werden. - Das KZ Buchenwald wurde 1937 eingerichtet, Poller war von 1938 bis 1940 als politischer Häftling dort, teilweise also zeitgleich mit Bondy. Siehe: Poller, W.: Arztschreiber in Buchenwald. Bericht des Häftlings 996 aus Block 36. Hannover: Verlag für Literatur und Zeitgeschehen 1960.

3. Die Argumentation zur Entlastung Wenigers ist parteilich geführt worden: Seine Tätigkeit als Betreuungsoffizier der Wehrmacht, seit Februar 1944 als die eines NS-Führungsoffiziers ausgewiesen, sei eine Tarnung gewesen, damit Weniger Aufklärungs-
arbeit im Sinne des Widerstands habe leisten können. Denselben
Zweck hätten seine militärpädagogischen Schriften verfolgt;
Passagen in nationalsozialistischer Terminologie seien von ihm
entweder nicht selbst zu verantworten, oder sie seien als Tarnung
der eigentlichen Botschaft zu werten. Seine Entlassung 1933 und
das gegen ihn eröffnete Kriegsgerichtsverfahren im August 1944
seien als Beweis für seinen Mut, seine Gefährdung und Benach-
teiligung während des Dritten Reiches anzusehen; deshalb sei er
voll zu rehabilitieren.

4. Das Studium der relevanten Archivunterlagen in Hannover,
Freiburg und Göttingen hat ferner ergeben, daß Weniger immer wieder Beziehungen gehabt hat, auf die er in kritischen Situationen,
wie in seinem Entnazifizierungsfall, zurückgreifen konnte: kriegs-
kameradschaftliche, kollegiale oder freundschaftliche Bande. Er hat
es verstanden, sie zu einem Netz zu knüpfen, das ihn in jeder politisch kritischen Situation auffing.

6.5. Ernst Kantorowicz (1947)[1]

1947 veröffentlichte Weniger in *Die Sammlung*, deren Mitherausgeber er war, einen Aufsatz über seinen "niedersächsischen Lands-
mann" Ernst Kantorowicz. Weniger leitete zu der Zeit die Pädagogische Hochschule Göttingen, und das Entnazifizierungsverfahren war bereits gegen ihn eröffnet. Ich habe diesen kurzen
Aufsatz zum einen deshalb in meine Untersuchung aufgenommen,
weil er autobiographische Hinweise enthält, zum anderen, weil er
als einziger Text auch das Faktum "Judenverfolgung im Dritten
Reich" im Blick hat: Ernst Kantorowicz war Jude.

Über Weniger erfährt der Leser, daß er in der Nachbarschaft der
Arztfamilie Kantorowicz in "Hannovers Preußenviertel der Beamten
und Offiziere"[2] aufgewachsen sei. Er erfährt, daß er 1929, zur Zeit
seiner ersten Professur an der Pädagogischen Akademie in Kiel, für
ein Jahr mit Kantorowicz in einem Haus gewohnt habe. Als nächste
gemeinsame Lebensstation tritt die Frankfurter Zeit auf den Plan.
1932, als Weniger die Leitung der Pädagogischen Akademie in
Frankfurt/Main übernimmt, trifft er erneut mit Kantorowicz zusammen, der dort seit zwei Jahren als Professor am Berufspäd-
agogischen Institut tätig ist. Der Leser erfährt weiter, daß die
Frankfurter Gruppe der alten Hohenrodter[3], zu der Weniger gehörte,
Kantorowicz "bis zuletzt die Treue gehalten"[4] habe. Zum Schluß
wird erwähnt, daß Weniger seine letzten Informationen über das
Ehepaar Kantorowicz von Jochen Stenzel, dem Sohn seines verstor-
benen Freundes Julius Stenzel, bekommen habe.

Und was erfährt der Leser über den Mann, dem Weniger seinen
Aufsatz widmet?

Zunächst einmal wird mitgeteilt, daß Kantorowicz "Sohn eines
vielbeschäftigten Arztes" war und in Wenigers unmittelbarer

---

[1]In: Die Sammlung, 2. Jg. 1947, S. 719-722. Zitiert als: Kantorowicz 1947.
[2]Ebd., S. 719.
[3]Der Hohenrodter Bund konstituierte sich 1923 als ein Gesprächskreis für Fragen der
    Erwachsenenbildung. Er hatte bis 1935 Bestand. Weniger gehörte dem Bund seit
    1925 an.
[4]Kantorowicz 1947, S. 720.

Nachbarschaft, "in Hannovers Preußenviertel der Beamten und Offiziere", aufwuchs. Da sich die beiden dort jedoch nicht begegnet sind, sondern, wie Weniger schreibt, erst 1926 auf einer Tagung in Göttingen, und da Kantorowicz` Lebensweg seit 1933 zu einem Leidensweg wurde wie der der allermeisten Juden in Deutschland, ist dieser Hinweis für sein Verständnis von geringerer Relevanz als für das Erich Wenigers. Denn der fühlte sich zeit seines Lebens der preußischen Werteordnung verbunden, für ihn charakterisiert in dem Wort "Die Ehre ist das Recht, seine Pflicht tun zu dürfen". Kantorowicz dagegen scheint eher kritisch-rational als konservativ gewesen zu sein; Weniger hebt den "rationalen Zug seiner Natur"[5] eigens hervor sowie eine "entschiedene Parteinahme für die verwahrloste Jugend und für das Proletariat"[6]. In diesen Zusammenhang gehört auch sein Hinweis auf das Engagement des noch jungen Kantorowicz für die Jugendbewegung um Gustav Wyneken und die von diesem gegründete Zeitschrift *Anfang*[7]. Das von Weniger angesprochene Engagement Kantorowicz´ spricht für dessen emanzipatorisches Denken; die Art, mit der Weniger seine Worte wählt, zeigt seine Einschätzung nicht minder deutlich. Weniger schildert Kantorowicz folgendermaßen: "Er erregte in seinen jungen Jahren in Hannover Aufsehen als Leiter eines Schülersprechsaales, der sich unter dem Einfluß *Gustav Wynekens* um die Zeitschrift 'Der Anfang' gebildet hatte und durch seine revolutionäre Sprache den braven Bürgern wie den Lehrern, durch sein etwas rationalistisches Gehabe auch den romantischen Gruppen der Jugendbewegung äußerst mißfiel. Auf diese seine Jugendsünden sah er nun (i.e. auf der Tagung 1926) mit der gelassenen Selbstironie zurück, die ihm bei allem sicheren Bewußtsein seines Wertes stets eigen war."[8] Es ist

---

[5]Ebd., S. 719.
[6]Ebd.
[7]1913 gründet Wyneken diese Zeitschrift und fühlt sich schon bald bemüßigt, sie gegen verleumderische Angriffe in Schutz zu nehmen. Er schreibt: "Der 'Anfang' ist ganz und gar neutral; neutral nur in **einer** Richtung nicht, insofern er gegen jede Bedrückung des jugendlichen Gewissens, gegen jede Mißhandlung des jugendlichen Geistes Front macht. (...) Er sieht seine einzige Aufgabe darin, der Jugend eine Stätte, und zwar die einzige, zu bieten, wo sie in der Öffentlichkeit unbevormundet sich aussprechen kann." Aus: Wyneken, G.: Was ist 'Jugendkultur'? Öffentlicher Vortrag, gehalten am 30. Oktober 1913 in der Pädagogischen Abteilung der Münchener Freien Studentenschaft. Mit einem Nachwort über den "Anfang". München: Georg C. Steinicke
[6/7]1919, S. 20.
[8]Kantorowicz 1947, S. 719. - Weniger zitiert den Titel der Zeitschrift ungenau.

deutlich: Weniger läßt Kantorowicz als Jugendsünde abtun, womit
dieser sich einst identifiziert hatte; indem er dieses Wort nicht in
Anführungszeichen setzt, wie das einer selbstironischen Darstellung entsprochen hätte, gibt er sein eigenes Urteil ab. Er verwirft
damit das, wofür der junge Kantorowicz gekämpft hatte: für mehr
Liberalität im Leben der Jugendlichen.

Im weiteren Verlauf seiner Darstellung nennt Weniger einige Daten
zu Kantorowicz' Werdegang: Er wurde Leiter des Kieler Jugend-
amtes und der Kieler Volkshochschule, war Sozialdemokrat und
Mitglied des Hohenrodter Bundes und veröffentlichte einen "treff-
lichen" *Leitfaden für Jugendschöffen*. 1930 wechselte er als Professor an das Berufspädagogische Institut in Frankfurt/Main, und
als Weniger 1932 nach Frankfurt kam, leitete Kantorowicz außerdem die pädagogische Sektion des "Freien Deutschen Hochstifts".
Nach Wenigers Einschätzung erfolgte dort bis 1933 die Auseinandersetzung mit der nationalsozialistischen Pädagogik. Kantorowicz habe es anfangs unter seinen Kollegen, "die mehr zu faszi-
nieren vermochten", aufgrund seiner "auf den ersten Blick so spröden und darin so ganz norddeutschen Natur"[9] schwer gehabt. "Doch
er wußte sich zu behaupten."[10]

Danach wendet sich Weniger der Zeit des Nationalsozialismus zu,
und damit wird eine auch stilistisch deutliche Zäsur in seinem
Aufsatz spürbar. Er schreibt: "Und dann kam das Jahr 1933. - Wie
bei fast allen Lebensläufen unserer Generation ist damit auch für
Ernst Kantorowicz die entscheidende Wendung bezeichnet. Es begann nun die Besonderheit seines Schicksals, die ihn auch von den
meisten seiner Rassegenossen abhebt. Er war Jude, in seiner äußeren Erscheinung als solcher durchaus erkennbar und in seinem
geistigen Habitus mit einigen der besten Eigenschaften seines
Volkes aufs trefflichste ausgestattet. Aber er fühlte sich ganz als
Deutscher."[11]

---

[9]Ebd., S. 720.
[10]Ebd.
[11]Ebd. - Hervorhebung durch Unterstreichung von mir.

Zunächst einmal ist die Parallelisierung unhaltbar, die Weniger versucht. Für ihn selbst brachte die NS-Diktatur keine "entscheidende Wendung". Er wurde zwar 1933 zwangsbeurlaubt und entlassen, im Januar 1934 aber rehabilitiert und konnte sich, ohne finanzielle Einbußen erlitten zu haben, anschließend sorgenfrei und unbehelligt seinen wehrpädagogischen Studien widmen.[12] Kantorowicz' Weg führt dagegen von der Amtsentlassung 1933 in die vielfältigen Diskriminierungen und Schikanen, denen die jüdische Bevölkerung ausgesetzt wird, führt ins Konzentrationslager Buchenwald, von dort ins niederländische Exil und endet in Auschwitz.

Sodann: Warum wählt Weniger jetzt den Begriff "Rassegenossen"? Eben noch hatte er von der spröden norddeutschen Natur Kantorowicz' gesprochen, jetzt hebt er seine äußere Erscheinung hervor, die ihn "durchaus" als Juden zu erkennen gegeben habe, und verweist auf seinen geistigen Habitus, der mit "einigen der besten Eigenschaften seines Volkes" ausgestattet gewesen sei. Welches sind denn die besten Eigenschaften des jüdischen Volkes? Liegt einer solchen, selbst positiv gewendeten Formulierung nicht immer noch die NS-Rassenideologie zugrunde? Hat er die Terminologie des Dritten Reiches so internalisiert, daß ihm ein besetzter Begriff wie "Rassegenossen" auch 1947 noch unbekümmert aus der Feder fließt?[13]

Es sei daran erinnert, daß das Zentrum der nationalsozialistischen Ideologie gerade in der Verbindung des Antisemitismus mit dem Rassegedanken bestand. Auch in früheren Zeiten gab es Antisemitismus, die Begründung wurde jedoch auf religiöser Ebene (der Jude als Christus-Mörder) gesucht, so daß auch auf dieser Ebene ein Ausgleich (durch die Taufe) möglich war. Indem der nationalsozialistische Antisemitismus den Unterschied zwischen Juden und

---

[12]Vgl. dazu den Exkurs: Wenigers Aussagen in seinem Entnazifizierungsverfahren in dieser Arbeit.

[13]Vgl. dazu ein Fernschreiben A. Eichmanns vom 23.5.1942, in dem es heißt: "Der Reichsführer-SS und Chef der Deutschen Polizei hat angeordnet, daß die im vorstehend genannten Bericht näher bezeichneten Juden (...) in Gegenwart ihrer Rassegenossen aufzuhängen sind (...)." Zit. nach Bork, S.: Mißbrauch der Sprache, a.a.O., S. 89.

Nichtjuden in das Blut verlagerte, wurde der Unterschied für immer festgeschrieben und zudem als wissenschaftlich legitimiert.[14]

Kantorowicz aber "verstand den Antisemitismus einfach nicht und vermochte bis an sein tragisches Lebensende nicht zu glauben, daß das deutsche Volk ernstlich von ihm ergriffen sei; er hielt ihn für eine künstliche Schöpfung der nationalsozialistischen Führung."[15] Das sind die einzigen Sätze, die Weniger zum Antisemitismus äußert, und selbst sie geben noch die Sichtweise eines anderen wieder. Er selbst bezieht keine Stellung. Statt dessen deckt er dieses Thema zu, indem er Kantorowicz zum Anlaß nimmt, das "unzerstörbare Erbe des deutschen Geistes" zu beschwören.

Weniger wendet sich alsdann den Jahren 1933 bis 1938 zu und beschreibt die Situation Ernst Kantorowicz', die in eine zunehmende Vereinsamung geführt habe, weil er von den "alten, ihm gemäßen Bezirken des Lebens äußerlich mit Gewalt getrennt"[16], den für ihn neuen, jüdischen Bereichen aber innerlich fremd gewesen sei. Dennoch habe er sich, zusammen mit Curt Bondy[17], engagiert für den Aufbau der Wohlfahrtspflege in der Frankfurter jüdischen Gemeinde eingesetzt. Obwohl Weniger die "Tragödie dieser Menschenart"[18] klar erkennt und mit dieser Formulierung zu erkennen gibt, daß er das Schicksal des sogenannten Assimilationsjuden als ein typisches und keineswegs seltenes Phänomen unter der damaligen jüdischen Bevölkerung ansieht, hebt er gerade dieses Typische als das hervor, was Kantorowicz "von den meisten seiner

---

[14]Vgl. dazu Klemperer, V.: LTI, Notizbuch eines Philologen. Leipzig: Philipp Reclam jun. 1978. Klemperer, Kritiker der NS-Ideologie und ihrer Sprache, faßt den Sachverhalt in folgende Worte: "Durch die wissenschaftliche, vielmehr pseudowissenschaftliche Rassenlehre begründet und rechtfertigt man alle Ausschweifungen und Ansprüche der nationalistischen Überheblichkeit, jede Eroberung, jede Tyrannei, jede Grausamkeit und jeden Massenmord." (S. 141).

[15]Kantorowicz 1947, S. 720.

[16]Ebd., S. 721.

[17]Bondy war in die jüdische Gemeinde gekommen, nachdem ihm als Jude 1933 die Honorarprofessur für Jugendstrafvollzug an der Universität Göttingen entzogen worden war. 1938 wurde er wie Kantorowicz nach Buchenwald verschleppt. Als er freikam, wanderte er, anders als Kantorowicz, in die USA aus. - Vgl. hierzu den Exkurs: Wenigers Aussagen in seinem Entnazifizierungsverfahren.

[18]Kantorowicz 1947, S. 721.

Rassegenossen" unterschieden habe. "Er war Jude (...). <u>Aber er fühlte
sich ganz als Deutscher.</u>"[19]

Das ist es, was Weniger an Kantorowicz interesssiert, hierüber
möchte er sprechen. Folgerichtig erzählt er ausführlich von dem,
worin er den "eigentlichen Schwerpunkt" in Kantorowicz´ Leben bis
1938 zu sehen vermeint: das "schöne, moderne Haus" mit dem "ge-
räumigen Arbeitszimmer", die "geliebten Bücher", der "Flügel" und
der "reiche Besitz an Schallplatten", mit denen sich Kantorowicz
"getröstet" habe, als "die Konzertsäle den Juden verschlossen wurden". "Er genoß ganz bewußt alles, was ihm als <u>geistiges Erbe</u>
überkommen"[20] war. "Auch das Auto war ihm geblieben, und es war
rührend zu sehen, wie er sich, mit dem Dehio bewaffnet, der
<u>Schätze der deutschen Landschaft</u> noch einmal abschiednehmend
versicherte." Weniger schildert detailliert die einzelnen Sehens-
würdigkeiten und fährt fort: "überall im rhein-mainischen Raum und
darüber hinaus wußte er sich beheimatet, suchte er <u>geliebtes
Eigentum seines Herzens</u> und wurde nicht müde, uns, die wir doch
auch hätten Abschied nehmen müssen, von diesen Schätzen zu
verkünden."[21]

Nach diesem Abschnitt, in dem Weniger das geistige Erbe
Kantorowicz´ beschreibt (und seinen kultivierten Lebensstil bis
1938 hervorhebt), spricht er noch einmal die Schärfe seiner rationalen Intelligenz, seine Skepsis und Ironie an. Sie seien immer
mehr hinter den "weicheren und empfindsameren Seiten seiner
Natur"[22] zurückgetreten. "Er, der doch mehr und mehr zum Bewußtsein seiner ausweglosen Lage gelangt war, war uns der
Verstehende und Tröstende <u>in unserer äußerlich weit weniger ge-
fährdeten, aber gerade darum so zweideutigen Situation.</u>"[23] Weniger
fügt diesem andeutungsvollen Satz keine weitere Erklärung hinzu.
Er weist möglicherweise auf die Irritation hin, die die folgenden

---

[19]Ebd., S. 720. Hervorhebung von mir.
[20]Ebd., S. 721. Hervorhebung von mir.
[21]Ebd. f. Hervorhebung von mir. - Wenigers Hinweis auf den eigenen Abschied ist
    dunkel, vielleicht spielt er damit rückgreifend auf die nahe Zerstörung durch den
    Krieg an.
[22]Ebd., S. 722.
[23]Ebd. Hervorhebung von mir.

Ereignisse auch bei ihm ausgelöst haben könnten: Im November
1938 wird Kantorowicz verhaftet und nach Buchenwald deportiert.
Weniger schildert das so: "Dort hat er, der nicht eben viel an körperlichen Kräften besaß, unbeschreiblich leiden müssen. Aber er
hielt aus, blieb der, der er war, bewährte sich."[24]

Kantorowicz kommt zunächst frei, weil er Deutschland mit seiner
Frau verlassen kann.[25] In diesem Zusammenhang sagt Weniger: "In
dem nächtlichen Abschiedsgespräch, in dem er von dem furchtbaren
Geschehen in Buchenwald berichtete, sprach er von seiner alles
was kommen möge überdauernden Verbundenheit mit seiner geistigen Heimat und seinen deutschen Freunden."[26]

Dieser Satz ist in zweifacher Hinsicht bemerkenswert. Einmal
macht schon die Syntax deutlich: Es kommt Weniger auf Kantoro-
wicz` Verbundenheit mit seiner geistigen Heimat und seinen
deutschen Freunden an, nicht aber auf den Bericht dieses Mannes
über das furchtbare Geschehen in Buchenwald; die erste Aussage
steht im Hauptsatz, die zweite im Nebensatz. Zum anderen ist dieser Satz ein weiterer Beleg dafür, daß Weniger sehr wohl über die
Verbrechen in den Konzentrationslagern informiert war, und zwar
bereits 1938. Beide Informationsquellen waren authentisch, er
hatte keinen Grund, an den Schilderungen Curt Bondys[27] oder Ernst
Kantorowicz´ zu zweifeln - so sehr sie auch das Maß des Vor-
stellbaren überschritten haben dürften.[28]

---

[24]Ebd. Hervorhebung von mir. - Auch das Wort "bewähren" gehört zum NS-Vokabular.
In der Südhannoverschen Zeitung v. 7./8. April 1945 ruft der Gauleiter alle
Volksgenossen zum fanatischen Einsatz auf; zum Schluß heißt es: "Nun beißt in
dieser Stunde der Krise die Zähne zusammen. Bewährt Euch als Deutsche und
Niedersachsen!" Zit. nach Gamm, H.-J.: Führung und Verführung, a.a.O., S. 377. -
Die Vorstellung, sich in einem Konzentrationslager, dem Ort sadistischer Willkür,
bewähren zu können oder zu sollen, ist zudem absurd.

[25]Anfangs konnten jüdische Häftlinge, wenn sie ihre Auswanderungspapiere in
Ordnung hatten und politisch nicht belastet waren, mit der Auflage entlassen werden, Deutschland innerhalb achtundvierzig Stunden zu verlassen. Beleg: Poller, W.:
Arztschreiber in Buchenwald. Bericht des Häftlings 996 aus Block 36, a.a.O., S.
133.

[26]Kantorowicz 1947, S. 722.

[27]Vgl. dazu Fußnote 76 in dem Exkurs: Wenigers Aussagen in seinem Entnazifizierungsverfahren.

[28]Vgl. dazu den authentischen Bericht Walter Pollers über das KZ Buchenwald. - Die
naheliegende Frage, warum die Nationalsozialisten überhaupt jüdische Häftlinge
freiließen, ohne deren Schilderung zu fürchten, beantwortet Poller wie folgt: "Sie

Wie Weniger mit diesen Informationen, die das Verbrecherische des NS-Regimes offenlegten, umgegangen ist, bleibt eine offene Frage. Sichtbare Konsequenzen hat er nicht aus ihnen gezogen. Publizistisch hat er den Antisemitismus des Dritten Reiches niemals thematisiert, und selbst in einem Text, der dem jüdischen Kollegen Kantorowicz gewidmet ist, weicht er aus und deckt das eigentliche Thema zu. Das wird noch einmal an den Ausführungen deutlich, mit denen er den Aufsatz beendet. Weniger berichtet darin von Kantorowicz´ letzten Lebensdaten, wie er sie durch Jochen Stenzel[29] erfahren habe: Kantorowicz "sei nach dem deutschen Einmarsch in Holland - wohl erst nach einiger Zeit - in Amsterdam verhaftet und mit seiner Frau nach Theresienstadt gebracht (sic!). Dort habe er sich von seinen Leidensgenossen auffallend dadurch unterschieden, daß er in Vorträgen und Gesprächen Zeugnis abzulegen suchte von seinem unerschütterlichen Glauben an das unzerstörbare Erbe des deutschen Geistes, womit er freilich, wie zu verstehen, wenig Gegenliebe finden konnte. Er habe den Glauben an eine innere Umkehr der Deutschen nicht aufgeben wollen."[30]

Diese Sätze Wenigers sind romanhafte Ausschmückung einer ganz anderen Wirklichkeit. Stenzel selbst jedenfalls kommt als Zeuge für die Richtigkeit ihrer Aussage nicht in Frage. Er nennt auch keine andere Person, die mit Kantorowicz in Theresienstadt gewesen, dann aber nicht wie er nach Auschwitz deportiert und dort ermordet wurde, sondern freigekommen wäre. Die Sätze über Kantorowicz erinnern an das Zitat Wenigers, mit dem er 1945 die "Lieblingswendung" v. Stülpnagels wiedergibt. Es sei hier wiederholt. Der General habe gesagt: "'Ich glaube immer noch an die Anständigkeit des deutschen Volkes. Im Grunde ist das deutsche Volk doch anständig geblieben. Schließlich wird diese Anständig-

---

(i.e. die Nationalsozialisten) wußten, daß selbst der Jude, der die grauenhaften Verbrechen mit überzeugendster Kraft in alle Welt hinausschrie, ihnen augenblicks nicht sonderlich gefährlich werden konnte. Ja, sie rechneten kalt und nüchtern: Die Wahrheit wird dem Juden nicht geglaubt, und die Tatsache, daß man ihn lebend ins Ausland hatte reisen lassen, verstärkt nur seine Unglaubhaftigkeit." (a.a.O., S. 242).

[29]Dieser war laut Weniger nach der Kapitulation als amerikanischer Oberleutnant nach Göttingen gekommen.

[30]Kantorowicz 1947, S. 722. Hervorhebung von mir.

keit unter all den Verschüttungen (...) wieder zum Vorschein kommen. Ein so anständiges Volk kann nicht untergehen."[31]

Diese Worte weisen in dieselbe Richtung wie Kantorowicz´ vermeintliches Bekenntnis seines "unerschütterlichen Glauben(s) an das unzerstörbare Erbe des deutschen Geistes". Das ist die eigentliche Aussage, die Weniger gerade auch in Anbetracht des anhängigen Entnazifizierungsverfahrens 1947 publik machen will. Das Schicksal eines Ernst Kantorowicz tritt dagegen in den Hintergrund.

---

[31]Stülpnagel 1949, S. 478. - Vgl. dazu das Kapitel 6.1. in dieser Arbeit.

6.6. *Die weiße Rose* (1953)[1]

Am 22. Februar 1953 wurde an deutschen Hochschulen der studentischen Widerstandsgruppe *Die Weiße Rose* gedacht, deren Mitglieder 1943 hingerichtet worden waren. Auch an der Göttinger Universität fand eine Gedächtnisfeier statt. Erich Weniger, seit 1949 Ordinarius auf dem Lehrstuhl Herman Nohls, hielt die Rede. Ich habe nirgends einen Hinweis darauf gefunden, warum gerade er die Ansprache übernahm und nicht ein Politologe, Philosoph oder auch Theologe. Es ist jedoch berechtigt, diese Frage zu stellen; denn die Rede erweckt den Eindruck, als habe Weniger das Thema nur mit großem inneren Widerstand behandelt. Dieser Eindruck wird durch folgende Auffälligkeiten hervorgerufen: Weniger recherchiert nachlässig, sein Stil wirkt phrasenhaft-hohl, und die gesamte Anlage seiner Interpretation ist äußerst eigenwillig und befremdend. Wie die anderen Texte, die sich auf die NS-Zeit beziehen, offenbart auch der vorliegende eine seltsame Mischung von Faszination und Abwehr, die diese Zeit offenbar beim Autor bewirkt hat.

Ein effektvoller Beginn

Weniger beginnt seine Rede mit dem Satz: "Am 22. Februar des Jahres 1943 in der Morgenfrühe wurden durch das Fallbeil im Münchener Gefängnis Stadelheim hingerichtet (...)"[2] Diese Aussage ist falsch. Die Verhandlung gegen Hans und Sophie Scholl und Christoph Probst dauerte von 10 bis 13 Uhr an jenem Februartag, das Todesurteil wurde noch am selben Tag um 17 Uhr vollstreckt. Dabei hätte Weniger dem Buch von Inge Scholl[3], auf das er sich in seiner Rede wiederholt bezieht, die genauen Angaben entnehmen können. Hierin steht über den Verlauf des 22. Februar: "Inzwischen war es meinen Eltern wie durch ein Wunder gelungen, ihre Kinder noch einmal zu besuchen. (...) Zwischen 16 und 17 Uhr eilten sie zum

---

[1]In: Die Sammlung, 8. Jg. 1953, S. 161-166. Zitiert als: Die weiße Rose 1953.
[2]Die weiße Rose 1953, S. 161.
[3]Scholl, I.: Die Weiße Rose. Frankfurt/M.: Verlag der Frankfurter Hefte, [2]1952. (Weniger gibt fälschlicherweise an, es sei die 6. Auflage). Ich beziehe mich wie Weniger auf die Ausgabe von 1952. Zitiert als: Scholl 1952.

Gefängnis."[4] Weniger zitiert sogar einen Satz eben dieser Seite, Sophie betreffend: "Sie lächelte immer, als schaue sie in die Sonne."[5] Direkt anschließend heißt es in Inge Scholls Bericht: "Bereitwillig und heiter nahm sie die Süßigkeiten, die Hans abgelehnt hatte: 'Ach ja, gerne, ich habe ja noch gar nicht Mittag gegessen.'"[6] Weniger hätte nur diese eine und die folgende Seite zu lesen brauchen, um die Todesstunde von Hans und Sophie Scholl und Christoph Probst zu erfahren. Ob er die Seiten nicht gelesen oder ob er das Gelesene bewußt verändert hat - er greift jedenfalls zu dem publikumswirksamen Klischee, dem zufolge Todesurteile in den frühen Morgenstunden vollstreckt werden. Auch das Todesdatum Alexander Schmorells und Kurt Hubers, das Weniger angibt[7], stimmt nicht. Sie wurden nicht am 13. Juni 1943 hingerichtet, sondern erst am 13. Juli, d.h., sie haben als Todeskandidaten die verschärfte Gestapohaft einen Monat länger ertragen müssen. Diese Angabe hätte er den Unterschriften der Inge Scholls Buch beigefügten Photographien entnehmen können.

Die Weiße Rose und die akademische Freiheit

Wenigers Interpretation der historischen Ereignisse in Verbindung mit der Weißen Rose ist befremdlich; er begründet seine Würdigung nicht mit dem Widerstand dieser Menschen gegen das verbrecherische Nazi-Regime, sondern mit ihrem vermeintlichen Kampf für die <u>akademische Freiheit</u>.

Er entwickelt seine Gedanken wie folgt: "Wenn wir heute - nach zehn Jahren - ihres Widerstandes und ihres tapferen Sterbens auch an unserer Universität gedenken, so nicht in erster Linie um ihres politischen Widerstandes willen, so bewundernswert dieser gerade in seiner völligen Aussichtslosigkeit, in dem Fehlen eines eigentlich politischen Kalküls war[8], und auch nicht etwa, um dem natio-

---

[4]Ebd., S. 78.
[5]Die weiße Rose 1953, S. 165.
[6]Scholl 1952, S. 78.
[7]Die weiße Rose 1953, S. 161.
[8]Diese Formulierung, die die politische Bedeutung der Weißen Rose schmälert, entspricht nicht den Tatsachen. Allerdings enthält Inge Scholls Buch von 1952 lediglich

nalsozialistischen Mythos einen anderen entgegenzusetzen (...)." Es folgt eine durch die Art der Formulierung herabsetzende Anerkennung: "Gewiß, diese Männer, diese junge Frau starben für eine Idee. Sie setzten dem Nationalsozialismus eine Überzeugung entgegen, von der sie glaubten, daß sie das Recht und damit die Zukunft für sich habe." Daran knüpft Weniger einen Wunsch für die Zukunft: "Auch ist zu hoffen, daß wir, daß vor allem die Jugend heute an ihrer Seite Partei ergreift, da unser deutsches Schicksal auch denen, die früher anders dachten und anders handelten, gezeigt hat, daß diese jungen Studenten zusammen mit ihrem alten Professor damals richtig gesehen und das Rechte gewollt haben." Dann endlich ist Weniger dort, wohin er die Aufmerksamkeit seiner Hörer lenken möchte: "Dennoch ist das nicht das Entscheidende an ihren Taten und Leiden, noch nicht eigentlich das, was uns heute so fest an sie bindet. Durch ihr Denken, Fühlen und Handeln haben wir Größeres noch gewonnen, ein Vertrauen nämlich, das schon unwiederbringlich verloren schien, das Vertrauen zum Menschen, das Vertrauen aber auch, und das geht uns in dieser Stunde besonders an, in Wert und Würde des Akademischen als einer echten und berechtigten Form der Humanitas."[9]

Anschließend versucht er in immer neuen Variationen, sein Vortragsthema *Die weiße Rose* auf dem Nebengleis der "akademischen Freiheit" zu behandeln (zwanzigmal taucht dieser Terminus auf den fünf Vortragsseiten auf, das Wort "Widerstand" gerade fünfmal). Auch in der folgenden Analyse ist es notwendig, Weniger ausführlich zu zitieren, weil sein Stil heuristisch relevant ist.

Weniger deutet die gefährlichen subversiven Aktivitäten der Weißen Rose so: "Diese jungen Menschen haben mit einer schlichten Selbstverständlichkeit, in einer wahrhaft adeligen Haltung, ja man darf es so ausdrücken, mit einer zarten, fast spielerischen Anmut etwas unendlich Einfaches getan. Sie haben von dem Recht der aka-

---

den Hinweis, daß "der Funken nach Berlin übergesprungen" sei. (S. 58) Die erweiterte Neuausgabe von 1990 informiert darüber, daß im November 1942 der Kontakt zu Falk Harnack geknüpft worden sei, der die Weiße Rose am 25. Februar 1943 mit dem Berliner Widerstandskreis um Klaus und Dietrich Bonhoeffer habe zusammenbringen wollen. (Scholl, I.: Die Weiße Rose. Frankfurt/M.: Fischer 1990, S. 69)
[9] Die weiße Rose 1953, S. 161.

demischen Freiheit wirklich Gebrauch gemacht. Ein Professor hat
ihnen dabei geholfen und dann auch in seiner Weise, der Weise des
Gelehrten, die akademische Freiheit für sich in Anspruch genommen
und Wirklichkeit werden lassen. Aber im Grunde waren es die
Studenten selber, die aus ihrer Verantwortung als Studierende das
Panier der akademischen Freiheit aufwarfen und das 'Burschen heraus!', diesen köstlichen alten studentischen Kampfruf, auf ihre Art
hinausgehen ließen.(...)."[10]

Welch harmloses Bild läßt Weniger vor den Augen seiner Zuhörer
enstehen, alle Ängste, Zweifel, alle psychophysische Anspannung
eines bedrohten Doppellebens schwinden dahin als etwas "unendlich
Einfaches", "Selbstverständliches"; dieser Eindruck wird durch den
ausschmückenden Hinweis auf die "zarte, fast spielerische Anmut"
noch verstärkt.

Weniger fährt in diesem Stil fort. Das studium generale kommt ihm
als nächstes in den Blick. Anspornend stellt er den Göttinger
Studenten von 1953 das kulturelle Engagement der Weißen Rose als
Vorbild vor Augen. Sophie Scholl studierte Philosophie und
Biologie, ihr Bruder, Christoph Probst, Alexander Schmorell und
Willi Graf waren für Medizin eingetragen. Mit Bezug auf ihr Fach-
studium hebt er hervor: "Sie suchten die Wahrheit auf allen Wegen,
die sich ihnen an der Universität boten. Sie beschäftigten sich in
tiefem Ernst mit der Philosophie (...). Auch die Theologie wurde
ihnen, woher sie auch kamen, wichtig, und ebenso Dichtung und
Musik, von denen sie sich ständig tragen ließen. Kurz, sie ver-
wirklichten für ihre Person ganz ohne Aufhebens das, worum wir
uns heute als um das studium generale so von außen her, mit
allerlei Organisationsplänen bemühen müssen."[11]

Weniger biegt die komplexe Situation der Weißen Rose, die sich zudem für jedes einzelne Mitglied anders ausnahm, für seine
Interpretation zurecht. Er sieht nicht, daß nicht Bildungsbe-
flissenheit das Motiv ihrer Auseinandersetzung mit Literatur,
Philosophie und Theologie war, sondern das existentielle Bedürfnis,

---

[10]Ebd., S. 161 f.
[11]Ebd., S. 162.

der geisttötenden Uniformität und verordneten Brutalität Hitlerdeutschlands ein Gegengewicht entgegenzusetzen. Er vergißt, daß
die kulturelle Sensibilität dieser Studenten keineswegs auf den
Einfluß der Universität zurückging, sondern auf ihren vom Bil-
dungsbürgertum geprägten familialen Hintergrund, und er verdrängt, daß damals an der von einem SS-Oberführer[12] geleiteten,
weithin gleichgeschalteten Münchener Universität freie Geister die
Ausnahme waren. In diesem Zusammenhang wäre es richtig gewesen, auf die engen Kontakte der Weißen Rose zu dem katholischen
Publizisten Carl Muth und dem Kierkegaard-Übersetzer Theodor
Haecker hinzuweisen. Beide gaben dem Denken der jungen Menschen
seit 1941 wesentliche Anstöße. Literarische Zusammenkünfte fanden zudem privat, meistens in der elterlichen Villa Alexander
Schmorells statt. Von ihnen ging Trost und Kraft aus; sie dienten
natürlich auch dazu, Gleichgesinnte zu finden und das Netz des
Widerstandes immer weiter zu spannen. Insofern argumentiert
Weniger an der Realität vorbei, wenn er verkündet: "Ihr Begriff von
akademischer Freiheit, den sie für sich von neuem entdeckten,
forderte das Hinausgehen über jegliche Fachgebundenheit von
selbst."[13]

Wie ab-wegig Wenigers Versuch ist, die akademische Freiheit zum
Schlüsselbegriff seiner Interpretation zu wählen, zeigt sich auch
dort, wo er ihn auf Sophie Scholl anwendet. Die Worte, in denen er
sie zu würdigen versucht, berühren den Hörer bzw. Leser peinlich.
"Zum ersten Mal in der Geschichte des Kampfes um die akademische
Freiheit war eine Frau, ein Mädchen, eine Studentin aktiv beteiligt.
Ihr Hinzutreten zu dem Widerstand der männlichen Kommilitonen
stellt ein geschichtliches Datum in ausgezeichnetem Sinne dar. Die
Gleichberechtigung der Frau im akademischen Raum wurde durch
ihre Mitverantwortung und Mitleiden (sic!), durch ihr Opfer endgültig gesichert. Aber in welch eigenständiger, fraulicher, ja mäd-

---

[12]SS-Oberführer Prof. Dr. Walter Wüst, Rektor der Münchener Universität seit
1933, galt als Experte auf dem Gebiet der "arischen Kultur". Er verständigte am
18. Februar 1943 die Gestapo, nachdem Hans und Sophie Scholl im Lichthof der
Universität vom Pedell Jakob Schmid gestellt worden waren. Vgl. dazu Dum-
bach/Newborn: Die Geschichte der Weißen Rose, a.a.O., S. 126 und 206. Ferner
Kirchberger, G.: Die "Weiße Rose". Studentischer Widerstand gegen Hitler in München, a.a.O., S. 20.
[13]Die weiße Rose 1953, S. 162.

chenhafter Art nahm sie ihren Anteil an der akademischen Freiheit, ohne an Entschlossenheit, ja Radikalität der Entscheidung den Männern nachzustehen!"[14] Es ist gewiß ein eigenwilliger Aspekt, den Weniger hier zur Geschichte des deutschen Widerstandes beisteuert: die Emanzipation der Frau im akademischen Raum.

Seine Ausführungen zu Kurt Huber wirken nicht minder gezwungen. "Zu dieser akademischen Freiheit der Studenten trat nun in der Person Kurt Hubers die akademische Freiheit des Professors."[15] Darüber äußert sich Weniger "glücklich" und fügt unvermittelt hinzu: "Huber war offenbar ein großer Lehrer, aber, jedenfalls dem äußeren Anschein nach, kein besonders angesehener Gelehrter. Ein Lehrstuhl blieb ihm versagt."[16] Eine solch eitle Bemerkung über einen Mann, der für seinen aktiven Widerstand hingerichtet wurde und der, weil ihm alle Rechte aberkannt worden waren, seine Frau mit zwei Kindern mittellos zurücklassen mußte, verletzt die von Weniger so oft beschworene "Humanitas".[17] Auch die abschließenden Worte über Huber, der noch in der Gefängniszelle an seinem Leibniz-Manuskript arbeitete, sind eine Zumutung: "So hat Huber auf großartige Weise die akademische Freiheit noch am Ende seines Lebens verwirklicht, als die Möglichkeit, im Angesicht des Todes dem Werk zu leben."[18]

Auch Hans Scholl, der der eigentliche Mittelpunkt des Widerstandskreises war, wird von Weniger unter den Aspekt der akademischen Freiheit gestellt. Er geht zwar kurz auf den Werdegang dieses Mannes ein, der wie viele Jugendliche zunächst begeisterter Anhänger Hitlers und erfolgreicher Fähnleinführer gewesen sei:

---

[14]Ebd., S. 162 f. Hervorhebung von mir.

[15]Ebd., S. 164.

[16]Ebd. - Hier sei als Zeitzeuge Rudolph Berlinger angeführt. Er war seinerzeit an der Münchener Universität Dozent für Philosophie und mit Huber bekannt. In einem Gespräch am 24.2.1992 sagte er mir: "Kurt Huber war ein scharfer Denker, seine Leibniz-Vorlesung war hervorragend. Daß er auf keinen Lehrstuhl berufen war, hatte formalrechtliche Gründe."

[17]Menschlich antwortete auf das Schicksal Hubers der Student Hans Leipelt, der zum "Hamburger Zweig der Weißen Rose" gehörte. Er führte eine Sammlung für Frau Huber durch, wurde an die Gestapo verraten, verhaftet und nach einem Jahr Gefängnis am 29.1.1945 in Stadelheim hingerichtet. Vgl. Dumbach/Newborn: Die Geschichte der Weißen Rose, a.a.O., S. 251 f.

[18]Die weiße Rose 1953, S. 164.

"Sie glaubten ehrlich (...), daß ihre jugendlichen Ideale, ihr Traum von <u>Glück und Wohlfahrt unseres deutschen Volkes</u> im National-sozialismus Erfüllung finden würden."[19] Er gibt auch eine kurze Erklärung für seine Wandlung: "Hans machte wie der Vater, wie viele Kameraden (...) die erste Bekanntschaft mit der Gefängnis-zelle und gewann dadurch die offene Entschlossenheit zum Neinsagen und zum <u>geistigen Widerstand</u>. Dennoch tat er, als der Krieg kam, seine <u>soldatische Pflicht im Osten</u>."[20] Doch die nach der Anlage seiner Rede wesentliche Charakterisierung gibt Weniger in dem folgenden Satz: "Der <u>Soldat Hans Scholl</u> trat auch draußen unbekümmert für das Gesetz der Menschlichkeit ein und bewies den Charakter der akademischen Freiheit als Ausdruck der Humanitas in jeglichem Tun."[21] Er spielt hier auf "zwei Begegnungen mit jüdi-schen Menschen in ihrer Not"[22] an, läßt es jedoch dabei bewenden und verweist nur auf den Bericht Inge Scholls.[23]

Sehr schnell geht Weniger über die innere Entwicklung Hans Scholls hinweg, die von enttäuschter Hoffnung über Skepsis und Zweifel zur sicheren Erkenntnis der tatsächlichen Ziele und Machenschaften des NS-Staates führte. Hans Scholl und die anderen Mitglieder der Weißen Rose blieben jedoch nicht bei Erkennen und geistigem Widerstand stehen, sondern überschritten die Grenze zum aktiven Widerstand. Davor verschließt Weniger die Augen. Ebenso flüchtig streift er den Aufenthalt Hans Scholls an der russischen Front. "Dennoch tat er, als der Krieg kam, seine soldatische Pflicht im Osten."[24] Mit dieser Phrase geht Weniger über ein Ereignis hinweg, das für das Selbstverständnis der Weißen Rose bedeutsam gewor-den war. Die drei Medizinstudenten Scholl, Graf und Schmorell wur-den im Sommer 1942 für drei Monate hundert Kilometer westlich von Moskau als Sanitäter eingesetzt. Auf ihrem langen Transport wurden sie Zeugen von Verbrechen an der jüdischen und slawischen Zivilbevölkerung, und sie gewannen unmittelbaren Kontakt zu rus-

---

[19]Ebd.,S. 165. Hervorhebung von mir. - Durch die Formulierung "unseres deutschen Volkes" bindet Weniger sich selbst in den Gedankengang ein und legt damit nahe, daß der erwähnte Traum der Jugendlichen auch sein Traum war.
[20]Ebd. Hervorhebungen von mir.
[21]Ebd. Hervorhebung von mir.
[22]Ebd.
[23]Scholl 1952, S. 48 f.
[24]Die weiße Rose 1953, S. 165.

sischen Familien, weil sich Alexander Schmorell als Sohn einer Russin in seiner Muttersprache verständigen konnte. Ihre Erfahrungen bestärkten sie in ihrer Überzeugung, daß es einzig auf den Sturz des Hitler-Regimes ankomme und nicht auf einen Sieg über den Bolschewismus, wie das die Propaganda das deutsche Volk glauben machen wollte. Auch lehnten sie nach ihrem Rußlandaufenthalt die Wehrmacht ab, eine Entwicklung, die dann bei der Redaktion des von Huber verfaßten letzten Flugblattes zum Bruch mit ihm führte. Weniger weicht diesen Tatsachen aus.

Andeutungen

Es gibt in dem vorliegenden Text allerdings zwei Stellen, an denen Weniger sich versteckt in seine Betrachtungen einbezieht. Die eine Bemerkung fällt im Zusammenhang mit seinen Überlegungen zum Tod der Mitglieder der Weißen Rose. "Für alle diese Menschen hatte der Tod seine Schrecken verloren", sagt er. "Für sie gilt wie für wenige das Bibelwort aus dem ersten Korintherbrief (Kap. 10, Vers 13): 'Es hat euch noch keine, denn menschliche Versuchung betreten; aber Gott ist getreu, der euch nicht lässet versuchen über euer Vermögen, sondern machet, daß die Versuchung so ein Ende gewinne, daß ihr's könnt ertragen.' Das Sterben bestätigte den Gehalt und den Adel ihres Wesens. Wir, die wir nicht in dem Maße versucht wurden wie jene, können nur mit Bewegung den Bericht über die letzten Stunden lesen."[25]

Dieser gesamte Passus ist rätselhaft. Zunächst: Was soll in diesem Zusammenhang das Paulus-Zitat? Worin liegt der Bezug zur Weißen Rose?[26] Worin soll die Versuchung, der die einzelnen standhalten

---

[25]Ebd. Hervorhebung von mir.

[26]1 Kor 10 trägt die Überschrift "Das warnende Beispiel Israels". Vers 12 lautet: "Darum, wer meint, er stehe, mag zusehen, daß er nicht falle." Dann folgt der von Weniger zitierte Vers. - Die Wahl dieses Bibelzitats erstaunt um so mehr, als Weniger immer wieder theologischer Sachverstand zugesprochen worden ist. Schwenk z.B. hebt hervor: "Wenigers Haltung zeugte stets von einem tiefen Verständnis für theologische Fragen und religiös gegründete Positionen (...)." (Schwenk 1968, S. 3) Ähnlich formuliert H. Kittel: "Weniger war an allen religiösen Fragen sehr persönlich interessiert und fühlte sich gerade ihnen in besonderer Weise gewachsen." (Kittel, H.: Erich Weniger und die akademische Lehrerbildung, a.a.O., S. 197)

konnten, bestanden haben? Sodann: Worauf bezieht sich der Kommentar "Wir, die wir nicht in dem Maße versucht wurden wie jene, können nur mit Bewegung den Bericht über die letzten Stunden lesen"? Wer ist mit "Wir" gemeint? Und warum sind die damit Gemeinten nicht in dem Maße versucht worden wie jene? Diese Fragen müssen unbeantwortet bleiben. Festhalten läßt sich dagegen, daß der kommentierende Satz, der Ergriffensein bekunden soll, substanzlos ist; die Tatsache, daß Weniger die Zeit der Hinrichtung falsch referiert, zeigt entweder, daß er den "Bericht über die letzten Stunden" gar nicht gelesen oder daß er ihn verfälscht hat.

Die andere Anspielung findet sich gleich zu Beginn der Rede und steht im Kontext mit "Wert und Würde des Akademischen". Dort heißt es: "Wie sehr war dieses Vertrauen, wenn wir uns nur erinnern wollen, in den letzten Jahrzehnten erschüttert, und zwar nicht nur durch die Art, wie mit dem Menschentum, wie auch mit der Freiheit von Forschung und Lehre, mit Geist und Aufgabe der Universität von bösen Mächten gespielt wurde, sondern eben auch und mehr noch durch unsere Unzulänglichkeit oder immerhin dadurch, daß unsere Augen gehalten waren."[27]

An dieser Stelle wagt Weniger ein Eingeständnis der eigenen "Unzulänglichkeit" während des Dritten Reiches - allerdings ist es nicht mehr als eine dunkle, allgemeine Andeutung. Und er beendet diese Erinnerung an die eigene "Unzulänglichkeit" sofort mit der Einschränkung "oder immerhin dadurch, daß unsere Augen gehalten waren". Diese Formulierung ist eine Anspielung auf das Neue Testament, dazu bestimmt, beim kundigen Hörer bzw. Leser eine ganz bestimmte Vorstellung auszulösen: Wie die Jünger im Neuen Testament Jesus nicht erkennen konnten, weil ihre Augen durch eine höhere Macht "gehalten" wurden, soll die politische und ethische Blindheit der nicht näher Bezeichneten, zu denen sich Weniger aber rechnet, den Anschein des Unverschuldeten erhalten.[28]

---

[27]Die weiße Rose 1953, S. 161. Hervorhebungen von mir.
[28]Vgl. Lk 24,16: "Aber ihre Augen wurden gehalten, daß sie ihn nicht erkannten." In: Lutherbibel Standardausgabe. Stuttgart: Deutsche Bibelgesellschaft 1985.

Weniger kann selbst mit zeitlicher Distanz den Gedanken an eine
eigene "Unzulänglichkeit" im Handlungsgeflecht der Vergangenheit
nicht ertragen; deshalb schickt er dem Eingeständnis noch im selben Satz eine Formulierung nach, die der Entlastung dienen soll.

Der verdrängte Widerstand - Die Flugblätter der Weißen Rose

Wie gewollt es ist, wenn Weniger die Geschichte der Weißen Rose
als "Kampf um die akademische Freiheit" darzustellen versucht,
machen die Flugblätter deutlich. Es geht mir in diesem Zusammenhang nicht um eine Analyse der einzelnen keineswegs homo-
genen Aufrufe an sich, sondern darum zu veranschaulichen, wie
wenig in Wenigers Rede von dem Eigentlichen dieser Widerstandsgruppe zur Sprache kommt. Von den insgesamt sechs Flugblättern, die zwischen Juni 1942 und dem 18. Februar 1943 in
vielen Großstädten Deutschlands auftauchten, erwähnt Weniger
kurz das erste und dritte.

Beim ersten Flugblatt versucht er, durch zwei Textveränderungen
die Radikalität der von ihm referierten Stelle abzuschwächen: Im
Flugblatt sei die Rede davon, "daß der Mensch das Höchste, das er
besitzt und das ihn über jede andere Kreatur erhöht, nämlich den
freien Willen, die Freiheit des Menschen, selbst mit einzugreifen in
das Rad der Geschichte und diese _einer_ vernünftigen Entscheidung
unterzuordnen, nicht _ganz_ preisgeben dürfe."[29] Im Flugblatt heißt
es dagegen: "Wenn das deutsche Volk schon so in seinem tiefsten
Wesen korrumpiert und zerfallen ist, daß es, ohne eine Hand zu regen, im leichtsinnigen Vertrauen auf eine fragwürdige Gesetz-
mäßigkeit der Geschichte das Höchste, das ein Mensch besitzt und
das ihn über jede andere Kreatur erhöht, nämlich den freien Willen,
preisgibt, die Freiheit des Menschen preisgibt, selbst mit einzugreifen in das Rad der Geschichte und es _seiner_ vernünftigen Entscheidung unterzuordnen - wenn die Deutschen so jeder Individualität bar, schon so sehr zur geistlosen und feigen Masse geworden sind, dann, ja dann verdienen sie den Untergang."[30] Durch

---

[29] Die weiße Rose 1953, S. 164. Hervorhebungen von mir.
[30] Scholl 1952, S. 85. Hervorhebungen von mir.

Hinzufügen des Wortes "ganz" schwächt Weniger die Aussage ab, durch die Abänderung des Wortes "seiner" in "einer" relativiert er sie.

In Inge Scholls Buch, das Weniger zitiert, sind alle sechs Flugblätter im Wortlaut abgedruckt. Auszugsweise seien markante Textstellen hier wiedergegeben, weil gerade das, was Weniger übergeht und ausläßt, relevant für sein Verständnis ist. So beginnt das erste Flugblatt mit der eindeutigen Feststellung: "Nichts ist eines Kulturvolkes unwürdiger, als sich ohne Widerstand von einer verantwortungslosen und dunklen Trieben ergebenen Herrscherclique 'regieren' zu lassen."[31] An die von Weniger erwähnte Stelle schließt sich folgende Betrachtung an: "Goethe spricht von den Deutschen als einem tragischen Volke, gleich dem der Juden und Griechen, aber heute hat es eher den Anschein, als sei es eine seichte, willenlose Herde von Mitläufern, denen das Mark aus dem Innersten gesogen und die nun ihres Kerns beraubt, bereit sind, sich in den Untergang hetzen zu lassen."[32] Und dann ruft das Flugblatt zum Widerstand auf: "Leistet passiven Widerstand - *Widerstand* -, wo immer Ihr auch seid, verhindert das Weiterlaufen dieser atheistischen Kriegsmaschine, ehe es zu spät ist, ehe die letzten Städte ein Trümmerhaufen sind, gleich Köln, und ehe die letzte Jugend des Volkes irgendwo für die Hybris eines Untermenschen verblutet ist. Vergeßt nicht, daß ein jedes Volk diejenige Regierung verdient, die es erträgt!"[33]

Das zweite Flugblatt übergeht Weniger ganz. Es läßt an Schärfe und Klarheit nichts zu wünschen übrig. Es nennt beim Namen, "daß seit der Eroberung Polens *dreihunderttausend* Juden in diesem Land auf bestialischste Art ermordet worden sind" und beurteilt diese Tatsache als "das fürchterlichste Verbrechen an der Würde des Menschen, ein Verbrechen, dem sich kein ähnliches in der ganzen Menschengeschichte an die Seite stellen kann".[34] Es nennt die

---

[31]Ebd.
[32]Ebd., S. 86.
[33]Ebd.
[34]Ebd., S. 91. - Es ist bemerkenswert, welches Urteil Weniger in dem Jahr, in dem er sich mit der Gedenkrede für die Weiße Rose befaßt, über den Nationalsozialismus fällt. In seinem Beitrag *Der Erzieher und die gesellschaftlichen Mächte* sagt er mit Bezug auf den damaligen DDR-Staat: "Vielmehr hat sich eine neue gesellschaftliche

Verbrechen an der adeligen polnischen Jugend beim Namen: "Alle
männlichen Sprößlinge aus adeligen Geschlechtern zwischen 15 und
20 Jahren wurden in Konzentrationslager nach Deutschland zur
Zwangsarbeit, alle Mädchen gleichen Alters nach Norwegen in die
Bordelle der SS verschleppt!"[35] Scharfen Worten der Anklage an das
deutsche Volk folgt der Aufruf zum Umsturz: "Bis zum Ausbruch des
Krieges war der größte Teil des deutschen Volkes geblendet, die
Nationalsozialisten zeigten sich nicht in ihrer wahren Gestalt,
doch jetzt, da man sie erkannt hat, muß es die einzige und höchste
Pflicht, ja heiligste Pflicht eines jeden Deutschen sein, diese
Bestien zu vertilgen."[36]

Das dritte Flugblatt wird von Weniger an der Stelle aufgegriffen,
an der es das Verhältnis von Volk und Staat anspricht. Er zitiert
den Text, in dem es heißt: "Wir wollen hier nicht urteilen über die
verschiedenen möglichen Staatsformen, die Demokratie, die konsti-
tutionelle Monarchie, das Königtum. Nur eines will eindeutig und
klar herausgehoben werden: jeder einzelne Mensch hat einen
Anspruch auf einen brauchbaren und gerechten Staat, der die
Freiheit des Einzelnen (sowohl) als auch das Wohl der Gesamtheit
sichert."[37] Anschließend kommentiert er das Zitat mit den Worten:
"Deshalb ist Hitler gleichsam nur der Anlaß, der Kampf geht gegen
jede Form von Tyrannis überhaupt, auch die des Bolschewismus,
auch die der Masse, auch gegen die Tyrannei, die im Mißbrauch der
Demokratie liegen kann."[38]

Dieser Kommentar wirkt wie ein Versuch, die Empörung der
Widerstandsgruppe über die Verbrechen des Nazi-Regimes durch
Relativierung abzuschwächen: Tyrannei sei in allen Staatsformen
möglich, Hitler sei nur der "Anlaß" zu solch warnenden Überlegungen. Bewußt blendet Weniger deshalb andere Stellen aus, die,
wie die folgende, keine allgemeinen Betrachtungen anstellen,

Schicht der Funktionäre herausgebildet, die den Staatsapparat beherrscht und einen
neuen, totalitären Etatismus heraufzuführen versucht, der alles bisher im Faschismus und Nationalsozialismus Erlebte in den Schatten stellt." (Westermanns Pädagogische Beiträge, 5. Jg. 1953, S. 2)
[35]Scholl 1952, S. 92.
[36]Ebd., S. 93.
[37]Die weiße Rose 1953, S. 164.
[38]Ebd.

sondern unmißverständlich das Ende des Hitler-Staates fordern: "Ein Ende muß diesem Unstaat bald bereitet werden - ein Sieg des faschistischen Deutschland in diesem Kriege hätte unabsehbare, fürchterliche Folgen. Nicht der militärische Sieg über den Bolschewismus darf die erste Sorge für jeden Deutschen sein, sondern die Niederlage der Nationalsozialisten."[39]

Das vierte, fünfte und sechste Flugblatt ignoriert Weniger ganz. Diese Aufrufe enthalten Textstellen, die ihn tief getroffen haben dürften. So fordert das vierte Flugblatt bereits im Juli 1942 die militärische Niederlage Deutschlands, die Erkenntnis (und damit Anerkenntnis) aller Schuld und die Bestrafung der NS-Verbrecher.[40] Wörtlich heißt es: "Obgleich wir wissen, daß die nationalsozialistische Macht militärisch gebrochen werden muß, suchen wir eine Erneuerung des schwerverwundeten deutschen Geistes von innen her zu erreichen. Dieser Wiedergeburt muß aber die klare Erkenntnis aller Schuld, die das deutsche Volk auf sich geladen hat, und ein rücksichtsloser Kampf gegen Hitler und seine allzuvielen Helfershelfer, Parteimitglieder, Quislinge usw. vorausgehen. (...) Vergeßt auch nicht die kleinen Schurken dieses Systems, merkt Euch die Namen, auf daß keiner entkomme! Es soll ihnen nicht gelingen, in letzter Minute noch nach diesen Scheußlichkeiten die Fahne zu wechseln und so zu tun, als ob nichts gewesen wäre!"[41] Das Flugblatt endet mit dem Satz: "Wir schweigen nicht, wir sind Euer böses Gewissen; die Weiße Rose läßt Euch keine Ruhe!"[42]

In diesem letzten Satz liegt ein Schlüssel zum Verständnis für Wenigers so befremdlichen Umgang mit Deutschlands nationalsozialistischer Vergangenheit und dem Widerstand. Er heißt Betroffenheit.

Die beiden letzten Flugblätter sind nach dem Sanitätsdienst Hans Scholls und seiner Freunde an der Ostfront entstanden. Weniger

---

[39]Scholl 1952, S. 97.
[40]1959 wird Weniger in seiner Rückschau *Die Epoche der Unerziehung 1945-1949* diese drei Punkte aufgreifen. Er wird die Alliierten anklagen, den Deutschen die Kapitulation und mit der Entnazifizierung ein Schuldbekenntnis aufgezwungen zu haben. Vgl. dazu Kapitel 6.7. dieser Arbeit.
[41]Scholl 1952, S. 103 f. Hervorhebungen von mir.
[42]Ebd., S. 104.

wird den vorletzten "Aufruf an die Deutschen" deshalb übergangen
haben, weil er ihn auch 1953 noch als Provokation empfunden haben
dürfte. "Ein einseitiger preußischer Militarismus darf nie mehr zur
Macht gelangen", heißt es darin. Sodann: "Das kommende Deutschland kann nur föderalistisch sein." Und: "Glaubt nicht der nationalsozialistischen Propaganda, die Euch den Bolschewistenschreck in
die Glieder gejagt hat!"[43]

Alle drei Aspekte werden bei Weniger auf einen inneren Widerstand
gestoßen sein: 1953 ist aufgrund des Kalten Krieges der "Bolschewistenschreck" so aktuell wie zur Zeit des Dritten Reiches. Den
Gedanken an ein föderalistisches Deutschland lehnt er ab, weil er
um die Staatsmacht fürchtet.[44] Und was er den Kritikern des
preußischen Militarismus entgegenhält, hat er bereits 1944 veröffentlicht.[45]

Das letzte Flugblatt, dessen Verteilung zur Festnahme der Geschwister Scholl in der Universität führte, enstand Anfang 1943. In
ihm ist mit beißender Ironie das Entsetzen der Widerstandsgruppe
über die Schlacht bei Stalingrad zum Ausdruck gebracht: "Erschüttert steht unser Volk vor dem Untergang der Männer von Stalingrad.
Dreihundertdreißigtausend deutsche Männer hat die geniale Strategie des Weltkriegsgefreiten sinn- und verantwortungslos in Tod
und Verderben gehetzt. Führer, wir danken dir!"[46] Weniger, der zur
selben Zeit, da Kurt Huber diesen Text abfaßte, als Major im Stabe
von Stülpnagels in Paris Vorträge vor dem Offizierkorps hielt und
der auch 1944 noch vom "Endsieg"[47] sprach, wird 1953 nicht gern

---

[43]Alle drei Zitate ebd., S. 106.

[44]Vgl. dazu das Kapitel *Die Epoche der Umerziehung 1945-1949* in dieser Arbeit.

[45]"Man versucht das deutsche Soldatentum unter dem Schlagwort vom preussischen
Militarismus zu entwerten und abzutun. (...) So kann es einmal notwendig werden,
das uns Selbstverständliche doch zu ausdrücklichem Bewußtsein zu bringen (...),
um Verständnis zu wecken für eine Lebensform, die nicht nur eine Garantie des
Sieges ist, sondern eine Mitgift zu dem den Völkern gewordenen gemeinsamen
Auftrag der Geschichte." (Die Erziehung 1944, S. 8)

[46]Scholl 1952, S. 108.

[47]In der Einleitung zu seiner Schrift *Die Erziehung des deutschen Soldaten* von 1944
verteidigt Weniger das deutsche Soldatentum und sagt: "Die Beobachter können
immerhin nicht leugnen, dass mit diesen angeblich nur gedrillten Truppen einige
der grössten Siege der Weltgeschichte gewonnen worden sind. Indem sie nun die
deutschen Erfolge auf eine Art von Massensuggestion zurückführen, glauben sie an
unserem Endsieg zweifeln zu können." (a.a.O., S. 8)

an diese Diskrepanz erinnert worden sein. Auch die klaren Worte,
mit denen die Weiße Rose die Bilanz von zehn Jahren nationalsozialistischer Gewaltherrschaft zieht, werden ihn mit der
Fragwürdigkeit seiner eigenen Einlassungen konfrontiert haben: "In
einem Staat rücksichtsloser Knebelung jeder freien Meinungs-
äußerung sind wir aufgewachsen. HJ, SA und SS haben uns in den
fruchtbarsten Bildungsjahren unseres Lebens zu uniformieren, zu
revolutionieren, zu narkotisieren versucht. 'Weltanschauliche Schulung' hieß die verächtliche Methode, das aufkeimende Selbstden-
ken in einem Nebel leerer Phrasen zu ersticken."[48]

Ergebnis

Anläßlich der Gedächtnisrede für die ermordeten Mitglieder der
Weißen Rose befaßt sich Weniger zum zweiten Mal mit dem deutschen Widerstand. Der Münchener Widerstandskreis arbeitete anders als der um General v. Stülpnagel. In Paris ging es um die mi-
nuziöse Planung eines Staatsstreichs unter absoluter Geheim-
haltung. Weniger gehörte nicht zu dem Kreis der Eingeweihten,
insofern handelt sein Aufsatz *Zur Vorgeschichte des 20. Juli 1944.*
Heinrich von Stülpnagel vor allem von der Person des Generals. Der
Widerstand der Weißen Rose bestand dagegen in dem Verfassen und
Verteilen von Flugblättern.[49] Ihr Ziel war es, über das gedruckte
Wort aufzuklären und wachzurütteln, um von der Basis her den
Umsturz der NS-Diktatur vorzubereiten. Sie hielten in den einzel-
nen Aufrufen ihren verblendeten Zeitgenossen einen Spiegel vor.
Weniger ist aufgrund seiner Vita nicht in der Lage, dem Blick in den
Spiegel standzuhalten. Deshalb ignoriert er die Flugblätter bis auf
zwei Ausnahmen und führt seine Hörer bzw. Leser auf das Neben-
gleis der akademischen Freiheit. Damit verfehlt er das Thema, sein
Interpretationsversuch nimmt absurde Züge an. Der Blick auf die
Flugblätter erklärt jedoch diese Absurdität: sie ist die eine Seite
der Medaille, deren Kehrseite "Verdrängung" heißt.

---

[48]Scholl 1952, S. 108 f.
[49]Es gibt eine Parallele zum Bischof von Münster, Clemens August Graf v. Galen,
    dessen Predigten gegen die Euthanasie im Frühjahr 1942 auszugsweise bis nach
    München verschickt wurden. Sie gaben Hans Scholl einen wesentlichen Impuls. Vgl.
    Scholl 1952, S. 25.

Der Sprachstil der Rede ist ein weiteres Merkmal für die Irritation des Autors angesichts des aktiven Widerstands dieser Menschen. Der Satz: "Durch ihr Denken, Fühlen und Handeln haben wir Größeres noch gewonnen, ein Vertrauen nämlich, das schon unwiederbringlich verloren schien, das Vertrauen zum Menschen, das Vertrauen aber auch (...) in Wert und Würde des Akademischen (...)" ist Phrase wie der andere: "Diese jungen Menschen haben mit einer schlichten Selbstverständlichkeit (...) mit einer zarten, fast spielerischen Anmut etwas unendlich Einfaches getan". Weniger deckt hier mit leeren Worten seine eigene Betroffenheit zu; denn die Weiße Rose demaskierte ein System, das von ihm zur selben Zeit gestützt worden war.

6.7. Die Epoche der Umerziehung 1945-1949. Herman Nohl zum 80. Geburtstag (1959/1960)[1]

Die fünf Beiträge Wenigers, zwei Jahre bzw. ein Jahr vor seinem Tod erschienen, sind unterschiedlicher Natur. Sie alle befassen sich mit der Zeit unmittelbar nach dem Kriege bis zur Gründung der beiden deutschen Staaten. Der letzte Beitrag bringt einen Vergleich der "Marienauer Lehrpläne" von 1945[2] mit dem "Gesetz zur Demokratisierung der deutschen Schule" von 1946[3], in dem Weniger eine große Übereinstimmung zwischen den beiden Teilen Deutschlands in Fragen der Neugestaltung des Schulwesens für diese frühe Nachkriegsphase nachweist. Dieser Beitrag ist unter dem Eindruck des Kalten Krieges abgefaßt und unter der Rücksicht zeitgeschichtlicher Aktualität interessant; ich werde ihn jedoch auf sich beruhen lassen und auf die vier anderen näher eingehen. Denn vor dem Hintergrund der in meiner Untersuchung analysierten Texte lesen sich die ersten Beiträge Wenigers zur Nachkriegszeit wie ein später Kommentar zu seinem eigenen Denken und Handeln in dieser Zeit - allerdings ist dieser Kommentar nur implizit gegeben, explizit ist Weniger bemüht, den Eindruck eigener Betroffenheit zu vermeiden.

Teil I der Aufsatzreihe *Die Epoche der Umerziehung* befaßt sich mit den politischen Voraussetzungen für die Bestrebungen der Alliierten, das deutsche Volk umzuerziehen. Teil II ist der amerikanischen Zone gewidmet und thematisiert u.a. den "Bericht der Amerikanischen Erziehungskommission", der 1946 im Auftrag des Militärgouverneurs Lucius D. Clay angefertigt worden war. Teil III setzt sich mit der britischen Umerziehung auseinander und geht

---

[1]Teil I und Teil II in: Westermanns Pädagogische Beiträge, 11. Jg. 1959; Teil III, IV und V in: WPB, 12. Jg. 1960. Zitiert als: Die Epoche I, II, III, IV, oder V.

[2]Bereits im Spätsommer 1945 trafen sich Göttinger und Hamburger "theoretische Pädagogen", so Weniger, mit Schulleitern aus Niedersachsen und Hamburg, um den Neuaufbau des Schulwesens zu beraten. Tagungsort war das Landerziehungsheim Marienau bei Dahlenburg. Von den Teilnehmern nennt Weniger besonders Herman Nohl, Adolf Grimme und Heinrich Landahl. Es geht aus dem Text nicht hervor und ist doch anzunehmen, daß er selbst auch zu der Runde gehörte.

[3]Im Mai 1946 erließen die Länderregierungen der SBZ das im Text gleichlautende "Gesetz zur Demokratisierung der deutschen Schule". Anschließend berieten Pädagogen über die "Grundsätze der Erziehung in der deutschen demokratischen Schule"; ihr Bericht wurde maßgeblich von Paul Wandel mitgestaltet.

über in Teil IV, der den Weg "Von der Reeducation zur Reconstruction" beschreibt. Ich werde die vier Beiträge bündeln und als
Einheit interpretieren.

Anklage und Verteidigung

In den einleitenden Sätzen, die Weniger 1959 seinen Ausführungen
voranstellt, beteuert er, daß es sich im folgenden "weder um
Anklage noch um Verteidigung handelt, sondern um eine geschichtliche Darstellung einer abgeschlossenen Epoche (...)."[4]

In dieser Formulierung steckt zweierlei. Zum einen deutet die Umschreibung "abgeschlossene Epoche" darauf hin, daß Weniger diesen
kurzen Zeitabschnitt der deutschen Geschichte am liebsten als
erledigt betrachten würde, zumal da die Zeit der NS-Diktatur, Krieg
und Zusammenbruch aufs engste mit ihm verknüpft sind. Zum anderen soll das Wort von der "geschichtlichen Darstellung" den Eindruck distanzierter Objektivität erwecken; der Gedanke, er schrei-
be als Betroffener, soll jedenfalls nicht aufkommen. Die Ausführungen stehen dann in deutlichem Widerspruch zu der eingangs
gegebenen Absichtserklärung: Weniger klagt die Siegermächte an
und verteidigt die Deutschen. Er spricht von den "verhängnisvollen
politischen Fehlern der westlichen Alliierten"[5], an deren Folgen die
Welt und Deutschland heute noch litten. Im einzelnen führt er als
Fehler auf: "Forderung nach bedingungsloser Kapitulation und, dieser Forderung logisch zugeordnet, die Weigerung, die deutsche
Widerstandsbewegung ernst zu nehmen und zu unterstützen; Gleichsetzung der Ziele der westlichen Demokratie mit denen Rußlands
und des Bolschewismus, schließlich totale Säuberung von Militarismus und Nationalsozialismus durch die Methode der Fragebogen."[6] Das sind die Hauptanklagepunkte, die in den einzelnen
Beiträgen immer wieder zur Sprache kommen; sie kennzeichnen
zugleich die "wunden Punkte", auf die Weniger irritiert-emotional
reagiert.

---

[4]Die Epoche I, S. 403.
[5]Ebd.
[6]Ebd. f.

Überfliegt man die ersten Seiten des ersten Beitrags, so stechen Begriffe wie der "totale Sieg", der "totale Krieg", "totale Um-erziehung", "totale Säuberung" ins Auge - Begriffe, die in fataler Weise an den Totalismus des NS-Jargons erinnern.[7] Weniger sind diese Wendungen auch 1959 noch geläufig. Wörtlich sagt er: "Überlegungen über reeducation, Umerziehung der Deutschen, konn-ten erst einsetzen, als die verbündeten Gegner Deutschlands ihren totalen Sieg im Bereiche des Möglichen sahen. (...) Von da an (i.e. dem Eintritt Amerikas in den Krieg), schien es nur noch eine Frage der Zeit zu sein, wann die Alliierten die gemeinsame Herrschaft über Deutschland antreten würden. Es ist verständlich, daß der to-tale Krieg wenig Veranlassung zu feineren Unterscheidungen bot. Die Forderung nach totaler Umerziehung aller Deutschen wurde von denen erhoben, die (...) das deutsche Volk mit dem National-sozialismus gleichsetzten und also die These von der deutschen Kollektivschuld vertraten. Dazu hat die Goebbelssche Propaganda-rederei von der bedingungslosen Gefolgschaft des deutschen Volkes gegenüber dem Führer die erwünschten Argumente geliefert."[8]

Dieses Zitat macht deutlich: Weniger kann auch 1959 die Tatsache des verlorenen Krieges nicht akzeptieren, ihn ärgert noch immer die These von der Kollektivschuld der Deutschen, die er mit dem Hinweis auf die "Goebbelssche Propagandarederei", die den Alli-ierten die "erwünschten Argumente" geliefert habe, abzutun ver-sucht.[9] Und die "fürchterlichen Entdeckungen in Bergen-Belsen, Buchenwald, Dachau, Auschwitz"[10], die er in diesem Zusammenhang anspricht, kommen ihm nur insofern in den Blick, als sie noch zu einer Verschärfung der Situation beigetragen hätten; weil sie die These von der Kollektivschuld "natürlich" zu bestätigen schienen, sei der Vergeltungsgedanke bei den Militärregierungen in den Vor-

---

[7]Vgl. Bork, S.: Mißbrauch der Sprache, a.a.O., S. 46.
[8]Die Epoche I, S. 403. Hervorhebungen von mir. - Weniger gebraucht die Bezeichnung "Führer" ohne Anführungszeichen, d.h. ohne Distanz.
[9]Es sieht so aus, als wolle Weniger den Eindruck erwecken, die Alliierten hätten die These von der Kollektivschuld der Deutschen erfunden, um die Verlierer des Krieges auch moralisch (analog dem Morgenthauplan) zu demontieren. Das Wort von der Kollektivschuld ist ganz sicher zu undifferenziert, als daß es den Sachverhalt "Verbrechen der Nazi-Diktatur" treffen könnte; es ist von Th. Heuss zu Recht in Kollektivscham umgewandelt worden, doch bleibt bei ihm die Schuld mitgedacht, auf die sich die Scham bezieht.
[10]Die Epoche I, S. 404.

dergrund gerückt. Insgesamt habe sich die Doppelung von Erziehungs- und Strafmaßnahmen verhängnisvoll ausgewirkt.

Reconstruction statt Reeducation

Weniger führt weiter aus, daß die Siegermächte gut beraten gewesen wären, hätten sie statt auf reeducation auf reconstruction gesetzt, d.h. wenn sie nicht eine Umerziehung des deutschen Volkes intendiert, sondern die Wiederherstellung der deutschen Erziehung angestrebt hätten; das wäre einer Anerkennung des deutschen pädagogischen Erbes gleichgekommen.

Der Begriff "reconstruction" wurde von deutschen Emigranten in England geprägt. Noch während des Krieges gründeten sie eine Vereinigung G.E.R. (German Educational Reconstruction), die Gesellschaft zur Förderung des Wiederaufbaues der deutschen Erziehung, der es um Sammlung aller erzieherischen Kräfte in der Emigration, die Ausarbeitung von Vorschlägen für den Neuaufbau des Erziehungswesens und nach dem Krieg vor allem darum ging, Austauschmöglichkeiten[11] zwischen englischen und deutschen Erziehern zu schaffen. "An Stelle der Bevormundung trat der Rat, der Anreiz, die Förderung (...), endlich die Bekanntschaft mit dem gemeinsamen Besitz der westlichen Völker an pädagogischen Überzeugungen, Einrichtungen, Methoden und Zielsetzungen", wie Weniger in seinem vierten Beitrag schreibt.[12] Für ihn war die G.E.R. "das schönste Geschenk"[13] der nach England ausgewichenen Emigranten.

Nach Wenigers Auffassung hätte der Wiederaufbau des Bildungswesens wie des politischen Lebens eine Angelegenheit der Deutschen selbst sein müssen. Den Gedanken der reeducation empfindet er als eine Zumutung, die seinen Nationalstolz verletzt. Seiner Meinung nach hätte Deutschland die Kraft zum Wiederaufbau

---

[11]Nach Wenigers Angaben reisten bereits 1946 die ersten Besucher nach England. Es waren die Initiatoren der Marienauer Beschlüsse, die Pädagogen der ersten Stunde: Adolf Grimme, Heinrich Landahl, Herman Nohl. Vgl. Die Epoche IV, S. 12.

[12]Die Epoche IV, S. 11. - Die damalige Spaltung der Welt in ein westliches und ein östliches Lager wird auch in Wenigers Aufsätzen deutlich.

[13]Ebd., S. 12.

durchaus gehabt - wären die Alliierten nicht kontraproduktiv vorgegangen. Hätten sie die deutsche Widerstandsbewegung sofort
anerkannt, wären aus dem Kreise der Überlebenden die Kräfte zu einem Wiederaufbau auf der Grundlage des Humanen und Christlichen
erwachsen. Um diese These zu stützen, holt Weniger aus. Er bemüht
die Repräsentanten des preußischen Adels und stellt sie in einen
großen Zusammenhang mit Opfern des NS-Regimes: "Die Träger
großer Namen der deutschen, insbesondere der preußischen Aristo-
kratie, die Moltke, Yorck, Schulenburg, Kleist, Bismarck, Stülpnagel, Stauffenberg waren im Tode vereint mit den Bekennern des
Christentums beider Konfessionen, den *Bonhoeffer* und *Delp,* und
den Sozialisten, wie *Leuschner, Leber, Reichwein, Haubach.* So
hätte sich auch eine Grundlage für den gemeinsamen Wiederaufbau
finden lassen."[14]

Es stellt sich allerdings die Frage, wie denn konkret der Wiederaufbau aus dieser Tradition heraus hätte erfolgen können - die
Träger der großen Namen waren tot; allenfalls einige wenige, die
sich geistig mit ihnen verbunden fühlten, hätten die reconstruction
leiten können. Weniger, der sich dem Kreis um Heinrich v. Stülpnagel verbunden fühlte, sah sich vermutlich als ein Glied dieser
Kette. Die Reihung der Namen hat noch eine andere Funktion: Sie ist
für Weniger eine willkommene Möglichkeit, Kontinuität, bruchlose
deutsche Geistesgeschichte zu dokumentieren. Die Zeit des Nationalsozialismus kann er auf diese Weise übergehen und die Alliierten gleichzeitig ins Unrecht setzen. In diesem Sinne fährt er
fort: "Die Besatzungsmächte aber weigerten sich anfangs, das Opfer
der Soldaten, der Generale, als einen Beitrag im Kampf um Humanität gelten zu lassen. Auch sie wurden als Militaristen mehr oder
weniger diffamiert, die nur aus militärischen Gründen und aus
Angst vor der Niederlage sich aufgelehnt hätten."[15] Diejenigen Pädagogen aber, die sich während des Dritten Reiches "in einer Art
'innerer Emigration' geistig und moralisch behauptet(en)" - Weniger
nennt an dieser Stelle Nohl, Litt und Spranger[16] -, seien "nicht ohne
Argwohn" betrachtet worden. Er klagt die Alliierten an, diesen

---

[14]Die Epoche I, S. 405.
[15]Ebd.
[16]Ebd. - Litt und Spranger in einem Atemzug zu nennen, spricht allerdings nicht für
ein differenziertes Urteil.

Männern nicht das Vertrauen gegeben zu haben, das sie gebraucht hätten, um selbst zu entscheiden, wer von den anderen (den Mitläufern und den formal Belasteten) für die Aufbauarbeit hätte gewonnen werden sollen. Die "Selbstreinigung"[17] hätte dem deutschen Volk selbst anvertraut werden sollen." Denn, und diese Begründung Wenigers stimmt nachdenklich, "man kannte doch überall die wirklichen Verbrecher und auch die durch die Form ihrer Mitarbeit Belasteten und ebenso die unbelehrbaren Fanatiker, ebenso die Opportunisten, denen gegenüber man Bedenken tragen mußte ob der Ehrlichkeit ihres Gesinnungswandels."[18] "Statt dessen", so schließt er diesen Gedankengang, "wählte man das Internierungslager und die Fragebogenmethode."[19] Dem vagen Inhalt dieser Sätze entspricht die Wahl des unbestimmten "Man".

Entnazifizierung

Nachfolgend äußert sich Weniger zum Thema "Entnazifizierung". Sein eigenes Verfahren liegt zum Zeitpunkt des Beitrags gut zehn Jahre zurück, und obwohl er mit keinem Wort darauf eingeht, spürt der Leser seine starke Betroffenheit. Er spricht von der "umständlichen Prozedur der Entnazifizierung"[20], von den durch dieses Verfahren "Deklassierten", "Ausgeschlossenen" und "Unterdrückten"[21], deren sich die Kirchen angenommen hätten, vom "Krebsschaden des Entnazifizierungsverfahrens"[22], vom "Unglück der Entnazifizierungsbestimmungen"[23] und von der "Groteske der Entnazifizierung"[24]. Vor allem an zwei Punkten entzündet sich Wenigers Kritik. Ich werde ausführlich zitieren, weil anders der Ton von Anklage und Verteidigung, in dem dieser Text gehalten ist, nicht deutlich werden würde.

---

[17]Ebd., S. 406.
[18]Ebd.
[19]Ebd. - Hervorhebungen von mir.
[20]Ebd.
[21]Ebd., S. 405.
[22]Ebd., S. 407.
[23]Ebd., S. 407.
[24]Ebd., S. 408.

1. Entnazifizierung und Umerziehung seien dem deutschen Volk von den Besatzungsmächten, den ehemaligen Gegnern also, aufoktroyiert worden. Diese Tatsache, in Verbindung mit der These von der Kollektivschuld der Deutschen, habe in der deutschen Bevölkerung zu einer Abwehr- und Trotzhaltung geführt, die einer aufrichtigen Selbstbesinnung im Wege gestanden habe. Wenigers Situationsanalyse, die vor allem aus psychologischer Sicht erfolgt, gilt dabei auch für ihn selbst. In nuce enthält also dieser späte Beitrag eine Reflexion auf seine eigene Vergangenheit.

Er beurteilt die damalige Situation wie folgt: "Das eigentliche Unglück der Entnazifizierungsbestimmungen und der Fragebogen (...) bestand darin, daß die Beweislast jedem einzelnen Deutschen zugeschoben wurde und daß die Zugehörigkeit zu einer bestimmten Organisation, einerlei wie es zu ihr gekommen sein mochte, schon eine Schuld begründete, die der Entlastung bedurfte. (...) Hier wirkte sich die Theorie von der Kollektivschuld besonders verhängnisvoll aus. Während im normalen Rechtsgang der Ankläger den Beweis zu erbringen hat, mußte hier mit wenigen Ausnahmen im Grunde jeder Deutsche den Beweis führen, daß er nicht betroffen oder daß er wenigstens zu entlasten sei. Da von dem Gelingen dieses Beweises aber die wirtschaftliche Existenz und die soziale Stellung des so kollektiv Beschuldigten abhing, nicht nur seine eigene, sondern auch die seiner Familie, so nimmt es nicht wunder, daß der Selbsterhaltungstrieb die Besinnung über den wirklichen Sachverhalt zumindest sehr erschwerte und zu einer Rechtfertigung um jeden Preis führte, zumal man sich dem Gegner als dem Machthaber gegenüber nicht zur Wahrheit verplichtet fühlte. Man bemerkte bald auf seiten der Besatzungsmächte den eigentlichen Krebsschaden dieses Entnazifizierungsverfahrens, nämlich die Vermischung zweier Motive, des Straf- und Vergeltungsmotivs einerseits und des ethisch-neutralen Motivs der Ausschaltung ungeeigneter Elemente[25] von der politischen Verantwortung anderseits. Auch diese Ausschaltung, die vielfach berechtigt sein konnte, führte zu wirtschaftlicher Schädigung, also zu einer Bestrafung und zur Minderung des öffentlichen Ansehens. So kam es zu der Groteske der

---

[25]Auch dieser Terminus gehört zur NS-Terminologie. Vgl. Bork, S.: Mißbrauch der Sprache, a.a.O., S. 32.

Entnazifizierung, zu der Konvention der Persilscheine. Es bildete
sich infolge dieser Methoden auf der einen Seite die deutsche
Neigung zur Selbstbemitleidung aufs unerfreulichste aus, auf der
anderen Seite entstand geradezu die These von der Kollektiv-
unschuld. Es schien schließlich kaum noch wirklich Schuldige zu
geben. So kam eine Unwahrhaftigkeit in die Praxis der Selbstbesinnung. Es entstanden all die rätselhaften Verdrängungser-
scheinungen, das totale Vergessen dessen, was einmal gewesen ist
und dessen, was man wirklich einmal war und tat; die allgemeine
Tendenz, alles zu vergessen, alles zu entschuldigen, alles zu ver-
zeihen, sogar die wirklichen Verbrechen, nur weil die Besatzungsmächte es waren, die sie ahndeten. Daß auf diese Weise die Bereitschaft zur Wandlung sehr gering werden mußte, leuchtet ein, besonders wenn der Entnazifizierungsprozeß sich sehr lange hinzog.[26]
Solange das Verfahren dauerte oder soweit das Urteil Diskriminierung brachte, fielen die Betroffenen als Objekte der Umerziehung[27] zudem aus; so konnte, etwas übertrieben formuliert,
Gegenstand umerzieherischer Maßnahmen eigentlich nur der werden, der ohnenhin nicht belastet war."[28]

2. Der andere schwere Vorwurf, den Weniger gegen die Alliierten
erhebt, ist bezogen auf den Dreh- und Angelpunkt seines Denkens:
die Beurteilung des deutschen Soldatentums. Auch diese Passage
soll im Wortlaut wiedergegeben werden, weil die mitschwingende
Gefühlskomponente andernfalls verlorenginge.

Weniger formuliert: "Ein anderes kam hinzu, das die Folgen des
Entnazifizierungsverfahrens und des Fragebogensystems noch ver-
hängnisvoller machen mußte: nämlich die Gleichsetzung von Nationalsozialismus und Militarismus oder vielmehr die Ächtung jeglichen Soldatentums und des Wehrdienstes als Zeichen des Militarismus und darauf gründend dann seine Gleichsetzung mit dem
Nationalsozialismus. Nun hat es gewiß einen bösen und gefährli-

---

[26]Es sei daran erinnert, daß sich auch Wenigers Entnazifizierungsprozeß "sehr lange
   hinzog", weil es ein Revisionsverfahren gab.
[27]Weniger gibt keinen Hinweis, ob er das Wort "Objekt" in diesem Zusammenhang
   absichtlich gebraucht, um die geplante Umerziehung von pädagogisch verantwort-
   barer Erziehung abzusetzen; insofern deutet die Wortwahl eher auf einen undiffe-
   renzierten Sprachgebrauch hin.
[28]Die Epoche I, S. 407 f. Hervorhebungen von mir.

chen Militarismus in Deutschland gegeben, sei es, daß man Militarismus definiert als Eindringen militärischer Unterordnungsformen in das bürgerlich-politische Leben, sei es als Wille zur Unterwerfung fremder Völker unter die kriegerische Gewalt, sei es als Anwendung unhumaner Formen innerhalb der Truppe, als Kommißgeist und Drillmeistertum. Für jede dieser Möglichkeiten fanden sich in unserer Geschichte gewiß Beispiele. Aber es wäre ungeschichtlich und ungerecht, diese Auswüchse als das Eigentliche und Einzige zu nehmen, das im deutschen Soldatentum enthalten war. Es waren Verfallserscheinungen, Abfallserscheinungen (...). Alles Soldatentum, aller Wehrdienst, alle kriegerische Leistung und alle Freude an ihr aber als Militarismus zu brandmarken war erstens, wie sich heute zeigt, unklug[29], zweitens aber war es offensichtlich ungerecht und setzte wiederum große Gruppen, an sich gute und brauchbare Teile des Volkes für den Wiederaufbau und die Umerziehung außer Gefecht. Im übrigen wurde nicht nur verkannt, daß der Wehrdienst ja ein Zwang war, dem sich niemand gesunden Leibes entziehen konnte, sondern auch, daß er gerade für viele junge Menschen, aber auch für ältere die Möglichkeit bot, sich dem nationalsozialistischen Druck zu entziehen. Vielerorts war die Wehrmacht eine Oase für freie Menschen geworden, so paradox das heute erscheint. Ferner war es verständlich, daß die Jugend auf ihre kriegerische Bewährung stolz und sich des Zusammenhanges ihres soldatischen Tuns mit Militarismus und Nationalsozialismus gar nicht bewußt war. Jedenfalls waren wieder Hunderttausende von der tätigen Erneuerung der Erziehung und von der Möglichkeit echter Bewährung und Mitarbeit zunächst ausgeschlossen. Sie fielen als Objekte der Umerziehung[30] aus. Wer gar einen militärischen Rang bekleidete, wurde mit besonderem Argwohn betrachtet; (...) Aber es blieb die Entrechtung des Berufssoldatentums, das dadurch in große wirtschaftliche Not geriet. Welche bösen Folgen diese Diffamierung

---

[29]Weniger spielt hier auf die mangelnde Wehrbegeisterung der deutschen Nachkriegsjugend an und macht die Alliierten dafür verantwortlich. Als dieser Beitrag erscheint, ist das Wehrpflichtgesetz drei Jahre alt (21.7.1956). - Konrad Adenauer hatte sich bereits 1950 mit politischem Druck gegen die "Diffamierung der deutschen Soldaten" gewandt (vgl. Kapitel 6.4., Anm. 31).

[30]Vgl. Anm. 27.

gehabt hat, besonders jetzt, da wieder Soldaten eingesetzt sind, ist uns allen bekannt."[31]

Die hier angeführte Textstelle macht Wenigers emotionale Betroffenheit besonders deutlich. Sie zeigt sich in seinem Unmut über die "Ächtung jeglichen Soldatentums und des Wehrdienstes" durch die Alliierten und über den "Argwohn", mit dem sie jedem begegnet seien, der einen militärischen Rang bekleidete - also auch ihm; denn er ging als Major und Nationalsozialistischer Führungsoffizier in amerikanische Kriegsgefangenschaft. Sie zeigt sich in den positiven, ja euphorischen Formulierungen, mit denen er die Wehrmacht belegt, wenn er sie als "eine Oase für freie Menschen" bezeichnet oder wenn er von der "kriegerischen Leistung und der Freude an ihr" spricht und von dem Stolz auf "kriegerische Bewährung". Und sie kommt in Wenigers ideologisch gefärbter, vorurteilsbehafteter Wahrnehmung zum Ausdruck, die sich auch an anderer Stelle zeigt.[32] Wie anders ließe sich der Umstand erklären, daß er in einem Atemzug als eine Bestimmung von Militarismus den "Willen zur Unterwerfung fremder Völker unter die kriegerische Gewalt" nennt, eine Gleichsetzung von Nationalsozialismus und Militarismus aber entschieden ablehnt. Damit blendet seine Wahrnehmung die eindeutig militaristischen Ziele des NS-Regimes und ihre brutale Realisierung aus. Auch seine Behauptung, die Jugend sei sich "des Zusammenhanges ihres soldatischen Tuns mit Militarismus und Nationalsozialismus gar nicht bewußt" gewesen, ist schönfärberisch; wäre es so gewesen, hätte der gesamte Propagandaapparat Hitlers versagt.

Erzieherische Maßnahmen der amerikanischen Besatzungsmacht

Weniger beurteilt das Vorgehen der Alliierten nach seinem soldatischen Ehrenkodex. So betont er, daß die britischen Erziehungsoffiziere in Hannover ehemalige "Afrikakämpfer" gewesen seien,

---

[31]Die Epoche I, S. 406 f. Hervorhebungen von mir. - Der Zeitenwechsel innerhalb des letzten Satzes macht ihn unverständlich. Auch gab es 1959 keinen Einsatz deutscher Soldaten.

[32]Vg. dazu das Kapitel 4: *Das Bild des Krieges*.

"die einen Respekt vor dem Gegner mitbrachten"[33]. Den Amerikanern verübelt er, daß sie am radikalsten gegen Deutschlands militaristische und nationalsozialistische Vergangenheit vorgegangen sind. Daß ihr Bann auch Soldatenlieder traf sowie altgermanische Dichtung und gar einige deutsche Märchen, hat ihn verletzt und irritiert. Das jedenfalls legen seine Ausführungen nahe, wenn er sagt: "Selbstverständlich war die Beseitigung nationalsozialistischer und militärischer Symbole in der Schulklasse, das Verbot der Lieder der Bewegung, aber auch der Soldatenlieder. Die Hauptsorge galt der Ausmerzung aller nationalsozialistischen Schulbücher, bei denen man sehr radikal vorging; (...) Bei der rücksichtslosen Durchsetzung der Lehrbücher mit nationalsozialistischem Gedankengut waren radikale Gegenmaßnahmen unvermeidlich, wobei dann auch Grenzen überschritten wurden, so wenn man das Nibelungenlied, Gudrun und Walther von der Vogelweide aus den Lehrplänen ausschloß. Es kam vor, daß ein Lehrbuch der deutschen Sprache zurückgezogen werden mußte, weil ein einziger Beispielsatz vom Führer[34] während der Jahre vorher eingefügt war, um die Duldung durch die damalige Schulverwaltung zu erlangen. Eine Zeitlang begegnete man mit besonderem Argwohn den deutschen Märchen, die angeblich die Kinder zu Grausamkeiten erzögen;[35] besonders 'Rotkäppchen' und 'Hänsel und Gretel' erregten Bedenken. Drollig war auch, daß die erste Neuauflage des 'Zupfgeigenhansl' ohne Soldatenlieder erscheinen mußte."[36]

Ist es wirklich so "drollig", um ein Beispiel herauszugreifen, daß den Amerikanern das Nibelungenlied, dieses altgermanische Heldenepos, suspekt war? Sind in diesem "deutschen Nationalepos"[37] nicht die Tugenden besungen, die den Keim zur Fremd- wie Selbstvernichtung in sich tragen? Und ist es nicht für Weniger bezeich-

---

[33]Die Epoche III, S. 9.

[34]Auch hier spricht Weniger distanzlos vom "Führer" (eben ohne Anführungszeichen zu setzen).- Hervorhebung von mir.

[35]Daß es psychologisch naiv ist, Grausamkeitsexzesse im Erwachsenenalter mit dem Hören von Märchen in der frühen Kindheit in Verbindung zu bringen, ist eines - die Frage nach möglichen Ursachen von Grausamkeit und ihrer Vermeidung erst gar nicht zu stellen, das andere.

[36]Die Epoche II, S. 523. Hervorhebungen von mir. - "Lieder der Bewegung", "Ausmerzung" sind NS-Vokabeln, die Weniger auch 1959 noch distanzlos gebraucht.

[37]Biese, A.: Deutsche Literaturgeschichte, München: Oskar Beck [12]1918, S. 177.

nend, daß er als Pädagoge an den Bildungsinhalten festhalten will,
deren Gehalt gerade mit Mannestum, Gefolgstreue, Tapferkeit,
Kampfeslust und Rachedurst umschrieben werden kann? Diese alt-
germanische Dichtung galt im Dritten Reich durchaus nicht als entartet, wobei freilich der Umkehrschluß, nur das sei als Kunst zu
werten, was dem Nationalsozialismus als entartet galt, falsch
wäre.

Das Auftreten der Amerikaner als die Sieger und Machthaber, die
von ihnen vertretene These von der Kollektivschuld der Deutschen,
ihre bevormundende Art, ihre Radikalität in dem Bestreben, alle
Reminiszenzen an das Dritte Reich zu tilgen - das alles verletzte
Wenigers Nationalstolz und führte zu einer Trotz- und Abwehr-
haltung. Das jedenfalls ergibt die Interpretation der zitierten
Textstellen.

Die britische Besatzungsmacht

Sehr viel positiver beurteilt Weniger dagegen die Briten.

1. Er verweist auf "gewisse europäische Gemeinsamkeiten", die er
zwar nicht näher bestimmt, die ihm aber als Erklärung für die
Tatsache dienen, "daß nach dem ersten Überschwang des Alles-re-
gieren-Wollens die Inhalte unserer deutschen Bildung in ihrer
Eigenständigkeit respektiert und nicht gleichgeschaltet wurden."[38]

2. Das britische Erziehungsethos, das Gentlemanideal, findet seine
Zustimmung. Es sei durch "einfache Sittlichkeit", "Ritterlichkeit",
"Fair Play" und "Humor" gekennzeichnet[39]. Zumindest zwei Merk-
male, Ritterlichkeit und Humor, entsprechen dabei einer eigenen
Idealvorstellung, der des Offiziers. Ferner gefällt ihm der elitäre
Zug dieser Erziehung, sie "ist Schöpfung einer Elite und bildet eine
Elite aus"[40]. "Großartig" findet er dabei, daß einerseits die "auf-
steigenden Klassen" die Upperclass als Vorbild anerkennen und ihre

---

[38]Die Epoche III, S. 10. - Hervorhebung von mir. Auch mit dem Wort "gleichgeschaltet" verwendet Weniger einen Begriff der NS-Zeit.
[39]Ebd., S. 9 f.
[40]Ebd., S. 9.

Lebensform als Maßstab übernehmen, daß andererseits "führende Menschen der Oberschicht schon früh aus dem Gentlemanideal die Pflicht zur sozialen Verantwortung ableiteten"[41]. Nach der Würdigung der britischen Erziehungstradition hebt Weniger noch einmal das für die deutsche Bildung Wesentliche hervor: "Von uns aus gesehen, bot sie neben der Liebenswürdigkeit der Umgangsformen vor allem den Vorteil, daß sich dieses Ideal ja im Grunde d e m Inhalt der deutschen Bildung außerhalb des politischen Bereiches gegenüber neutral verhielt."[42] Mit anderen Worten: eine Einmischung in deutsche Bildungsbelange durch britische Erziehungsoffiziere war nicht zu befürchten.

3. Weniger hebt den Umgangsstil der Briten als besonders positiv hervor. "Dazu kam die sympathische Art, in der die äußeren Beziehungen zwischen den englischen Erziehungsbehörden und den deutschen geregelt wurden: Die Zurückhaltung und Bescheidenheit des äußeren Auftretens der Erziehungsoffiziere, die gesellige Sitte des Understatements, die jungenhaften, aber doch nicht naiven Umgangsformen, die mit einer taktvollen persönlichen Distanz verbunden waren (...).''[43] Den Abschluß dieser Ausführungen bildet der bereits erwähnte Hinweis Wenigers auf die ehemaligen Afrikakämpfer, "die einen Respekt vor dem Gegner mitbrachten.''[44]

Die französische Besatzungszone

Weniger äußert sich verhältnismäßig sparsam zur französischen Besatzungsmacht. Doch ist das wenige, das er sagt, anklagend formuliert. Er wirft den Franzosen vor, die Zersplitterung Deutschlands betrieben zu haben. "Kam die Methode der Entnazifizierung und Entmilitarisierung vorwiegend auf das Schuldkonto der Amerikaner, so erschwerten die Franzosen von einer anderen Seite her die Möglichkeiten einer echten Umerziehung. In ihrer Sorge vor dem Wiederaufleben einer deutschen Aggression betrieben sie, anfangs von den Amerikanern und Engländern unterstützt, die Aufgliederung,

[41]Ebd.
[42]Ebd. Hervorhebung von mir.
[43]Ebd.
[44]Ebd.

wenn nicht Auflösung Deutschlands in möglichst kleine Einheiten, denen nicht nur die politische, sondern auch die kulturelle Selbständigkeit und geistige Autonomie zugesprochen wurde."[45]

Wenigers Urteil wirkt auf den ersten Blick überraschend. Entspricht die Zusicherung einer so weitgehenden Autonomie nicht genau seinen Vorstellungen? Der zweite Blick zeigt dann den Grund seiner Ablehnung: Der angestrebte Partikularismus kam in seinen Augen einer "Verleugnung der geistigen Einheit und geschichtlichen Gesamtüberlieferung"[46] des deutschen Volkes gleich. Dieselbe Gefahr lag seiner Meinung nach in dem Bestreben jeder einzelnen Besatzungsmacht, ihre Sprache als Pflichtfach für alle Schulen ihrer Zone einzuführen. Emotional formuliert er: "Die Franzosen aber verlangten französischen Unterricht und sogar Nachweis der Beherrschung der französischen Sprache im Staatsexamen, so als wollten sie für alle Ewigkeit im Lande bleiben (...)."[47]

Der Wandel in der Beurteilung des besetzten Deutschland seitens der Westalliierten war letztlich eine Folge des Kalten Krieges. Weniger formuliert seine Einschätzung so: "Aber erst die aus der zentralen Machtordnung der sogenannten Deutschen Demokratischen Republik in der Sowjetzone drohende Gefahr zwang zur Anerkennung der geistigen Einheit Deutschlands und zur Förderung der Erziehung auf ein Gesamtbewußtsein auch durch die westlichen Besatzungsmächte."[48]

---

[45]Die Epoche I, S. 408.
[46]Ebd.
[47]Ebd., S. 410.
[48]Ebd., S. 408.

Ergebnisse

Als Untersuchungsergebnis dieser späten Aufsatzfolge läßt sich folgendes festhalten:

1. Wenigers erster Beitrag zu den politischen Voraussetzungen der Umerziehung liest sich wie ein Kommentar zu seinem eigenen Entnazifizierungsverfahren. Dabei ist keinerlei Denkfortschritt oder Bewußtseinswandel von 1947 zu 1959 festzustellen. Der zeitliche Abstand bewirkt allerdings eine freimütig-lockere Diktion. Das eigene Verhalten während des Dritten Reiches, niemals angesprochen und doch implizit immer mitgedacht, bleibt unangezweifelt. Die Wehrmacht wird, zumindest in Teilen, zu einer "Oase für freie Menschen" hochstilisiert. Weniger suggeriert damit eine hohe Wertigkeit des Militärischen und rückt gleichzeitig sein Engagement für diesen Bereich ins gewünschte rechte Licht. Es ist offensichtlich: Er will sich seinen Glauben an das Soldatentum, an die Rechtmäßigkeit seiner Existenz, die Freude an kriegerischer Leistung und den Stolz auf die Bewährung im Kriege auch als Fünfundsechzigjähriger nicht nehmen lassen.

2. Die Frage, warum Weniger nach 1945 in keiner Schrift den Gedanken eines möglichen eigenen Schuldanteils an diesem furchtbaren Kapitel deutscher Geschichte zugelassen hat, findet vordergründig eine Erklärung darin, daß er sich aus Ärger über die Alliierten verweigerte: "Vor allem überschätzte man in der Situation von 1945 und bis in die Gegenwart hinein die Bedeutung der confessio, des Bekenntnisses der Schuld. Die Alliierten hatten, besonders im Anfang, als sie noch an der Kollektivschuld aller Deutschen festhielten, und später, als sie wenigstens die Zugehörigkeit zu bestimmten Organisationen als Schuld anrechneten, die Tendenz, solche Schuldbekenntnisse zu erzwingen. Das echte Umlernen, die kritische Selbstbesinnung, aber ermöglicht das, was allein innerweltlich erwartet und gefordert werden kann: die Übernahme der Verantwortung für das Vergangene. Diese Verantwortung, mit der man die Last der Vergangenheit ganz unabhängig von dem überall und für jeden gegebenen Anteil an der Schuld auf

sich nimmt, schafft einen neuen Anfang und in der Selbstbesinnung
eine neue Selbstbestimmung."[49]

Das ist Wortgeklingel. Zum einen löst Weniger seinen selbstpostu-
lierten sittlichen Anspruch von der Übernahme der Verantwortung
für das Vergangene an keiner Stelle ein; zum anderen ist sein
Versuch willkürlich, die Schuld der für die Geschehnisse der NS-
Zeit Verantwortlichen dadurch zu relativieren, daß er jeden antei-
lig für schuldig erklärt.

3. In dem vierten Beitrag *Von der Reeducation zur Reconstruction*
steht ein Satz, in dem Wenigers Haltung jüdischem Schicksal gegenüber deutlich wird. Im Zusammenhang mit dem Verhalten deutscher Emigranten im Ausland sagt er: "Die Emigranten, auch die jüdischen, haben sich gegen die Reeducation mit guten und schlagen-
den Gründen gewehrt (...) sie haben unermüdlich gegen die Gleichsetzung von Deutschtum und Nationalsozialismus protestiert und
immer wieder auf die großen Werte des deutschen Geisteslebens
und der deutschen Kultur hingewiesen.[50] (...) Ein nicht geringer Teil
von ihnen ist sogar in das Mutterland zurückgekehrt, obwohl sie es
hier wahrhaftig nicht leicht gehabt hatten, und <u>obwohl sie Schweres zu vergessen und zu vergeben hatten, wie etwa die Vernichtung
nächster Angehöriger in Auschwitz."[51]</u>

Welch eine Zumutung, Menschen könnten die Vernichtung ihrer
Großeltern, Eltern, Geschwister, Kinder oder Freunde <u>vergessen</u>!
Vergessen wäre tödlich - für die überlebenden Opfer wie für diejenigen, die ernsthaft einen Neubeginn wollen. "Vergessen führt in
die Verbannung. Erinnerung jedoch ist das Geheimnis der Erlösung".
Dieses Wort des chassidischen Rabbi Baal Schem Tow (um 1698-
1760) ist für jüdisches Denken konstitutiv.[52] Weniger dagegen hält

---

[49]Die Epoche IV, S. 13.

[50]Das ist eine Lieblingsvorstellung Wenigers, die er bereits 1947 in seinem
Kantorowicz-Aufsatz geäußert hat. Vgl. dazu das Kapitel *Ernst Kantorowicz* in dieser
Arbeit.

[51]Die Epoche IV, S. 11. Hervorhebung von mir.

[52]Um diese Behauptung zu stützen, seien einige Sätze aus Elie Wiesels Vorlesung zi-
tiert, die er anläßlich der Nobelpreisverleihung am 11.12.1986 in der Osloer
Universität gehalten hat. (In: Wiesel, E.: Gesang der Toten. Freiburg: Herder 1987)
Er sagte: "Für uns war Vergessen nie eine Möglichkeit, zum ersten Mal in der
Geschichte konnten wir unsere Toten nicht beerdigen. Wir tragen ihre Gräber in uns

viel von der "Kunst des Vergessens"[53]. Auch seine zweite Vorstellung, die dem Vergessen das Vergeben hinzufügt, ist substanzlos; denn nach jüdischer Auffassung ist es den Lebenden nicht
möglich, stellvertretend für die Toten zu vergeben.

So offenbart ein einziger Satz, wie gleichgültig Weniger dem
Schicksal der Juden gegenübergestanden und wie wenig er sich für
jüdische Geistesgeschichte überhaupt interessiert haben dürfte;
das ist um so bemerkenswerter, als er in seiner Frankfurter Zeit
außer zu Ernst Kantorowicz und Curt Bondy auch zu Martin Buber
Kontakt hatte, der damals Mittelpunkt des Jüdischen Lehrhauses
war.

4. Betrachtet man Wenigers Aufsatzreihe *Die Epoche der Umerziehung* unter stilistischem Aspekt, so ist festzuhalten, daß auch
diese späten Veröffentlichungen (Teil I-IV) dieselben Stilmerkmale
aufweisen, wie sie bereits für die früheren Schriften nachgewiesen
wurden. Auch 1959/1960 gebraucht Weniger distanzlos Begriffe
und Wendungen ("Lieder der Bewegung", "ausmerzen", "der Führer",
"totaler Krieg", "gleichschalten"), die eindeutig der Sprache des
Dritten Reiches angehören. Ihr unreflektierter Gebrauch ist ein Zeichen dafür, daß auch der späte Weniger keinen gewandelten Standpunkt eingenommen hat.

---

selbst."(S. 185) An anderer Stelle: "Eine Erinnerung. Zeit: nach dem Krieg. Ort:
Paris. Ein junger Mann kämpft damit, sich dem Leben anzupassen. Seine Mutter,
sein Vater, seine kleine Schwester sind tot. Er ist allein. Am Rand der Verzweiflung.
Und doch gibt er nicht auf. Im Gegenteil. Er bemüht sich, einen Platz unter den
Lebenden zu finden. Er eignet sich eine neue Sprache an. Er gewinnt ein paar
Freunde, die, wie er selber, daran glauben, daß Erinnnerung an das Böse als
Schutzschild gegen das Böse dienen wird, daß Erinnerung an den Tod als Schutzschild
gegen den Tod dienen wird. Dies muß er glauben, um überhaupt weiterleben zu
können."(S. 183).

[53]Anläßlich einer Wehrexperten-Tagung in Siegburg hält Weniger am 19.4.1952 ein
Referat zum Thema "Das Wesen der Europa-Armee", in dem er die Hemmnisse
analysiert, die einem deutschen Beitrag von deutscher Seite entgegenstehen. In
diesem Zusammenhang spricht er um eine neuen
Anfangs willen. Er sagt: "Man ist nicht bereit, seine Haut für die Besatzungsmächte
zu Markte zu tragen. Dazu kommt dann die Tatsache der Kriegsverbrecherprozesse
gegen mehrere, von deren Unschuld man überzeugt ist. (...) Im übrigen handelt es
sich hier um eine Sache der politischen Entscheidung: ob man den Sprung über die
Hürde wagen, ob man einen neuen Anfang machen soll. Dazu gehört dann immer die
Kunst des Vergessens (...)." Beleg: BA-MA Freiburg, N 488/41, S. 9/10.

Als weiteres Stilmerkmal ist die pathetische Ausdrucksweise zu nennen, die immer dann in einem Text auftaucht, wenn Weniger einem Sachverhalt entweder bewußt oder unbewußt ausweicht, wenn er von ihm ablenken oder ihn mit Worten zudecken will. Dann wird seine Sprache aufgesetzt, kitschig[54], wie das unter Anmerkung 49 aufgeführte Zitat verdeutlicht.

---

[54]Unter "Kitsch" sei die Diskrepanz zwischen Anspruch und tatsächlich Gegebenem verstanden. Bei einem Text entspricht dann die sprachliche Gestalt nicht dem Inhalt, d.h. es gibt keine adaequatio linguae ad rem.

D. ERGEBNIS

7. Gesamtergebnis der Untersuchung

Die Verfasserin hat Texte Erich Wenigers aus einem Zeitraum von dreißig Jahren vorgestellt. Die Zeitspanne von 1930 (*Das Bild des Krieges*) bis 1959/60 (*Die Epoche der Umerziehung*) ist dabei von einem historischen Einbruch erschreckenden Ausmaßes gekennzeichnet: Auf die Unruhe der Weimarer Zeit folgte mit der "nationalen Bewegung" der vermeintliche nationale Aufstieg Deutschlands, der realiter in die Abhängigkeit von der Willkür eines verbrecherischen Regimes führte und nach sechs Jahren Krieg in einer materiellen wie ideellen Verwüstung endete. Auf Kapitulation und Besatzungszeit folgte bald die Westintegration der jungen Bundesrepublik und damit ihr wirtschaftliches und politisches Erstarken.

Wie hat Weniger auf diese wechselnden Zeiten reagiert? Gibt es Brüche in seinem Leben, Brüche in seinem Denken? Die Analyse der von mir ausgewählten Texte hat eine erstaunliche Kontinuität seiner Einstellungen und Gedanken zutage gefördert, der eine Kontinuität seiner Biographie korrespondiert. Einige Stationen seines Lebensweges seien deshalb in Erinnerung gerufen.

Die Weimarer Zeit beendet Weniger als Direktor und Professor an der Pädagogischen Hochschule Frankfurt/M., die Nachkriegszeit beginnt er noch 1945 als Gründungsrektor der Pädagogischen Hochschule Göttingen; bei seinem Tod ist er Ordinarius der Göttinger Universität. Die NS-Zeit, das hat die Durchsicht der Archivalien ergeben, hat er nicht minder erfolgreich durchlaufen. Zu Beginn, nachdem er die neuen Machthaber von seiner politischen Zuverlässigkeit überzeugt und damit seine Rehabilitation erwirkt hat, kann er bei vollen Bezügen frei arbeiten und publizieren, im Krieg erhält er durch Beziehungen einen Sonderstatus, wird Betreuungsoffizier in Paris und St. Germain - seit 1944 im Rang eines NS-Führungsoffiziers - und verbringt die letzten Kriegsmonate als Reserveoffizier in Göttingen. Fazit: Das Bild Erich Wenigers als eines von der NS-Diktatur heimgesuchten und kaltgestellten Mannes ist nicht länger aufrechtzuerhalten.

Es schließt sich die Frage an, ob ein solcher Lebensweg nicht eine große Flexibilität voraussetzt, d.h. die Bereitschaft, seine politische Meinung den wechselnden politischen Verhältnissen anzupassen. Ist Weniger also erst Anhänger der Weimarer Verfassung, dann Nationalsozialist und nach 1945 Demokrat? - Nein, die Untersuchung hat etwas anderes ergeben:

Weniger hat eine Weltsicht, die sich durchträgt, und die er nicht zu wechseln braucht. Seine Gedanken finden zwar ihre größte Kongruenz in der NS-Zeit, das haben die Sprachanalysen ergeben, sie sind aber nicht genuin nationalsozialistisch und gehen auch nicht mit dem Hitler-Regime unter. Seine Gedanken sind nationalistisch, konservativ, autoritätsgläubig, unkritisch-mythisch, soldatisch. Das Militär ist für ihn der Bereich, in dem diese Überzeugungen Geltung haben, in dem sie zuhause sind, in dem sie allen Wirrnissen zum Trotz gelebt werden. Prägend und für das weitere Leben richtungweisend ist die Erfahrung des Ersten Weltkriegs. Krieg und Soldatentum, Kameradschaft und Kampfgemeinschaft werden zum Inbegriff für unmittelbares Leben, Größe, Volksgemeinschaft, für Verantwortung und Bewährung und für eine disziplinierte Männlichkeit.[1] Auch die Überzeugung einer unterschiedlichen Wertigkeit von Menschen, Völkern und Nationen, die autoritärem Denken zugrundeliegt, findet in der Hierarchie der militärischen Ordnung sowie in den militärischen Zielen von Eroberung oder Verteidigung Ausdruck und Bestätigung: Bewundern, folgen und gehorchen hat nur Sinn, wo es Vorbilder und Führer gibt; Ansporn zu Leistung, Auszeichnung, Aufstieg zur Befehlsgewalt gibt es ebenfalls nur dort, wo Unterschiede die strukturelle Basis bilden. Auch der Gedanke von Auslese und Ausmerze wird dem einleuchten, der ein mythisch überhöhtes Militär reinhalten und bewahren will.

---

[1] In seinem Beitrag "Erich Weniger und die akademische Lehrerbildung" charakterisiert Helmuth Kittel ihn mit diesen Worten: "Weniger war erfüllt von einem männlichen, sehr männlichen Erbarmen mit der Gebrechlichkeit des Menschen." (In: Behauptung der Person, Festschrift für Prof. Hans Bohnenkamp, a.a.O., S. 214).

Wenigers Identität, das hat die Untersuchung gezeigt, ist mit dem Soldatischen, dem Militärischen aufs engste verknüpft. Das macht den "anderen Weniger" aus - und, weil es mehr als eine Vorliebe ist und sein Leben durchzogen hat, kennzeichnet es zugleich den "eigentlichen Weniger".

Weniger liebte das Militär, "er war mit Leib und Seele Soldat"[2]. Er war aber kein eingefleischter Nationalsozialist; er hat keine antisemitischen Schriften verfaßt, und die Rassenideologie war nicht Fixpunkt seines Denkens - Grund also für die pädagogische Disziplin, aufzuatmen? - Nein. Denn die an ihm aufgezeigte Kontinuität der Überzeugungen ist in ihrer Wirkung beispielhaft für den geschichtlichen Gang Deutschlands in dem genannten Zeitraum.

Ich nehme an dieser Stelle einen Gedanken von Harry Pross auf, den er mit Blick auf zeitgeschichtliche Forscher äußert. Er sagt: "Sie memorieren, repetieren, kolportieren und kommen doch nicht weiter, weil sie eben den Block Drittes Reich oder Nationalsozialismus als etwas methodisch Abgegrenztes behandeln, nicht als etwas, <u>das mit tausend Fasern mit dem Vorher und dem Nachher verbunden ist</u>."[3]

Die NS-Zeit ist keine "historisch singuläre Figuration" (Tenorth), es gab vorbereitende Gedanken und fließende Übergänge. Die oben zur Charakterisierung Wenigers angeführten Begriffe geben genau das geistige Klima wieder, das dem Nationalsozialismus den Boden hat bereiten helfen. "Die Rolle des soldatischen Mythos war verhängnisvoll", kommentiert Loewy die Weimarer Zeit, "ohne ihn hätte der Abbau des bürgerlichen Liberalismus und sein Zurückweichen vor dem autoritären Radikalismus kaum erfolgen können. In den späteren Jahren der Weimarer Republik war das Kriegserlebnis in seiner nationalistischen Ausformung zu einem politischen Faktor ersten Ranges geworden."[4]

---

[2]Schwenk 1968, S. 25.
[3]Zitiert nach Ernst Loewy, Literatur unter dem Hakenkreuz, a.a.O., S. 12. Hervorhebung von mir.
[4]Ebd., S. 180.

Die Faszination des Militärischen in Kombination mit dem nationalen Gedanken - von Werner Picht später auf die Formel gebracht, der soldatische Mensch sei die dem Deutschen aufgetragene Wesensform[5] - läßt Weniger die Wiedereinführung der Wehrhoheit 1935 als die Tilgung des Versailler "Schanddiktats" und damit als die Wiederherstellung der nationalen Ehre feiern. Dieselbe Motivation liegt seinem langjährigen Engagement, nachweislich seit 1951, für die Wiederbewaffnung der damaligen Bundesrepublik zugrunde.

Ich kehre noch einmal zu dem Gedanken von Harry Pross zurück, das Dritte Reich sei "mit tausend Fasern mit dem Vorher und Nachher verbunden". An dem Begriff "ausmerzen" z.B. läßt sich zeigen, daß er keineswegs auf die NS-Ideologie zurückgeht - bereits 1927 wird er im Zusammenhang mit rassenhygienischen Überlegungen in der Literatur diskutiert[6] -, daß er aber in der NS-Zeit seine konsequenteste Ausprägung und die Umsetzung in die Tat erfährt. Der Umstand, daß ein Begriff bereits vorhanden ist und dann von den NS-Ideologen übernommen wird, kann also nicht zur Entschuldigung für seine Verwendung herangezogen werden. Ähnliches gilt für einen unreflektierten Gebrauch des Wortes "Volk" oder "völkisch", weil dieses Wort unter der NS-Diktatur zu einem Instrument politischer Ausgrenzung umfunktioniert wird.[7]

Angesichts der hier angeführten Überlegungen muß gesagt werden, daß Weniger die geistige Voraussetzung mitbrachte, in den Sog der neuen Machthaber zu geraten, und daß er dann durch seine militärpädagogischen Veröffentlichungen dazu beitrug, das Hitler-Regime zu stabilisieren.

---

[5]Vgl. Picht, W.: Der soldatische Mensch. Berlin: Fischer 1940.

[6]Vgl. Reyer, J.: Alte Eugenik und Wohlfahrtspflege. Entwertung und Funktionalisierung der Fürsorge vom Ende des 19. Jahrhunderts bis zur Gegenwart, a.a.O., S. 115.

[7]Als Beispiel einer mutigen wie eleganten Auseinandersetzung mit der nationalsozialistischen Ideologie sei Albert Rebles Aufsatz "Der Volksbegriff bei Schleiermacher" genannt. Erstveröffentlichung in: Deutsche Vierteljahresschrift für Literaturwissenschaft und Geistesgeschichte, Jg. XIV, H. 3. Halle: (Niemeyer) 1936. Wiederaufgenommen in: Menze, C. et al. (Hg.): Menschenbilder. Festschrift für Rudolf Lassahn. Frankfurt/M. et al.: Peter Lang 1993.

Das Wort von dem Vorher und dem Nachher historischer Gestalten weist aber auch in die Gegenwart hinein. Es ruft zur Wachsamkeit auf, ein Wiederaufleben faschistischer Strukturen zu erkennen und nicht zuzulassen. Denn: "Ein Land ist nicht nur das, was es *tut* - es ist auch das, was es verträgt, was es duldet." (Kurt Tucholsky)[8]

---

[8]Zitiert nach Ernst Loewy, Literatur unterm Hakenkreuz, a.a.O., S. 28.

8. Literatur

A. Quellentexte

1. Nicht veröffentlichte Quellen:

Archivalien des Bundesarchivs/Militärarchivs Freiburg i. Br. aus den Beständen N 488 und BW 27.

Archivalien der Georg-August-Universität Göttingen (Universitätsarchiv).

Staats- und Universitätsbibliothek Göttingen, Handschriftenabteilung: Aus dem Nachlaß Herman Nohl:
Briefe Wenigers an Nohl (Cod. Ms. H. Nohl 591, Mappe 1: Brief Nr. 1-138; Mappe 2: Brief Nr. 139-179);
Briefe Curt Bondys an Nohl (Cod. Ms. H. Nohl 37).

Niedersächsisches Hauptstaatsarchiv Hannover:
Entnazifizierungs-Verfahrensakte Nds. 171 Hildesheim Nr. 7475; Handakten zur Verfahrensakte und eine Beiakte unter derselben Registriernummer;
eine noch nicht registrierte Akte.

Weniger, E.: Feldherrnbriefe über Erziehung. Als Schreibmaschinenmanuskript (o.J.) im BA/MA Freiburg unter N 488/36 registriert.

2. Veröffentlichte Quellentexte:

Weniger, E. (Pseudonym Lorenz Steinhorst): Das Schicksal der Volksbildung in Deutschland. Rez. Werner Picht, Das Schicksal der Volksbildung in Deutschland, Berlin 1936. In: Die Schildgenossen, 15. Jg. 1936, H. 5, S. 482-484.

Weniger, E. (Pseudonym Lorenz Steinhorst): Geschichtliche Besinnung. In: Die Schildgenossen, 15. Jg. 1936, H. 2, S.184.

Weniger, E. (Pseudonym Lorenz Steinhorst): Philipp Hördts pädagogische Schriften. In: Die Erziehung, 9. Jg. 1934, S. 204-208.

Weniger, E. : Gehorsamspflicht und Widerstandsrecht in der Demokratie. In: Die Sammlung, 7. Jg. 1952, S. 417-423.

Weniger, E.: Bürger in Uniform. In: Die Sammlung, 8. Jg. 1953, S. 57-65.

Weniger, E.: Das Bild des Krieges. Erlebnis, Erinnerung, Überlieferung. In: Die Erziehung, 5. Jg. 1930, S. 1-21. Zitiert als: Das Bild 1930.

Weniger, E.: Der Erzieher und die gesellschaftlichen Mächte. In: Westermanns Pädagogische Beiträge, 5. Jg. 1953, S. 1-6.

Weniger, E.: Die deutsche Opposition gegen Hitler. Eine Buchanzeige. In: Die Sammlung, 4. Jg. 1949, S. 245-251.

Weniger, E.: Die Eigenständigkeit der Erziehung in Theorie und Praxis. Probleme der akademischen Lehrerbildung. Weinheim: Julius Beltz (1953) [3]1964.

Weniger, E.: Die Epoche der Umerziehung 1945-1949. Herman Nohl zum 80. Geburtstag. Teil I und Teil II in: Westermanns Pädagogische Beiträge, 11. Jg. 1959; Teil III, IV und V in: WPB, 12. Jg. 1960. Zitiert als: Die Epoche I, II, III, IV oder V.

Weniger, E.: Die Erziehung des deutschen Soldaten. Berlin: E. S. Mittler & Sohn 1944, Frontbuchhandelsausgabe für die Wehrmacht. Zitiert als: Die Erziehung 1944.

Weniger, E.: Die Erziehung des Soldaten. In: Die Sammlung, 11. Jg. 1956, S. 577-580.

Weniger, E.: Die Gefährdung der Freiheit durch ihre Verteidiger
(1959). In: Erich Weniger - Lehrerbildung, Sozialpädagogik, Militärpädagogik. Politik, Gesellschaft, Erziehung in der geisteswissenschaftlichen Pädagogik. Ausgewählt und kommentiert von Helmut Gaßen. Weinheim und Basel: Beltz 1990 (Band 5), S. 313-346.

Weniger, E.: Die geistige Führung der Truppe. Das Ethos des deutschen Soldatentums und die Erziehung des deutschen Offiziers. Hg.
von der Inspektion des Bildungswesens der Marine, Kiel 1942,
²1944. Zitiert als: Die geistige Führung 1942.

Weniger, E.: Die Selbständigkeit der Unterführer und ihre Grenzen.
In: Militärwissenschaftliche Rundschau, H. 2, Aug. 1944, S. 101-
115.

Weniger, E.: Die weiße Rose. In: Die Sammlung, 8. Jg. 1953, S. 161-
166. Zitiert als: Die weiße Rose 1953.

Weniger, E.: Ernst Kantorowicz. In: Die Sammlung, 2. Jg. 1947, S.
719-722. Zitiert als: Kantorowicz 1947.

Weniger, E.: Führerauslese und Führereinsatz im Kriege und das soldatische Urteil der Front. Ein Beitrag. In: Militärwissenschaftliche
Rundschau, Jg. 1940, H. 4, S. 345-354.

Weniger, E.: Führerauslese und Führereinsatz im Kriege und das soldatische Urteil der Front. II. Teil: Der Feldherr als Erzieher. In:
Militärwissenschaftliche Rundschau, Jg. 1941, H. 3, S. 198-206.

Weniger, E.: Gedanken über den Wert von Kriegserinnerung und
Kriegserfahrung. In: Militärwissenschaftliche Rundschau, 2. Jg.
März 1937, H. 2, S. 231-245. Zitiert als: Gedanken 1937.

Weniger, E.: Gehorsamspflicht und Widerstandsrecht in der Demokratie. In: Die Sammlung, 7. Jg. 1952, S. 417-422.

Weniger, E.: Geschichte ohne Mythos. Zur Neugestaltung des Ge-
schichtsunterrichtes. Vortrag vom 18. Dezember 1946. Veröffentlicht in: Die Sammlung, 3. Jg. 1948, S. 31-47.

Weniger, E.: Gesellschaftliche Probleme eines deutschen Beitrages
zur europäischen Verteidigung. In: Bürger und Landesverteidigung.
Bericht der Weinheimer Tagung vom 8./9. Dez. 1951. Frankfurt/M.:
Institut zur Förderung Öffentlicher Angelegenheiten E.V. 1952, S.
11-31.

Weniger, E.: Goethe und die Generale. Leipzig: Insel-Verlag 1942,
²1943, 3. erweiterte Auflage 1959, Stuttgart: Metzlersche Verlagsbuchhandlung.

Weniger, E.: Kriegserinnerung und Kriegserfahrung. In: Deutsche
Zeitschrift, 48. Jg. des Kunstwarts, H. 11/12, Aug./Sept. 1935, S.
397-405.

Weniger, E.: Neue Literatur zur deutschen Widerstandsbewegung. In:
Die Sammlung, 9. Jg. 1954, S. 403-411. Zitiert als: Neue Literatur
1954.

Weniger, E.: Neue Wege im Geschichtsunterricht. In: Die Sammlung,
1. Jg. 1945/46. Zitiert nach: Weniger, E.: Neue Wege im Geschichtsunterricht mit Beiträgen von H. Heimpel und H. Körner. Frankfurt/M.:
G. Schulte-Bulmke 1949. Zitiert als: Neue Wege 1949.

Weniger, E.: Pastor Hermann Weniger (1862-1924). In: Jahrbuch der
Gesellschaft für niedersächsische Kirchengeschichte, 57. Band
1959, Blomberg-Lippe: Humboldt-Druck 1959, S. 147-154.

Weniger, E.: Politische Bildung und staatsbürgerliche Erziehung
Würzburg: Werkbund-Verlag ²1963.

Weniger, E.: Rede zur Eröffnung der pädagogischen Hochschule Göttingen (1946). - Rede bei der Immatrikulation des ersten ordentlichen Lehrgangs der Pädagogischen Hochschule Göttingen (1946). Ansprache zur Immatrikulation des Sommersemesters 1947. - Abschiedsworte des Direktors an den Lehrgang für Kriegsteilnehmer an der Pädagogischen Hochschule Göttingen am 11. März 1947. In: Die Eigenständigkeit der Erziehung in Theorie und Praxis. Probleme der akademischen Lehrerbildung. Weinheim: Julius Beltz [3]1964, S. 308-334. Zitiert als: Reden 1946/47.

Weniger, E.: Über den Freiherrn vom Stein. In: Die Schildgenossen, 14. Jg. 1935, H. 3, S. 238-243. Wieder aufgenommen in: Die Sammlung, 12. Jg. 1957, S. 481-486.

Weniger, E.: Wehrmachtserziehung und Kriegserfahrung. Berlin: E. S. Mittler & Sohn 1938. Zitiert als: Wehrmachtserziehung 1938.

Weniger, E.: Zur Frage der staatsbürgerlichen Erziehung. In: Die Erziehung, 4. Jg. 1929, S. 148-171. Neudruck 1951: Pädagogische Quellentexte 6, Oldenburg i. O.

Weniger, E.: Zur Vorgeschichte des 20. Juli 1944 - Heinrich von Stülpnagel. In: Die Sammlung, 4. Jg. 1949, S. 475-492. Zitiert als: Stülpnagel 1949.

B. Literatur zu Erich Weniger und allgemeine Literatur:

Adorno, Th. W. et al.: Der autoritäre Charakter. Band 1. Amsterdam: Verlag de Munter 1968.

Amlung, U.: Adolf Reichwein 1898-1944. Ein Lebensbild des politischen Pädagogen, Volkskundlers und Widerstandskämpfers. Zwei Bände. Frankfurt/M.: dipa Verlag 1991.

Arendt, H.: Eichmann in Jerusalem. Ein Bericht von der Banalität des Bösen. München: Piper, Neuausgabe 1986.

Bade, K. J.: Deutsche im Ausland - Fremde in Deutschland. Migration in Geschichte und Gegenwart. München: C. H. Beck'sche Verlagsbuchhandlung 1992.

Barbusse, H.: Das Feuer. Tagebuch einer Korporalschaft. Zürich: Max Rascher Verlag 1918. (Le Feu 1916).

Barbusse, H.: Das Messer zwischen die Zähne. Ein Aufruf an die Intellektuellen. Berlin: Der Malik-Verlag 1922.

Bardehle, P.: Vorbemerkung zu NDS. 170. Ministerium für Entnazifizierung 1945-1953. Pattensen 1982.

Beradt, M.: Schipper an der Front. Edition Nautilus. Hamburg 1985. (1919 unter dem Titel "Erdarbeiter. Aufzeichnungen eines Schanzsoldaten" erschienen).

Beutler, K.: Deutsche Soldatenerziehung von Weimar bis Bonn. Erinnerung an Erich Wenigers Militärpädagogik. In: päd. extra & demokratische erziehung, 2. Jg. 1989, H. 7/8, S. 47-53.

Beutler, K.: Erich Weniger - Reformpädagoge und Militärtheoretiker. In: Pädagogik und Schulalltag, 46. Jg. 1991, H. 3, S. 280-290.

Beutler, K.: Erich Wenigers Militärpädagogik in später Wahrnehmung - Eine Zwischenbilanz. In: Zeitschrift für Pädagogik, 40. Jg. 1994, H. 2, S. 291-301.

Beutler, K.: Geisteswissenschaftliche Pädagogik zwischen Politisierung und Militarisierung - Erich Weniger. Frankfurt/M. et al.: Peter Lang 1995 (Studien zur Bildungsreform, Band 24).

Beutler, K.: Militärpädagogische Aspekte bei Erich Weniger. Zum kriegsfördernden Beitrag geisteswissenschaftlicher Pädagogik. In: Keim, W. et al.: Erziehungswissenschaft und Nationalsozialismus - Eine kritische Positionsbestimmung. Marburg 1990. (Forum Wissenschaft, Studienheft 9), S. 60-72.

Biese, A.: Deutsche Literaturgeschichte. München: Oskar Beck
[12]1918.

Binder, G.: Epoche der Entscheidungen. Eine Geschichte des 20.
Jahrhunderts. Stuttgart-Degerloch: Seewald [5]1960.

Binding, R. G.: Deutsche Jugend vor den Toten des Krieges. Frank-
furt/M.: Rütten & Loening 1935.

Blankertz, H.: Die Geschichte der Pädagogik. Von der Aufklärung bis
zur Gegenwart. Wetzlar: Büchse der Pandora 1982.

Bork, S.: Mißbrauch der Sprache. Tendenzen nationalsozialistischer
Sprachregelung. Bern und München: Francke 1970.

Bracht, B.: Geschichtliches Verstehen und geschichtliche Bildung -
ihr Wesen und ihre Aufgabe nach der Auffassung Theodor Litts.
Wuppertal: A. Henn 1968.

Bücheler, H.: Carl-Heinrich von Stülpnagel: Soldat - Philosoph -
Verschwörer. Biographie. Berlin, Frankfurt/M.: Ullstein 1989.

Bullock, A.: Hitler. Eine Studie über Tyrannei. Düsseldorf: Droste
Verlag, [8]1961. (1. deutsche Ausgabe 1953).

Cartier, R.: Der Zweite Weltkrieg. Band I und II. München: R. Piper &
Co. Sonderausgabe o.J.

Dahmer, I./Klafki, W.: Geisteswissenschaftliche Pädagogik am Ausgang ihrer Epoche - Erich Weniger. Weinheim und Berlin: Julius
Beltz 1968.

Deutsches Wörterbuch von Jacob und Wilhelm Grimm. (Erstausgabe
Leipzig 1854) München: dtv 1984.

Die ewige Straße. Geschichtsbuch für die Hauptschule. Herausgegeben von Christoph Herfurth. Band I. Dortmund und Breslau: W.
Crüwell 1943.

Die Pflichten des deutschen Soldaten vom 25. Mai 1934. Hg. vom Reichspräsidenten und vom Reichswehrminister. Berlin: E. S. Mittler & Sohn 1936. Zitiert als: Die Pflichten 1934.

Dumbach, A. E./Newborn, J.: Die Geschichte der Weißen Rose. Freiburg: Herder 1994.

Einführungserlaß zu: Erziehung und Unterricht in der Höheren Schule. Amtliche Ausgabe des Reichs- und Preußischen Ministeriums für Wissenschaft, Erziehung und Volksbildung. Berlin 1938.

Erich Weniger - Erziehung, Politik, Geschichte. Politik, Gesellschaft, Erziehung in der geisteswissenschaftlichen Pädagogik. Ausgewählt und kommentiert von Helmut Gaßen. Weinheim und Basel: Beltz 1990 (Band 4).

Erich Weniger - Lehrerbildung, Sozialpädagogik, Militärpädagogik. Politik, Gesellschaft, Erziehung in der geisteswissenschaftlichen Pädagogik. Ausgewählt und kommentiert von Helmut Gaßen. Weinheim und Basel: Beltz 1990 (Band 5).

Fellsches, J.: Streitsache: "Wehrpädagogik/Wehrerziehung". Argumentation gegen pädagogische Rechtfertigungsversuche. In: Demokratische Erziehung, 11/1985/4, S. 28-31.

Fest, J. C.: Über den Fahneneid. Unvollständiges Manuskript, registriert im Weniger-Nachlaß im BA/MA Freiburg unter N 488/20.

Flessau, K.-I./Nyssen, E./Pätzold, G. (Hg.): Erziehung im Nationalsozialismus. Köln, Wien: Böhlau 1987.

Flessau, K.-I.: Schule der Diktatur. Lehrpläne und Schulbücher des Nationalsozialismus. Frankfurt/M.: Fischer Taschenbuch Verlag 1984.

Flex, W.: Der Wanderer zwischen beiden Welten. Ein Kriegserlebnis. (1917) München o.J.

Fried, A. H.: Friedenskatechismus. Berlin: Deutsche Friedensgesellschaft 1894.

Gadamer, H.-G.: Wahrheit und Methode. Grundzüge einer philosophischen Hermeneutik. Tübingen: J.C.B. Mohr ²1965.

Gamm, H.-J.: Führung und Verführung. Pädagogik des Nationalsozialismus. München: Paul List (1964) ³1990.

Gaßen, H.: Bericht über den Nachlaß Erich Wenigers. In: Neumann, K.
(Hg.): Erich Weniger - Leben und Werk. Göttingen: Fachbereich
Erziehungswissenschaften und Zentralstelle für Weiterbildung,
Universität Göttingen 1987 (Göttinger Beiträge zur universitären
Erwachsenenbildung, Heft 11), S. 83-112.

Gaßen, H.: Geisteswissenschaftliche Pädagogik auf dem Wege zu
kritischer Theorie. Studien zur Pädagogik Erich Wenigers. Weinheim: Julius Beltz 1978.

Gilbert, M.: Auschwitz und die Alliierten. München: C. H. Beck´sche
Verlagsbuchhandlung 1982. Lizenzausgabe Büchergilde Gutenberg.

Grimm, H.: Volk ohne Raum (1926). Ungekürzte Ausgabe in einem
Band. München: Albert Langen 1932.

Guther, H.: Die philosophisch-theoretischen Positionen Erich
Wenigers und sein System der politischen Erziehung. Potsdam:
Brandenburgische Landes-und Hochschulbibliothek Potsdam 1966.

Hermand, J.: Als Pimpf in Polen. Erweiterte Kinderlandverschickung
1940-1945. Frankfurt/M.: Fischer 1993.

Hesse, K.: Der Menschenbedarf im Zukunftskrieg. In: Abhandlungen
der Deutschen Gesellschaft für Wehrpolitik und Wehrwissenschaften, Juni 1939.

Hitler, A.: Mein Kampf. München: Verlag Franz Eher Nachfolger
¹²1943.

Hofer, W. (Hg.): Der Nationalsozialismus. Dokumente 1933-1945. Frankfurt/M.: Fischer 1957.

Hoffmann, D. /Neumann, K. (Hg.): Tradition und Transformation der Geiseswissenschaftlichen Pädagogik. Zur Re-Vision der Weniger-Gedenkschrift. Weinheim: Deutscher Studien Verlag 1993. Zitiert als: Tradition und Transformation 1993.

Hoffmann, D./Neumann, K. (Hg.): Bildung und Soldatentum. Die Militärpädagogik Erich Wenigers und die Tradition der Erziehung zum Kriege. Weinheim: Deutscher Studien Verlag 1992. Zitiert als: Bildung und Soldatentum 1992.

Horn, H.: Dokumente der Zeit - Zeugnisse einer Freundschaft. Einblick in den Briefwechsel zwischen Oskar Hammelsbeck und Erich Weniger. In: Fichner, B./Fischer, H.-J./Lippitz, W. (Hg.): Pädagogik zwischen Geistes- und Sozialwissenschaft. Standpunkte und Entwicklungen. Forum Academicum, Erziehungswissenschaft 22. Meisenheim, Königstein: Anton Hain 1985.

Jacobsen. H.-A.: 1939/1945. Der Zweite Weltkrieg in Chronik und Dokumenten. Darmstadt: Wehr und Wissen 1959.

Jünger, E.: Feuer und Blut. Ein kleiner Ausschnitt aus einer großen Schlacht. Hamburg: Hanseatische Verlagsanstalt [5]1929.

Jünger, E.: In Stahlgewittern. Hamburg: Deutsche Hausbücherei [14]1933.

Jünger, E.: Strahlungen. München: R. Oldenburg [4]1955.

Kaehler, S. A.: "Der 20. Juli 1944 in geschichtlichem Rückblick". Erich Weniger zum 11. September 1954. In: Die Sammlung, 9. Jg. 1954, S. 436-445.

Keim, W. (Hg.): Pädagogen und Pädagogik im Nationalsozialismus - Ein unerledigtes Problem der Erziehungswissenschaft. Frankfurt/M. et al.: Peter Lang 1988.

Keim, W.: Das nationalsozialistische Erziehungswesen im Spiegel neuerer Untersuchungen. Ein Literaturbericht. In: Zeitschrift für Pädagogik 34 (1988) 1, S. 109-130.

Keim, W.: Erziehung im Nationalsozialismus. Ein Forschungsbericht. Beiheft 1990 zur "Erwachsenenbildung in Österreich". Wien 1990.

Keim, W.: Pädagogik und Nationalsozialismus. Zwischenbilanz einer Auseinandersetzung der Pädagogen über die gegenwärtige Vergangenheit ihrer Disziplin. In: Keim, W. et al.: Erziehungswissenschaft und Nationalsozialismus - Eine kritische Positionsbestimmung. Marburg 1990. (Forum Wissenschaft. Studienheft Nr. 9), S. 14-27.

Keim, W.: Reformpädagogik und Faschismus. Anmerkungen zu einem doppelten Verdrängungsprozeß. In: Pädagogik 41 (1989), S. 23-28.

Kirchberger, G.: Die "Weiße Rose". Studentischer Widerstand gegen Hitler in München. Ludwig-Maximilians-Universität München 1980.

Kittel, H.: Erich Weniger und die akademische Lehrerbildung. In: Behauptung der Person. Festschrift für Prof. Hans Bohnenkamp. Hg. von Helmuth Kittel und Horst Wetterling. Weinheim: Julius Beltz 1963, S. 183-219.

Klafki, W./Müller, H.-G.: Elisabeth Blochmann (1892-1972). Marburg: Schriften der Universitätsbibliothek Marburg 1992.

Klemperer, V.: LTI. Notizbuch eines Philologen. Leipzig: Reclam 1978.

Lagarde, Paul de: Deutsche Schriften. Göttingen: Dieterichsche Verlagsbuchhandlung 1886. Gesamtausgabe letzter Hand.

Lange, I.: Entnazifizierung in Nordrhein-Westfalen. Siegburg 1976.

Lexikon der Weltliteratur, hg. von Gero v. Wilpert. Biographisch-bibliographisches Handwörterbuch nach Autoren und anonymen Werken. Stuttgart: Kröner 1963. - Band II: Hauptwerke der Weltliteratur in Charakteristiken und Kurzinformationen. 2. erw. Auflage Stuttgart: Kröner 1980.

Litt, Th.: Möglichkeiten und Grenzen der Pädagogik. Abhandlungen zur gegenwärtigen Lage von Erziehung und Erziehungstheorie, Leipzig und Berlin 1926. Darin: Die philosophischen Grundlagen der staatsbürgerlichen Erziehung (1924).

Loewy, E.: Literatur unterm Hakenkreuz. Das Dritte Reich und seine Dichtung. Frankfurt/M.: Europäische Verlagsanstalt 1966.

Lutherbibel Standardausgabe. Stuttgart: Deutsche Bibelgesellschaft 1985.

Mittelweg 36. Zeitschrift des Hamburger Instituts für Sozialforschung. 3.Jg. Juni/Juli 1994.

Mottram, R. H.: Der "spanische Pachthof". Eine Roman-Trilogie 1914-1918. Leipzig: Insel-Verlag 1930.

Neumann, K. (Hg): Bildung, Geschichte und Zukunft. Erich Weniger als politischer Pädagoge. Göttingen: Fachbereich Erziehungswissenschaften und Zentralstelle für Weiterbildung, Universität Göttingen 1988 (Göttinger Beiträge zur universitären Erwachsenenbildung. Band 12).

Picht, W.: Der soldatische Mensch. Berlin: Fischer 1940.

Plessner, H.: Die verspätete Nation. Frankfurt/M.: Suhrkamp [1]1982.

Ploetz - Große illustrierte Weltgeschichte in 8 Bänden. Band 5: Das Zeitalter der Weltkriege. Freiburg, Würzburg: Ploetz 1984.

Poller, W.: Arztschreiber in Buchenwald. Bericht des Häftlings 996 aus Block 36. Hannover: Verlag für Literatur und Zeitgeschehen 1960. (Erstausgabe: Hamburg: Phönix-Verlag Christen & Co. 1946).

Pross, H.: Die Zerstörung der deutschen Politik. Dokumente 1871-1933. Frankfurt/M.: Fischer 1959.

Ratzke, E.: Das Pädagogische Institut der Universität Göttingen. Ein Überblick über seine Entwicklung in den Jahren 1923-1949. In: Becker, H. et al. (Hg.): Die Universität Göttingen unter dem Nationalsozialismus. München et al.: K.G. Saur 1987.

Reble, A.: Der Volksbegriff bei Schleiermacher. Erstveröffentlichung in: Deutsche Vierteljahresschrift für Literaturwissenschaft und Geistesgeschichte, Jg. XIV, H. 3. Halle: (Niemeyer) 1936. Wiederaufgenommen in: Menze, C. et al. (Hg.): Menschenbilder. Festschrift für Rudolf Lassahn. Frankfurt/M. et al.: Peter Lang 1993.

Reichsgesetzblatt Teil I, Jg. 1933. Hg. vom Reichsministerium des Innern, Berlin 1933, Reichsverlagsamt.

Remarque, E. M.: Im Westen nichts Neues (1929). Köln: Kiepenheuer & Witsch 1987.

Renn, L.: Krieg - Nachkrieg (1928 und 1930). Berlin und Weimar: Aufbau-Verlag 1979.

Renn, L.: Vor großen Wandlungen. (1936). Berlin und Weimar: Aufbau-Verlag 1989.

Reyer, J.: Alte Eugenik und Wohlfahrtspflege. Entwertung und Funktionalisierung der Fürsorge vom Ende des 19. Jahrhunderts bis zur Gegenwart. Freiburg i. Br.: Lambertus 1991.

Riemer, R.: Die Anti-Hitler-Koalition. Hg. vom Studienzentrum für Ost-West-Probleme e.V., o.O., o.J.

Rinser, L.: Den Wolf umarmen. Frankfurt/M.: Fischer 1981.

Röhl, J. C. G.: Kaiser, Hof und Staat. Wilhelm II. und die deutsche Politik. München: C. H. Beck'sche Verlagsbuchhandlung 1987.

Schleiermacher, F.: Pädagogische Schriften, hg. von Erich Weniger. Erster Band: Die Vorlesungen aus dem Jahre 1826. Düsseldorf und München: Verlag Helmut Küpper vormals Georg Bondi [2]1966.

Schoenberner, G.: Der gelbe Stern. Die Judenverfolgung in Europa 1933 bis 1945. Hamburg: Rütten & Loening 1960.

Scholl, I.: Die Weiße Rose. Erweiterte Neuausgabe Frankfurt/M.: Fischer 1990.

Scholl, I.: Die Weiße Rose. Frankfurt/M.: Verlag der Frankfurter Hefte, [2]1952. Zitiert als: Scholl 1952.

Scholtz, H.: Erziehung und Unterricht unter dem Hakenkreuz. Göttingen 1985.

Schreiner, A.: Vom totalen Krieg zur totalen Niederlage Hitlers (1939 im Exil erschienen), Reprintausgabe Köln und Frankfurt/M. 1981.

Schwarberg, G.: Der SS-Arzt und die Kinder vom Bullenhuser Damm. Göttingen: Steidl Verlag 1988.

Schwenk, B.: 'Wehrmachtserziehung und Kriegserfahrung' - Erich Wenigers Allgemeine Pädagogik? In: Hoffmann, D./Neumann, K.(Hg.): Bildung und Soldatentum. Die Militärpädagogik Erich Wenigers und die Tradition der Erziehung zum Kriege. Weinheim: Deutscher Studien Verlag 1992.

Schwenk, B.: Erich Weniger - Leben und Werk. In: Geisteswissenschaftliche Pädagogik am Ausgang ihrer Epoche - Erich Weniger. Hg. von Ilse Dahmer und Wolfgang Klafki. Weinheim und Berlin: Julius Beltz 1968. Zitiert als: Schwenk 1968.

Spaich, H.: Fremde in Deutschland. Unbequeme Kapitel unserer Geschichte. Weinheim und Basel: Julius Beltz 1981.

Speer, A.: Erinnerungen. Frankfurt/M. et al.: Propyläen [13]1975.

Speidel, H.: Aus unserer Zeit. Erinnerungen. Frankfurt/M. et al.:
Propyläen ²1977.

Staiger, E.: Die Kunst der Interpretation. München: dtv 1971.

Tenorth, H.-E.: Deutsche Erziehungswissenschaft 1930 bis 1945. In:
Zeitschrift für Pädagogik, 32. Jg. 1986, H. 3, S. 298-321.

Toller, E.: Eine Jugend in Deutschland. Leipzig: Reclam 1990.

v. Clausewitz, C.: Vom Kriege. Augsburg: Weltbild 1990.

v. Suttner, B.: Die Waffen nieder! Berlin: Verlag Berlin-Wien 1890.

v. Eggeling: Aufgaben und Ziele der Deutschen Gesellschaft für
Wehrpolitik und Wehrwissenschaften. In: Deutsche Gesellschaft für
Wehrpolitik und Wehrwissenschaften, Oktober 1935, S. 1-6.

Vennebusch-Beaugrand, Th.: Die Sammlung. Zeitschrift für Kultur
und Erziehung. Ein Beitrag zur deutschen Nachkriegspädagogik. Köln
et al.: Böhlau 1993.

Volmert, J.: Ernst Jünger "In Stahlgewittern". München: Wilhelm
Fink 1985.

Wiesel, E.: Gesang der Toten. Freiburg: Herder 1987.

Witkop, Ph. (Hg.): Kriegsbriefe gefallener Studenten. München: Georg
Müller 1928.

Wüllenweber, H.: Sondergerichte im Dritten Reich. Vergessene Verbrechen der Justiz. Frankfurt/M.: Luchterhand 1990.

Wyneken, G.: Was ist "Jugendkultur"? Öffentlicher Vortrag, gehalten
am 30. Oktober 1913 in der Pädagogischen Abteilung der Münchener
Freien Studentenschaft. Mit einem Nachwort über den "Anfang".
München: Georg C. Steinicke 6/71919.

STUDIEN ZUR BILDUNGSREFORM

Herausgeber: Wolfgang Keim

Kurt Beutler

Geisteswissenschaftliche Pädagogik zwischen Politisierung und Militarisierung – Erich Weniger

Frankfurt/M., Berlin, Bern, New York, Paris, Wien, 1995. 219 S.
Studien zur Bildungsreform. Herausgegeben von Wolfgang Keim. Bd. 24
ISBN 3-631-47756-2   br. DM 54.--*

Erich Weniger (1894-1961) gilt bis heute als einer der großen geisteswissenschaftlichen Pädagogen. Seine Position wird wegen der Betonung von "Reformpädagogik" und "päd-agogischer Autonomie" oft als liberal und unpolitisch gekennzeichnet. Dagegen weist diese Studie nach, daß sein Werk eine hochpolitische Pädagogik mit konservativen bis völkisch-faschistischen Gedanken darstellt. Die Untersuchung befaßt sich auch ausführlich mit Wenigers verborgener Militärpädagogik, durch die er den Eroberungskrieg der Nationalsozialisten ideologisch mit vorbereitet und unterstützt hat. Der Nachweis für eine veränderte Sicht auf Weniger erfolgt auf der Grundlage erstmaliger und ausführlicher Berücksichtigung von Archivmaterial.

Aus dem Inhalt: Geisteswissenschaftliche Pädagogik · Pädagogik und Politik · Militärpädagogik · Pädagogik und Nationalsozialismus

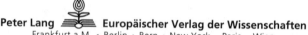

Peter Lang ≋ **Europäischer Verlag der Wissenschaften**
Frankfurt a.M. • Berlin • Bern • New York • Paris • Wien
Auslieferung: Verlag Peter Lang AG, Jupiterstr. 15, CH-3000 Bern 15
Telefon (004131) 9411122, Telefax (004131) 9411131
- Preisänderungen vorbehalten - *inklusive Mehrwertsteuer